U0854163

新时代小学教师教育丛书（融媒体版）
刘 慧/丛书主编

ZONGHE SHIJIAN HUODONG KECHENG YU JIAOXUE

# 综合实践活动课程与教学

主 编：胡扬洋 白 欣
副主编：李 维
参 编：张抗抗 何孟珂
童大振 龚文慧
张建伟 周立颖
杨静静

北京师范大学出版集团
BEIJING NORMAL UNIVERSITY PUBLISHING GROUP
北京师范大学出版社

**图书在版编目（CIP）数据**

综合实践活动课程与教学 / 胡扬洋，白欣主编．—北京：北京师范大学出版社，2022.9（2025.1 重印）

ISBN 978-7-303-26954-9

Ⅰ．①综… Ⅱ．①胡… ②白… Ⅲ．①小学－活动课程－课程设计－高等学校－教材 Ⅳ．①G622.3

中国版本图书馆 CIP 数据核字（2021）第 078906 号

**教材意见反馈** gaozhifk@bnupg.com 010-58805079
营销中心电话 010-58802755 58800035
编 辑 部 电 话 010-58807068

出版发行：北京师范大学出版社 www.bnupg.com
北京市西城区新街口外大街 12-3 号
邮政编码：100088
印 刷：北京虎彩文化传播有限公司
经 销：全国新华书店
开 本：889 mm×1194 mm 1/16
印 张：22
字 数：550 千字
版 次：2022 年 9 月第 1 版
印 次：2025 年 1 月第 3 次印刷
定 价：45.00 元

策划编辑：林 子 王建虹　　责任编辑：薛 萌
装帧设计：陈 涛 焦 丽　　美术编辑：李向昕
责任校对：张亚丽　　责任印制：马 洁

# 代　序

## 认识小学儿童　认识小学教育（节选）①

### 一、重新认识现代小学儿童的发展特征与教育

小学教育是为小学儿童举办的，我们不能仅仅要求小学儿童适应现有的小学制度，适应小学教师现有的教育方式。相反的，小学教育和小学教师必须正确认识小学儿童，认识他们的发展规律及发展需求。

不断发展和进步的儿童观是我们办小学教育的前提。儿童观是人们对儿童的总的看法和基本观点。意大利教育家蒙台梭利早就警示人们：了解儿童，注意我们和儿童世界的关系，“乃是一个良心的问题”。被誉为现代“中国儿童教育之父”的陈鹤琴先生也说：“只有了解儿童，才能教好儿童。”

6～12、13岁的儿童处于身心发展速度最快的一段生命时期，他们从以游戏学习为主的生活方式进入以课堂学习各门学科为主的生活方式。学校学习生活和交往方式刺激着儿童的脑突触生长，并且有选择和有一定方向性地形成日益复杂的“互联网络”。小学儿童的学习潜能和创造力是巨大的，而且只要具备良好的、有滋养性的环境，他们就会有惊人的可塑能力。同时，我们知道每个小学儿童都是一个独特的个体，他们有相互区别的不同神经活动方向和水平。

儿童的学习和发展是他们与其所处的环境互动的结果。认知学习的内容、成人世界的态度、儿童的情绪情感表达顺畅与否等，构成对个人学习和发展不同的具体意义。所以，我们绝不应该对儿童采用同一的教育方式和评价方式。就社会生活方式和文化大环境而言，今天儿童面对的信息量及传播方式、价值观引导及其方式以及他们自身的交往方式都发生了重大的改变，因此不能不考虑他们中的大多数作为独生子女的经历、他们对网络及媒体学习的兴趣和能力、他们受到的不健康风尚的影响和竞争的压力等。所以，我们必须在新的历史条件下重新整体地看待小学儿童。

### 二、重新认识小学教育的性质任务和特殊的教育功能

小学教育与教育体系内其他教育阶段相区别的独特性主要表现在基础性、全民性、义务性和公益性等方面，而最重要的独特性是基础性。长期以来，我们对基础性的理解：一是强调它是

---

① 朱小蔓：《认识小学儿童　认识小学教育》，载《中国教育学刊》，2003（8）。

整个教育制度的基础，小学教育是为学生升入中学作准备；二是强调培养目标上的“双基”，即基础知识、基本技能。近些年，竞争日益激烈的“应试教育”已经从中学蔓延到小学。众多的家长把小学作为竞争的起跑线，提前演绎升学竞争。这种状况使小学生过早地承受着升学的压力，失去本该欢乐的童年，结果是学生学习热情明显降低，对学习日益厌恶和逃避。

小学教育不是升学教育的基础，而是素质教育的基础。在人类倡导构建学习化社会的时代，它是终身教育的奠基阶段，是为人生的发展奠定基础的。作为基础教育而不是高等教育、职业教育，它是以提高国民素质为目标而进行的非定向、非专门的教育。它不是为某一行业，而是为社会所有行业培养人才打基础的。所以，它的知识、技能不是为了选拔、升学、择业，而是为了尽可能为人的身心全面发展提供最有利的条件。今天，仅有传统上的“双基”是不够的，我们还要激发儿童积极的学习情感和态度，以促使他们终身保持热爱学习的欲望。从一定意义上说，这种起动力作用的情感态度比“双基”更为基本、更为重要。

## 三、重新认识小学教师的培养，转变传统教师的角色

小学教育是启蒙教育。在这一阶段，小学教师与可塑性极大的儿童们相处，通过各类课程以及与儿童打交道的互动过程引导儿童向真、善、美和谐的方向发展。小学教师要直接面对身心、智能、精神发展各异的儿童，要发现和感受他们的需要，引发他们学习知识、学习道德的兴趣。

教师要成为学生的关怀者、学生的促进者、教育的研究者。教师在课堂以及其他教育现场开展工作，具有相当大的独立性、个体性。儿童观摩、模仿能力和感受能力强，小学教师的言谈举止格外需要掌握分寸。小学生兴趣爱好的多向性、小学生知识教育的综合性，对小学教师的知识面、性格、气质、敏感程度及应对能力等综合素质的要求很高。小学教师与大学、中学教师相比较，在许多方面都具有鲜明的专业特殊性。对小学教师最有效而长远的培养是在小学教育的岗位上。在教育改革的活动中，要从传统的角色中走出来，在新课程实施中实现自身的发展，提升我国小学教育的质量。

朱小蔓

# 丛书总序

本套丛书集中呈现了我们长期从事小学教师教育理论研究与实践探索的成果，体现了我们对小学儿童、小学教育、小学教师教育及其关系的认识与理解，也着重体现了国家对当代小学教育专业的认证标准、基本理念、培养目标与毕业要求。

培养好的小学教师是当代教师教育的重要使命。何谓好的小学教师？好的小学教师如何培养？这是新时代小学教师教育研究者和工作者必须回答的问题。小学教师是小学教育的实施者，小学教师的素质如何，直接关涉小学教育的质量、小学儿童的生命健康成长状况。《国家中长期教育改革和发展规划纲要（2010—2020年）》明确提出："有好的教师，才有好的教育。要加强教师教育，深化教师教育改革，创新培养模式，提高教师培养质量。"近些年来，我国颁布了《教师教育课程标准（试行）》（2011）、《小学教师专业标准（试行）》（2012）、《普通高等学校师范类专业认证实施办法（暂行）》（2017）、《教育部关于实施卓越教师培养计划的意见》（2014）、《教育部关于实施卓越教师培养计划2.0的意见》（2018）等，这些政策文件从多方面为培养好的小学教师划定了内涵边界，提供了政策保障。习近平总书记提出的"四有好老师"为培养好的小学教师指明了方向。

我国本科层次的小学教师培养开启于20世纪90年代末。经过多年的探索，"中小学"不分的局面被"打破"，小学教师的特性、小学教师与中学教师培养的差异性渐渐明晰，中学教师培养的"学科＋教育"之"双专业"模式并不适合小学教师的培养；"综合培养、分科选修"的"2＋2"培养模式，"综合培养、特色人才"的培养模式，"分方向"的培养模式，"2＋大文大理"的培养模式①，随着卓越小学教师培养计划项目的推进开始逐渐迭代升级。例如，首都师范大学的小学教师培养模式正由"综合培养、发展专长、注重研究、全程实践"的1.0模式迭代为"儿童取向"的2.0模式，其核心强调的是以儿童为本，实施儿童教育，凸显儿童性、生命性、体验性、综合性。

基于人本教育理念的理性审视，小学教育的实质是儿童教育，而非学科教学。儿童教育意味着以儿童为本，回归儿童的生活，助力儿童生命健康成长，为儿童幸福人生奠基。卓越小学教师之"卓越"的核心即在于突破学科本位，回归儿童教育本位。卓越小学教师是能以儿童为本、研究儿童、理解儿童、读懂儿童、实施儿童教育的好教师，是儿童生命健康成长的指导者和引路人。

---

① 刘慧：《关于初等教育学科建设的几点思考》，载《首都师范大学学报（社会科学版）》，2009（1）。

促进儿童生命健康成长，是落实立德树人根本任务的重要体现，是小学教师全部工作的出发点和归宿。儿童生命的健康成长离不开教师的爱，爱是小学教师最重要的品质。教师之爱首先体现为爱生命、凸显生命性，生命是教育的基点，基于儿童生命立场的教育教学活动是促进儿童生命健康成长的必然要求。爱儿童的生命，就要认识儿童、理解儿童、读懂儿童，为儿童提供适切的教育。因此，研究儿童，理解儿童生命成长的规律、儿童认识世界的方式、儿童生活的特性是小学教师的必备品质与关键能力。

高质量的教育发展需要高素养的教师，提高素养是小学教师专业发展的必要条件。当代我国小学教师的发展主要经历了增长学科知识、提高教学能力、提升学历层次、促进专业发展等阶段，而今正走向人的发展阶段。所谓人的发展，实质是人的生命发展。生命发展是教师专业发展的不竭动力，培育小学教师的发展素养、促进小学教师的生命发展是新时代小学教师教育的核心任务。

“未来已来，过去未去。”当今人类社会正处在又一个新的转型期，人工智能正在改变人类的生存方式，不仅挑战了现代人的体力、智力，而且正逐渐替代人类诸多赖以生存的职业。但也有人工智能不能替代的事物，就目前而言，人工智能的“天花板”是生命。关注人的生命、情感、感受、体验等是人工智能难以替代的，这正是小学教师的价值所在。

从未来的角度看，成为生命教师是教师发展的理想价值。所谓生命教师，是对生命有着深刻认识与理解，能以生命为本、以生命为师，用生命从事教育事业，以生命影响生命的教师；是能使教育回归生命，能以学生生命健康成长为宗旨和使命的为了生命的教师。生命教师是未来对教师的角色定位，也是教师应对人工智能挑战的一张“王牌”。

正基于此，本套丛书的创编注重由“知识本位”转向体现“以人为本”的教育理念，注重以学生为中心，凸显生命体验。教材的编写不是只见知识，不见人；不是以“教”为主，而是以“学”为主，体现以学定教；凸显新型“融媒体”教材的特点，体现时代对创编及使用教材的新要求，即通过增强教材的交互性和开放性，使教材成为师生学习的一部分，注重信息技术的应用，教学媒介由单纯的纸质教材延伸到包括电子课件、模拟动画、微课视频及考试系统等多媒体手段上来。

感谢北京师范大学出版社的邀请，尤其是林子编辑积极、热情的投入与推动；感谢参与本套丛书出版的全体作者。

谨以本套丛书为我国高校小学教育专业创建二十周年献礼。

刘慧

2019年3月15日

于西钓鱼台嘉园

# 前 言

2016 年 9 月 13 日，中国学生发展核心素养研究成果发布。核心素养以培养“全面发展的人”为核心，分为文化基础、自主发展、社会参与三个方面，综合表现为人文底蕴、科学精神、学会学习、健康生活、责任担当、实践创新六大素养，具体细化为十八个基本要点。核心素养成为我国下阶段课程教学改革的重要“顶层设计”。

2017 年 10 月，教育部印发的《中小学综合实践活动课程指导纲要》(以下简称《指导纲要》)，成为指导中小学综合实践活动课程的权威性、纲领性文件。文件对综合实践活动课程的性质、基本理念、课程目标、课程实施、课程管理等方面都给出了相应的要求。

在国家教育改革走向深化的背景下，中小学综合实践活动课程凝聚着当下人们对教育改革的诸多美好观念和理想，综合实践活动也是课程教学改革深化的重点领域。进入 21 世纪以来，综合实践活动在一线教育教学中经历了 20 年的实践研讨，已经成为我国新课程改革的重要标志。2017 年《指导纲要》颁布。如何依据《指导纲要》，凝聚 20 年来我国教育工作者的智慧，并与新时代的教育现实、学习发展趋势相关联，给综合实践活动课程的教师和准教师提供一部相对全面而精粹的教材，就成了《综合实践活动课程与教学》一书的编写初衷。诚然，综合实践活动的内涵极其丰富，要素十分多样，理论观照相对困难。所以在编写中，我们力图做到在集纳丰富实践的同时，积极地开展理论探讨，从而便于读者对综合实践活动课程进行有效把握。我们同时注重与教学经验、教师观念、课程教学的经典理论展开对话，希望由此使这本教材成为一部易读、可用、扎实的书，也成为综合实践活动课程教学工作者的优秀“宝典”。

本书可作为小学教育专业教材和中小学一线教师的参考书。

本书是集体智慧的结晶，参与章节内容编写的人员有：

胡扬洋（天津师范大学）、白欣（首都师范大学）、李维（天津师范大学）、张抗抗（河南大学 博士生）、何孟珂（首都师范大学 博士生）、童大振（华东师范大学 博士生）、龚文慧（教育部课程教材研究所 助理研究员）、李佳（中国教育科学研究院 博士后）、张霄（法政国际教育 研究员）、张建伟（天津师范大学）、周立颖（北京市第二十七中学）、杨静静（北京市门头沟区教师进修学校）、张一鸣（首都师范大学 博士生）。

本书还选取了大量来自一线的翔实丰富的案例，案例提供者有：

| 姓　名 | 所在单位 |
| --- | --- |
| 董丽君 | 北京师范大学第三附属中学 |
| 陈留洋 | 中山市东区远洋学校 |
| 刘莹、杜海鹰、李雅敏、文峰、闫光霞、祝子辉、翟桂双、刘莹、安代红、张海英、李硕 | 北京市门头沟区大峪中学分校 |
| 刘立 | 北京市广渠门中学附属花市小学 |
| 张婷玉、赵玉萍 | 首都师范大学 |
| 陈谦、阚玉霞 | 北京市陈经纶中学 |
| 李科震 | 天津师范大学 |
| 田琳 | 北京市东城区景泰小学 |
| 黄利锋 | 江苏省张家港市万红小学 |
| 郑珊 | 北京二中分校 |
| 姚艳华 | 北京市门头沟区妙峰山民族学校 |
| 王秀铭 | 北京市门头沟区京师实验中学 |
| 杨毅 | 北京市第十二中学 |
| 李立娟、牛林、杨连翠、张海林、王红梅 | 北京市通州区潞河中学 |
| 刘卫华 | 北京市金台书院小学 |
| 郑一瑛 | 北京市第十二中学 |
| 刘若淼 | 天津市和平区职工中等专业学校 |
| 杨爱、侯爵 | 天津市和平区哈密道小学 |
| 艾建敏 | 北京市东城区和平里第三小学 |
| 丰万洋 | 天津市和平区岳阳道小学 |
| 魏波 | 北京市通州区玉桥中学 |
| 何深 | 首都师范大学附属中学第一分校 |

以下是各章节具体分工：

| 章　名 | 编写人员 |
| --- | --- |
| 第一章 | 白欣　胡扬洋　刘芳　董丽君　陈留洋 |
| 第二章 | 何孟珂　胡扬洋　刘莹　杜海鹰　李雅敏　刘立 |
| 第三章 | 张抗抗　李佳　赵玉萍　李科震 |
| 第四章 | 张抗抗　田琳　刘立 |
| 第五章 | 童大振　黄利锋　郑珊　姚艳华　杨静静　刘芳　文峰 |

续表

| 章 名 | 编写人员 |
| --- | --- |
| 第六章 | 胡扬洋 姚艳华 王秀铭 杨静静 李雅敏 黄利锋 |
| 第七章 | 胡扬洋 何孟珂 张一鸣 杨毅 李立娟 牛林 刘卫华 |
| 第八章 | 李维 张建伟 周立颖 黄利锋 刘若淼 刘芳 杨爱 侯爵 刘立 艾建敏 刘卫华 丰万洋 |
| 第九章 | 杨静静 周立颖 郑一瑛 闫光霞 文峰 祝子辉 翟桂双 魏波 刘莹 安代红 张海英 李硕 杨连翠 张海林 王红梅 |
| 第十章 | 何孟珂 何深 刘芳 |
| 第十一章 | 张霄 张抗抗 |
| 第十二章 | 龚文慧 |

书稿由白欣、胡扬洋统稿。感谢有关单位对本书编写的大力支持。书中还引述了大量当代研究者和实践者的研究成果，在此表达感谢！感谢策划、支持本书出版的首都师范大学初等教育学院的相关领导和同志！

编者

2019 年 2 月

2020 年 11 月审校于北京大木仓胡同

2022 年 6 月更新

# 目　录

# 第一章

# 综合实践活动课程导论

【知识地图】

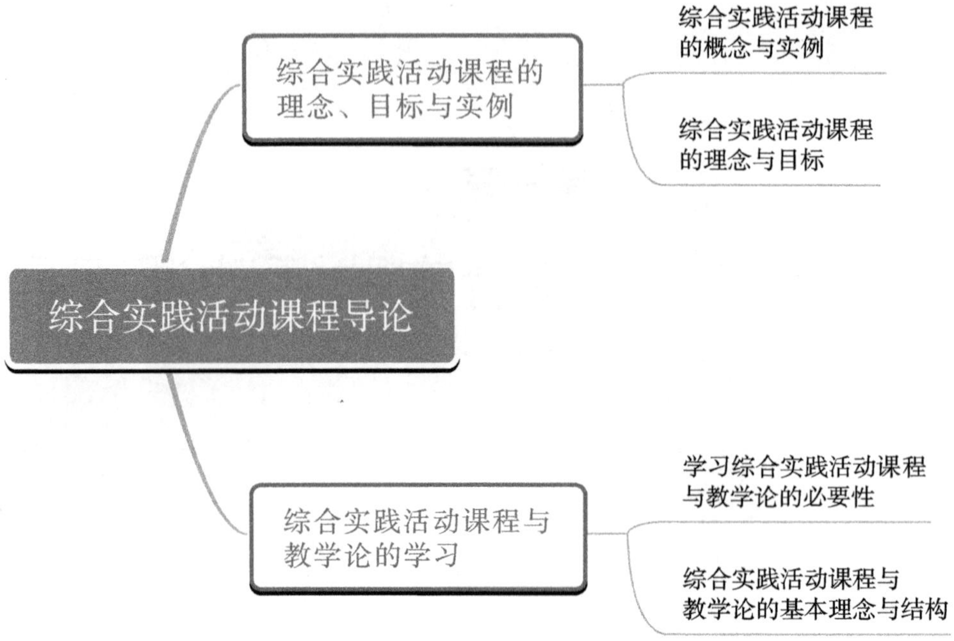


【学习目标】

1. 了解综合实践活动课程的概念与现状。
2. 领会《中小学综合实践活动课程指导纲要》的精神。
3. 了解本书的编写理念与学习方法。

长期以来，“学科”与“教育”之间的关系紧密，所以教育变革必然伴随着整个社会的学科体系、学科文化、学科知识的变动。综合实践活动课程需要汲取历史的经验，找准自身理念与目标的定位，深刻洞察跨学科教育的可能与机理，精准发力，找到改革的重要支点，从而成为实现跨学科教育的抓手。

# 第一节　综合实践活动课程的理念、目标与实例

什么是综合实践活动课程？本节将通过简要的理念介绍和实例呈现，帮助大家对综合实践活动课程建立基本的认识。

## 一、综合实践活动课程的概念与实例

2017 年 10 月，教育部印发的《中小学综合实践活动课程指导纲要》(以下简称《指导纲要》)，成为指导中小学综合实践活动课程的权威性、纲领性文件。文件对综合实践活动课程的性质、基本理念、课程目标、课程实施、课程管理等方面给出了相应的要求。其中，《指导纲要》对综合实践活动课程的性质做如下描述：

> 综合实践活动是从学生的真实生活和发展需要出发，从生活情境中发现问题，转化为活动主题，通过探究、服务、制作、体验等方式，培养学生综合素质的跨学科实践性课程。
>
> 综合实践活动是国家义务教育和普通高中课程方案规定的必修课程，与学科课程并列设置，是基础教育课程体系的重要组成部分。该课程由地方统筹管理和指导，具体内容以学校开发为主，自小学一年级至高中三年级全面实施。

事实上，综合实践活动课程自 2001 年开始，已被作为必修课，在中小学一线开展了大量的实践与探索。2017 年《指导纲要》的出台标志着我国综合性实践活动课程开启了一个新的历史阶段。下面是教学实践中综合实践活动课程的一个典型案例。

**案　例**

### 纸的再利用

设计者：刘芳　北京第一师范学校附属小学

指导者：俞林军　北京市东城区教育研修学院

其他参与者：张天旭、高云、郭伯慈、赵峰　北京第一师范学校附属小学

| 教学基本信息 | | | |
|---|---|---|---|
| 课题 | 纸的再利用 | | |
| 学段 | 中年级 | 年级 | 四年级 |
| 指导思想与理论依据 | | | |
| 在活动内容的选择上，结合我校现有的课程资源“绿色行动”中的内容，开展关于纸的研究活动。<br>人类如今正面临资源缺乏、环境污染等严重问题，为了我们的生存环境，为了经济社会的可持续发展，节约、环保已迫在眉睫。“节约用纸”这个概念对我们来说，比起节约水电来似乎遥远了一点，很多人也不太清楚节约用纸和保护生态环境有什么直接关系。我们每天都在用各种各样的不同类型的纸。你每天要用多少张 | | | |

续表

| 指导思想与理论依据 |
| --- |
| 纸？你一星期要用多少张纸？你一个月乃至一年要用多少张纸？结果是惊人的。一张纸从何而来？纸是由树“变”来的。一棵树往往需要长几十年才能被人类利用。然而，电锯声中几十年长成的大树轰然倒地。那些木材被运往造纸厂，变成了一张张纸。纸给人类带来了方便，但同时给森林造成了极大的影响。<br>通过该活动，同学们能够认识纸、了解纸，并且从小树立节约用纸、可持续发展的意识，保护森林、保护环境。 |
| 活动背景分析 |
| 1. 题目来源<br>我校根据实际情况和办学特色开发了以保护环境、节约能源、提倡可持续生活方式、循环经济等为研究内容的校本课程——“绿色行动”。<br>2. 学校资源<br>我校是“快乐教育”的倡导者、先行者、实施者、实践者，20 多年来坚持“以儿童愉快发展为本”。我们在研究中，感受着教育带给我们的快乐，感受着学生带给我们的快乐，也感受着快乐教育的成果。2000 年我校投资近百万元建成了“生态走廊”。创建“生态走廊”是为了增加学生的环保知识，提高学生的环保意识和能力，激发学生对科学的探索欲望，培养学生的研究能力。“生态走廊”共分七个部分：生命的起源、文明的诞生、植物的天地、动物的王国、海洋的世界、大地的结晶、宇宙的奥秘。“生态走廊”中既有猿人的头骨和金字塔模型，又有各式各样的动植物标本，还有地核、地壳、地幔的模型，游览其中能深切感受到地球的神奇和大自然的奥妙。“生态走廊”已经成为学生们认识自然、保护自然、启迪思维、开创未来的新起点。<br>3. 学生情况<br>本次活动的实施是在四年级，学生已具备了一定的知识经验及自主意识和能力。为了了解学生对于纸的认知，活动前，以纸为主题做了一个泡泡图。从泡泡图中我们可以看出，学生知道纸是我国的四大发明之一；知道纸制作的材料是树木、树木和人类及环境的关系；知道应该对纸加以回收、再利用；知道再生纸……<br>为了帮助学生更深入地研究学习，充分尊重他们的主动权，民主与集中后，最终确定了六个活动。让学生根据自己的兴趣、特长去组建小组，选组长，设计活动内容、小组名称并制订活动方案和实施活动，发挥学生的自主性。<br>4. 教学方式<br>本课教学采用的是综合型的教学方式，以探究式和开放式教学活动为主，融合了合作学习、信息技术与课程整合的多种教学方式，提高了课堂教学的实效性。<br>5. 教学手段<br>本课主要通过学生课前搜集资料、调查访问、撰写活动方案和记录、动手制作，课上进行汇报，课下延伸。学生从观察纸、了解纸入手；再通过动手实践，了解再生纸的制作，利用废旧材料制作艺术品；最后向全校师生发出节约用纸的倡议，并组建环保小分队，宣传节约用纸的必要性，同时做好监督工作。<br>6. 技术准备<br>数码相机、电脑、资料片、实物投影、学生制作的用于汇报的演示文稿。 |
| 对主题活动（研究课题）的描述 |
| 整个主题活动的内容分为四个阶段。<br>第一阶段，研究纸的种类。通过搜集身边各种各样的纸，了解纸的种类及特点。主要活动：进行纸的吸水性和坚韧程度的对比实验。<br>第二阶段，研究纸的来源。通过搜集资料，使学生了解纸的来源，并认识到制造纸的过程对地球上的树木所带来的影响；通过对学校用纸量和班级用纸量的调查活动，使学生认识到纸在生活、学习中的需求量是很大的。主要活动：进行学校用纸量的调查、访问和统计。<br>第三阶段，研究纸的再利用。学生可以通过废纸回收、制作再生纸、利用废旧纸张制作工艺品等活动，亲身体验纸的再利用，从而逐步树立起节约用纸、可持续发展的意识。主要活动：进行纸的有关知识的调查、访问和统计，用废旧纸张制作工艺品，制作再生纸，利用废旧画报和笔芯自制笔。<br>第四阶段，总结与评价。利用宣传画、废旧纸质作品的展示，在全校开展节约用纸的宣传，各班开展回收活动。主要活动：进行节约用纸的宣传。<br>目前活动实施的进展：已实施。<br>本次活动的主要内容：第三阶段，研究纸的再利用。 |

续表

**教学目标**

活动总目标：
第一阶段，研究纸的种类。
通过搜集身边各种各样的纸，了解纸的种类及特点。通过观察、比较、实验等活动培养学生乐于探究、勤于动手、勇于实践的精神。
第二阶段，研究纸的来源。
通过搜集资料，使学生了解纸的来源，并认识到制造纸的过程对地球上的树木所带来的影响。通过对学校用纸量和班级用纸量的调查活动，使学生认识到纸在生活、学习中的需求量是很大的。在活动中锻炼学生搜集信息、整理信息的能力。
第三阶段，研究纸的再利用。
学生可以通过废纸回收、制作再生纸、利用废旧纸张制作工艺品等活动，亲身体验纸的再利用，从而逐步树立起节约用纸、可持续发展的意识。在活动中提高学生的动手操作能力和形成乐于与人合作的态度。
第四阶段，总结与评价。
利用宣传画、废旧纸质作品的展示，在全校开展节约用纸的宣传，各班开展回收活动。向全校师生发出节约用纸的倡议，进一步培养全校师生节约用纸的意识，鼓励大家使用再生纸。
本次活动的具体目标：
通过调查、访问、动手制作等实践活动，了解各种纸的特点，了解我校同学的用纸量情况，了解同学们对纸的认识及环保意识，了解再生纸的制作过程。
调动学生参与实践活动的主动性、积极性，提高学生在实践活动中提出问题、解决问题的能力及培养创新精神。
通过小组合作研究，培养学生在实践活动中的参与意识和提高协作能力，并在活动中体会创造的乐趣；让学生体验纸张的来之不易，知道废旧的纸张还可以再利用，懂得珍惜、节约纸张。

**活动流程示意**

| 教师 | 学生 | 媒体使用 |
|---|---|---|
| ↓ | ↓ | ↓ |
| 引入情景 | 介绍小组开展的活动 | 显示学生活动的照片 |
| ↓ | ↓ | ↓ |
| 分别请各组进行汇报（主要是“纸博士”“巧巧手”“纸艺 DIY”“小笔杆”四个小组） | 利用演示文稿、实物、动手制作等方式进行汇报 | 演示文稿呈现活动记录<br>实物投影演示笔杆的制作 |
| ↓ | ↓ | ↓ |
| 活动小结 | 加深对节约用纸的认识 | 演示文稿 |
| ↓ | ↓ | |
| 课后拓展 | 宣传画、活动感想 | |

**活动过程**

（一）活动准备阶段
教师谈话，再请学生说一说纸在日常生活中的用途，然后和学生一起利用课件中的照片，回忆各组开展的活动。
（二）活动实施阶段
1. 教师引导“纸博士”小组利用演示文稿，借助“纸是如何制造出来的？纸是谁发明的？纸资源是用之不尽的吗？你有节约用纸的意识吗？平时能做到吗？你有节约用纸的小窍门吗？”这几个问题了解学生对纸的认识情况，并把活动中的发现、感言进行汇报。同时，提出要节约用纸的倡议。最后，请其他组的同学

续表

<table>
<tr><th colspan="6">活动过程</th></tr>
<tr><td colspan="6">观看资料片，进行互动并讨论："看了这个资料片，听了小组的汇报，有什么收获吗？"<br>2. 教师小结：节约用纸就是节约木材、节约水资源，并引出"再生纸是怎么一回事？"这个问题。指导"巧巧手"小组向大家介绍制造再生纸的过程。学生汇报制作过程：将纸张撕成小片后泡水；将湿纸片放入榨汁机打成纸浆；将纸浆倒在容器内；组装模具（将纱布固定在框架上）；将纱布框垂直放入纸浆中，捞起纸浆，轻轻摇匀留下很薄的一层；喜欢的话上面还可撒上一些花瓣、彩色纸屑等使其富于变化；纸浆稍干燥后要小心脱模，置于通风处晾干。最后，"巧巧手"小组和其他组同学交流活动中遇到的问题、解决经验及活动感言。<br>（三）总结交流阶段<br>1. 教师小结：使用再生纸可以节约资源，要大力提倡。引出"废旧报纸、杂志、宣传画报除了回收之外，还能用来做什么？"这个问题，并请"纸艺 DIY"小组把他们的作品和大家进行分享。"纸艺 DIY"小组利用演示文稿，将活动过程的照片和部分作品照片一一呈现出来，同组的组员将作品实物提供给大家，一起交流。<br>2. 教师小结：这些废旧的纸张，经过他们灵巧的双手，就变成了一个个精美的艺术品。接着继续介绍还有一个手也非常巧的小组，请"小笔杆"小组向大家进行展示。"小笔杆"小组的组员分成两个小组：一个小组利用演示文稿进行作品展示汇报，实物投影讲解制作方法；另一个小组成员在下面辅助。<br>（四）拓展延伸阶段<br>教师告诉学生，无节制地耗费地球资源是一种文明残缺的行为，会毁掉我们的自然家园，也会荒废掉我们的精神家园，给人类带来的是短暂的满足和永久的噩运。希望大家课后把今天活动的感受与收获告诉给身边的人。人人节约纸张，我们有限的资源就会得到有效的利用，这样我们的生活环境会更美好，地球才会成为我们永远的乐园。最后，请没有汇报的两个小组继续修改活动记录，使其更具体、完善。</td></tr>
<tr><th colspan="6">教学过程</th></tr>
<tr><th>教学阶段</th><th>教师活动</th><th>学生活动</th><th>设置意图</th><th>技术应用</th><th>时间安排</th></tr>
<tr><td rowspan="2">活动准备</td><td>教师："纸在日常生活中随处可见，它的用途可多了，谁来说一说？"<br>教师："教科书、报纸、杂志、纸箱、纸盒、各种票据，还有同学们喜欢的漫画书，这些物品都离不开纸，纸是我们的生活中必不可少的物品。前一段时间，我们班同学分成不同的小组，对纸的再利用进行了调查和研究，让我们一起来回顾同学们是从哪些方面开展活动的。"</td><td>汇报生活中用纸的地方。</td><td>了解生活中纸的重要性。</td><td></td><td>3 分钟</td></tr>
<tr><td>教师："看大屏幕（出现学生活动的照片）说一说你在第几排第几个、你们是什么小组，以及在开展什么活动。"</td><td>分别介绍自己的位置及自己小组开展的活动：<br>（1）小鬼当家——学校用纸调查；<br>（2）广角镜——纸的再利用调查；<br>（3）"纸艺 DIY"；<br>（4）"巧巧手"——再生纸制作；<br>（5）"小笔杆"；<br>（6）"纸博士"。</td><td>介绍前期开展的活动。</td><td>电脑</td><td>5 分钟</td></tr>
</table>

续表

| 教学过程 | | | | | |
|---|---|---|---|---|---|
| 活动实施 | 活动一：<br>教师：“‘纸博士’这个名字听起来很有学问，看来你们小组对纸的知识了解一定很多吧，你们先给大家说说，好吗？” | 以幻灯片的方式汇报。<br>（1）问题一：纸是如何制造出来的？<br>（2）问题二：纸是谁发明的？<br>（3）问题三：纸资源是用之不尽的吗？<br>（4）问题四：你有节约用纸的意识吗？平时能做到吗？<br>（5）问题五：你有节约用纸的小窍门吗？<br>（6）我们的发现。<br>（7）汇报活动感言。<br>（8）提出倡议，要节约用纸。<br>（9）请同学们观看一个资料片。<br>（10）互动：同学们看了这个资料片，听了我们小组的汇报，有什么收获吗？ | 认识纸的一些知识。 | 电脑 | 12 分钟 |
| | 活动二：<br>教师：“节约用纸就是节约木材、节约水资源。在他们的倡议和同学们的体会中，提到使用再生纸，你们知道再生纸是怎么一回事吗？”<br>教师：“再生纸就是把废旧的纸张，经过回收、加工后制作成的。”<br>教师：“老师手里就有一张再生纸，你们想知道这张再生纸是怎样制造出来的吗？下面我们请‘巧巧手’小组向大家介绍他们亲手制造再生纸的过程。” | 以幻灯片的方式汇报。<br>（1）将纸张撕成小片后泡水。<br>（2）将湿纸片放入榨汁机打成纸浆。<br>（3）将纸浆倒在容器内。<br>（4）组装模具（将纱布固定在框架上）。<br>（5）将纱布框垂直放入纸浆中，捞起纸浆，轻轻摇匀留下很薄的一层。<br>（6）喜欢的话上面还可撒上一些花瓣、彩色纸屑等使其富于变化。<br>（7）纸浆稍干燥后要小心脱模，置于通风处晾干。<br>（8）汇报活动中遇到的问题、解决经验及活动感言。 | 认识再生纸的制作方法。 | 电脑 | 10 分钟 |
| 总结交流 | 活动三：<br>教师：“使用再生纸可以节约资源，要大力提倡。废旧报纸、杂志、宣传画报除了回收之外，还能用来做什么？”<br>教师：“刚才有同学说废旧纸张可以制作工艺品，下面请‘纸艺DIY’小组把他们的作品和大家分享一下。” | 分三个小组汇报。<br>活动中的照片和部分作品照片以幻灯片的方式汇报。<br>重点汇报：<br>（1）剪贴画；<br>（2）串珠。 | 知道废旧的纸张可以再利用。 | 电脑 | 10 分钟 |

续表

| 教学过程 | | | | | |
|---|---|---|---|---|---|
| 总结交流 | 活动四：<br>教师："这些废旧的纸张，经过他们灵巧的双手，就变成了一个个精美的艺术品。他们的手巧不巧呀？还有一个小组，他们的手也非常巧，有请'小笔杆'小组向大家进行展示。" | 以幻灯片的方式汇报。<br>（1）展示作品，讲解方法。<br>（2）你们喜欢我们制作的笔吗？我们一起来制作好吗？我们小组的组员会给你们帮助的。<br>（3）带领大家一起制作。<br>两名同学在前面带领大家制作，其他小组成员在下面辅导。 | 制作环保笔。 | 电脑实物投影 | 12 分钟 |
| 拓展延伸 | 教师："无节制地耗费地球资源是一种文明残缺的行为，会毁掉我们的自然家园，也会荒废掉我们的精神家园，给人类带来的是短暂的满足和永久的噩运。无论你将来从事什么职业，都有责任倡导和实施节约，无论你多么富裕，都无权挥霍地球资源。你会因为关心地球、关怀未来而受到尊敬。今天的这节课，是我们节约用纸活动的展示，希望大家课后把今天活动的感受与收获告诉给身边的人。人人节约纸张，我们有限的资源就会得到有效的利用，这样我们的生活环境会更美好，地球才会成为我们永远的乐园。今天的活动就到这里，还有两个小组，你们可以继续修改活动记录，使其更具体、更完善。期待着你们精彩的汇报。" | | 树立节约用纸的意识。 | 电脑 | 5 分钟 |
| 活动效果评价设计 | | | | | |
| 活动过程中，许多小组的调查记录单都是使用废旧卷子纸或打印纸的背面。活动结束后，好多同学主动把自己没用完的本子重新合订起来作为记事本；还有很多同学把节约用纸的道理讲给家长听，在家里进行回收再利用；许多班级都设立了回收箱，并把废旧卷子纸的背面作为英语听写练习纸或数学草稿纸……在向全校同学发出倡议的同时，同学们利用废旧纸张又制作了很多环保小作品；在这次活动中，不但学生们的环保意识加强了，作为教师的我也受到一次深刻的教育。现在，不论在学校还是在家里，用过的酸奶盒、牛奶袋，大家都会收拾干净收起来，学生们在班里也不再像原来那样浪费纸了。<br>通过亲身参与活动，学生感受到纸的来之不易，大家应该珍惜纸张、节约能源。培养学生的可持续发展意识，使其在日常生活中自觉地改变自己的生活方式，使自己的行为符合可持续发展的理念。 | | | | | |
| 附：评价用表<br>调查问卷：<br>1. 通过今天的学习，你有什么收获？<br>2. 你是否愿意担当志愿者，在不同的地方继续开展节约用纸的宣传活动？<br>3. 在生活中，你打算怎样节约用纸？ | | | | | |

续表

| 本次设计与以往或其他设计相比的特色 |
| --- |
| 时间、空间扩大。<br>时间是课堂教学中约束学生开展研究性学习活动的一个主要因素。学生通过上网查询资料，可以在短时间内了解到纸的多样性，了解不同用途的纸，这样可以提高一节课的教学容量，师生同时感受到现代高科技的神奇与魅力。学生在做中学、学中做，提高了学习的兴趣和积极性。<br>平时如果在课堂上想让学生对某个问题做深入、细致的研究，往往就会觉得时间不够用。在课堂上，我们经常能看到这样的情景：学生刚刚分好组，没说几句话，还没来得及展开较充分的讨论与交流，就被教师叫停，安排下一项内容了。由于没有足够的时间让学生探究，活动就显得匆忙、零乱。开展综合实践活动，进行研究性学习，保证学生有足够的探究时间和体验的机会。 |

## 二、综合实践活动课程的理念与目标

在当前的背景下理解、实践、研究综合实践活动，是时代赋予中小学教师的新课题与新任务。2018 年 1 月 20 日颁布的《中共中央 国务院关于全面深化新时代教师队伍建设改革的意见》指出："全面提高中小学教师质量，建设一支高素质专业化的教师队伍。提高教师培养层次，提升教师培养质量。" 在全面深化改革的时代，中小学教师要与课程教学改革同步发展。

为什么要关注综合实践活动课程的理念和目标？作为一种教育活动，综合实践课程应当有教育的品性。教育作为一项庄严神圣的事业，有着传承文明、教化人心、立德树人的意义，知识、技能、信息的习得都不等同于完整的教育。陈桂生先生指出：一般意义的教育，可算是"教育"的本义，其内涵大抵是于所谓"轴心时代"（公元前 800 年至公元前 200 年）萌发的。在中国，自古以来就以"使人为善"为衡量教 - 学活动的价值标准。[①]"教育"在本原上有教人"完善""善好"的意义。如此，对"教育善"的追求，可被视为历来教育发展改革的主线。

《指导纲要》对综合实践活动课程理念做出了描述：

> 1. 课程目标以培养学生综合素质为导向
>
> 本课程强调学生综合运用各学科知识，认识、分析和解决现实问题，提升综合素质，着力发展核心素养，特别是社会责任感、创新精神和实践能力，以适应快速变化的社会生活、职业世界和个人自主发展的需要，迎接信息时代和知识社会的挑战。
>
> 2. 课程开发面向学生的个体生活和社会生活
>
> 本课程面向学生完整的生活世界，引导学生从日常学习生活、社会生活或与大自然的接触中提出具有教育意义的活动主题，使学生获得关于自我、社会、自然的真实体验，建立学习与生活的有机联系。要避免仅从学科知识体系出发进行活动设计。

① 陈桂生：《教育学究竟是怎么一回事——略议教育学的基本概念》，载《教育学报》，2018（1）。

3. 课程实施注重学生主动实践和开放生成

本课程鼓励学生从自身成长需要出发，选择活动主题，主动参与并亲身经历实践过程，体验并践行价值信念。在实施过程中，随着活动的不断展开，在教师指导下，学生可根据实际需要，对活动的目标与内容、组织与方法、过程与步骤等做出动态调整，使活动不断深化。

4. 课程评价主张多元评价和综合考察

本课程要求突出评价对学生的发展价值，充分肯定学生活动方式和问题解决策略的多样性，鼓励学生自我评价与同伴间的合作交流和经验分享。提倡多采用质性评价方式，避免将评价简化为分数或等级。要将学生在综合实践活动中的各种表现和活动成果作为分析考察课程实施状况与学生发展状况的重要依据，对学生的活动过程和结果进行综合评价。

《指导纲要》将综合实践活动课程的目标描述为：

（一）总目标

学生能从个体生活、社会生活及与大自然的接触中获得丰富的实践经验，形成并逐步提升对自然、社会和自我之内在联系的整体认识，具有价值体认、责任担当、问题解决、创意物化等方面的意识和能力。

（二）学段目标

1. 小学阶段具体目标

（1）价值体认：通过亲历、参与少先队活动、场馆活动和主题教育，参观爱国主义教育基地等，获得有积极意义的价值体验。理解并遵守公共空间的基本行为规范，初步形成集体思想、组织观念，培养对中国共产党的朴素感情，为自己是中国人感到自豪。

（2）责任担当：围绕日常生活开展服务活动，能处理生活中的基本事务，初步养成自理能力、自立精神、热爱生活的态度，具有积极参与学校和社区生活的意愿。

（3）问题解决：能在教师的引导下，结合学校、家庭生活中的现象，发现并提出自己感兴趣的问题。能将问题转化为研究小课题，体验课题研究的过程与方法，提出自己的想法，形成对问题的初步解释。

（4）创意物化：通过动手操作实践，初步掌握手工设计与制作的基本技能；学会运用信息技术，设计并制作有一定创意的数字作品。运用常见、简单的信息技术解决实际问题，服务于学习和生活。

2. 初中阶段具体目标

（1）价值体认：积极参加班团队活动、场馆体验、红色之旅等，亲历社会实践，加深有积极意义的价值体验。能主动分享体验和感受，与老师、同伴交流思想认识，形成国家认同，热爱中国共产党。通过职业体验活动，发展兴趣专长，形成积极的劳动观念和态度，具有初步的生涯规划意识和能力。

（2）责任担当：观察周围的生活环境，围绕家庭、学校、社区的需要开展服务活动，增强服务意识，养成独立的生活习惯；愿意参与学校服务活动，增强服务学校的行动能力；初步形成探究社区问题的意识，愿意参与社区服务，初步形成对自我、学校、社区负责任的态度和社会公德意识，初步具备法治观念。

（3）问题解决：能关注自然、社会、生活中的现象，深入思考并提出有价值的问题，将问题转化为有价值的研究课题，学会运用科学方法开展研究。能主动运用所学知识理解与解决问题，并做出基于证据的解释，形成基本符合规范的研究报告或其他形式的研究成果。

（4）创意物化：运用一定的操作技能解决生活中的问题，将一定的想法或创意付诸实践，通过设计、制作或装配等，制作和不断改进较为复杂的制品或用品，发展实践创新意识和审美意识，提高创意实现能力。通过信息技术的学习实践，提高利用信息技术进行分析和解决问题的能力以及数字化产品的设计与制作能力。

3. 高中阶段具体目标

（1）价值体认：通过自觉参加班团活动、走访模范人物、研学旅行、职业体验活动，组织社团活动，深化社会规则体验、国家认同、文化自信，初步体悟个人成长与职业世界、社会进步、国家发展和人类命运共同体的关系，增强根据自身兴趣专长进行生涯规划和职业选择的能力，强化对中国共产党的认识和感情，具有中国特色社会主义共同理想和国际视野。

（2）责任担当：关心他人、社区和社会发展，能持续地参与社区服务与社会实践活动，关注社区及社会存在的主要问题，热心参与志愿者活动和公益活动，增强社会责任意识和法治观念，形成主动服务他人、服务社会的情怀，理解并践行社会公德，提高社会服务能力。

（3）问题解决：能对个人感兴趣的领域开展广泛的实践探索，提出具有一定新意和深度的问题，综合运用知识分析问题，用科学方法开展研究，增强解决实际问题的能力。能及时对研究过程及研究结果进行审视、反思并优化调整，建构基于证据的、具有说服力的解释，形成比较规范的研究报告或其他形式的研究成果。

（4）创意物化：积极参与动手操作实践，熟练掌握多种操作技能，综合运用技能解决生活中的复杂问题。增强创意设计、动手操作、技术应用和物化能力。形成在实践操作中学习的意识，提高综合解决问题的能力。

# 第二节 综合实践活动课程与教学论的学习

学习关于综合实践活动课程的理论有哪些必要性？综合实践活动课程的理论对课程实施与教学有什么样的关联？对本书的学习可以采取怎样的思路……这些问题都在本节中展开探讨。

## 一、学习综合实践活动课程与教学论的必要性

### （一）学习综合实践活动课程与教学论的必要性之一是对理论知识本身的学习

“课程与教学论”是我国教育学领域重要的子学科之一，是对“课程教学”这个学校教育核心领域进行研究的学科体系。根据基础教育学科与学段的不同，课程与教学论又可被划分为分学段的课程与教学论（如学前课程与教学论、小学课程与教学论、中学课程与教学论）、分学科的课程与教学论（如语文课程与教学论、外语课程与教学论、物理课程与教学论）。可以说，对不同的课程教学对象进行比较系统的研究论述，都可以展开为不同的课程与教学论分支（如衔接课程与教学论、大学先修课程与教学论、远程课程与教学论……）。各类具体的课程与教学论分支体现了课程与教学论这个学科的丰富内涵。综合实践活动课程与教学论正是针对综合实践活动这个课程类型展开的。

研习课程与教学论有助于中小学教育研究者与实践者系统地获得对课程教学的理解和把握，从而在实践中催生更为稳健理性的教育行为；同时，也有助于中小学教育研究者与实践者将课程教学经验整合、反馈至具有普遍性的学科体系中，从而发展学科知识，反哺课程教学实践。课程教学不仅是职业，更是专业。理论学习的过程有助于使学习者明白自己的一些困惑、彷徨……其实有很多前人已经做了大量的探索工作。在此基础上，学习者才能够运用专业的概念、范畴来思考问题，才能够进入专业的话语体系来表达、探讨问题，进而才能站在前人的基础上进一步发展这一领域。

### （二）学习综合实践活动课程与教学论的必要性之二是对“理论思维”的训练

理论思维是很多优秀教师与研究者经常强调的。这里需强调，重视理论研究并不必然导致轻视实践，这一认识取决于对理论与实践关系的把握。

理论思维的价值在于通过思维的加工，揭示事物的本质及规律，即揭示事物之间本质的、必然的、稳定的联系。然而，了解理论（规律）的人并不总是能利用它更好地指导实践。造成这类现象的原因是缺乏正确的实践观。实践中，机械地、教条地使用规律（理论）必然不会有良好的结果。要避免这种状况的出现，还需要一种对理论的“理论”。

这种对理论（规律）的“理论”就是理论思维，它指导教育者正确地使用规律、发展规律、指导实践，而不是教条地使用规律。教育教学作为一种研究（探究）活动，需要不断“破除迷信”，即破除对现有理论的迷信。由此才能告别机械看待事物的阶段，实现从抽象到具体的“第二次飞跃”。教育者一般自大学时期开始系统地学习教育理论，但认识过程的“第二次飞跃”却

必须通过自主地探究才能完成。也只有完成了第二次飞跃，才能对各种理论有一种透彻的认识，才能把理论学活，进而才有能力批判与建构新理论。然而在实际中，这种“对理论之理论”的缺失使得一部分教育者与理论无缘，甚至拒斥理论、贬斥理论，整体表现为一种对理论的消极态度。我们必须对此有清醒的认识。

### （三）学习综合实践活动课程与教学论的必要性之三是实现良好的专业生活

从事综合实践活动课程教学工作与任何教育工作一样，都是一种教育专业。对专业的从事不应该与教育者的生活隔离开来或产生不可调和的矛盾，而是应该实现一种专业与生活关系融洽、有机的融合。这样的状态就可以称为教育者良好的专业生活。拥有良好专业生活的教育者有足够的自我同一性、审辨能力、交往能力、理性能力及实践能力，不分裂、不怨尤，能够在教育中理智、有节地付出“教育爱”……这些对于教育事业而言是异常重要的，因为教育在很大意义上就是要教会学生快乐地生活。对于综合实践活动课程来说，这样的专业生活也切合本课程的基本理念。

任何能在专业中发现乐趣并热爱生活的教育者都有潜力过上良好的专业生活。从这个角度来说，“论”的产生本是来自一种教育者自然的生活需要。只要对专业不那么排斥，经历一些积累之后，教育者总会想对本专业“说点什么”或“琢磨点事”，那么所说、所琢磨的就成了“论”的雏形或种子。如果想说得足够清楚、琢磨得足够精巧，并且还想与同行分享，那么更为有条理的“论”就呼之欲出了。“无法可说”与“无人可说”一样，都是令热爱专业的人苦闷的。在学校教育中，综合实践活动课程比起传统的学科课程在规模与历史上都是后发的，所以积淀的“言论”“琢磨”及同行数量都不足以与传统学科课程相提并论。综合实践活动课程的教育者要过上良好的专业生活，更要注重本领域课程与教学论，即本专业话语的沟通与构建。

## 二、综合实践活动课程与教学论的基本理念与结构

综合实践活动课程的基本性质包括“培养学生综合素质的跨学科实践性课程”。该课程的设置，重要的着力点之一便是对传统学科课程的实质性突破。进而，对该门课程进行研讨也应该采取一种“跨学科”的方式。舍此，综合实践活动课程的最基本理念都有可能落空。

我国现有的课程论、教学论、教学法等教育学学科诚然都有自身独具的优势，然而面对综合实践活动这一新的课程类型，传统的学科体系必须做出新的综合、突破与创新。学科的划分与割据有可能使话语之间的博弈掩盖真正的问题，而直面问题、解决问题才能为学科构筑真正融合的基础并赢得学术声誉。诚如劳凯声先生所说：“当前的问题乃在于，对学科结构的过度追求使学科与问题之间产生了极为严重的隔阂甚至对立，问题被隐匿在了学科的背后，这是学术研究的一个大问题。”[①] 课程与教学领域的诸多问题都需要教学论、课程论等教育学术视角的“全角度”透视。

如图 1-1 所示，本书分别从课程视角、教学视角、学习视角三个角度对综合实践活动课程开

① 劳凯声：《教育研究的问题意识》，载《教育研究》，2014（8）。

展分析研讨，力图更加全面、丰富地诠释出综合实践活动课程在实践中的诸多问题与丰富内涵，从而便于读者浸润至综合实践活动的领域，进行必要的把握。具体展开中，“课程视角”“教学视角”分别依据课程论与教学论不同的学术传统，选择各自最具特色的内容，结合综合实践活动的实际展开论述。[①]“学习视角”的提出与展开试图对传统课程论与教学论的视角做出必要的补充和整合，并试图提出一些新体系和新观点。

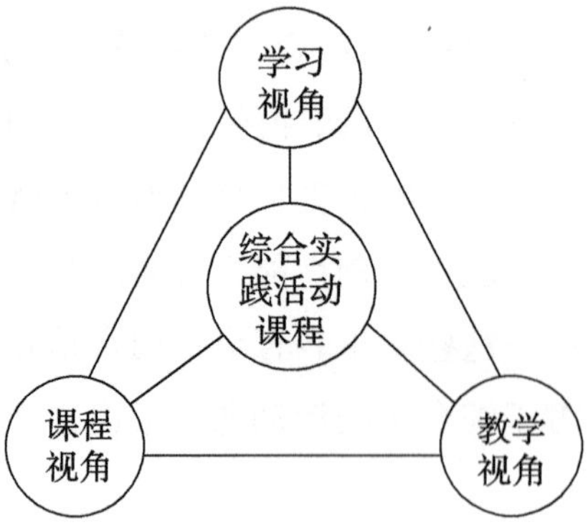


图 1-1　综合实践活动课程分析研讨

教育者或许已在不同学习阶段以不同形式学习过不同类型的“教育学”“课程论”“教学论”或“课程与教学论”知识。希望以往的学习经验能够促进现有课程的学习，而非先入之见。面对综合实践活动课程，我们需要以审辨的思维、跨学科的视野加以全新的审视，同时与我们已有的教育知识开展建设性的对话。

专栏 1

### 我所经历的研究性学习和研学旅行指导

董丽君　北京师范大学第三附属中学教师

中小学综合实践活动这几年越来越火爆，在中学阶段，学生需要修够这门课的学分。这门课包含的很多内容都可以称之为综合实践活动，其中一项是研究性学习，简称“研学”。

以我们学校为例，高一主要是给学生讲通识内容，让他们了解什么是研究性学习，怎么研究，了解研究过程中的一些技能和方法。一般来说，我们从两个方面评价学生：一是过程性评价，即学生在研学过程中的表现；二是终结性评价，即学生最终的研究成果。学生研究的内容会以小论文的形式呈现，并且会通过结题答辩来展现研究成果。大致过程就是通识培训—初步选题—筛查题目—确定课题—查阅文献—开题—课后实地研究—结题—完成课题论文。

研学课题可以是观察探究类的，可以是技术发明类的，也可以是社会调查类的，等等。一个课题小组大概五人，大家分工合作，有自己的指导教师（很类似研究生阶段毕业论文的完成过程，只不过面向中学生是小规模的）。指导教师可以自己指导，也可以借助校外专家。如我们化学老师，带的课题一般都是和化学相关的或是自己擅长的，如此更有利于指导。但是有些实验需

① 具体展开时，“教学”视角被表述为“指导”视角。详见章节正文。

要用到大学的仪器，高中化学实验室里没有，就会借助校外力量，如联系北师大或中国科学院的老师等。

学生高二的时候，学校会组织一次研学旅行，时间为六七天。我们会和专门的公司合作，一起商讨规划研学旅行的路线及安排等。最后由公司设计专门的研学旅行手册，然后由学校审核、定稿、印刷。研学旅行听起来简单，做起来却很难，尤其是想做好更难。首先，安全问题是最重要的；其次，学生如果走马观花，不深入研究，就没有任何意义，达不到研学的目的。

研学旅行是跨学科的，跟随的老师也都是各个学科的。和高一的研学类似，研学旅行前学生先分组，确定好指导教师，查阅相关资料，确定大致的研学课题及方向，带着目的去旅行。孩子嘛，一走出课堂就兴奋不已，管理很费劲。比如说会有学生集合迟到、水土不服拉肚子、偷偷订外卖（怕学生吃外面不干净的东西闹肚子，所以禁止订外卖）、该睡觉了却几个人偷偷摸摸聚一起玩耍（所以夜里我们会安排老师轮流值班，管理学生，防止意外事故的发生）。总之，老师们会很累，最担心的是学生的安全问题。对于研学内容，学生们要提前预习、了解文化背景等，白天观察研究的时候才有针对性。一天下来，同学们晚上会总结收获，完成研学手册。最后，打道回府，回学校完成结题论文的书写，和高一的结题一样，先在班级内开展结题答辩，筛选出优秀的，再进行年级展示。

通过高一、高二这两年不同形式的研究性学习，学生们不仅收获了学分，也学到了一些技能和方法，开阔了眼界，综合素质得到提高。与此同时，我们学校的研学课程也在不断地进步与完善。

专栏2

## 我所经历的地理综合实践活动

陈留洋　中山市东区远洋学校

以广东省为例，客观来说，小学综合实践活动课做得更好一些，无论从课程的设置、实施还是评价来看，小学相比中学都要更加完善。这样的情况和当前的考试形式及教师绩效考核等方面有着千丝万缕的联系，容易出成绩的课程受重视，无绩效的课程可有可无。

每学期的综合实践活动课程都设计三个主题，以七年级为例，分别是“青春律动”“珍爱环境”“社会观察”，三个主题涵盖了综合实践活动课程人与自我、人与环境、人与社会三大领域。每个主题分别设计四个活动卡，内容包括研究性学习、小设计制作、社会实践与社区服务，在活动卡的引导下，指导学生尝试问卷调查、实验探究、设计制作、观察访谈等丰富多样的活动方式，经历从活动准备到活动实施再到成果展评的活动过程，最后一部分设计活动体会，旨在使同学善于总结活动过程、收获及活动反思和评价。活动卡在规范活动过程的基础上，设计有大量留白，目的在于给同学们提供开展活动的主要线索，同时又为鼓励大家发挥自己的聪明才智留出空间。

以下为地理研学综合实践活动案例的具体内容。

本学期末，第一届广东省中学生地理研学旅行综合实践活动在中山市举行，从准备阶段到比赛结束，虽然只有短短几天时间，但是收获满满，获益良多，下面来谈谈个人的一些感悟。

一、前期准备

这次研学活动以培养学生地理实践力与培育家国情怀为主题，通过野外考察、社会调查、汇报答辩等任务，让学生走出校园、亲近自然、了解社会、体验生活，将课本所学知识运用于现实问题的解决。针对这样的活动，前期应该做好两项准备工作。

（一）队员选拔及分工

面对这种形式的研学活动，队员的组成应该是优势互补的，例如：安排思维活跃、大方得体的同学负责实践调查部分；安排有学术专长、认真仔细的同学负责搜集、整理资料；安排有绘图特长的同学负责画图部分；安排有电脑特长的同学负责 PPT 制作；安排有演讲、文艺特长的同学负责成果展示。因此，在队员选拔及分工安排上应遵循自愿报名与教师甄选相结合的原则。

（二）准备研学资料

首先，针对研学活动地点在中山市，教师与学生可以利用赛前时间搜集相关资料，如中山市地图、中山市地理环境概况、中山市产业状况、中山市发展规划、中山市交通分布、中山市特色旅游景点分布及介绍等，并对资料进行分类汇总。其次，针对活动具体要求，落实野外调查用品及比赛用品，包括笔记本电脑、U 盘、PPT 模板、相机或录像设备、绘图彩笔、防雨防晒用品、测量尺、黑色水笔、纸等。最后，提醒学生带好个人证件，强调组织纪律、做好安全教育，并引导学生关注活动行程表，合理安排时间。

二、野外考察

（一）审题

研学活动的野外考察是带着任务进行的，这就决定了出发前你就应该充分了解任务是什么，也就是“审题”。在活动中，学生都能达到基本的要求，知道题目大致问什么，但是缺乏对题目的认真仔细推敲，如“崖口村旅游的人群结构特点及旅游方式”“不同尺度分析说明红博城的建筑特色如何体现中华民族传统文化”“红博城的客源特征、消费群体”，面对“旅游的人群结构”“不同尺度”“客源特征”这些新词，学生会不知所措，作为指导教师应该在拿到题目后立即引导学生利用坐车的时间进行探讨、研究，从而为后面的答题赢得更多时间。

（二）实地调查

活动当天烈日当空，黄色高温预警信号悬挂，但是学生们热情高涨、精神良好，值得称赞，然而在过程中也反映出野外考察、野外调查经验不足的问题。例如：①不知该关注什么，很多地方走过便算，没有想到眼中的祠堂就是旅游资源、口中的云吞就是饮食文化、脚下的晒谷场就是历史印记，更没有思考“人民公社”为何兴起、为何保留，没有联想到如何证明“崖口飘色”的历史悠久。②不够果断勇敢，路上遇到村民、游客、店主，纵使心中有所想，也不敢上前主动大方提问。③不知如何提问，面对调查对象时，没能把题目要求细化成调查问卷，导致调查效率低，调查效果不理想。④不能学以致用，看着眼前的鱼塭养殖，没有联想到基塘农业；看着红博城，没有联想到区位分析、存在问题、发展方向。缺乏理论联系实际的能力，也缺少将课本所学知识运用于解决现实问题的能力。⑤不辨方向，调查过程中不认路，想借用地图，但读图能力不够，结合太阳位置辨认方向的能力更是严重不足。⑥不能合理分配时间，头重脚轻，前面调查用时过长，导致后面时间不足。⑦不能主动现场做笔录，采访时听过就算，或者直接录音，缺少根据对话内容提炼信息并归纳记录在案的能力。

（三）答题

面对问题，学生们大部分能够回答部分要点，但是明显存在灵活性不够、临场发挥能力不足的问题。例如：①没有借用已知材料，自己想当然作答，其实某些题目答案早已在材料中有所提示，如材料中提到崖口村毗邻孙中山故居，有水稻田、淡水鱼塘、滩涂，近来还将大力投资修建省级湿地公园，这都为旅游人群结构、旅游方式甚至后面的崖口一日游设计提供了很好的素材。②活学活用的前提下，归纳汇总能力欠缺，地理学术知识积累不够，导致答题不规范、思路不清晰、条理性不强。③缺乏常识，崖口村土地是集体所有，有学生居然提出崖口的土地属于私有。④分工不明确，也没有充分利用路途上的时间，导致答题时间安排不合理，最后无奈之下只能奋笔疾书、草草了事。⑤书写不工整，没有注意卷面的美观与整洁。

三、汇报答辩

（一）绘图及 PPT 制作

大部分队伍能够做到美观、整洁，创意无限，但也存在细节不够的问题。例如，绘图部分：①对地图三要素敏感度不够，学生容易忘记其中之一、二；②比例尺设置不合理或书写不正确；③基本能做到色彩一致，但颜色不够鲜艳；④线路绘制比较随心，没有真正做到先突出大景点（旅游资源），后才是线，更没有做到标注起点、终点及旅游点之间的距离；⑤没有针对当地的特殊旅游资源，充分考虑到季节、时间问题，如夏季荷花盛放的花池冬季如何应用；⑥没有针对年龄段做出个性化设计，题目要求为 6～18 岁人群设计路线，学生没能充分考虑年龄特征进行区别设计。PPT 制作部分：①模板设计对比度不够，PPT 不够精致；②制作能力不够，动画功能、音乐插入功能等未掌握；③没能充分考虑视觉效果，某些页面文字太多，某些页面字体颜色对比度不够。

（二）展示与答辩

在这个过程中，学生大胆发挥，形式多样、内容丰富，但也存在融合度不高、舞台经验不足等问题。例如：①部分队伍内容严谨，但是缺乏灵气；部分队伍形式创新，但是学术支撑不够。②主题中心不突出，时间分配不合理，题目要求针对一日游路线图做出阐述并分享活动感想，有的队伍却把大部分时间放在实地考察的回顾上，导致最后无法展示核心的两张绘图。③学生舞台经验不足，上台紧张、背台、挡台、忘词等情况均存在。④学生能够针对答辩做准备，但是准备不足，同时台上思维活跃度不够，面对评委问题着急、紧张，从而影响答题。

## 本章回顾

1. 综合实践活动是从学生的真实生活和发展需要出发，从生活情境中发现问题，转化为活动主题，通过探究、服务、制作、体验等方式，培养学生综合素质的跨学科实践性课程。

2. 综合实践活动的总目标为：学生能从个体生活、社会生活及与大自然的接触中获得丰富的实践经验，形成并逐步提升对自然、社会和自我之内在联系的整体认识，具有价值体认、责任担当、问题解决、创意物化等方面的意识和能力。

3. 本书分别从课程视角、教学视角、学习视角三个角度对综合实践活动课程开展分析研讨，力图更加全面、丰富地诠释出综合实践活动课程在实践中的诸多问题与丰富内涵，从而便于读者浸润至综合实践活动的领域，进行必要的把握。

## 反思与交流

第二章

# 综合实践活动课程的历史考察

【知识地图】

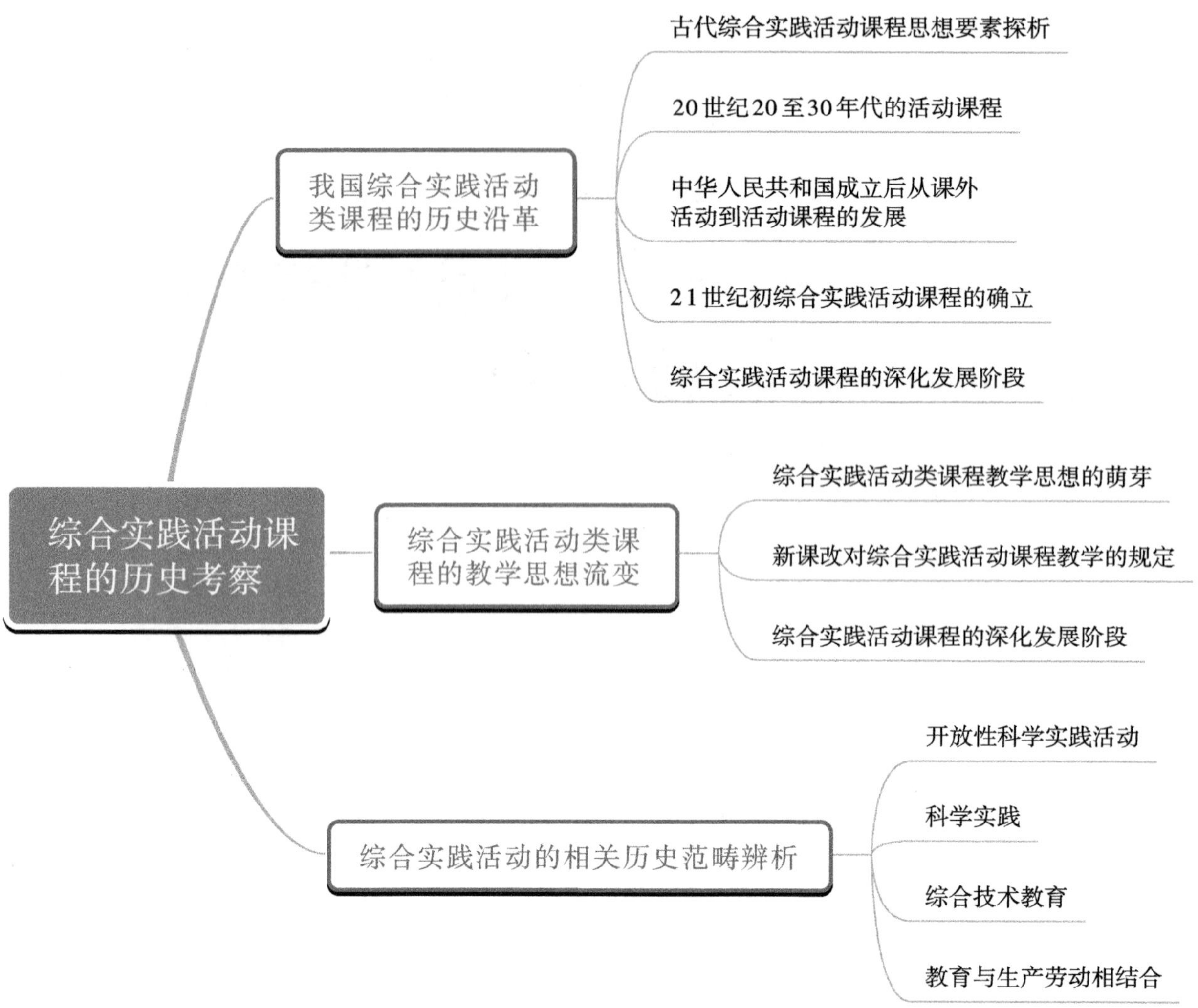


【学习目标】

1. 了解综合实践活动的历史发展。
2. 领会综合实践课程的教学思想发展。
3. 学会辨析综合实践活动的相关概念。

综合实践活动在我国缘于21世纪之初的课程改革。2001年6月国务院发布《基础教育课程改革纲要（试行）》，提出“从小学至高中设置综合实践活动并作为必修课程”。至此，“综合实践活动”课程名称正式确定，成为我国基础教育学校课程的一大亮点。

随着国际课程改革的发展，“中国学生发展核心素养”成为教学设计和课程开发的顶层设计和理论引领。核心素养意味着“必备品格与关键能力”，而能力的获得需要从实践中来，需要将知识运用到实践并在实践中发展。

# 第一节　我国综合实践活动类课程的历史沿革

综合实践活动课程所蕴含的基本要素与理念有着深厚的历史渊源。这一课程形态所蕴含的基本教育思想——实践、探究、教育与生活的联系等观点——由来已久。概括而言，我国综合实践活动课程的发展大致经历了以下五个阶段。

## 一、古代综合实践活动课程思想要素探析

在我国古代的教育历史中，很多思想家践行了他们重视“行”的知行统一观，其中包括唯物主义和唯心主义知行观。持唯物主义知行观的既有某种程度上涉及知行统一的经验论者，如孔子、墨翟、颜元，又有持唯物论者，如张载、戴震等人，他们将知行统一学说做了进一步的解释，还有朴素唯物主义者，以荀况、王廷相、王夫之等为代表，对知行统一问题提出了许多有价值的论证。[①] 在持唯心主义立场讨论知行问题的思想家中，以程颐、朱熹、王守仁体现得最为显著，这对我们研究综合实践活动课程的产生很有启发。

持唯物主义知行观的思想家中，以荀况、王廷相、王夫之为代表，他们对于知与行关系的论证，较经验论者、唯物论者有很大的进步。

荀况在总结各种不同知行观的基础上，发展了孔子“学而知之”的思想，汲取《墨经》中的合理成分，把先秦时期的知行学说推到了一个新的阶段。[②] 荀况强调“行”在认识过程中的作用和地位，提出了“不闻不若闻之，闻之不若见之，见之不若知之，知之不若行之，学至于行之而止矣”。由此可知，荀子认为“行”高于“知”，但是“行”与“知”的关系是紧密联系的，他重视“闻”“见”等感性认识向理性认识“知”的提升，更加重视理性的“知”向实践的“行”转化。荀子将教学过程具体化为闻、见、知、行四个环节，把“行”看作学习的最终目标，正如他所说：“行之，明也。明之为圣人。……故闻之而不见，虽博必谬；见之而不知，虽识必妄；知之而不行，虽敦必困。”在荀子看来，“知”的目的在于“行”，而“行”需要理性认识“知”的指导。他说：“君子博学而日参省乎己，则知明而行无过矣。”只有“知明”，方能“行无过”，从而达到知和行的统一。

王廷相认为，认识发生于感官与外物的接触中。“物理不见不闻，虽圣哲亦不能索而知之。使婴儿孩提之时，即闭之幽室，不接物焉，长而出之，则日用之物不能辨矣。”若使人与认知对象相脱离，在婴儿时期即“闭之幽室，不接物焉”，那么他便不能认识简单的日用之物，更谈不上对复杂事物的理解。既如此，人的教育就不能不重视“见闻”，应重视接触实际及重视实地的经历，应该通过具体活动进行学习。于是，他提出了“接习”与“实历”的原则。他认为，只有在“实践处用功”，才能获得“真知”，不过，王廷相并非片面重视实践，他主张“知行并举”，思与习相结合。这表明了王廷相重理论与实践的统一、主观与客观的统一。

① 李臣：《活动课程研究》，76～77 页，北京，教育科学出版社，1998。

② 同上书，78～79 页。

清代的王夫之继承了王廷相等唯物主义者的知行学说，认为“且夫知也者，固以行为功者也；行也者，不以知为功者也。行焉可以得知之效也，知焉未可以得行之效也。……是知必以行为功也”。王夫之认为，行是知的基础，理论只能源于实践，实践具有对认识的决定意义。他认为应该是先有实践再有认识，但是实践与认识没有轻重之分，而是齐头并进、相辅相成的。人们获得真理性认识，就需要躬身于实践。具体说来，“在实践中通过‘形、神、物’‘三相遇’而产生知觉，形即感觉器官，神即‘心思’，也就是人的思维活动，物即具体事物”[①]。就是在实践当中，感觉器官与事物相结合，认识事物的现象，在此基础上，通过思维活动认识事物的本质，从而将感性认识上升到理性认识。至此可见，王夫之系统的知行学说标志着我国古代朴素唯物主义的最高发展，其中“行”的意义更接近于近现代“实践”的意义了。

唯心主义知行观以程颐、朱熹、王守仁的学说体现得最为明显，他们提出了知行统一的命题，但不同的思想家阐述的理论基础和侧重点有显著区别。

程颐认为，知为先，行为后，即知先行后说。一方面，他强调“学而知之”的思想，注重实际行动，行依赖于知，反对脱离行而谈论知，只要有知，便能见到行，没有知是不能行的。显然，程颐是主张知行统一的。不过由于其唯心主义先验论的理论基础，又反映出先知后行、以知为本、知之深、行必至的倾向。另一方面，他提出“知之深，则行之必至，未有知之而不能行者”。这说明“知”“行”两者也是不可分离又相互依存、相互依赖的关系。在进行思想教化时，程颐更多的是采用把教义渗透到人们的日常行为中，重视知识与实践的关系，强调将内在的规律外化为治国平天下的行为。

朱熹继承和发展了程颐的知行观，着重讨论知与行的关系。他提出“论先后，知为先；论轻重，行为重”。并且尤其强调，致知、力行，用功不可偏废。他认为一个人在“行未及之”的时候所获得的“知”总是浅陋的，必须通过“行”才能深化，他主张知与行需要结合起来，他说：“知之愈明，则行之愈笃；行之愈笃，则知之益明。”这说明知与行并不是两个独立完成的阶段，而是两个需要相互促进、相互发展的过程。朱熹的白鹿洞书院将“行”作为一种教育方法，在教学过程中，用许多的格言和故事、具体生动的榜样形象，使学生即学、即谈、即知、即行。通过行动学习榜样，达到“习与智长，化与心成”。

王守仁则反对“知先行后”说，提出“知行合一”说。“知者行之始，行者知之成。圣学只一个功夫，知行不可分作两事。”这个论点，着眼于把“知”与“行”作为一个动态的过程来把握，强调“知”“行”相互联系，两者共同构成一个实践过程。在自己的教学实践中，王守仁贯彻着他的“真知即所以为行，不行不足不谓知之”的观点。他认为学、问、思、辨不能够单独说就是知，笃行也不能够单独说就是行，学、问、思、辨与行原本就是一个统一的过程。在课程设置上，读经、习礼、弹琴、习射无不可学，而这些既靠“知”也要靠“行”去学。

以上典型的知行学说由于历史的局限，很长一段时期内并没有被明确阐明“活动课程”的价值，仅仅是为了更好辅助学生完成读经和修身需要，处于附属的地位，只能说蕴含了活动课程

① 张秀红:《论王夫之的教育哲学》，载《华东师范大学学报（教育科学版）》，1999（4）。

的思想要素。但是，这些要素给我们以深刻的启发，即综合实践活动课程的设计同样需注意对于学生“认识形成”的重要作用。

## 二、20世纪20至30年代的活动课程

我国古代虽不乏对活动课程要素的探讨，但直到清末，伴随着西学东渐和五四运动的发展，封建社会的课程体系及其教育脱离社会需要、脱离儿童生活等弊端才被更多人意识到，活动课程的思想越来越受到人们的关注。

20世纪20至30年代，由于社会转型，我国学术界和思想领域正进行革新运动，教育思想和实践的发展异常活跃，也取得了丰硕的成果。这个时期，恰是欧洲新教育和美国进步教育发展的鼎盛时期，我国与欧美国家的思想和文化交流十分频繁。实用主义教育学说在我国教育界受到了欢迎，尤其是杜威来华讲学及教育界对杜威思想的介绍，直接促成了活动教育思想的迅猛发展。这个时期的主要表现为“首先，活动教育的内涵得以深化，由古代的‘知行观’扩展到解放儿童、尊重儿童以及促进儿童个性自由发展。其次，活动教育实践开始向规范化的方向发展。当时的全国教育联合会曾制定了《民治教育设施标准案》，对学生的活动进行了规定。如，注重自学；练习公民自治；发展生活知能；练习服务社会；注重体育；研究学术，扩充创造力。再次，活动教育研究开始向系统化的方向发展”①。其中，陶行知和陈鹤琴在对杜威学说进行本土化改造的基础上，分别对“生活教育”和“活教育”进行了理论研究和实践探索。

陶行知继承了杜威的“教育生活理论”，并在多年的教育实践探索中基于“行是知之始，知是行之成”的认识论对其进行了革新和创造，形成“生活即教育”思想，他认为只有在生活中获得的教育才是有用的、真的教育。陶行知先生说：“我们要解放小孩子的空间，让他们去接触大自然中的花草、树木、青山、绿水、日月、星辰，以及大社会中之士、农、工、商，三教九流，自由地对宇宙发问，与万物为友，并且向中外古今三百六十行学习。”②在教育教学中，陶先生提出“教学做合一”，特别强调“做”“行动”“实践”在教学中的作用，认为“教学做是一件事，不是三件事”，“事怎样做就怎样学，怎样学就怎样教，教的法子要根据学的法子，学的法子要根据做的法子”。③由此可以看出，需要通过“做”这一实践活动，将教与学有机统一起来。

20世纪30年代末，陈鹤琴针对传统教育理论脱离实际、学校脱离社会、教学脱离儿童需要的弊端，提出并形成较为成熟的“活教育”思想理论。“‘活教育’顾名思义，就是反对已经埋没人性的死教育，反对读死书的死教育，它要摧毁传统教育的锁链”，使儿童教育“变为前进的、自动的、活泼的、有生气的教育”。④在课程思想上，陈鹤琴说：“活教育的课程是把大自然、大社会做出发点，让学生直接向大自然、大社会学习。”即让儿童在与大自然、社会的直接接触中，在亲身观察中获取经验和知识。但他并未绝对强调经验，绝对否定书本。他认为书本知识应是现

---

① 吴惠青、周晓燕：《我国活动教育的回顾与展望》，载《浙江师范大学学报（社会科学版）》，2002（6）。
② 中央教育科学研究所：《陶行知教育文选》，308页，北京，教育科学出版社，1981。
③ 同上书，77页。
④ 吴晓勤、翟大林：《陈鹤琴的教学方法论评析》，载《安徽教育学院学报》，1996（2）。

实世界的写照，应能在自然和社会中得到印证，并能反映儿童的身心特点和生活特点，力求让自然、社会、儿童生活和学校教育内容形成一个有机联系的整体。①

陶行知和陈鹤琴等人不仅在教育理论方面抨击旧教育的弊端，而且在教育实践中也脚踏实地地推行自己的思想，创办学校，影响了一大批追随者和后来者，使活动课程在20世纪20至30年代达到一个高峰。

## 三、中华人民共和国成立后从课外活动到活动课程的发展

中华人民共和国成立后，教育事业同其他行业一样，开始全面向苏联学习。受当时苏联影响，新中国成立初期把课程标准改革为教学计划，把课程标准中的各分科课程标准改革为教学大纲。随后编订的教学计划和教学大纲，其指导思想是强调学科课程，而把学科课程以外的各种形式的活动统称为“课外活动”。因而，在相当长的时间内，我国的学校实践活动以课外活动的方式存在，作为学校课程的补充和延伸，但并未被纳入学校课程体系的有机组成部分。中华人民共和国成立后，教育部每次制定的教学计划或相关文件都很重视课外活动。1955年，为配合当时小学教学计划的执行，教育部还曾颁布了《关于小学课外活动的规定》，明确指出了“课外活动”的内容、时间和实施细则。②然而，课外活动毕竟是在教学以外进行，不是作为主要课程出现的，也没有教学大纲和指导书，在学校教育中的地位很难得到保证。

随着教育改革的深入发展和国际学术交流的增加，为了加强“课外活动”的开展，教育工作者对“课外活动”的命名、价值、形式进行了积极的探索。至此，“课外活动”课程化大讨论拉开了序幕，经历了从课外活动到第二课堂、第二渠道、活动课、活动课程的演变发展过程。

20世纪80年代初，有学者提出“第二课堂”概念，指出“第二课堂”“是指那些在教学大纲、教学范围以外，有目的、有计划、有组织、有重点地开展的学生课外活动，如科技活动、阅读活动、文体活动等”③。有人认为，“第二课堂”的提法不必要，也不可取，这一提法模糊了课外活动和课堂教学的界限，容易使人忽视课外活动固有的特点和任务，甚至导致把课外活动变成变相的课堂教学。另有学者针对旧教学体系的弊端，提出要“让学生有充分的课外时间（譬如每周有三至四个半天）参加各种有益的活动，包括各种科技活动、参观、考察、实际操作、专题讲座等”④，并认为，如果把传递“昔时信息”的课堂教学称为“第一渠道”，那么使学生获得“即时信息”的上述种种活动就可以称为“第二渠道”。也有学者提出“第二课堂”或“第二渠道”中的“课堂”或者“渠道”都只是象征意义，只能给人以新鲜感。可见，无论人们选取哪种命名并为其予以辩护，本质上都离不开课外活动对学生发展的意义。正因为如此，在寻求新术语来确切表达“活动对于学生真正意义”的过程中，一直有人坚持为“课外活动”名称本身辩护，认为“课外活动”这一提法概念清楚，性质明确，无须更改。但是，“课外活动”这一提法确实容易使人

① 叶澜:《中国教师新百科（中学教育卷）》，50页，北京，中国大百科全书出版社，2002。
② 瞿葆奎:《教育学文集：课外校外活动》，455页，北京，人民教育出版社，1991。
③ 徐洪涛:《努力开辟第二课堂》，载《人民教育》，1983（11）。
④ 瞿葆奎:《教育学文集：课外校外活动》，248页，北京，人民教育出版社，1991。

误解它的教育作用，无法明确活动的课程价值。而且，“课外活动”的本意就是指课程以外的活动，因此，从课程的角度来看则不能明确它的课程性质。所以，对“课外活动”这一术语的分析仍需继续深入。

20 世纪 80 年代以来，随着我国教育改革的深入，特别是九年义务教育的实施和素质教育的提出，“课外活动”备受重视。在 1981 年制定的《全日制五年制小学教学计划（修订草案）》中，为了“全面贯彻党的教育方针，使学生在德育、智育、体育几方面都得到发展”，减轻学生过重的课业负担，第一次把活动纳入周课时总量，不过当时仍称“课外活动”。1984 年的《全日制城市小学教学计划（草案）》，则把“课外活动”改为“活动”。1986 年《义务教育法》颁布后，国家教委于 1986 年制定了《义务教育全日制小学、初级中学教学计划（初稿）》，在此基础上，经过系列实验研究，在 1988 年制定的义务教育《教学计划》里，又一次在中学教学计划中规定了活动课。①

总的看来，这一时期的课程仍存在着种种不足，如“课外活动”尚未课程化，其理论基础并没有深入的研究和说明，在实践中也并未很好地落实。在价值陈述上，课外活动及活动课依然围绕着课堂教学来阐述，对学生生活和社会生活的关注度不够，而且课外活动的时间基本上是学校课程以外的边缘时间，在空间上也往往是临时找地方，在活动的过程中学生也很难形成全面、整体的观念和认识。没有具体的课程标准和活动指导用书、参考资料等，难以保证学生能够亲身实践、主动活动。在评价上，缺乏可操作性的系统评价指标来衡量活动效果。在管理上，缺少大批合格的指导者。总而言之，20 世纪 80 年代之前的“课外活动”尚不足以体现原本就客观存在于活动之中的课程价值。

20 世纪 90 年代，社会科技的迅猛发展使知识体系不断出现分化与综合，交叉学科、边缘学科不断涌现，自然科学与社会科学的渗透日益加强。同时，社会对人才的培养也发生新的变化，创造能力、实践能力及问题解决能力等成为人才素质的基本要求。在这一背景下，国家教委于 1992 年颁布了新的《九年义务教育全日制小学、初级中学课程计划（试行）》，文件中规定小学课程包括“学科、活动”两部分。至此，活动与学科并列纳入课程设置中，这是中华人民共和国成立以来“活动”第一次以国家课程的身份出现在课程计划中。1994 年国家教委在《贯彻执行国务院颁布的新工时制全国普通中小学今秋将实行调整后的教学计划》中，规定课程由学科类课程和活动类课程组成。在由文件精神向实践行为的过渡过程中，很多实践者也许为方便之故，常用“活动课程”去领会和践行文件中的活动类课程，而理论工作者则大多直接在“活动课程”上面做文章。②从“课外活动”到“活动类课程”即“活动课程”的发展历程来看，经历了由“课程以外”向“课程以内”的转化，这反映了人们在观念层面上对“课外活动”中“活动”对学生教育价值和发展的肯定。从教育实践的角度来看，“活动课程”是“课外活动”的发展和升华。两者在育人功能、组织形式等方面虽然有许多一致的地方，但在育人的价值观上，在学校教育中

① 刘淑红：《20 年来我国活动课程的改革历程和发展趋向》，硕士学位论文，西北师范大学，2005。
② 李臣之：《“课外活动‘课程化’”问题探析》，载《教育科学》，1997（4）。

所处的地位及实施要求上却有很大的差别。所以，中小学在开设“活动课程”以后，仍有必要开展“课外活动”。

从活动课程的本质及表述中，可以推演出活动课程的种种特征，但最根本的四个特征是活动性（又称实践性）、自主性（又称主体性）、综合性和开放性。① 上述四个根本特征是相互联系而非孤立存在的。活动课程为开放性提供了前提条件，开放性使活动得以实现；活动性和开放性则体现在综合性之中；学生的自主发展也是以活动性和开放性为前提。但是在活动课程实施的过程中，活动课程本身的弊端也随之暴露，例如：活动课程在整个课程结构中分量较小，达不到国家所规定的基础课时数，甚至有些活动课虽列入课程表，但实际上作为学科课程的补课之用，形式化倾向明显。就其价值而论，人们并没有从整个教育的发展历史来认识活动课程对于人发展的价值和意义。因此，在教育改革的浪潮中，如何保持对活动课程实质的认识，以及它与学生的学习生活、家庭生活、社会生活的密切联系，是活动课程理论与实践研究的关键。

## 四、21 世纪初综合实践活动课程的确立

20 世纪 90 年代以来，世界各个国家和地区都采取了旨在适应 21 世纪挑战的课程改革措施，其中基础教育呈现出的共同趋势是重视儿童直接体验和活动的综合课程。这种课程趋势在本质上体现出课程价值观的深层变革，而不只是课程组织方式的改变。

进入 21 世纪，经济全球化、信息技术的快速发展给教育带来前所未有的机遇和挑战，我国基础教育事业的发展面临着新的历史起点，需要在进一步加快步伐的同时，提高教育质量、促进学生的全面发展。在这样的背景下，2001 年我国启动了新一轮基础教育课程改革。课程改革的任务之一即调整和改革基础教育课程功能、结构、内容、实施，构建符合社会对教育要求的新的基础教育课程体系。2001 年 6 月，教育部印发了《基础教育课程改革纲要（试行）》，其中规定：从小学到高中设置综合实践活动并作为必修课程。

自此，各地掀起了综合实践活动课程的开发、探索实践、活动育人的人才培养模式高潮。尤其是课程的价值及开设的必要性得到了广泛认可，课程开设也更加规范，一些学校制订了完善的课程规划，建立了相应的课程管理、激励和评价制度，并形成了一支专、兼职结合的教师队伍，开发了丰富的课程资源。这也说明综合实践活动课程在某些学校已经逐渐从常态实施转向有效实施。首届基础教育国家级教学成果奖也显示，综合实践活动课程的实施破解了“理论联系实际”这一长期以来困扰基础教育教学的难题。具体表现在：探索建立了一些“理论联系实际”的典型课程形态、新的中小学生实践学习方式、丰富多样的实践基地及必要的保障机制。②

① 刘淑红：《20 年来我国活动课程的改革历程和发展趋向》，硕士学位论文，西北师范大学，2005。

② 柳夕浪：《理论如何与实际相联系——首届基础教育国家级教学成果奖评析之二》，载《人民教育》，2014（20）。

## 五、综合实践活动课程的深化发展阶段

综合实践活动课程在我国中小学实施十余年之久，它倡导面向学生的生活世界，强调综合性、实践性，使学生获得真实的体验，着力引导学生运用各学科所学知识，分析解决生活中的实际问题，鼓励学生在生活中勤于思考，勇于探索和实践，促进学生创新精神和实践能力的培养。但是，综合实践活动课程在取得理论和实践重大成果的同时，依然面临着不少问题，亟需权威性的指导文件以保障其实施和管理。伴随着学生发展核心素养框架的提出，我国新一轮课程改革步入深水区，综合实践活动课程的有效、深入实施成为改革的一大亮点和关键，具体体现在以下方面。

### （一）明确规定了课程性质

2017 年 9 月，教育部颁布了《中小学综合实践活动课程指导纲要》（以下简称《指导纲要》）。《指导纲要》明确了综合实践活动课程是以培养学生综合素质的跨学科实践性课程，揭示了它必须课程与学科课程并列设置、从小学一年级至高中三年级全面实施的属性，进一步巩固了课程的独立地位。整体设计贯穿 12 年学程，既体现出学生年龄阶段的特殊性，也考虑到对学习持续向前发展的关注。这种做法可以帮助我们走出综合实践活动课程在主题上的浅尝辄止及零散、随意的倾向。

### （二）清晰表述了课程目标

《指导纲要》提出“课程目标以培养学生综合素质为导向”，强调着力发展核心素养，首次从价值体认、责任担当、问题解决、创意物化四个方面正式表述了学段的具体目标。“从小学、初中到高中呈现螺旋上升、递进式的水平发展描述，实现了学段间的衔接，破解了通常所认为的综合实践活动‘能力、意识、情感’目标隐晦、不易表述的难题。”[①] 将综合实践活动课程目标定位为培养综合素质、核心素养，从而与培养学生的学科素养、学科素质的学科课程区别开来，导向清晰，定位准确，有利于避免活动课程与学科课程边界不清，克服活动课程实施学科化做法。[②] 将责任担当、创新精神、问题解决能力并列，对综合实践活动课程目标的认识更加清晰。三学段目标的不断递进，后一阶段目标均确立在前一阶段基础之上，增强了阶段目标的可操作性，也为课程目标和内容在设置上提供指导。

### （三）系统阐述了课程内容和活动方式

《指导纲要》提出综合实践活动课程的内容选择与组织应遵循自主性、实践性、开放性、整合性、连续性的原则，体现课程尊重学生的兴趣爱好和需要，在课程组织过程中体现学校和社区的特色，能够使地方文化融入其中。综合实践活动课程的内容领域是十分丰富的，但不管如何宽泛，遵循以上原则便使课程设计有了方向。《指导纲要》明确了四种主要活动方式，包括考察探究、社会服务、设计与制作、职业体验。设计四类活动方式目的，一方面，引领人们认识综合

---

① 刘玲:《综合实践活动课程在我国的演变与发展》，载《中小学管理》，2007（12）。

② 潘洪建:《〈中小学综合实践活动课程指导纲要〉的创新、问题与改进》，载《当代教育与文化》，2018（2）。

实践活动课程的类型与方式；另一方面，从每种活动方式中提炼关键因素，增强课程实施的操作性和规范性，为中小学教师提供更好的指导。当然，综合实践活动方式是相对的，在提倡实施时可以有所侧重，也可以进行整合，使不同的活动方式相互渗透、融会贯通。以上四种方式并非综合实践活动课程的全部，除此之外，还有党、团、队等教育活动及博物馆教育等。

#### （四）规范学校规划及管理制度

《指导纲要》明确了学校作为综合实践活动课程规划和实施的主体责任，特别指出学校在课程规划时要注意处理好三对关系，即综合实践活动课程的预设与生成、综合实践活动课程与学科课程、综合实践活动课程与专题教育。这些提法有利于避免从学科知识的角度进行活动设计，把活动设计与教学设计区分开来，防止将综合实践活动课程与专题教育等同。在课程实施方面，就课时安排、人员机构、组织方式、教师责任及活动评价等方面做出规定。而课程管理上，加强培训制度和教研制度，建立支持体系与保障，使课程具有较强的操作性，更符合当前我国的教育实际。对于以上可能出现的问题，《指导纲要》都做出了前瞻性的探讨。

## 第二节　综合实践活动类课程的教学思想流变

综合实践活动课程思想虽在我国由来已久，但在改革开放之前，综合实践活动课程的教学在我国始终没有足够的规模与影响，没有产生一种足以限制教学中过于偏重知识的力量。党的十一届三中全会之后这种状况引起人们深刻关注，教育者们纷纷展开各种教学实验，试图改变这一局面。本节仅对 20 世纪 70 年代以后影响综合实践活动类课程的教学思想进行回顾。

### 一、综合实践活动类课程教学思想的萌芽

综合实践活动课程着眼于改变学生单纯地接受教师传授知识为主的学习方式，提倡培养自主、探究、实践能力。此类课程教学思想的萌芽是指在综合实践活动作为正式课程名称之前我国已有教学形式体现其思想。

#### （一）自主探究教学

自主和探究是我国 20 世纪下半叶教学改革和教学方法改革备受重视的思想，二者侧重点不同，但存在着相互交叉、相互促进的关系。自主包含着对自身自主与对象自主的辩证统一，教学中的自主强调学生的主体性更具体地指学生的自主学习，即学生主动地、有主见地学习，发现知识结论。“显然，自主学习能力作为一种认识、选择和行动的能力，它不是天生的，它的获得有一个过程，不可能一蹴而就。”[①]学生的自主学习也不限于学习方法上或知识的学习上，还可以包括智力、技能、能力、个性等一切与成长有关的智力因素和非智力因素。当然，这些自主

① 陆根书、林毓锜：《论自主性和学生自主学习》，载《高等工程教育研究》，1990（1）。

学习需要在教师指导下进行。20 世纪 70 至 80 年代，我国掀起了一股前所未有的教育实验热潮，自主教学的思想体现于诸多教学法之中。20 世纪 90 年代，有学者开展的“主体性教育”实验取得重要成果，更加注重学生的独立性和自主性。“自主学习的基本特征是学生自己选择和确定学习目标和学习内容，自己独立地完成学习的目标并掌握学习的内容，而且能够根据学习的实际过程自主调整学习目标和内容”，“教师的工作在于引导学生确定自我学习目标、完成学习目标（解决问题）和自我评价”。①

改革开放以后，随着科学技术的发展，小学科学受到重视。这一时期，探究教学主要受西方教育思想的影响，理科教育杂志不时会有教学方法与改革的文章；国内有学者的课程教学改革注重对学生探究精神的培养。探究学习是以自主学习为前提的，它的基本特征是“学生从真实的自然情境、生活情境或书本知识情境中发现问题、研究问题、解决问题”②。当然探究学习对教学条件及师生的要求很高，但探究学习一直是综合实践类活动课程有效实施的重要因素之一。

案 例

### 铁粉在磁场中分布情况探究

刘莹 北京大峪中学分校

| | |
|---|---|
| 章节 | 铁粉在磁场中分布情况探究 |
| 课题 | 铁粉在磁场中分布情况探究 |
| 教学目标（体现差异） | （1）分别试验并观察条形磁铁与 U 形磁铁周围铁粉的分布情况，比较两者的差异。<br>（2）探究试验铁粉在各种磁场中的分布（平面的和立体的），通过铁粉的分布情况感受磁场的真实存在。<br>（3）通过探究试验加深对同极（同性磁极）相斥、异极（异性磁极）相吸的认识，加深对磁体周围存在磁场的认识。 |
| 教学重点 | 观察条形磁铁与 U 形磁铁周围铁粉的分布情况。 |
| 教学难点 | 通过探究试验加深对同极（同性磁极）相斥、异极（异性磁极）相吸的认识，加深对磁体周围存在磁场的认识。 |
| 教具 | 条形磁铁（2 个）、U 形磁铁、钕铁硼磁铁（4 个）、乳白色实验托盘、铁粉。 |

| 教学过程设计 | | |
|---|---|---|
| 教学步骤设计 | 学生活动设计（依据学生差异有的放矢） | 时间分配及预计效果 |
| 一、探究内容<br>磁体可以产生磁场，磁场是无法用眼直接看到的，利用铁粉可以被磁铁吸引的特性，可以间接地观察到磁场的分布情况。 | | |

① 刘良华：《解读 30 年教学改革的关键词》，载《湖北教育（教学版）》，2008（12）。
② 同上。

续表

| 教学过程设计 | | |
|---|---|---|
| 教学步骤设计 | 学生活动设计<br>（依据学生差异有的放矢） | 时间分配<br>及预计效果 |
| 磁铁吸引铁粉会产生什么现象呢？不同磁极相互靠近时，其磁场又是怎样分布的呢？下面将通过试验来探究相关问题，并试验不同磁场中磁感线（又称磁力线或磁感应线）的分布情况。 | 思考讨论。 | |
| 二、探究试验<br>1. 铁粉在磁场中平面分布情况试验：<br>在白色托盘上面均匀撒上铁粉，下面分别放置一个条形磁铁、U 形磁铁，观察铁粉的分布情况。<br>2. 将 2 个条形磁铁分别同极、异极靠近，观察托盘中铁粉分布情况。 | 分组完成实验。 | |
| 3. 铁粉在多磁极磁场中平面分布情况试验：<br>取 4 个钕铁硼磁铁，放在托盘下方，观察铁粉的分布情况。<br>4. 铁粉立体分布情况试验：<br>分别试验用条形磁铁与 U 形磁铁进行磁铁吸引铁粉的试验，观察磁极周围铁粉的分布情况，比较两者的区别。 | 完成实验任务单。 | |
| 三、试验结论<br>1. 磁体的磁极部位铁粉分布线条密集且清晰，说明磁极的磁场最强。<br>2. 由铁粉的分布情况可以看出同性磁极相斥、异性磁极相吸。<br>3. 磁场是存在于磁体周围的立体空间的。 | 概括总结。 | |
| 四、现象解释<br>磁体间的作用力是通过磁场产生的，磁场会将铁粉磁化成为细小的磁针，并首尾衔接形成条纹，从而可以间接观察到磁场的真实存在。条纹清晰、密集，说明此处磁场较强；条纹稀疏，说明此处磁场较弱。磁极间的铁粉条纹连在一起，说明磁极之间是互相吸引的；条纹彼此相互远离，则说明磁极间存在斥力。 | 展示交流。 | |
| 五、拓展研究<br>铁质材料的磁化现象探究实验：<br>用实验验证缝衣针不具有磁性，用超强磁铁将缝衣针磁化，再用实验验证被磁化后的缝衣针具有磁性。 | 查找资料完成。 | |
| 课堂教学反思小结 | | |

## （二）合作教学①

合作学习兴起于 20 世纪 70 年代的美国。作为当时运用于中学的主要教学方法，合作学习在大面积提高学业成绩、满足学生心理需要方面取得了一定的成果。在这个方面，最著名的是约

① 参见何孟珂、胡扬洋：《“自主·合作·探究”教学方法的中国命运与启示》，载《现代教育科学》，2017（4）。

翰逊兄弟和斯莱文的合作学习理论与实践，他们提出的合作学习的分组、教学原则和诸多理念都具有重要价值。在我国，合作学习作为一种教学思想，于20世纪80年代末开始被关注。但这种研究与发展并非一蹴而就，而是有着一定的社会背景。

20世纪80年代开始，我国的教学观开始发生改变。有观点认为："传统教育过多地关注知识的掌握，或多或少忽视学生的智力发展，造成了'高分低能'现象。"[①]学生记住了大量的材料，思维的独立性和创造性并未得到相应提升，满足不了科技迅速发展、"知识爆炸"时代对人才的需要。于是，发展智力成为彼时教学的当务之急，一时间各种"教学方法"和"原则"纷至沓来。然而，不少学生在快节奏知识和技能的学习中感到紧张、焦虑，对单调地接受学习、题海战术教学实践感觉枯燥、乏味，甚至产生厌学的情绪。此时，有学者注意到非智力因素在学习中的重要意义，并开始在心理学中展开研究。1983年，"非智力因素"的概念被正式提出，并于两年后发展为"智力与非智力因素结合论"的学习理论。[②]合作教学则被认为是能够很好容纳智力因素与非智力因素的方法。

我国实行控制人口增长的政策后，独生子女数量不断增加。由于家庭结构的变化，独生子女在智力上一般表现出较大优势，但在与同龄人交往时，常常因处理不好彼此的关系而出现矛盾。再加上传统教育中浓厚的竞争色彩的影响，学生之间往往缺乏交往技能和合作意识。为解决此类现实问题，合作学习的教学思想被恰逢其时地引进我国并发生影响。

**案　例**

## 重阳节综合实践活动

杜海鹰　北京大峪中学分校

课前准备：各小组按分配的任务以手抄报的形式对重阳节进行了解，包括重阳节的知识、传说、习俗及诗词。

一、导入新课

二、学习过程

分组展示成果：

第一组：重阳节的起源及新意。

第二组：重阳节的传说。

第三组和第四组：重阳节的习俗。

第五组：重阳节诗词。

三、小结：今天你学到了什么？

四、作业

1. 今天我们怎样过重阳节才能更有意义？

2. 写一首有关重阳的小诗表达你对重阳节意义的理解。

---

① 王坦：《合作学习——原理与策略》，119页，北京，学苑出版社，2001。

② 燕国材：《非智力因素研究三十年》，载《上海师范大学学报（基础教育版）》，2009（1）。

案 例

## 巧用小组提高学生诗歌创作水平

李雅敏 北京大峪中学分校

我校是诗歌特色校，我所教的这两个班是文学素养班，大部分的学生基础较好，知识面较宽，思维活跃。但也有一少部分学生对语文的兴趣不够浓厚，更别谈对诗歌的喜爱了。十二三岁正是培养想象力、创造力及培养情商的最佳年龄段。如何激发学生对诗歌的热爱，如何让学生在课堂上有提高，我做了一些尝试，我觉得在众多的尝试中最有效果的应该是让学生们在小组内互帮互助地学习。借助小组的形式让学生们在小组中互相启发、互相探讨，在这个过程中学生们不仅能体会到创作的快乐、语言文字的魅力，还能激发出对诗歌的热爱，更感受到了合作的乐趣、学习的快乐。这种形式真正地做到了让每个学生都乐学，都有所提高。

教学目标：

1. 以小组为单位，针对自己的诗歌运用所学诗歌中意象的知识进行点评。

2. 提升每个学生的思维品质，提高学生发现、分析、解决问题的能力，提高语文综合运用的能力。

3. 让学生体会到创作的快乐，体会到语言文字的魅力，更好地激发学生对祖国语言文字的热爱、对诗歌的热爱。

教学方法：

交流法、探究法、讨论法。

教学重点：

以小组为单位运用所学诗歌中意象的知识进行点评。

教学过程：

第一课时重点向学生介绍诗歌中的意象，补充大量的经典诗作。

第二课时用对比的方法理解、体会艾青的《我爱这土地》和刘湛秋的《中国的土地》中意象的选择对于情感表达的作用。

第三课时引导学生对自创诗歌《京西的土地》从意象的角度进行点评。

教学资源：

每组推荐上来的诗歌（共 10 首），排版印刷好分发给每个学生。

教学总结：

这节课从课堂效果、学生状态及课后反馈来看，不仅达到了预期的目的，而且取得了非常好的效果。这和借助了一个非常好的平台——小组合作学习是分不开的。小组为每个学生都提供了一个和谐、宽松、平等的环境，在这样的环境中每个学生都能畅所欲言，互相启发，互相点拨，出现讨论、点评的高潮，每个学生都体会到了成功，体会到了互相帮助、互相激发灵感的学习乐趣。

### （三）综合活动教学

20 世纪 80 年代初期，人们越来越认识到班级教学和学科课程的弱点，学生学习的主动性和独立性受到限制，难以适应学生的个别差异，难以培养学生的创造能力和实际操作能力，并且课堂教学存在着单一化、程式化和滞后性，造成学生学习兴趣低落且探索精神减少、教学内容与学生的真实生活相脱离的现象，知识与能力彼此独立又相互依存的关系的把握无法达到理想。系统的知识学习和学科教学加大了学生的课业负担，不利于学生素质的提高及身心健康发展。在此背景下，教育界一方面开始改革班级教学，另一方面将视线投向综合活动教学，以期通过活动教学弥补班级教学和学科课程之不足。

20 世纪 90 年代初，国家教委将活动类课程纳入义务教育教学计划的举措，引发了课程结构的改革。全国广大中小学纷纷开展各种活动课程实验，关于活动课程的研究也在全国逐步展开，活动教学与学科教学渐成并列之势。实验初期取得成效的只有少部分，其中比较有代表性的是相关学者在中小学所做的实验，他们提出综合活动课应体现学生的主体性，具有综合性，既包括知识的综合，也包括能力和教育功能的综合，表现为过程性[①]。这一时期，教学中学生的活动问题受到特别关注，活动教学的概念开始进入人们的视野。理论界对于“活动教学”的研究渐趋活跃，为活动教学实践提供指导。20 世纪 90 年代教育界对综合活动教学的探索表明，基础教育在坚持学科教学为主体的基础上开展综合活动教学，是改变长期以来我国中小学教育中培养学生知识和发展能力失衡的有效途径。

## 二、新课改对综合实践活动课程教学的规定

2001 年，教育部印发《基础教育课程改革纲要（试行）》，文件指出“从小学至高中设置综合实践活动并作为必修课程”，指明了综合实践活动的国家课程性质，以及地方课程和校本课程的开发、组织和评价方式，界定了综合实践活动课程的属性，明确了研究性学习、社区服务与社会实践、劳动与技术教育、信息技术教育作为综合实践活动课程内容的四大领域。从内容中可以看出综合实践活动课程的教学是一种问题解决的过程。首先，确定活动主题，依据活动任务提出问题，旨在培养学生的问题意识。根据主题通过协商的方式确定活动方案，以期培养学生的整体规划意识和能力。如需要小组合作，应以适当的方式组建活动小组，做好活动的准备工作。其次，在活动实施阶段，学生在教师的指导下运用已有的知识和经验，尝试一定的问题解决策略。针对相关主题，通过搜集与整理各种信息，分析解决问题，在活动中经历和体验，从而掌握学习方法。最后，总结活动结果，总结是为了引导学生对整个活动的反思。综合实践活动课程的教学虽然需要必要的等级，但它并不注重结果，而是重视学生综合素质的发展，特别是学生的问题意识、探究能力、兴趣、自主性、社会责任感及问题解决能力。

① 丛立新：《综合活动课程刍议》，载《中国教育学刊》，1995（1）。

## 三、综合实践活动课程的深化发展阶段

在结合时代要求并总结综合实践活动课程10余年实践经验和问题的基础上，2017年教育部颁布了《指导纲要》，这是对2001年综合实践活动课程的深入发展。主要体现在以下方面：首先，明晰综合实践活动性质的表述。2017年《指导纲要》用“真实生活”代替了“基于直接经验”，用“活动主题”“探究、服务、制作、体验等方式”取代“对知识综合运用”这样含糊的表述，还增加了“综合素质”“跨学科”等新时期培养目标的要求。其次，扩展了课程覆盖的学段，提高了综合实践活动在课程体系当中的地位。新的综合实践活动实现了基础教育的整体覆盖，并特别强调“与学科课程并列设置”突出其地位，保障其在实施过程中被严格贯彻。再次，对课程结构进行了调整，采用“活动方式”取代“活动领域”。综合实践活动以一种更为开放的方式，将课程主题融入活动方式之中，给予师生更大的自由度和生成空间。最后，更新了课程内容，并为一线教师提供了推荐主题及其说明，给予教师明确指导。《指导纲要》当中包括考察探究、社会服务、设计制作、职业体验等活动方式，其中“考察探究”明确了“野外考察”“社会调查”“研学旅行”等近年来中小学广泛开展的学生实践探究活动；在“设计制作”中，“制作我的动画片”“体验物联网”“开源机器人初体验”“镜头下的美丽世界”等反映新科技、新生活的主题活动也逐步兴起。[①]

可见，综合实践活动课程的性质更加明确；活动灵活开放，与学生的生活联系密切，有利于调动学生的主动性；课程设计与时俱进，具有浓厚的时代信息，可操作性强。

案 例

### 探寻圆明园的兴衰

刘立 北京市东城区花市小学

一、活动背景

（一）教学内容

圆明园历经了百年沧桑，浓缩了近代中国饱受列强凌辱的屈辱历史，是一处难得的爱国主义教育基地。圆明园山水相间，景色宜人，被世人称作园林艺术的瑰宝、建筑艺术的精华。徜徉于圆明园中，学生不仅能够欣赏大自然的美丽，还能够学习古典园林的建筑知识。本次活动设计还有利于综合实践活动课程和语文、美术和品德与社会等学科的整合。

（二）学生情况

圆明园距离我校较远，因此到那里游览的机会相对很少。之前调查了57名学生，其中只有

① 李俊堂：《综合实践活动四十年：发展历程、基本问题与未来展望》，载《湖南师范大学教育科学学报》，2018（6）。

19 名学生去过，有 41 名学生通过不同的渠道只了解圆明园是被英法联军烧毁的，5 名学生知道圆明园分为三个园区，大部分学生对圆明园没有什么了解。五年级的学生已经有了一定搜集资料和整理信息的能力，学生可以通过小组合作、考察、搜集、访问等社会实践活动，认识和了解圆明园的历史，并在活动中增强竞争意识、合作意识，学会与人交往，锻炼自己勇于参与、大胆实践的品质。学习一些研究方法，并能通过上网、看书等渠道查找到相关的资料，初步具有搜集、整理和运用资料的能力。

（三）教学方式、手段

1. 教法

（1）情境教学法：运用直观的多媒体课件和生动而富有激励性的语言创设情境，有效激发学生的学习兴趣。

（2）开放性教学法：从课下搜集、整理资料和游览活动，到课中小组交流、课上展示交流的方法，把课堂交给学生，给学生搭建展示的平台。

2. 学法

自主学习合作探究法：在课内采用交流、分组讨论的形式，让学生积极交流共同探讨，主动参与到实践活动中去。

二、活动目标

使学生了解圆明园曾经的辉煌，知道圆明园的毁灭是中国近代史中的耻辱。

在探究过程中，让学生能够自己制订活动计划，培养搜集信息、处理信息和运用信息的能力。

通过讨论、搜集、合作、交流等实践活动，使学生能了解运用调查研究的方法。

分组确立课题，让学生成立小组，合作设计活动方案，提高自己的实践能力。

激发学生的爱国情感，以及增强振兴中华的责任感和使命感。

培养学生的合作意识。

三、重、难点分析

（一）活动重点

通过讨论、搜集、合作、交流等实践活动，学生能了解运用调查研究的方法。

（二）活动难点

提高学生整理和运用信息的能力。

四、活动准备

（一）教师准备

第一，通过各种方式了解圆明园的历史。

第二，通过问卷调查，了解学生认知需求，明确活动目标。

第三，实地考察，了解圆明园遗址公园的现状。

（二）学生准备

第一，搜集、整理有关圆明园的资料。

第二，汇报交流的作品。

五、活动过程

（一）第一阶段：明确研究主题

1. 通过问卷调查，了解学生认知需求

（1）你们去过圆明园吗？你们知道圆明园坐落在什么位置吗？

（2）你对圆明园有多少了解？

（3）你有哪些想了解的问题？

（4）想一想：你可以用哪些方法来找到答案呢？

2. 集中问卷，汇总想要了解的问题

组织全班学生，汇总他们想了解的问题，具体如下：

（1）圆明园是谁在什么时候开始修建的？

（2）为什么叫圆明园？

（3）圆明园原来是什么样？有什么建筑？里面住过人吗？

（4）圆明园为什么被毁？怎么毁的？

（5）现在的圆明园是什么样的？

（6）圆明园的历史。

3. 最想了解的问题

从有关的书籍中或网络上搜集信息。

（二）第二阶段：根据主题分组实践

1. 根据学生带来的资料进行归类

2. 提出和选择研究主题

根据学生的需求总结出 5 个研究主题：

（1）圆明园的修建和名字的由来。

（2）圆明园的布局。

（3）圆明园的建筑特点。

（4）圆明园里的奇珍异宝。

（5）圆明园的毁灭。

3. 指导学生根据自己感兴趣的主题划分相应的小组

4. 分组制订活动计划，完成活动计划表

表 2-1　探寻圆明园的兴衰活动计划

<table>
<tr><td>活动主题</td><td colspan="2"></td></tr>
<tr><td rowspan="2">组内成员</td><td colspan="2">组长：</td></tr>
<tr><td colspan="2">组员：</td></tr>
<tr><td rowspan="2">人员分工</td><td>姓名</td><td>承担的任务</td></tr>
<tr><td></td><td></td></tr>
<tr><td>汇报形式</td><td colspan="2"></td></tr>
</table>

（三）第三阶段：成果展示，交流共享

1. 活动导入

出示法国大作家雨果的话："在世界一隅，存在着人类的一大奇迹，这个奇迹就是圆明园。……圆明园属于幻想艺术。一个近乎超人的民族所能幻想到的一切都汇集于圆明园。只要想象了一种无法描绘的建筑物，一种如同月宫似的仙境，那就是圆明园。假定有一座集人类想象力之大成的灿烂宝窟，以宫殿庙宇的形象出现，那就是圆明园。"

同学们通过搜集资料和实地考察对圆明园有了一定的了解，今天让我们再次走进圆明园去探寻它的兴衰。

2. 了解圆明园的兴衰

（1）雨果把圆明园称作人类的一大奇迹，那么这一奇迹是怎样诞生的？我们听一听同学们的介绍。

学生介绍修建圆明园的原因以及名字的由来。

播放视频。

（2）这座举世闻名的皇家园林的布局和建筑有什么特点？请同学们来说一说。

①学生介绍圆明园的布局。

②学生分组介绍圆明园的建筑特点。

（3）漫步园中，犹如漫游在天南海北，饱览着中外风景名胜；流连其间，仿佛置身在幻想的境界里。圆明园不但建筑宏伟，还是当时世界上最大的博物馆、艺术馆。谁来说说这是为什么呢？

（园内收藏着珍贵的历史文物和各种奇珍异宝）

①有哪些奇珍异宝呢？哪个小组来给我们讲一讲？

②学生分组介绍珍贵的历史文物和各种奇珍异宝。

③学生介绍自己制作的小报。

（4）同学们，当你在这如诗如画的美景中游览，你最想说什么？

交流自己的感受。

（5）可是，当我们再次踏上这片土地时，我们看到的是什么样的呢？

出示圆明园遗址公园的图片。

（6）美得让我们以为是仙境的皇家园林，怎么会变成一片废墟了呢？

学生介绍圆明园的毁灭。

播放视频。

（7）圆明园就这样被毁了！这凝聚着当时最先进、最美丽、最宝贵的东方文化，象征着中国财富与文明的圆明园，就这样被他们给抢了、砸了、烧了。同学们，此时此刻，你想说些什么？

①学生交流自己的想法。

②孩子们，你们真是好样的，少年智则国智，少年强则国强。如今我们能做的就是：从我们身边的小事做起，努力学习，振兴中华。历史虽然已经过去，但是警钟依然长鸣。作为一个中国人，让我们用心铭记这段耻辱的过去，记住“落后就要挨打”的历史教训。

3. 畅谈活动体会

通过课前搜集资料，分组整理资料，刚才各组又做了精彩的交流，同学们有哪些收获？

（四）第四阶段：组织学生进行活动评价

1. 评价方式

综合实践并不在乎学生最后作品成果质量的高低，而是注重过程。此时，师生之间、生生之间的互动评价是多元的，评价的内容关注学生的体验和收获，激励着学生的成长和发展。

（1）教师通过学生完成的作品情况，对学生搜集、整理和运用资料的效果进行评价。

（2）利用评价表，学生进行自评和互评。

2. 评价量规

（1）搜集、整理和运用资料活动体会问卷

①在小组活动中你承担了什么任务？完成得怎么样？有什么感受？

②你参与搜集资料了吗？整理资料过程中遇到了什么困难？怎么解决的？

③小组使用你提供的资料了吗？为什么？有什么感受？

④你参与幻灯片或电子小报的制作了吗？制作中遇到了什么困难？怎么解决的？有什么收获？

（2）小组活动评价表

表 2-2　小组活动评价

| 评价内容 | | | 评价等级 | | | | | |
|---|---|---|---|---|---|---|---|---|
| | | | 好 | | 较好 | | 还需努力 | |
| | | | 小组 | 个人 | 小组 | 个人 | 小组 | 个人 |
| 积极参与搜集资料 | 姓名 | | | | | | | |
| 互相帮助制订计划 | 姓名 | | | | | | | |
| 小组合作承担任务 | 姓名 | | | | | | | |
| 遇到困难学会解决 | 姓名 | | | | | | | |
| 善于交流敢于提问 | 姓名 | | | | | | | |
| 积极参与汇报展示 | 姓名 | | | | | | | |

六、活动反思

选择“探寻圆明园的兴衰”作为本次活动的研究主题，非常有意义。活动具有较强的开放性、研究性和教育性。为了更加有效地指导学生开展探究活动，我不仅查阅了大量的相关资料，而且还提前到圆明园进行了踩点。

在活动中我注意尊重学生的独立性。学生在搜集资料的过程中培养了搜集、处理和合理运用信息的能力，掌握了与人交往的技巧和能力；在小组合作交流中锻炼了合作交流的能力，并且逐步养成了尊重别人、善于倾听别人意见的良好品质；学生在汇报成果、交流收获的过程中学会分享成果，同时学到知识，体验学习的快乐。

活动过程总体来说比较成功。在整个活动过程中，学生们走过了一段快乐的、新奇的、兴奋的路程。在制订研究方案时虽然同学之间有争议，但都在相互理解中解决了；在交流汇报时都非常积极踊跃。但我也发现了一些问题：

（1）在活动中有的学生依赖性较强，总等着别的同学来找资料。

（2）在汇报时由于求胜心切，准备工作做得不够好，如读不通顺、读不准字音。

（3）汇报交流的方式有些单一。学生都愿意制作幻灯片，在我的一再鼓励下才有两个小组制作了小报。

在今后的活动中，可以教给学生各种交流汇报的方式，如电子小报、访问录音、视频等。

# 第三节 综合实践活动的相关历史范畴辨析

综合实践活动理念的包容、前卫与多元使其与历史和现实中诸多理念、范畴发生着交叠、关联。对一些概念进行辨析有利于更好地把握综合实践活动课程相关理念的历史发展、现实关联，从而也有利于更好地廓清综合实践活动课程的边界。本节分别辨析综合实践活动与开放性科学实践活动、科学实践、综合技术教育、劳动教育（教育与生产劳动相结合）几个概念的关系。

## 一、开放性科学实践活动

“开放性科学实践活动”概念是北京市教委提出的。2014 年北京市教委发布了《关于印发北京市基础教育部分学科教学改进意见的通知》，提出“构建开放性的教与学模式”，“加强学科教学内容与社会、自然的联系，让学生学习鲜活的知识和技能”，“学校要组织学生走出校门，中小学校各学科平均应有不低于 10% 的课时用于开展校内外综合实践活动课程”。《北京市初中科学类学科教学改进意见》则指出“选择综合性主题，整合物理、化学、生物、地理等学科知识内容和能力培养，采用观察、实验、制作、参观、调查等活动方式，引导学生体验科学与生活的联系，体验科学方法的应用”，“鼓励和引导学生走出课堂，将科学类学科不低于 10% 的课时用于开放性科学实践活动”。

基于以上文件，北京教育科学研究院组织编写了《北京市初中开放性科学实践活动项目手册》，提出开放性科学实践活动聚焦“开放”“科学”“实践”，激发学生创新潜能。“整合广义的教育资源，集中家庭、学校、社会的力量”，“强调学生动手实践、合作探究，增强学生认识自我、认识自然、认识社会的实际体验，保护学生的好奇心”①。课程打破学科限制，涉及领域广泛，视角多元，保证活动项目的丰富性和开放性；拓展教学时空，能够为学生营造生动形象、充满乐趣的学习情境。《北京市初中开放性科学实践活动项目手册》初一、初二两册分别由几十个“项目”组成，如“神奇的干簧管”“公道杯的秘密”“制作水火箭”……每个“项目”由两到三个“任务”组成，例如：“神奇的干簧管”中，任务一为“揭秘干簧管”，任务二为“认识干簧管的原理及应用”，任务三为“制作干簧管控制电路”。每个任务下又有“发现·探索”“实验·猜想”“观察·思考”“观察·实验”“阅读·理解”等类型的活动模块。② 2015 年 9 月，北京市要求全市的新入学初一学生都要参与开放性科学实践活动，要求学生走出校园，走进高等院校、科研院所、科普场馆与博物馆等单位进行学习。课程设置完全根据学生的兴趣、爱好及心理发展需要，充分尊重学生的个性与特点，课程也完全由学生自主选择。

开放性科学实践活动课程的场所主要是高校、科研院所、科博场馆、高技术企业等单位，强调聚焦科学领域。活动项目通过购买方式征集，由申报单位提交。需要借助网络平台自主选课、

① 本刊编辑部:《开放性科学实践，整合教育资源为学生服务》，载《北京教育（普教版）》，2016（1）。

② 北京教育科学研究院:《北京市初中开放性科学实践活动项目手册（初中一年级使用）》，1～5 页，北京，人民文学出版社，2016。

记录课程学习情况等并采取线上线下互动的方式，由资源单位授课教师、学校教师、学生一起，构成课程准备、实施和评价的“共同体”。

综合实践活动课程的内容涉及四大领域，活动场所没有固定的限制，活动主题由教师和学生协商决定。综合实践活动的课程性质是：从学生的真实生活和发展需要出发，从生活情境中发现问题，并转化为活动主题，通过考察探究、社会服务、设计制作、职业体验等方式，培养学生综合素质的跨学科实践性课程。由此可见，开放性科学实践活动是综合实践活动课程的形式之一。

案　例

## 核心素养视域下科学活动实践研究

——以“奇妙的声音”一节为例

张婷玉　陈谦　阚玉霞　北京市陈经纶中学

一、校内开放性科学实践课程开展

开放性科学实践活动的开展分为两条途径同时进行，途径一：校外完成学习，即该课程由“高等院校、研究院所、社会团体”等资源单位开设，每项课程时长为2小时，学生从入学开始，前两年内完成20个项目的学习，一旦网上选取该门课程，学生需要自己在资源单位规定的地址与时间段内参加。途径二：校内完成学习，即在七年级和八年级整合校本课程，每周1课时（45分钟）开展比较系统的科学活动，渗透学科能力的培养。其中，七年级侧重物理学科知识，该门课程大多由各校物理教师担任，八年级侧重化学学科知识，该门课程大多由各校化学教师担任。课堂教学注重指导学生开展小实验、小制作等科学活动，重点提高学生的实验探究能力，为接下来科学学科知识的学习奠定基础。为了保证七年级和八年级科学课的顺利展开，在北京市科学课教研员带领及各学校教师的参与下，编制了科学课程的书目，目前为止第二版已经正式使用。

北京市各中学的校内实践课程在七年级开展科学（物理）实践活动，以科学课教材作为教学的参考，根据学校情况，各学校根据自身特点编制课程内容。该课程突出实践动手能力培养，禁止提前学习八年级和九年级的物理知识，本学年我们有幸担任了七年级开放性科学活动（物理）课程，现以“奇妙的声音”一节为例，展示校内开放性科学活动实践课程的实施过程。

二、“奇妙的声音”校内科学实践实施过程

“奇妙的声音”是教参最后一节课，伴随该课的学习，开放性科学活动实践课程的学习已经接近尾声，学生将面对八年级物理知识的学习，如何引导学生由动手操作逐渐向探究物理本质转变，引导学生运用科学的语言描述现象，引导学生从体验到理论知识衔接就成为本节课的重点，有鉴于此，我们将本节课分为以下三个阶段。

（一）“探”声音

教师向学生展示“会跳舞的火焰”，让学生观察实验、描述实验现象，并请学生思考：喇叭发出的声音为什么可以使火苗跳动呢？学生们各抒己见。教师对于猜想合理的学生给予一定的肯定，打开学生的思维，对不合理的猜想给予相应的引导，最终引出学生猜想：因为喇叭发声时，喇叭在振动，从而使得火焰跳动。教师在引导过程中，强调对比的思想，如当音乐声响起前后烛焰的变化。本演示实验的引入重在调动学生的积极性，引发学生思考，激发学生的兴趣，继续探究声音的产生缘由。

通过刚才的实验现象，同学们猜想音响发出声音是由于物体的振动，学生尝试运用上节课动手制作的“电子通信响”上会发声的小喇叭来模拟音响发出声音的过程，从而验证声音产生缘由的猜想。“电子通信响”是学生在劳技课上已完成的器材，运用学生自己动手完成的器材展开物理知识的学习，激发学生的学习兴趣，更体现了学科之间的融合。

学生将手放在小喇叭上感觉到小喇叭在振动，此时教师提问：“这种振动只能自己感知到，你能不能想办法改进一下实验，使得旁边的同学也能看到小喇叭的振动呢？”给学生提供泡沫、纸屑、米粒等器材，学生可以自行选取器材动手操作，探索着去设计实验，观察实验现象。教师巡视并指导学生规范的实验操作，学生进行实验方法展示时，教师应注重强调对比实验思想。这个环节是整堂课探究的开始，实验本身也具有探究性和开放性。

教师讲述：喇叭的振动不易观察，我们将其转为米粒、纸屑等轻小物体的跳动，这种物理方法叫转换法。通过上述探究我们知道声音是由物体的振动产生的，引导学生举出生活中的实例，证明“发声的物体在振动”。学生尽情列举个人日常生活中的实例，如学生认为嗓子发声时声带在振动、鼓面发声时也在振动等。此举不仅可以拓展学生思维，更可以引导学生养成随时将所学物理知识运用到实际生活中的学习习惯，这也是物理学科本质的体现。

（二）“测”声速

发声体由于振动产生了声音，教师讲课发出声音是由于声带在振动，那么教师发出的声音是如何传到学生的耳朵里的呢？引导学生说出空气可以传播声音，教师提问：“同学们生活中有没有听过‘闪电过后必有响雷’的俗语？谁能解释一下这个物理现象？”自然而然地引出声音不仅可以在空气中传播，而且声音的传播需要一定的时间，从而引出下一阶段的目的：测量声音在空气中的传播速度。

在小学数学中，学生已经学习了计算速度的方法，此时教师引导学生说出计算声音在空气中的传播速度的公式：速度＝路程 ÷ 时间。测量声音在空气中的传播速度需要解决两个关键问题：第一，声音传播的路程；第二，声音传播过程所需要的时间。教师介绍实验器材：超声波传感器、刻度尺、Arduino 软件。超声波传感器可以发出超声波，遇到障碍物返回，此时超声波传感器通过 Arduino 软件记录从发出到返回所用的时间。

第一个关键问题：如何获得路程。将超声波传感器固定在零刻线位置，将障碍物放置在 50 cm 刻度处，声音传播的路程为 1 m。

第二个关键问题：如何获得时间。通过 Arduino 软件，就可以测得超声波来回所用的时间。实验过程中，鉴于学生已有的知识储备，需要提醒学生以下注意事项：小组动手进行实验操作，测量出时间后及时填入表格；Arduino 计算出的时间并不是国际单位，计算出速度值时，不需要向学生展示具体的单位换算，只告诉学生为了与国际的单位保持一致，需要将小数点向右移 2

位；速度值取整数。小组成员互助计算速度的大小，将每一个小组测量的数据填写到表 2-3 中。

表 2-3　测回声路程时间表

| 路程 2*s*/m | 时间 *t*/us | 声速 *v*/（m/s） |
|---|---|---|
| 1 | 2750 | 364 |
| 1 | 2893 | 346 |
| 1 | 2948 | 340 |
| 1 | 2800 | 357 |
| 1 | 2863 | 349 |
| 1 | 2800 | 357 |
| 1 | 2930 | 341 |

实验要求所有小组均测得实验数据，时间的测量数据只要在适当的范围内即可，该处更关注学生实验操作过程，不对学生的测量结果进行具体的误差分析，也无须将“340 m/s”的数据告诉学生。

（三）“用”声音

教师提问：“知道了声音的传播速度后，我们可以将这一知识运用到生活中的很多方面，同学们能举出生活中运用声音的实例吗？”学生通过小组讨论各抒己见，如声呐测海深和探测鱼群及蝙蝠夜间飞行、汽车倒车雷达、超声波测量汽车是否超速等。学生将自己的生活认知完全与知识联系起来，随时用科学的眼睛发现生活中的问题。教师对学生讨论出来的例子及时肯定，可以再加入一些学生没有讨论出的例子，拓展学生的知识面。学生可以网上查阅资料继续学习。在课堂学习开展的过程中，针对课程教学内容设计“任务单”，学生可以一边学习，一边将课堂探究的知识落实到“任务单”上。

三、科学活动实践课程教学反思

校内科学活动实践课的开展重视学生的实际操作及体验，关注生活中的实例，强调科学与知识的融合。开放性科学活动实践课程的实施对教师专业发展、学生的学习方式、课程的设计提出了新的挑战。

（一）为教师专业发展提供新方向

科学课教材分为七年级、八年级两册，七年级主要涉及有关物理知识的实验，包含公道杯的秘密、无轮小车、听话笑脸、惊险的平衡、神奇的金属片等 25 个制作类实验，重点关注学生的“探究”与体验，引导学生随时运用科学的知识解释生活中遇到的问题。

科学活动实践课程的开发不仅冲击着中考，更引领着课堂教学的改革，促进了教师的专业发展。教师需要亲自动手制作小实验，虽然课堂上不刻意强调物理知识及原理讲授，然而为了使课堂呈现得更加丰满，教师需要拓展对教学内容认识的深度及广度，同时引领学生举一反三。教师需要更用心地研究课程蕴含的物理原理，不能满足于现有问题的解决，还要去查阅文献资料，从而促进自身学科素养的提升，为物理教师专业发展提供了更广大的空间。

（二）促进学科知识的融合

测量声音涉及空气中的传播速度这个问题，学生需运用计算机、物理、劳技、数学等学科的知识才能测量出声音在空气中的传播速度。虽然学生对相关学科知识已掌握熟练，但物理课堂上学生不擅长运用所学多个学科的知识解决物理问题，这从侧面反映出学生学科知识融合不足。传统课堂上，教师往往被单一学科束缚，并未打破学科之间界限，导致学生没有形成随时运用各学科知识解决物理问题的能力。

生活中的实际问题并非运用单独某一门学科知识就可以解决，而必须综合考虑自然科学、应用技术和社会等多门学科的相互作用、交叉兼容，共同将问题解决，科学活动实践关注科学学科创新及学生科学素养的提升，学科融合的理念也应该逐渐融入学科教学中，即教师备课不能仅关注某一门学科知识，更不能仅满足于让学生掌握基本的学科概念和原理，更应该关注学生运用多种学科知识解决实际问题的能力，从而让学生体会如何运用科技知识服务于社会生活。

（三）重视学生学习方式的改变

开放性科学（物理）活动实践课程重在让学生经历科学探究的过程，这一理念的提出也引导着学生学习方式的变革。一方面，传统学习方式学生依靠“刷题”取得高分，只要练得多，就能得高分，随着科学活动实践课的开展，这一理念早已不适应当今中考物理的改革，这就要求学生关注提升自身的动手操作能力及动手操作的意识，强调培养学生的探究能力，重视学生“探究”过程的体验，更应关注生活中的实际问题。

另一方面，学生应该开拓视野，学习不能仅仅局限于教师“呈现”的学科知识体系，更应该随时拓宽自己的知识面，如多去科技馆、博物馆，多参与研究性学习等活动，丰富自己的实践阅历，在潜移默化中培养科学素养，达到科学能力的提升。

开放性科学活动实践课更关注学生“合作交流”能力的培养，这就引导学生在活动中时刻关注小组之间的合作交流，帮助其他同学解决问题，与此同时，通过小组之间的合作准确地表达自己的观点，倾听别人的意见，小组同学之间取长补短，久而久之，达到学习方式的转变。

## 二、科学实践

20 世纪 80 年代以后，随着科学实践哲学的兴起，教育学对科学的关注从理论体系走向实践。“教育学领域中的科学实践，更多地属于科学知识的学习与探索活动，是一种仿真的、模拟的知识再生产，它更多的是关注活动过程而非活动结果。科学实践强调经历科学创制的过程，运用多种活动方式进行学习，不是简单的、机械的、静观的、被动的记忆、冥想、背诵、练习，而是参与丰富多彩的科学活动，开展基于科学经验的学习。”①

科学实践的基本特点有主体性、开放性、多维性、过程性。主体性体现的是学生积极主动

① 潘洪建：《科学实践：科学教学转型与科学素养提升》，载《绵阳师范学院学报》，2018（12）。

地参与学习活动；开放性主要指科学实践的形式更加灵活；多维性则指出科学实践在培养学生追求真理的过程中同时促进学生情感、意志等维度的体验；过程性主要指科学实践的动态性特征，对科学的关注不限于知识和知识体系的掌握。科学探究更侧重的是对学生科学素养的培育，而综合实践活动课程除关注学生的科学素养外，强调的是综合素质的发展。

美国国家研究理事会 2011 年 7 月发布的《K-12 年级科学教育框架：实践、跨学科概念和核心概念》一书首位关键词从“探究（inquiry）”变成了“实践（practices）”。对于这一变化，我国研究者认为其凸显与强调了“理论性探究应在课堂探究活动中占据主导位置”，“科学作为社会性活动的特质应在课堂上得以充分施展”。在这一背景下，“科学解释（scientific explanation）”[①]“科学辩论（scientific argumentation）”[②]等研究主题日益被研究者所关注。美国新科学教育框架的首位词由“探究”变为“实践”，意在凸显理论性的探究和科学作为社会性动的特质[③]，因此科学解释、科学辩论、社会性科学议题、科学读写等在“科学实践”的背景下成为重要主题。这类意涵显然是我国语境下的“科学实践”没有涉及的。

综合实践活动虽然包含了“科学实践”的内涵，但是包括范围与活动形式显然更加开阔。综合实践活动课程的开发和指导应在汲取科学实践理念的基础上进一步延拓。

## 三、综合技术教育

“综合技术教育思想”的萌芽最早出现在裴斯泰洛齐和欧文等人的教育思想和实践中。直到 19 世纪中后期，马克思通过分析现代生产劳动和教育本质才得出科学的概括，即综合技术教育是要使儿童和少年了解生产各个过程的基本原理，同时使他们获得运用各种生产的最简单的工具的技能。这个观点表达出两层意思：学习生产过程的基本原理；掌握各个行业基本工具的使用。到了 20 世纪 20 年代，列宁从苏联的实际情况出发，发展了马克思的综合技术教育思想，进一步丰富和发展了综合技术教育的原理。他扩充并确定了综合技术教育的具体内容，明确指示了具体形式、教学方法和师资来源，认为在职业学校进行综合技术教育时要避免过早专业化和扩大普通学科的范围。我国在第一个五年计划之后曾实施过综合技术教育，1958 年以后开始贯彻教育与劳动相结合的方针，此后综合技术教育就逐渐淡出了人们的视线。

综合技术教育从内容上来说是使学生初步了解现代生产科技的基本原理，初步接触一些主要生产部门和劳动专业，向学生传授科技基础知识和进行生产基本技能的训练。[④]强调理论与实践相结合的原则，重视科学知识，在基础教育中向学生传授最先进的科学技术知识，在教学中反映当前先进的科学技术思想。

---

① 姚建欣、郭玉英、[德]克努特·诺依曼:《科学解释能力培养模式的教育反思与哲学分析》，载《自然辩证法研究》，2017（1）。

② 唐小为、李佳、宋乃庆:《课堂科学辩论实施探究——以中美中小学科学课堂案例比较分析为例》，载《课程·教材·教法》，2012（5）。

③ 唐小为、丁邦平:《“科学探究”缘何变身“科学实践”？——解读美国科学教育框架理念的首位关键词之变》，载《教育研究》，2012（11）。

④ 曹达:《谈综合技术教育》，载《福建论坛（经济社会版）》，1984（6）。

综合技术教育有利于完善综合实践活动课程。它强调基本技术原理学习的同时还要求基础知识的学习，综合实践活动课程中的考察探究也是建立在掌握了基础知识学习之上的。综合实践活动课程强调学生的创新精神、实践能力，在综合技术教育实施的过程中，学生能够不断接触实际问题，引发主动思维，启发对知识技术的钻研，有利于创造才能和实践能力的发展。另外，综合实践活动课程的设计制作和职业体验可以通过开展综合技术教育的方式进行。综上，综合实践活动课程中的某些要素体现了综合技术教育的思想，综合技术教育的开展有利于综合实践活动课程的完善。

## 四、教育与生产劳动相结合

教育与生产劳动相结合是在资本主义大工业生产不断发展的历史条件下产生、发展的，最早由贝拉斯提出，此后马克思、恩格斯使其有了坚实的科学依据。教育与生产相结合的含义是“在现代社会条件下，从现代生产劳动过程中分离出来的教育这一独立社会过程，与现代生产劳动过程这另一独立社会过程，这两个独立社会过程以现代科学为基础的不可分割的联系和结合”[①]。“结合”是这一概念的核心词，“‘相互渗透’（你中有我、我中有你）、‘相互影响’（互为条件）和‘相互促进’（共同协调发展），则是对‘结合’状态和过程的进一步阐释”[②]。“教育和生产劳动相结合既然是以现代教育从生产劳动中的分离为前提的，那么，实施教育和生产劳动相结合，就不能理解为把教育融合到生产劳动的过程中去”[③]，科学促进现代生产的发展，因此，教育与生产劳动相结合是以科学为基础的，所以也不能简单地把生产劳动引入教育领域，“它必须以科学教育为中心，同时进行以科学教育为基础的劳动教育、综合技术教育、职业教育、继续教育和终身教育”[④]。

教育与生产劳动相结合的有效实施需要在课程设置上“将生产劳动、技术教育、职业指导列入课程，把学习、了解、掌握现代生产劳动的一些基本科学知识和技术作为教育与生产劳动相结合的核心任务”。在教学上加强实践、注重技能的掌握，将教育与生产劳动相结合的理念融入各科教学中，并注意联系的综合性。教育与生产劳动相结合是综合实践活动课程中“职业体验”及“劳动与技术教育”活动方式落实的有效途径。综合实践活动课程注重学生综合素质的发展，而教育与生产劳动相结合侧重对现代生产综合技术知识的掌握，因此，两者的部分内容有所重合。

---

① 成有信：《简论教育与生产劳动相结合》，载《河北师范大学学报（教育科学版）》，2003（2）。
② 刘世峰：《中国教劳结合研究》，23页，北京，教育科学出版社，1996。
③ 成有信：《论教育和生产劳动相结合的实质》，载《中国社会科学》，1982（1）。
④ 同上。

## 本章回顾

1. 在我国古代的教育历史中，很多思想家在具体的教学实践中践行了他们重视“行”的知行统一观，其中包括唯物主义和唯心主义知行观。

2. 自主和探究是我国 20 世纪下半叶教学改革和教学方法改革备受重视的思想，两者侧重点不同但存在着相互交叉、相互促进的关系。自主包含着“对自身自主与对象自主的辩证统一”，教学中的自主强调学生的主体性，更具体地指学生的自主学习，即学生主动地、有主见地学习，发现知识结论。

3. 综合实践活动课程的内容涉及四大领域，活动场所没有固定的限制，活动主题由教师和学生协商决定。综合实践活动的课程性质是：从学生的真实生活和发展需要出发，从生活情境中发现问题并转化为活动主题，通过考察探究、社会服务、设计制作、职业体验等方式，培养学生综合素质的跨学科实践性课程。

## 反思与交流

# 第三章

# 综合实践活动课程的国际视野

【知识地图】

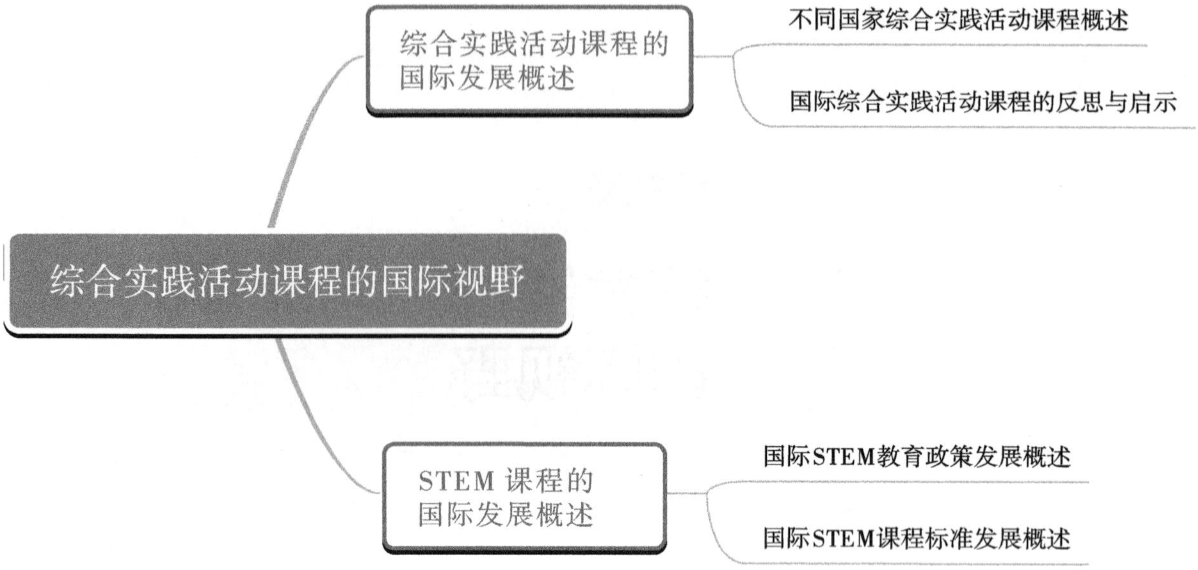


【学习目标】

1. 了解综合实践活动课程的国际发展。

2. 了解国际 STEM 课程的发展历史与现状。

自 20 世纪开始，世界各国均在课程改革中推出了旨在适应 21 世纪挑战的课程，与我国综合实践活动课程相似的，体现整体性、实践性、社会性、生活性等现代化要求的新课程，如法国的有指导的学生个人实践活动、美国的服务性学习、日本的综合学习时间、英国的设计与技术课程等。

# 第一节　综合实践活动课程的国际发展概述

在我国的基础教育改革中，综合实践活动课程由于其崭新的课程形态和较高的课程立意，一直是备受关注的焦点。本节旨在呈现国际上不同国家实施的综合实践活动课程。

## 一、不同国家综合实践活动课程概述

### （一）法国的有指导的学生个人实践活动

法国基础教育重哲学、重历史、重基础文化，但这样也往往导致内容庞杂，学生负担较重。从20世纪90年代开始，法国基础教育改革开始从关注制度层面转向重视中小学教育质量和课程改革，逐步形成与我国综合实践活动课程相似的“有指导的学习实践活动”（Travaux Personnels Encadrés，TPE），它蕴含并体现了法国教育改革中始终以学生为本的理念，它的重要特征是弘扬作为学习主体的每个学生的自主性，让学生自主选择和确立研究课题，自主策划和开展研究活动，自主表达和交流研究成果，自主评价、调控和反思研究过程，以改变旧的学习模式和培养人才的模式，努力适应知识经济、信息社会的需要，并用一种开放的、多元的、主动的思维方式来应对飞速发展的世界。

TPE课程的形成经历了一系列的演变。TPE课程发端于1995—1996学年在八年级开始的实验，称“多样化途径”（pareours diversifies）。这一课程旨在加强学科知识内容的综合，引导学生在实践中掌握和运用已经学到的知识。与初中几乎同步的是，1996年法国又开始在大学预备班开设“适度发挥学生创造力”（Travaux Dinitiative Personnellle Encardres，TIPE）课程。1998年4月，里昂“全国高中改革会议”第一次提出要在高中实验“移植”大学预备班TIPE课程的成功经验，开发了“有指导的学生个人实践活动”。1999年12月6日，法国教育部基础教育司颁布《关于1999—2000学年在高中二年级开展“有指导的学生个人实践活动”实验的通知》，正式拉开了高中实施TPE课程的序幕。TPE课程在法国的正式启动是在2000—2001学年，法国教育部要求每所高中在万圣节前通过协调的方式至少选定高中二年级的一个班作为TPE的示范班，然后再向其他的高二班推广。

法国高中TPE课程的实施，教育部起了重要的领导作用。除了通过颁布文件对其性质、目标、定位等做明确规定外，教育部还成立了国家级专家指导小组和各学区的专门工作小组，推动、调研、总结和反馈本地TPE的实施情况。在启动TPE课程之初，学校从多个方面首先向学生做积极的宣传和介绍工作，以使学生充分了解活动涉及的主题和起始阶段的做法，并使学生有充分的思想准备迎接这一新生事物，主要包括：为什么要实施TPE课程；实施TPE课程的各个阶段步骤，以及每个具体阶段的工作要求；校内的组织体制和日程安排；选定的主题或主题下设的副主题；教学班子拟订的评估方式和标准；工作记录本。[①] 确定研究主题主要采用两种做法：一是

① 孙启林、贾东立：《法国的TPE课程概述》，载《外国中小学教育》，2005（2）。

由学校教师提出跨学科主题的建议，然后请学生选择其中他们最感兴趣的题目；二是由教师先选好题目，再请学生通过查阅资料，逐步提炼、确定各自的课题。[①]

法国教育部还在2000—2001学年提出了一些全国性、跨学科（至少跨两个学科）的主题，每两年改变其中1/3的主题，供每个学校选择，选择的主题要求符合教学计划要求：不要太庞大，更不能超出高二学生的知识和能力。从内容上来看，TPE涉及的学科，基本是高中各个专业方向的主要学科。学科的组合在同一年级或在同一专业内进行，尽量让人人都有机会参加。一旦主题选定之后，就开始着手把学生按兴趣、特长等主观因素或按选定的课题分成组（一般每组2～4名学生），以集体或个人工作的方式开展研究活动。按照学校教学计划的规定，学生每周用两个小时来从事TPE课程。根据学生个人研究计划的进展情况，他们可以利用这两个小时和指导教师交流，在资料中心查找资料，到现场进行调查访问、搜集信息，在教室或电脑室自学或分小组学习等。

学校在保证学生学习TPE课程上，做了深入细致的工作。例如，每个学校都制订了有关搜集资料方面的一些规定，要求资料员做到：（1）做好学校资料室和其他地方（历史研究室、信息室等）全部资料源的调查、归档、编目、组织和检索等工作；（2）制订获得资料的计划；（3）学校资料内容的丰富性和地点的多样化；（4）发现并提供校外的资料来源。法国教育部也就TPE课程实施安全问题进行制度保障。早在1996年10月TPE课程刚提出时，法国教育部就发布第96-248号通报，对TPE课程中的监护问题做了规定。2001年1月11日教育部根据学校要求，又再次颁布了第2001-007号《TPE课程的组织和责任问题》的通报，对学生在该课程中的安全职责做了更为明确的规定，还对学校各个层面和各种机构的分工与责任做了详细的规定。[②]

法国教育部门注意到实施TPE课程的关键在于转变教师的教育观念、教学方式，因此从国家层面采取了一系列措施来提高教师的专业水平，如拨款5000万法郎优先用于高中教师培训，并与总督学局、国家教育资料中心联合建立网站，专门发布有关TPE课程的信息和相关经验，供高中教师随时调阅、交流，提供条件让教师与专家共同探讨学生们所研究的课题。[③]具体到学校层面，教师在法国TPE课程实施的前线发挥着重要作用。每个学校TPE课程开始的几次活动都是由学校教学班子准备的，教学班子通常由学校有关业务领导和相关教师组成。[④]教学班子起引领和指导作用，逐步为学生确定一个研究范围并确定研究方案。在教师的指导下，学生还是以自主研究为主，通过自学或者和他的研究小组共同学习，然后定期在全班统一举行的综合分析会上互相交流各自的发现及所使用的方法。一定时间后，有相同兴趣的TPE课程小组就形成了共同制订的研究计划。这时教师就“退居二线”，由引导变成了陪读，学生自主决定做什么、怎么做并总结经验教训。教师此时一是关注学生按时完成学校在TPE课程框架内制定的目标，二是需要随时针对不同学生的个性特点给予鼓励、提醒和帮助。

有着200年教育督导历史的法国深知评价方案对课程实施的积极作用。首先，从2001年9

---

① 孙启林、贾东立：《法国的TPE课程概述》，载《外国中小学教育》，2005（2）。

② 霍益萍：《再谈“研究性学习”在法国》，载《教育发展研究》，2002（10）。

③ 霍益萍：《“研究性学习”在法国》，载《教育发展研究》，2000（10）。

④ 杨敏：《法国高中实践活动课程的经验与启示》，载《教学与管理（中学版）》，2006（7）。

月开始，法国教育部陆续颁布一系列决定，在2001—2002学年普通高中所有系列（文学、科学、经济与社会）的高中会考中将TPE课程列为会考的选修科科目，使会考的选修科目由原来的“1”变为“2+1”。法国的高中会考是法国政府在高中段结束后统一组织的国家级考试，凡成绩合格者，可直接到大学注册，进入高等学校学习。考试合格率在76%左右，从这个意义上说，高中会考类似我们国家的高考。[①] 高中毕业会考中，TPE课程的评价标准大概有以下三个方面：（1）学生个人的努力及他在TPE课程研究学习的过程中的个人投入程序（工作记录构成评估工具之一）；（2）最后成果；（3）对项目情况和成果的口头介绍。同时由于法国高中学生从高二开始，一个课题的研究持续两年（高二主要做选题和围绕课题的资料搜集、分析工作，高三做研究工作），教师对学生高二成绩单独评价，高三时则将评价结果折算后计入高中该学科会考的成绩内。因此，事实上对TPE课程的评价要做两套评价方案。法国对TPE课程的评价试图综合考虑学生的书面总结、研究过程和口头报告，主要考察以下内容：（1）学生的全年努力；（2）学生的自主学习程度；（3）学生的投入；（4）学生的研究水平；（5）学生根据所查阅到的资料提出问题的能力；（6）学生采纳同学和教师意见和建议的能力。评价的方式是对学生单独进行评价，由相关的老师对每个学生在其学习小组中所做的贡献的大小进行评价。打分的要求如下：（1）对已经完成的工作的评价最多不能超过8分（满分为20分，以下相同），这包括有关的教师对其工作细节、个人努力和投入程度的评价；（2）口试最多不能超过12分。口试时除了与TPE课程相关的老师之外，还必须有两位和考生的TPE课程没有关系的教师参加。口试主要评估学生对TPE课程成果的口头介绍，它包括TPE课程中纯粹由个人所承担的部分。一是每个学生写的总结（最多不超过两页），可突出个人特色。二是口头答辩，每个答辩人最少10分钟。答辩又分为两个时段：第一阶段是小组的全体成员共同介绍他们完成的工作；第二阶段是教师向小组中的每个学生就他们自己所做贡献进行提问。

### （二）美国的服务性学习

在世界教育改革的趋势下，第二次世界大战后美国基础教育制度先后经历了20世纪50年代末至60年代初的要素主义和结构主义思潮、70年代的“恢复基础”运动及80年代以来提高教育质量为主要目标的三次改革，最终确立了社区服务在基础教育中的应用和价值。[②] 服务学习源自美国社会对青少年社会责任感缺失问题的关注，是经验性社区服务与学校知识学习的一门整合课程。自20世纪80年代起，为提升学生学习效果与质量，传统的社会服务（community service）走向服务性学习，逐渐成为美国教育中新兴的一种教学法，并应用在各级教育及各个领域中。美国1990年颁布实施的《国家与社区服务法案》和1993年克林顿总统颁布的《全美服务信任法案》，把服务性学习的地位以法律的形式确定下来，从而推动了服务性学习在美国学校的普及。[③] 1999年，64%的公立高中报告为学生提供服务性学习的机会，美国服务性学习委员

① 霍益萍：《再谈“研究性学习”在法国》，载《教育发展研究》，2002（10）。

② 杨慧敏：《美国基础教育》，85页，广州，广东教育出版社，2004。

③ 潘利若、姚梅林：《美国服务性学习对我国中小学综合实践活动课常态化实施的启示》，载《教育科学》，2011（2）。

会2001年的报告指出，2000—2001学年美国参与服务性学习的中小学生超过了1300万。同时，美国教师教育培训中也纳入了服务性学习的培训内容。美国20多年的实践证明，服务性学习是一种有效的教学方法。①

服务性学习是一种学生通过参与真实世界中所需的服务，用自己所学的课程知识服务于社区，从而促进知识和技能学习，并培养学生良好的公民责任感的教育形式。服务性学习连接了两个复杂的概念：一是社区活动，即“服务”；二是努力在社区活动中学习，并把从活动中学习到的东西与学校的知识相连接，即“学习”。②美国中小学学生在服务性学习的实践活动过程中，以“服务性学习的五个阶段”为步骤，围绕着五项具体要求，开展有效的服务性学习实践活动（见表3-1）。③

表3-1 服务性学习的五个阶段

| 步骤 | 内容 |
| --- | --- |
| 个人清单和调研 | 将同学和伙伴方的兴趣、技能和才干加以分类<br>辨别某项需要<br>分析潜在的问题<br>建立关于该需要的一个基线<br>开始积累伙伴方 |
| 准备和计划 | 借鉴以往获得的知识和技能<br>与社区伙伴协作<br>制订一个鼓励担当责任的计划<br>识别对服务和学习的整合<br>为提供有意义的服务做好准备<br>阐述所有参与者的角色和责任<br>制订切合实际的实施参数 |
| 行动 | 学生通过直接服务、间接服务、研究、倡导或这些方法的组合，将采取具有下述特点的行动：<br>具有价值、目的和意义<br>使用以前学过及新获得的学业知识和技能<br>提供独特的学习体验<br>有真正的结果<br>为学习、犯错和取得成功提供一个安全的环境 |
| 反思 | 反思贯穿于学生实践活动的始终，并通过各种模式的引导启发，展开深入的讨论、总结和角色扮演<br>参与的学生：<br>描述发生了什么<br>检查产生的变化<br>讨论想法和感受<br>把个人经验放在大环境中<br>考虑项目改进 |

① 潘利若、姚梅林:《美国服务性学习对我国中小学综合实践活动课常态化实施的启示》，载《教育科学》，2011（2）。

② Timothy K. Stanton，Dwight E. Giles，Jr.，Nadinne I. Cruz，*Service-Learning：A Movement's Pioneers Reflect on Its Origins，Practice，and Future*，Jossey-Bass，1999，p.3.

③ Cathryn Berger Kaye，*The Complete Guide to Service Learning*，Free Spirit Publishing，2010，pp.17–20.

续表

| 步　骤 | 内　容 |
| --- | --- |
| 反　思 | 想出一些主意<br>找出问题<br>激发合作伙伴和受助者提供多元化的意见<br>接受反馈 |
| 展　示 | 学生可能会：<br>向师长、家长及社区工作人员做出总结汇报<br>向当地报纸期刊投稿以就社会事实问题发表自己的见解<br>组建团队创编出版物或主题网站，以让社会听到学生的心声<br>展示和表演<br>创建公共艺术的壁画或摄影展览 |

师生可以共同对服务性学习进行规划，这主要是由于教师和学生的服务性学习实践活动过程是相互关联的，并且服务性活动往往是在教师和学生之间同步开展和完成的。服务性学习最关键和最特色的阶段是反思阶段。学生需要在服务结束后，通过组织讨论，撰写反思日记、研究报告等对服务性学习展开反思，如服务中知识的运用、自身不足等。学生通过反思，将课堂所学知识与实践经验相联系，从而提高在真实情境下的问题解决所需要的沟通、表达、创新能力。与此同时，教师也要进行反思，如对活动设计的反思等。通过反思把课堂知识与自己在活动中的困惑和收获进行联结，教师针对学生在真实问题反思中的困惑进行指导，给予帮助和支持，从而实现从课堂知识到实践运用的转化。

服务性学习的形式可以有很多种，但通常服务性学习中的“服务”可以分为直接服务、间接服务、倡导和研究。[①] 在直接服务中，学生的服务直接影响且涉及服务对象，是人对人和面对面的交往互动，如辅导年龄较小的学生。参与直接服务的学生，学习照顾与自己的年龄或经历不同的人，提高按步骤解决问题的能力。直接服务还包括与动物的互动，环境领域的实地工作，如维护湿地或修建公园椅。在间接服务中，学生见不到服务对象，不过他们的行动能够让整个社区或环境受益，如为幼儿园的阅读项目捐赠图书、为贫困家庭募集衣服等。

通过参与间接服务，不仅学生的学业内容在应用中得到强化，学生还获得了相关的专业技能及能力。倡导的目标在于引起对某项公共事务议题的注意或推动相关行动。在倡导活动中学生就有关议题发出声音，尤其是在相关群体可能无法为自己讲话的情况下，如学生资助一个城镇会议、演出一台剧目或做公开演讲等。在倡导活动中，学生体验坚持不懈，领会规则、体制及过程。他们还与成人一起工作并参与公共事务活动。研究活动能够让学生去发现、汇集和报道公益信息，学生可以开展调查或进行正规的研究、评估、实验或访谈。例如：他们可以测试水或土壤，检查汽车在经过学校时的车速或进行与环境相关的调查。通过参与基于研究的服务性学习，学生学习如何汇集信息、鉴别判断及系统地工作，从而增强组织、鉴定和评估方面的技能。[②]

---

① James C. Kielsmeier，Peter C. Scales，Eugene C. Roehlkepartain，Marybeth Neal，“Community Service and Service-learning in Public Schools，” *Bloomington*，2004（13），p.6.

② 王莉：《美国中小学服务学习的实践育人研究》，硕士学位论文，哈尔滨师范大学，2017。

## （三）日本的综合学习时间

日本文部科学省于 1998 年 12 月和 1999 年 3 月先后颁布了基础教育各级学校的新的学习指导要领，设立了综合学习时间，并在全国从小学到高中实施本课程。在经历了一系列的变化与调整后，2008 年日本文部科学省再次颁布《中小学学习指导要领》，进一步明确了要培养“扎实学力”的目标，综合学习时间的规定被进一步具体化。日本文部科学省对综合学习的最新定义是：“使学生将在各学科等的学习中获得的单个知识结合起来，进行综合运用的学习。”具体是指在综合学习时间里“依据地区与学校、学生的实际状况，在学校开展具有特色的、有创意的教育活动”，并且“开展诸如有关信息、福利与健康、国际理解、环境等跨学科的课题的学习”。综合学习时间的主要目的是培养与提高学生的生存能力，学生的生存能力是指主动发现问题并能够解决问题的能力、自主学习并思考的能力、自主探究和实践的能力。①

日本文部科学省出台的《中小学学习指导要领》是开设该课程的依据，其中对综合学习课程的培养目标有明确的规定：现阶段中小学综合学习时间课程的培养总目标是“通过跨学科的综合学习与探究学习，培养学生自我发现问题、自我学习、自我思考、自我判断、更好地解决问题的资质与能力。同时，使学生学会学习方法和思考方式，培养学生在问题解决与探究活动中的主体性、创造性、合作性的处理态度，使学生思考自己生活方式”②。总目标由五个子目标构成，即通过跨学科的综合学习与探究学习进行学习活动；培养学生自我发现问题、自我学习、自我思考、自我判断、更好地解决问题的资质与能力；使学生学会学习方法和思考方式；培养学生在问题解决与探究活动中的主体性、创造性、合作性的处理态度；使学生思考自己的生活方式。五个子目标的构成关系见图 3-1。

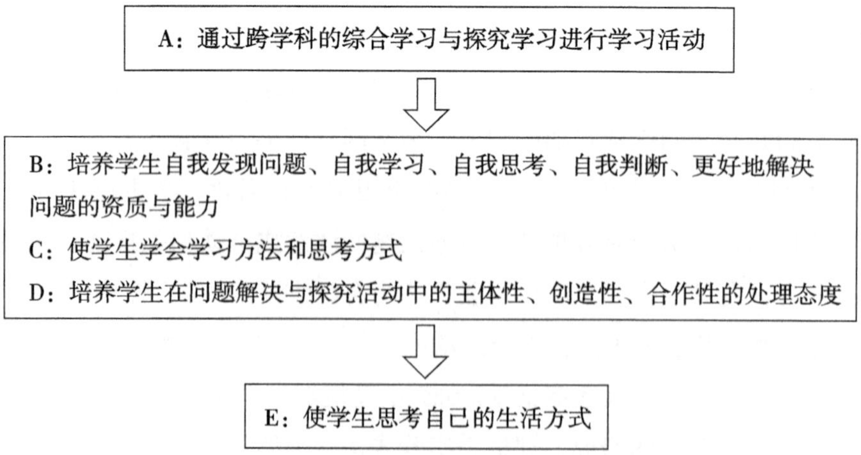


图 3-1　五个子目标的构成关系

① 崔昌淑：《日本中小学的“综合学习时间”概述》，载《学科教育》，2001（2）。

② [日] 文部科学省：《中小学学习指导要领解说——综合学习时间篇》，10～11 页，东京都，东洋馆出版社，2008。

实现该目标需要以下三种过程：针对现代社会等未得到解答的问题，学生自己设定问题；为了解决课题需要探究（设定课题、搜集信息、信息整理与分析、总结与发表）的过程；针对发表结果，学生能够明确自己的思考方式，进一步生成新课题，以此往复研究学习。

《中小学学习指导要领》中没有明确规定各学校的课程目标，而是规定各学校要结合综合学习时间课程的总目标按以下要求制订各学校的课程：各学校需要自己制订符合地域或学校的目标，并且要按照学生的发展与特点制定目标。各学校制定的目标要明确培养的素质、能力、态度。各学校要明确综合学习时间与各学科之间的关系，制订适合的内容。① 同时各学校在制订综合学习时间课程的目标时，要制订出富有创造性的指导计划（包括全体计划、年间指导计划、单元指导计划），为了更好地充实综合学习时间，中小学要形成连续性的发展，即要求小学与中学的学习内容相连接，中学的学习内容与高中相连续，并且强调按学生发展阶段制订目标是尤为重要的。② 同时各学校在制订其目标的时候应考虑以下六个方面：学生阶段性的特点、地域的实际情况、学校的实际情况、监护人的意愿、学生生活地域的意愿、教师的意愿。

《中小学学习指导要领》中对综合学习时间的内容进行了规定。各学校可根据文部科学省所制定的总目标结合学校所在的地域、学校、学生的实际情况，进行创意性的内容制订。文部科学省在 2010 年分别对小学和中学所进行的综合学习时间课程内容进行了规定，小学课程内容包括：国际理解、信息、环境、福祉与健康等跨学科的综合课题；基于儿童感兴趣、关心的课题；体现地域人们的生活、社区活动、学校特色等相对应的传统或者文化的课题。③ 中学与小学所要学习的参考内容有很多相同点，但是对于研究学习的深度却不同。中学课程内容包括：国际理解、信息、环境、福祉与健康等跨学科的综合课题；基于学生感兴趣、关心的课题；地域或学校特色相应的课题；职业或与自己未来相关的课题等。④

日本综合学习时间的外部保障也是值得关注和借鉴的，主要包含立法保障、学校设施硬件保障及师资保障三个方面。从综合学习时间的发展历程来看，政府在综合学习时间的实施推动中发挥着关键性的作用，可以说日本的综合学习时间就是在政府的一步步推动下走向规范化发展。

在日本，政府和社会对学生进行综合学习时间的支持非常具体，可操作性强。在日本文部科学省网站的网页上只要输入综合学习时间就可以轻松查到所、辖、府、省、厅各级别的检索页面，其中对综合学习时间提供支持的政府单位一目了然，包括金融厅、农林水产省、财务省、警察厅、特许厅、环境省、法务省、文部科学省等，还包括机关法人名、支援的内容、免费提供的服务、联系方式等，师生可以一目了然，很快找到自己所需要的信息。

学校硬件保障也是重要的一方面。2008 年文部科学省所发布的《中小学学习指导要领解说——综合学习时间篇》具体在加强学校环境，包括确保学习空间、学校图书馆、信息环境整备三个方面提出建议。

---

① [日] 文部科学省：《中小学学习指导要领解说——综合学习时间篇》，44～45 页，东京都，东洋馆出版社，2008。

② 同上书，45～46 页。

③ 同上书，56 页。

④ 同上书，56 页。

师资是综合学习时间开展的关键。日本政府非常重视师资培养，为此，日本设立了综合学习专业学科，日本兵库教育大学学校教育学部从2000年开始设立综合学习专业学科，旨在培养具有综合学习时间课程指导能力的教师。为了提高教师的这种能力，溝边和成教授指出："综合学习时间课程的内容没有固定的规定，是以培养学生主动的探究问题的能力为目标，所以像这样新的教师的指导方式在各学校出现了不安的声音，所以在师范院系有必要培养正式的综合学习时间课程教师，因而设置了'综合学习专业学科'。"

教师研修也是保障师资质量的重要方面。为解决教师在授课时所面临的各种问题，日本《中小学学习指导要领》中指出：综合学习时间教师每年要举行一次全国性的综合学习研修会，进而增加交流，相互学习。不仅这样，各学校也比较重视教师研修，有些学校会组织教研组到教育委员会进修学习，或者通过大学公开讲座、市民讲座、民间体验学习等方式来进修。

《中小学学习指导要领》中明确规定，对于综合学习时间的实施，按各学校实际情况都要制订整体计划、年度计划和单元计划。学校整体计划规定，要求学校明确具体的教学目标、学习内容、实施计划（包括学习活动、指导方法、指导体制、学习的评价）及学校的实际情况（包括年度重点；地域、学校、学生的实际情况；家长、教职员的愿望；各学科、地域、中学、邻近小学的联系）。在实施过程当中要根据自己学校的特点制订符合各学校的整体计划。年度计划与整体计划不同，年度计划是对一个年级或者一个班级所设立的一年的计划，可以多个单元也可一个单元进行设立，年度计划在明确单元的实践与课时的同时，要明确通过一年的学习活动，期待学生具体在哪些方面有变化，即通过探究什么课题，会遇到什么样的问题，如何克服这些困难，最终会有什么样的收获，能给学生带来什么样的改变。单元计划是指以一个主题为单位制订的计划，包括单元名称、单元目标、学生的情况、单元的具体流程。单元名称的制订需要注意两个方面：第一是能够具体地体现学习情景的题目；第二是能够启发学习目标的题目。单元目标的制订需要明确通过什么样的学习，能使学生学到学习内容、素质、能力及态度等。制订单元计划需要明确把握学生的状况，根据学生的状况在实施过程中可在目标内进行调整。单元的具体流程需要较详细地安排学时与具体的学习要点，并考虑所要面临的问题。

日本综合学习时间的教学形式没有明确的条文规定，根据综合学习时间的总目标结合地区、学校、学生的情况进行教学。比起其他学科，综合学习时间更加注重体验、服务、观察、实验、参观、调查、发言、讨论、生产创作等体验性教学和问题解决式教学等丰富多彩的教学形式。《中小学学习指导要领》总则第三条"综合学习时间操作"中指出：实施学习活动应采取小组学习或不同年龄团体等多种形式的方式进行（见表3-2）。

表3-2　日本综合学习时间教学组织形式

| 教学形式 | 内　容 |
| --- | --- |
| 学校综合教学 | 学校综合教学是不分年级、不分年龄而进行的团体或分组教学组织形式。通过不同年龄的接触，不仅能够在当中学会相互协助的能力，还能拥有信息的交流与学习的机会 |
| 学年综合教学 | 以相同年龄段的学生进行的团体或分组进行的教学组织形式。打破班级格局，能够以相同兴趣、相同爱好等方式产生更多的共鸣，从而积极作用于教学当中 |

续表

| 教学形式 | 内　容 |
|---|---|
| 班级综合教学 | 以班级为单位进行的团体或分组教学组织形式 |
| 其他教学 | 包括父母参与的组织形式、个别形式等 |

日本综合学习时间的评价要以学习指导要领所提出的目标为基础，评价要依据各学校培养的能力与资质、态度、学生学习的情况。各学校要设立评价的计划，包括评价标准、评价主体、评价方法等内容，并且为了使评价能够更加有效，需要多样的评价方法与不同评价者进行评价。[①]日本综合学习时间评价包括：学生学习综合学习时间的评价、教师教授综合学习时间教学评价、综合学习时间指导计划的评价。学生学习综合学习时间的评价主要是参照文部科学省给出学生课程评价标准，各学校按照各学校实际状况，设定出更加合理的评价标准、评价方法，包括：观察法、作品评价、档案袋评价法、即兴行为评价法、自评互评法、他评。教师教授综合学习时间教学评价则是依据文部科学省制定出的教师教学评价标准参考意见由各学校进行制订。指导计划的评价则是检查综合学习时间是否按照所制订的目标进行、是否有必要进行完善修改等。文部科学省对指导计划的评价从目标、要培养的资质与能力，以及态度、内容、学习活动、指导方法等方面展开。通过对这些方面的考察，可以从学生学习状况的评价结果或学习活动的逸闻、教师实践的反思或记录、外部人员或监护人的问卷、参照学生的想法等方面汇集评价信息，依照多样的评价信息可改善其指导计划。日本文部科学省还给出了各学校自我评价指标的参考内容。

## （四）英国的设计与技术课程

英国中小学的设计与技术课程已实施了 20 多年，已经形成一套较为完善、得到广泛认可的课程模式，它与我国的综合实践活动课程在课程目标等方面存在诸多共通之处。设计与技术课程是英国 11 年义务教育阶段的 12 门国家课程之一，它是对传统的手工课等学科的改造和超越，在课程目标、内容和评价上实现了现代化，在课程设计与教学方法方面以建构主义为理论基础，形成了全新的具有自身学科特点的课程模式。[②]

设计与技术课程自提出至今的 20 多年时间里，充分挖掘校本课程资源，从学校传统和学生兴趣、社会经济发展水平和科技发展程度等多方面不断丰富课程资源，完善和改进课程内容，其具体内容经历了多次演变。起初包含设计与技术和信息技术两方面内容，这是为与之前的该类课程做好衔接；1993 年和 1995 年又分别对课程内容进行了新的界定，设计和制作成为课程的主要内容；《课程 2000》中提到课程内容包括工艺和设计（Craft and Design）、图像传播（Graphic Communication）、实践工艺技能（Practical Craft Skills）、产品设计（Product Design）、技术研究（Technological Studies）。[③] 2013 年，《英国国家课程》把课程内容最终确定并描述为设计、

① [日] 文部科学省：《中小学学习指导要领解说——综合学习时间篇》，75～80 页，东京都，东洋馆出版社，2008。

② 丁邦平：《英国小学的“设计与技术”课程：建构主义的视角》，载《全球教育展望》，2005（8）。

③ 魏方卉、柏毅：《英国中小学“设计与技术”课程内容研究——基于〈英国国家课程〉的研究》，载《江苏第二师范学院学报》，2014（5）。

制作、评估和技术知识四个方面。至此，在经历了多次演变后，该课程最终有了简洁、明确且丰富多样的课程内容并一直沿用。

在课程目标上，设计与技术课程是“学校智育的一个重要组成部分，目标主要是培养学生明智地、创造性地运用技术的思维与方法，发展学生的智能和创造力”①。设计与技术课程是“英国中小学目前最有时效性的一种课程模式”②，“在培养学生勤于动脑、善于思考、创造性地设计某一方案并亲自动手制作产品方面课程效果最佳”③。因此，设计与技术课程目标既强调课程的智育目标，又重视课程对学生各种实操性能力的培养，体现出了课程的综合性与全面性。“设计与技术”课程用四个关键阶段（Key Stages，或称关键期）来具体描述不同时期的学生应当通过这门课程培养何种能力。其中一年级和二年级为第一关键期；三至六年级为第二关键期；七至九年级为第三关键期；十年级和十一年级为第四关键期。每个关键期又有两个能力级别来具体阐释教师应当如何引导学生实现能力目标，每个关键期都与上一个关键期时所要求的能力互相衔接，逐渐深入，以保证更好地完成课程内容，阶梯式提高学生的能力。以第一关键期的能力标准为例（见表 3-3）。

表 3-3　第一关键期的能力级别要求（依据 2004 年课程标准）

| 能力级别 | 要　求 |
|---|---|
| 能力级别一 | 能产生自己的观点，并能够区别相关产品的特性<br>在帮助下能使自己的想法变成现实，能利用语言和图画来描述他们想做什么<br>可以解释他们正在做什么及应该使用什么工具<br>可以用简单的语言谈论自己或他人的作品并描述如何使用该产品 |
| 能力级别二 | 能够产生自己的想法，并基于对材料及成分的经验制订计划<br>利用模型、图画和语言来描述他们的设计<br>能选择合适的工具、工艺和材料并对其选择做出解释<br>能用不同的方式对工具、材料及其成分进行组合、连接并利用<br>能够正确评价自己的进步，并为将来可以做得更好而提出建议 |

英国的设计与技术课程最大限度地体现出建构式的学习观和课堂教学方式，学生依据头脑中已有的知识与经验，根据课堂主题并在教师的有效指导和提示下，自主设计并动手制作出某种物品，自评并听取其他同学的评价来加深相关知识的理解，通过系统的设计与制作实现手和脑的互动，在大脑内部主动建构起更为清晰和具体的认识，自己建构新知识而不是靠外界灌输④（见表 3-4）。

---

① 于慧颖:《英国中小学“设计与技术”课程成功发展的策略及启示》，载《课程·教材·教法》，2003（9）。

② Howard Middleton, “Creative Thinking, Values and Design and Technology Education,” *International Journal of Technology and Design Education*, 2005, Vol.15（1）, pp.61–71.

③ Marion Rutland, David Barlex, “Perspectives on Pupil Creativity in Design and Technology in the Lower Secondary Curriculum in England,” *International Journal of Technology and Design Education*, 2008, Vol.18（2）, pp.139–165.

④ 丁邦平:《英国小学的“设计与技术”课程：建构主义的视角》，载《全球教育展望》，2005（8）。

表 3-4　设计与技术课程中建构式学习方式

| 设计与技术课程 | 建构式学习 |
| --- | --- |
| 调查、拆卸和评价活动 | 定向 / 引导：<br>这相当于新课之前的摸底，学生通过某个与主题有关的物品进行此类活动，能够更直观地观察和了解物体的属性，通过教师适当的引导增加对新课程内容的期待程度，教师则可以在此过程中了解到学生对新内容及相关内容的熟识水平，掌握学生原有知识与理解层次，有的放矢地进行新任务的介绍与指导 |
| 专注于实际任务 | 干预 / 重组：<br>教师的主导性作用在这一阶段体现得最为明显，教师要充分了解每个学生的知识储备情况，在下达新任务指令时着重阐释学生理解上的盲点与误区，让学生能够以新任务的要求为主，有效地将新旧观念进行重组，通过适当的干预让学生形成对实际任务的新理解，引导学生将注意力专注于新任务 |
| 设计与制作活动 | 应用：<br>这是学生应用自己的新理解和新认知解决问题的阶段。前两个阶段中形成的新想法和知识，在动脑设计和动手制作的实际活动中得到应用，消除了新任务之前自己观念中存在的错误和误区，形成新的认知结构 |
| 评价 | 评价：<br>学生要根据已有的标准进行自评，能够找出自己在设计与制作活动中的优点与不足，巩固新认知 |

设计与技术课程主要采用小组讨论的方式实施。小组合作学习是课程实施的主要形式，这种方式有利于培养学生与人交往、协作完成任务的意识和能力，提高学生的集体荣誉感。该方式同时增加了同伴交往的机会，使学生明确各自在小组中的角色，各司其职，每个人都积极努力地为小组献计献策，力求共同解决问题。①

英国设计与技术课程有着完善的课程支持，包括丰富的课程资源、强劲的硬件和软件支撑及专门的课程监管部门。学校会充分利用自身的传统与优势开发丰富的课程资源，课程内容与时俱进、不断丰富，保证教师和学生始终处于探索状态，也使学生的学习热情和教师的教学积极性始终保持在高位运行。除此之外，该门课程还配置了一应俱全的硬件和软件支撑，在英国国家课程网（设计与技术专区）上规定了一些课程资源的配置，主要包括各种规格的扫描仪和打印机，绘图仪、温度传感器等各领域的高精尖仪器设备，还有课程实施中可能要用到的专业制作软件。不仅有内容翔实的规定，更重要的是设置了专门的课程巡视小组和监管部门来保证这些规定落到实处，通过不定期委派专职人员到学校实地探访的方式搜集学校该门课程的设置和实施情况，未按要求配备相关课程支持或对课程重视程度不足的学校，校长是受罚的第一责任人，这种落实到个人的严苛制度从根本上保证了课程的地位，确保其有效实施。

设计与技术课程的评价方式很多，包括自评、他评、教师观察评价和电子档案袋评价等。2004 年英国颁布的国家课程标准中规定了该课程的最终评价方式为：平时表现（20%）+ 考试（80%）。一般情况下，学生在完成四个关键期的学习之后，将参加全国统一的普通中等教育证书

① Dava Hendley, Susan Lyle, "The potential of collaborative group work to increase pupil learning in the implementation of design and technology in the National Curriculum," *Curriculum Journal*, 1995, Vol.6 (3).

考试（General Certificate of Second Education，GCSE）。普通中等教育证书制度规定对学生的评价不只是通过最后一次考试成绩，而且 20% 的分数要参照学生平时的表现，或者是学生的作业成绩，或者是学生在平时上课时的表现。① 与此同时，不仅学校有自评，英国还建立了专门的评价与测试小组，评价与测试小组会不定期到各地的学校中进行抽查，监测该门课程的实施与评价是否达标，以保证课程的顺利实施。

### （五）其他国家综合实践活动概述

#### 1. 德国的自由学习

从德国的自由学习中我们可以窥见研究性学习的影子。自由学习（freiarbeit）是德国开放教学的一种重要形式，也是当今德国真正实行的分层次教学的一种有效方法。自由学习是指学生依据课程计划的要求有选择学习活动的自由，它包括：选择学习内容的自由、选择学习速度的自由、选择学习形式的自由、选择学习地点的自由、选择组织形式的自由、选择接受帮助的自由。② 自由学习已成为德国教育改革的新热点。1997 年巴州主体中学的新课程计划中的“基础和主导思想”强调了开放教学形式的现实意义，并指出“课程计划内容也可以涉及材料辅助学习（materialgeleitetes lernen）、星期计划学习（wochen plan unterricht）、课题学习（projekt unterricht）及分站学习（lernzirkel）等”③。其中课题学习是指打破学科界限，以课题为核心，综合各科教学内容，学生自主学习的形式。这种学习形式包括选择课题、制订课题计划、开展课题研究及展示研究成果等几个步骤。选定课题后，学生应对有关课题的各种问题充分了解，并通过对这一课题的“头脑风暴法”式的讨论，进行课题设计，同时根据学生各自的愿望、经验和兴趣把课题划分为不同的子课题，分组进行研究。每当一个小组完成自己的任务时，就可以展示自己的成果。学生在展示结果时可以采用粘贴画、角色扮演、学术报告等丰富多彩的形式。

#### 2. 俄罗斯的研究性学习

俄罗斯提倡学生在假期参加学校组织的或自发组织的夏令营、冬令营活动，以培养学生的实践能力、独立自主能力和社会交往能力，在这些活动中，学校、家长和社会很少参与，通常是学生自己参与、组织和筹划。馆教结合是俄罗斯教育的一大特色，小学课程标准和小学国家标准联邦部分教学计划中明确规定周围世界（人、社会、自然）、艺术、工艺学等课程是必修课，而且这些课程都可以借助博物馆来实施。俄罗斯的博物馆对中小学完全开放。在不违背陈列品的真实性特点的同时，博物馆陈列的内容基本上都以参观者能够理解的方式呈现，尤其是儿童博物馆，它把中小学教学中的“游戏法”“小组学习法”和阅览室纳入博物馆，寓教于乐。很多学校把课堂教学挪到博物馆中进行。同时俄罗斯的学校还利用图书馆、歌剧院、电影院、少年宫、科技馆、名人故居、高等院校等开展教学。

为了保障中小学综合实践活动常态化开展，俄罗斯政府出台相应的保障政策并加大投入，积极开发社区资源，创设综合实践活动支持环境。例如：利用社区的人文底蕴和自然环境建设社区

---

① 毛国辉：《英国中学“设计与技术”课程的特点与启示》，载《当代教育科学》，2013（12）。
② 吴卫东：《德国的自由学习面面观》，载《课程·教材·教法》，2001（5）。
③ 同上。

博物馆，在建设的过程中注重博物馆的教育性，把物化的材料、教学大纲与学生的兴趣结合起来，以利于学生根据自己的爱好选择行为活动的内容和方式。事实上，在俄罗斯社区类课程资源的开发和利用被看作是受教育者的一项权利，在开发社区类课程资源时，学校、社会、家长和孩子并没有把这些课程资源的开发和利用当成一种负担，而是将其与孩子的教育和娱乐活动有机融合，因此孩子对社区资源的开发和利用都有很大的兴趣，他们在整个活动中真正发挥了主体作用。很多孩子在家长和学校的引导下，利用适合自身的方式，从自身的需要和兴趣出发，选择他们需要的资源，为自己的发展创造便利条件。①

**3. 韩国的研究性学习**

韩国文教部从 1990 年起着手进行第二次世界大战后的第六次课程改革。此次改革将科学教育、电脑教育、外语教育及国际理解教育定为重点，尤其突出科学教育在培养“面向 21 世纪，具有主体精神、创造精神和有道德品格的韩国人”中的重要作用。根据此次课程改革的重点，韩国文教部决定加大初中阶段自然科学的教学力度，实施研究性学习。韩国初中的研究性学习将学生的学习内容分为知识和研究活动两个层次，其主要目标是培养学生对周围事物、自然现象的兴趣、好奇心和科学地解决生活中产生的各种问题的态度与能力。这种课程设计使理论和实践活动相结合，有利于学生在生动形象的教学过程中理解复杂的自然规律。其主要目的是：学习基本的研究方法，并能在解决实际生活问题的过程中灵活运用。通过探讨活动，理解基本的科学知识，并能在说明自然现象中加以运用。使学生对自然现象和科学学习感兴趣，进而培养学生要去研究的态度。②

## 二、国际综合实践活动课程的反思与启示

各国综合实践活动课程的指向集中于社会问题及社会概念、个体的心理需要或创造需要、个体面对的问题及关注的问题、有关的不同科目之间知识的联系与组织。相关课程主要通过以问题为中心、知识应用、参与性建构来帮助学生获得综合性发展。各国课程实践也是在冲破重重困难挑战下获得长足发展的，其实际发展过程展示着希望的曙光和对重重困难的挑战。尽管国际上不同国家存在文化、制度、经济等多种差异性，但是综合实践活动课程实践发展的种种差异性中还是表现出一定的共性，均为我国综合实践活动课程的实施提供了反思和实践的视角。综合起来，国际综合实践课程体现出以下重要特征。

### （一）政府助力推进

国际综合实践活动课程改革起步较早，并在实施过程中不断丰富、完善，逐步走向规范化的轨道。分析各国综合实践活动课程实施的过程可以发现，教育部门发挥了重要作用，尤其是在课程实施初期，教育部门提供强有力的支持和外部各项资源的优待。可以说，各国综合实践活动就是在政府助力下不断克服种种困境，一步步走向制度化、常态化的。

① 殷世东：《美、俄、法三国中小学综合实践活动课程常态化开设的启示》，载《外国中小学教育》，2009（1）。
② 杨光富、埃明达：《美法韩日是如何实施研究性学习的？》，载《中小学管理》，2003（11）。

各国教育部门往往以多种方法推动综合实践活动课程的有效实施。首先，政府以立法形式支持与肯定综合实践活动课程的存在价值与实施的意义，为各国综合实践活动课程提供了坚定的制度环境，有效对冲了课程实施中的诸多压力。其次，政府的舆论导向和宣传能力也在促进对综合实践活动课程内涵、价值和意义的理解上发挥着重要作用。如英国的设计与技术课程，前期基层教师对课程内涵认识的不清晰导致课程开展不顺利，于是教育部门斥资对课程的大纲进行了详尽的说明，并且将晦涩难懂的专业术语转化成通俗易懂的日常语言，还对课程情境范围加以限定，主要集中在家庭、学校和社会方面，极大地促进了课程内涵的贯彻。[①]最后，政府强大的资源调配能力为课程实施提供了重要的外部资源支持。各国政府在综合实践活动课程的实施中投入了大量人力、物力用以满足综合实践活动课程实施所需要的硬件设施和各类软性要求。例如：法国政府投入大量资金用于提高教师教学水平；日本政府则不仅在综合学习时间中鼓励博物馆和观光工厂的讲解员、社区义工积极参与课程实施，还投入很多资金用于改善学校环境。总而言之，各国综合实践活动课程改革的历程表明，政府助力是各国综合实践活动课程真正“落地生根”的关键力量，在课程的实施中发挥着不可忽视的重要作用。

### （二）强调课程设计的明确性与实践性

从课程目标来看，各国都试图在宏观和微观层面明确课程目标，强调课程目标的导向性和操作性。从宏观来看，各国综合实践活动课程目标都旨在培养学生的实践能力、创新意识、综合素质，旨在培养能够适应充满挑战的新时代的创新型应用型人才。例如：美国的服务性学习强调在社区服务和公共事务中发展自己的各项能力；英国的设计与制作课程则重视学生的实践操作能力；德、法等国的工艺课明确要求学生通过在学习技能和制作作品的历程中达到对多元能力的适应。

微观层面，各国重视课程目标的可操作性。通过下放对各地区和各学校课程目标制订的自主权，来分解综合实践活动课程实施的难度和压力。日本的综合学习时间表现尤为突出。学习时间的要求鲜明具体，除了政府出台的课程总目标，日本文部科学省还要求各学校因地制宜，制订符合地域或者学校发展特点的课程目标，并且课程目标必须与学生的发展和特点相结合。此外，各学校课程目标还要在明确包含要培养的素质、能力、态度的同时制订出富有创造性的指导计划（包括全体计划、年间指导计划、单元指导计划）。在课程内容的设置上，各国综合实践活动课程在确定课程内容时主张回归学生生活世界，一般主张以活动和问题为组织方式，因此课程内容选择往往结合学生兴趣，与学生的生活紧密相连，强调跨学科性和实践性。

### （三）关注教师专业成长

课程改革的发展史充分表明，任何忽视教师的课程改革都很难取得成功。各国综合实践活动课程改革在重视师资培养上形成一致。各国采用多种方式促进综合实践活动课程教师的教学能力提高，教师培训是重要的路径之一。例如：法国政府专门拨款用于教师培训；日本为在职教师

---

① 丁邦平：《英国小学的“设计与技术”课程：建构主义的视角》，载《全球教育展望》，2005（8）。

组织的全国性、地方性等各种形式的教师研修活动等。

重视综合实践活动职前教师培养也是重要的途径，日本表现尤为突出。日本从2000年已经开始设立“综合学习专业学科”，用于培养从事综合实践活动课程教学的专职教师。专职教师的培养不仅有利于缓解人们对综合实践活动课程实施中教师指导能力不足的不安，而且能够推动综合实践活动课程实施的规范化、常态化。

### （四）重视评价体系建构

各国都非常关注评价在课程实施中的重要价值，评价体系的建立也被纳入课程实施中，同时也非常重视评价主体的多元性，强调多主体参与，强调评价方式的多元。如英国设计与技术课程的评价方式很多，包括自评、他评、教师观察评价和电子档案袋评价等。各国亦重视评价的导向性，非常强调总结性评价与发展性评价的结合使用，并以发展性评价为主，关注学生学习过程中的成长与收获，促进学生综合素质的提高。

需要特别注意的是，大学入学考试往往是制约综合实践活动课程常态化实施的瓶颈。就我国综合实践活动课程实施而言，有不少学者认为，只有等到把综合素质评价纳入高考招生制度的那一天，综合实践活动课才能落到实处。[①]与高考形成联动也成为各国综合实践活动课程改革研究的重要议题。法国较早展开了探索。法国的高中会考是法国政府在高中段结束后统一组织的国家级考试，凡成绩合格者，可直接到大学注册，进入高等学校学习，从这个意义上说，法国高中会考类似我们国家的高考。[②]法国教育部从2001年9月开始陆续颁布一系列决定，将TPE课程列为会考的选修科目，使会考的选修科目由原来的“1”变为“2+1”，并在此基础上研究和开发了高中毕业会考中TPE的评价标准作为配套支撑。可以说，法国TPE课程之所以能够走向常态化、制度化道路，与其课程实施和高中会考形成联动有着重要关系。

## 第二节　STEM课程的国际发展概述

STEM是科学（science）、技术（technology）、工程（engineering）及数学（mathematics）四个学科的缩写。美国是STEM教育的发起者和主导者，自20世纪80年代美国首次提出STEM教育后，经过30多年的发展演变，如今STEM教育已经成为国际科学教育的主流趋势，并且作为以美国、英国、德国为代表的发达国家的国家战略而大力推行。

STEM的概念从诞生之日起就一直在不断地变化和发展，并且出现了许多衍生概念，例如：加入艺术（art）的STEAM、加入机器人（robot）或阅读（reading）的STREAM，以及加入环境（environment）的eSTEM等。在很多有关STEM的研究中，“STEM”被定义为科学、工程、技术和数学的广泛领域中相关的各个独立学科，如生命与健康科学、计算机与信息科学等。本节

① 汪明帅：《高中综合实践活动的问题透视与路径选择——基于十五位高校专家的访谈报告》，载《全球教育展望》，2015（10）。

② 霍益萍：《再谈“研究性学习”在法国》，载《教育发展研究》，2002（10）。

中，“STEM”指的是整合性 STEM（Integrated STEM）：基于学科和现实问题之间的联系，将科学、技术、工程和数学这四门学科的部分学科或全部学科的内容整合起来形成的一节课、一个单元或一门课程。因此，STEM 教育领域不仅包括这四门学科，还包括艺术、编码、计算等其他学科，除非另做特别说明，“STEM”是其他衍生概念的等义词，如“STEAM”和“STREAM”等。

## 一、国际 STEM 教育政策发展概述

### （一）美国 STEM 教育的起源与政策发展

美国是世界公认的教育强国，在世界教育改革史上一直处于引领地位。第二次世界大战后，美国进行了多次重要教育改革。STEM 诞生于 20 世纪 80 年代的美国，经过 30 多年的发展演变，如今已经成了以美国、英国、德国为代表的发达国家的国家战略而大力推行。

#### 1. 美国 STEM 教育的诞生背景（20 世纪 50 至 60 年代）

1957 年苏联成功发射了斯普特尼克一号（Sptunik Ⅰ）人造卫星，这令有过两次失败的卫星发射经验的美国非常震惊，引发了美国的深刻反思和对科技的重视。美国于 1958 年颁布第二次世界大战后的第一个教育大法——《国防教育法》，开启了“第二次世界大战后第一轮教育追求高质量教育改革时期”①，掀起了战后美国中小学第一次课程改革运动。经过 10 年的努力，1969 年阿波罗登月，标志着美国在科技上反超苏联。《国防教育法》对教育领域的贡献是明确了教育与国防的关系，使人们意识到教育的发展，尤其是科学教育的发展关系着国家安危。

20 世纪 60 年代美国爆发了黑人权力运动（Black Power Movement），在这次民权运动中，黑人民众表达了包括教育平等在内的种族平等诉求，并促使了 1965 年《初等和中等教育法》的颁布。20 世纪 70 年代的美国基础教育暴露出过去 10 年中教育改革的种种问题，如学校教育目标泛化、课程简单、缺乏纪律性、教育过分职业化和爱国主义教育缺失等，于是美国发起了回到基础教育运动（Back to Basic）。这场教育运动的核心是提高美国的基础教育质量，但是此次教育改革过于注重以考试作为教学手段，引起许多教育工作者的异议，认为这样的教育改革对培养学生的创造力具有负面影响，会使美国教育失去生命力，不利于国家成为自由的、富于创造力的和高生产率的国家。②

#### 2. 美国 STEM 教育的起源（20 世纪 70 至 80 年代）

20 世纪 80 年代 STEM 教育诞生，其诞生的主要原因有以下四个方面。

第一，经济不景气与国际地位的下降。20 世纪 70 至 80 年代，美国经历了第二次世界大战后最严重的经济危机，以日本为首的多个国家的国民生产总值增长率均超越了美国，其中在 1960—1973 年，日本的增长率大大超过美国，约为美国增长率的两倍之多③，这再次激发了美国

---

① 韩家炳：《美国 1958 年〈国防教育法〉颁布的原因》，载《安徽史学》，2015（3）。

② 王学玢：《1983 年〈国家处在危机中〉教育报告与美国教育改革研究》，硕士学位论文，安徽师范大学，2017。

③ Jimmy Carter, *Economic Report of the President: Transmitted to the Congress January 1979*, United States Government Printing Office, Washington: 1979, p.139.

的危机意识。

第二，科技革命引发了产业结构和生产方式的改变。第三次科技革命使得美国产生了许多新兴产业，如宇航业、电子工业、原子能工业、半导体工业、高分子合成工业等。对新领域中高技能劳动者的需求使美国意识到教育改革迫在眉睫。

第三，人口结构变化。20 世纪 70 至 80 年代美国涌入大量移民，学生的种族成分多样化给学校教育带来挑战，少数民族的半文盲数高达 40%，新移民的教育问题加剧了教育改革的迫切性[①]。1981 年美国成立国家高质量教育委员会，经过 1 年多的努力，终于在 1983 年 4 月发表了《国家处在危机中——教育改革势在必行》的教育研究报告，敲响了美国中小学教育的警钟。该报告用包括学生的学业成绩的国际排名下滑在内的 13 项证据阐明了美国教育处在危机中，并针对教育内容、教育目标、教学时间、师资状况给出了建议。报告尤其强调了科学和技术对人类的重要性，并建议将人文学科的知识应用到科学和技术中，以保证科学和技术的创造力和人道主义。[②]

1986 年美国国家科学基金会（National Science Foundation，NSF）之国家科学委员会（National Science Board，NSB）发布《科学、数学和工程本科生教育》研究报告，强调本科教育在美国教育中具有重要的战略地位，指出了美国本科阶段的科学、数学、工程教育存在的诸多问题，并分别向美国各州、学术机构、私营部门和联邦机构提出了纲领建议。[③] 虽然这份报告在当时并没有引起政府的重视，但这是最早有关 STEM 教育思想的重要文献，可以被视为 STEM 教育思想的萌芽。此后美国的研究报告和文献中便陆续出现了 SMET 和 SME&T 两种形式作为科学、技术、工程和数学教育的缩写。如 1993 年美国 SMET 联邦教育计划审查专家小组的报告《联邦科学、数学、工程和技术教育投资：现在在哪里？下一步是什么？》使用的便是 SMET 的缩写形式。

而 1996 年，NSF 发布的研究报告《塑造未来：透视科学、数学、工程和技术的本科教育》则使用了 SME&T 的缩写形式。该报告针对美国的 SME&T 教育实施情况，以及新的形势和挑战，向美国的高等院校、地方政府、工商业界等提出了新的政策建议，如大力培养 K-12 教育系统中科学、数学、工程和技术师资队伍和提高所有美国人的科学素养等。此报告唤醒了 SME&T 教育的大力推行，为了提高本科生的 SME&T 教育质量，为国家提供更具竞争力的科技人才，美国 NSF 在 20 世纪末推行了课程和实验室改善计划（The Course，Curriculum，and Laboratory Improvement Program，CCLI），该计划投入大量资金，对学习环境、课程内容、课程设计和教育实践的多方面改革产生了积极影响。20 世纪 90 年代，由于 NSF 的工作人员抱怨“SMET”听起来像“smut（污垢，下流）”，便用“STEM”取代了“SMET”，此后“STEM”一词才被更加广泛地运用。

---

① 王学玢:《1983 年〈国家处在危机中〉教育报告与美国教育改革研究》，硕士学位论文，安徽师范大学，2017。

② Peter J Denning，“A Nation at Risk：the Imperative for Educational Reform，” *Communications of the ACM*，1983（26），pp.467–478.

③ National Science Board，“Undergraduate Science，Mathematics and Engineering Education，” 1986，pp.9–21.

由此可见，20 世纪 70 至 80 年代，美国的经济、社会和教育的种种问题引发了新一轮的教育改革。对教育问题的调研和建议从中、小学基础教育扩展到了本科教育。本科教育中科学、数学和工程教育的问题引出了 STEM 教育思想的萌芽。20 世纪 90 年代美国的研究报告和文献中开始出现科学、技术、工程和数学教育的两种缩写形式，即 SMET 和 SME&T，随后 STEM 又替代了这两种缩写形式，最终被更为广泛地使用。但是，在从 STEM 诞生后约 20 年的时间中，NSF 仅仅是用这个缩写指代科学、技术、工程和数学四个领域。

### 3. 美国 STEM 教育的发展和完善（21 世纪）

2000 年后，美国陆续出台了很多政策和法律来推动和保障 STEM 教育的发展和实施，并为 STEM 教育提供了巨大的财力支持，STEM 教育进入了快速发展期。

在美国第 109 届国会通过的法案中，有三个法案是与 STEM 教育紧密相关的。例如：美国航空和航天局在 2005 年颁布的《国家航空航天局授权法》规定“相关管理者要开发、扩展和评估航天科学计划的教育推广项目，以此来服务中小学校”；同年，国会颁布的《赤字削减法案》，建立了两个助学金项目“为学习外语、数学、技术、工程、物理、生命科学和计算机科学的学生提供奖励和资助”；国防部在 2006 年颁布《国防授权法》，开启了一项永久项目“转型期科学、数学和研究领航项目”，旨在为国家安全领域培养科学家和工程师。①

在全球竞争持续加剧、科技与创新在提升国家竞争力中的作用愈加显著的背景下，布什政府在 2006 年的国情咨文中宣布实施“美国竞争力计划（American Competitiveness Initiative，ACI）”，为推动科技与教育发展投入资金达到了创纪录水平——1360 亿美元。该计划的目标之一就是“强化 K-12 数学与科学教育”，美国相信 ACI 使美国“在未来数十年会在发展机会和创新上领先世界”。② 2006 年，关于 STEM 教育美国提出《国家竞争力计划》，再次强调要增加 STEM 教育研究的财力投入。随后，在苏联第一颗人造卫星发射五十周年纪念日，美国 NSF 发布了《国家行动计划：应对美国科学、技术、工程和数学教育系统的重大需求》，以警示美国政府“50 年前的威胁今天正以另外一种形式出现，美国必须时刻不忘加强对学生的 STEM 教育”，并对美国政府提出两条政策性建议：增强国家层面对 K-12 和本科阶段的 STEM 教育的主导作用，以及在横向和纵向上的协调作用；提高教师水平和增加相应研究的财力投入。③

奥巴马政府也对 STEM 教育进行了积极推进。2009 年 11 月，奥巴马总统宣布了“教育创新（Education to Innovate Campaign）”运动，为了使学生在全球科学和数学教育中的地位从中等进入世界前列，此次运动凝聚了全国所有代表性的工业、数学、基金会和非营利组织，一起推动美国的 STEM 教育。次年，美国总统科技顾问委员会向奥巴马总统提交了《培养与激励：为美国的未来实施 K-12 年级科学、技术、工程和数学教育》报告。该报告充分肯定了 STEM 教育对美国的战略意义和价值：“STEM 教育将决定美国未来能否成为世界领袖，能否解决如能源、卫生、环境保护和国家安全等诸多领域的巨大挑战。STEM 教育将有助于培养国际市场竞争所需要的能

① 马红芹：《美国 STEM 教育的发展历程研究》，载《教育研究与评论（技术教育版）》，2015（2）。
② 汪凌勇：《美国竞争力计划》，载《科学观察》，2006（2）。
③ 范燕瑞：《STEM 教育研究——美国 K12 阶段课程改革新关注》，硕士学位论文，华东师范大学，2011。

干且灵活的劳动力……STEM 教育将造就科学家、技术专家、工程师和数学家，他们将提出新思想，制造新产品，并创造出 21 世纪的全新产业。STEM 教育将为每个个体提供技术技能和计算素养，是获取足够生活的薪水及为他们自身、他们的家庭和社区做出决定所必需的。”

2010—2015 年，美国制定了多个 STEM 教育规划，如《拟定 STEM 教育议程：州级行动之更新》和《联邦 STEM 教育五年战略规划》，推动了 STEM 教育在全国范围内的开展。

2015 年奥巴马签署通过了《2015 年 STEM 教育法》，该法是对有关 STEM 教育内容的补充和完善，对 STEM 教育的实施给予了法律保障。该法对 STEM 教育的定义更加正式和规范，虽然没有改变 STEM 的英文缩写，但是首次明确将计算机科学列入了 STEM 教育类别。该法要求在国家科学基金会的奖学金项目中增加对数学和科学教师的培训及研究支持，并加强了校外非正式 STEM 教育项目的研究，鼓励博物馆和科普中心等社会机构开展 STEM 教育研究，探索如何加强校外 STEM 教学。

2018 年 12 月 3 日，特朗普政府公布了新一轮的 STEM 教育五年计划——《制定成功路线：美国的 STEM 教育战略》。该计划提出美国 STEM 教育的未来愿景：所有美国公民都能终身受益于高质量的 STEM 教育，美国将成为 STEM 素养、创新和就业的全球领导者。报告还强调要建立全国 STEM 共同体，即学习者、家庭、教育者、社区和雇主合作开展 STEM 教育。为了实现美国未来 5 年的 STEM 教育愿景，该报告提出了四种对策：（1）发展和丰富战略伙伴关系，包括通过联合社区来建立 STEM 生态系统，通过教育者和雇主的合作增加基于就业的学习和培训，以及整合所有学习领域中成功的实践经验；（2）让学生参与到交叉学科领域，包括推动创新和创业教育，让数学更有吸引力，以及鼓励跨学科学习；（3）培养计算能力，包括提高数码素养和网络安全，让计算思维成为所有教育的必需元素，以及扩建数字化教学平台和学习平台；（4）运作方式要具备透明化和问责制。

专栏 1

## 美国《STEM 教育——北极星计划》简介

李科震　天津师范大学

2018 年 12 月 3 日，美国白宫发布下一个五年战略计划——《STEM 教育——北极星计划》（STEM Education Strategic Plan）。该计划由美国国家科学技术委员会（The National Science and Technology Council，NSTC）STEM 教育委员会（The Committee on STEM Education，COSTEM）制定。该计划主要包括以下四大内容。

一、STEM 教育下一个五年计划的愿景

让所有的美国公民都将终身受益于高质量的 STEM 教育，美国将成为全球 STEM 扫盲、创新和就业方面的领导者。

二、STEM 教育未来五年要实现的目标

一是为 STEM 教育的普及建立强大的基础；二是增加 STEM 教育的多样性、公平性和包容性；三是为未来的 STEM 劳动力做好准备。

三、实施 STEM 教育的行动和途径

（一）行动

①授权 STEM 教育委员会，为国家实现该计划的目标提供指导；②指示各机构在财政预算中优先考虑 STEM 教育和培训；③成立美国工人全国委员会，该委员会将提高人们对 STEM 技能差距的认识，帮助扩大学徒制，并鼓励对劳动力的教育投资；④支持并签署《21 世纪加强职业和技术教育法案》，以增加学生在中学和高等教育上接受高质量技术教育和认证的机会；⑤指示教育部将高质量的 STEM 及计算机科学教育推广至 K-12 教育中；⑥颁布行政令，以保护和维持国家和地方对教育机构课程和管理的控制；⑦发起一项白宫倡议，以促进传统的黑人学院和大学 (HBCUs) 的改革和创新。

（二）途径

①发展和丰富 STEM 教育战略伙伴关系；②重视学习者的跨学科学习；③重视培养学习者的计算思维；④建立 STEM 教育发展的信息公开制、问责制。

四、制定跨部门合作战略

《北极星计划》指出：要实现 STEM 教育的愿景、目标、途径，需要整个 STEM 教育利益相关者的参与。多层支持将为 STEM 教育的开展与推广做出有力支持，并形成完整的运转体系。该计划中参与和包含的政府部门有商务部、国防部、教育部、国土安全部、内政部、国家航天局、农业部等 15 个部门。

《北极星计划》的推出为美国 STEM 教育提供了强大的发展动力，在政策层面为 STEM 教育的开展奠定了合理性基础，并且在资金层面提供了巨大支持。由此可见，STEM 教育对美国政府而言已经成为国家战略，更显示了美国要持续占领 STEM 教育领衔地位的目标。STEM 教育在我国发展仍处于萌芽阶段，在学校课程体系中处在边缘化状态。在信息化发展迅速的今天，跨学科式的教育方式是多学科共同发展、培养“全面发展的人”的有效途径。

## （二）中国 STEM 教育的起源与政策发展

我国的 STEM 研究是自下而上进行推动的。教育研究者对 STEM 教育的研究和实践引起了政府的重视，从而推进一系列国家政策和教育标准的制定和执行。

### 1. 我国 STEM 教育的起步（2007—2014 年）

我国最早关注 STEM 教育的研究是 2007 年开始陆续发表的介绍美国 STEM 教育战略的背景及现实需要的文章。之后的 5 年内，国内关于 STEM 教育研究的论文数量之和不超过 20 篇，并且多是对美国 STEM 教育理念、政策和实施状况的介绍分析[①]，以及在国际背景下，从美国课程改革历史的角度出发，梳理了美国教育政策和理念的变化，从而阐明 STEM 教育的重要价值[②]。

---

① 杨明全：《美国当代中小学科学教育改革：政策、理念与行动》，载《比较教育研究》，2011（10）。
② 张燕军：《21 世纪美国中小学生 STEM 素质低下问题及其对策》，载《外国中小学教育》，2013（6）。

**2. 我国 STEM 教育的快速发展（2015 年至今）**

2014 年 9 月，李克强总理在夏季达沃斯论坛提出：要掀起“大众创业”“草根创业”的新浪潮，形成“万众创新”“人人创新”的新势态。2015 年 1 月，李克强总理考察了深圳的柴火空间，从此美国素质教育热潮——创客运动（Maker Movement）在中国进入爆发式发展时期。在商业教育机构的推动下，STEM 教育也随之在中小学教育中广泛流行。从 2015 年至今，我国的 STEM 教育研究论文以指数式增长。STEM 教育不仅引起了大量教育研究者的重视，也引起了政府部门的重视。我国关于 STEM 教育的政策开始逐渐颁布。

中国幅员辽阔，各个地区之间存在一定的差异。特别是由于历史原因，香港、澳门和台湾在课程政策方面有着不同的传统和传承。香港率先实施了 STEM 教育。为培养相关领域的多样化人才，提高香港的国际竞争力，2015 年香港课程发展议会发布《推动 STEM 教育——发挥创意潜能》的报告，旨在为香港中、小学推动 STEM 教育提建议和策略。而台湾和澳门尚未出台任何关于 STEM 教育的政策。

我国国家层面的 STEM 教育计划正逐渐颁布实施。中国教育科学研究院在对中国及世界各国的 STEM 教育情况进行调查后，于 2017 年公布了《中国 STEM 教育白皮书》，分析了中国 STEM 教育的背景和现状，提出中国 STEM 教育 2029 创新行动计划，指明了中国 STEM 教育的发展方向。该计划已经于 2018 年 5 月正式启动，旨在服务于国家创新驱动发展战略。计划强调通过整合政府部门、科研机构、高科技企业、社区和学校等社会资源，在中国建立 STEM 教育生态系统。根据这一规划，中国将建设一批理念先进、特色鲜明、素质领先的 STEM 教育示范学校，培养一批中国发展急需的创新型人才。该计划主要有六个目标：促进 STEM 教育政策顶层设计；实施 STEM 人才培养畅通计划；建设资源整合和师资培养平台；建设 STEM 课程标准和评价体系；打造一体化 STEM 创新生态系统；打造服务经济的教育与人才战略高地。

## 二、国际 STEM 课程标准发展概述

### （一）美国 STEM 课程标准

自 20 世纪 80 年代 STEM 教育理念诞生后，随着 STEM 教育的发展和成熟，整合性 STEM 教育理念逐渐渗透到美国颁布的各个 STEM 相关学科的教育标准或课程标准中。

**1. 科学课程标准**

1996 年美国颁布了《国家科学教育标准》（National Science Education Standards），此后的十几年美国 K-12 科学教育的内容都是依据此标准进行设置的。但随着时代的发展，该标准的弊端逐渐显现，例如：科学教育内容过于宽泛松散，广而不深，已经无法适应科学教育的发展步伐。因此，美国多个学术研究机构开始共同研发制定新的科学教育标准，包括国家研究理事会（NRC）、国家理科教师联盟（NSTA）和美国科学促进会（AAAS）等。研发分为两个阶段：先

是制定科学教育框架，然后围绕框架研制新的科学教育标准。①

美国在2012年颁布了《K-12科学教育框架：实践、跨学科概念、核心概念》(A Framework for K-12 Science Education：Practices，Crosscutting Concepts，and Core Ideas)(以下简称《框架》)。《框架》指出科学、工程和技术已经渗透到现代生活的各个方面，并且对于人类面对当前和未来最迫切挑战至关重要，因此美国的K-12科学教育需要重新设计。《框架》提出科学教育的三个维度包括：科学与工程实践、跨学科概念和学科核心观念。将科学教育的领域在原有的物理科学、生命科学、地球与空间科学的基础上，加入了工程、技术与科学的应用，这为工程教育在中小学科学课程中找到了一席之地，并且强调了跨学科教育。由此可见，该框架已经体现了整合性STEM教育的理念。

2013年美国颁布了《新一代科学教育标准》(Next Generation Science Standards)(以下简称《新标准》)。作为新的科学教育理念和科学教育实践的桥梁，《新标准》既承载了《框架》中新的科学教育理念，还是课程开发、教师教育、教学实践和评价的直接依据。《新标准》的一大特点就是体现了“整合”教育②，包括横向整合和纵向整合。纵向整合指基于学习进阶，促进学生科学素养的连贯发展。横向整合包含三个方面：一是基于大概念构建科学概念体系；二是在此基础上实现理解与实践的相互促进；三是渗透科学本质以及STEM跨学科整合。

从1996年和2013年两次科学教育标准的颁布可以看出，美国科学教育的领域已经从传统的三大学科(物理科学、生命科学、地球与空间科学)，扩展到了工程和技术学科，并且通过跨学科概念等体现了对“整合”教育的重视。随着STEM教育的发展和成熟，整合性STEM教育理念已经渗透到了美国的科学教育标准中。

### 2. 技术课程标准

1996年美国国际技术教育学会(International Technology Education Association，ITEA)颁布了《面向全体美国人的技术：技术学习的依据和框架》(Technology for All Americans：A Rationale and Structure for the Study of Technology，R&S)，提出了技术素养的定义，即使用、管理和理解技术的能力。并且提出了学生应具备的技术素养、K-12年级技术课程的架构及如何利用资源开展技术课程。

2000年ITEA又发布了有关技术教育的标准——《技术素养标准：技术学习的内容》(Standards for Technological Literacy：Content for the Study of Technology，STL)，将技术素养的含义扩展为：使用、管理、评价和理解技术的能力。为指导学生学习技术课程，STL提取了K-12年级学生需要掌握的所有核心技术知识和技能。此次提出的技术素养有四大特征：(1)为学生在技术实验室的学习，提供了一套相同的学习期望；(2)适合学生的发展；(3)为在地方、州和省等各级水平开发有意义的、相关的和明确的技术课程提供基础；(4)促进了K-12年级其他学习领域之间建立联系，STL提出的技术素养的重要标准之一就是学生要理解技术与其他相

① 王磊、黄鸣春、刘恩山：《对美国新一代〈科学教育标准〉的前瞻性分析——基于2011年美国〈科学教育的框架〉和1996年〈国家科学教育标准〉的对比》，载《全球教育展望》，2012(6)。

② 郭玉英、姚建欣、彭征：《美国〈新一代科学教育标准〉述评》，载《课程·教材·教法》，2013(8)。

关学科的联系，并对技术与工程、科学和数学的关系进行了阐述。

2003 年 ITEA 颁布了 STL 的配套文件——《技术素养的卓越进展：学生评价、职业发展和项目标准》(Advancing Excellence in Technological Literacy：Student Assessment，Professional Development，and Program Standards，AETL)，该文件的目的是促进全体学生的技术素养，并对 STL 提出的技术素养含义进行了细化说明。依据 STL 提出的技术素养标准，AETL 提出了针对学生技术学习、教师职业发展和 K-12 技术相关项目的详细评价方式和指导方针。文中的“项目(program)”泛指影响学生学习技术的一切因素，包括学习内容、职业发展、课程、教学、学生评价和学习环境等。并且强调学生学习技术的地点不能局限在学校内，家长、社区、商业、工业及高校中工程和其他技术相关领域的专家也应当参与到学生的技术项目中来。

2006 年 ITEA 颁布第二版的《面向全体美国人的技术素养：技术学习的依据和框架》(Technological Literacy for All：A Rationale and Structure for the Study of Technology)，对 1996 年制定的第一版 R&S 进行了修订。该框架对不同年级阶段的技术学习进行了研究，认为在小学阶段，技术可以作为综合主题单元的一部分，探索技术和人类、社会或环境之间的关系；技术也可以被纳入其他课程中，作为重要的主题去开展。在初中阶段，学生可以建立模型，制作真正的技术产品，并且学会如何把技术原理运用到工程、建筑、工业设计和计算机科学中，从而更好地理解技术。在高中阶段，高中生可以通过讨论、问题解决、设计、研究，以及开发和使用技术设备来进行技术学习。

工程教育和整合性 STEM 教育理念逐渐受到 ITEA 的重视。为了大力推动与工程教育整合的技术教育，2010 年 ITEA 正式改名为国际技术与工程教育学会(International Technology and Engineering Educators Association，ITEEA)，这足以彰显工程教育和 STEM 教育理念在科技教育中的重要性。

**3. 工程课程标准**

在美国传统教育中，工程教育在小学和初中一直是空白。2007 年美国国家工程院(National Academy of Engineering)和国家研究理事会(National Research Council，NRC)一起成立的“K-12 年级工程教育委员会”(Committee on K-12 Engineering Education)，旨在研究确定如何在全国小学和初中开展工程教育。经过两年研究，委员会于 2009 年发布《K-12 教育中的工程：理解现状和提升未来》(Engineering in K-12 Education：Understanding the Status and Improving the Prospects)。该报告根据研究结果给出建议，如在 K-12 年级中让工程教育作为整合性 STEM 教育的一部分，比单独作为一个主题更具可行性。

2008 年，美国国家工程院还成立了 K-12 年级工程教育标准委员会(Committee on Standards for K–12 Engineering Education)，旨在评估美国中小学开发和实施工程教育内容标准的潜在价值和可行性。经过两年的研究，于 2010 年在《K-12 年级工程教育标准》(Standards for K-12 Engineering Education)报告中呈现了研究结果。报告指出 STEM 教育中的三门学科——科学、技术和数学都已经开发了教育标准，只有工程还没有，因此委员会致力于确定 K-12 学生应该了解并且能够做哪些与工程有关的事情，评估 K-12 教育其他学科内容标准的价值和影响，确定K-12教育中科学、数学和技术学科中有哪些标准和工程有关，并且分析K-12工程教育的诸多目标如何影响标准的内容和实施。

报告最终否定了在当时开发K-12年级工程教育标准的必要性，原因是：（1）小学和初中缺乏工程教育经验。相对于其他学科，参与工程教育的学校、教师和学生人数都极其少。（2）教育标准对教育实践并不一定能产生预期的影响。因为国家制定的统一标准在不同的州产生的结果是参差不齐的，在不同标准之间的连贯性、教学实践、评价和问责、教师职业发展等方面都会产生一系列问题。并且，教师的信念和经验对实际课程效果的影响要远高于教育标准的影响。（3）委员会对于K-12工程的教学和学习了解不深，无法制定可靠的标准。首先，设计过程在工程教育中具有核心重要性是公认的，但是相关的实践经验和指导策略都非常匮乏；其次，工程概念之间的联系及其与科学和数学概念之间的联系，都尚不明确。单独建立工程教育标准，可能会使工程、科学和数学之间的联系更加难以建立，从而降低学生的学习兴趣和学习效果。（4）大部分教育者认为目前的课程非常紧凑，很难从现有课程中削减内容，为工程教育腾出时间和空间。

2010年，美国国家评估管理委员会（National Assessment Governing Board）和教育部联合推出了《2014年NAEP技术和工程素养框架》（Technology and Engineering Literacy Framework for the 2014），列出了不同阶段学生应当掌握和需要做的技术和工程设计，用于评估学生对于技术和工程的了解程度。对技术和工程素养的评估领域分为三个部分：技术与社会、设计与系统、信息与通信技术。三个部分相互支撑，并且相互之间有重叠的部分，这是因为技术原理和技巧是可以相互支持和借鉴的，所以学生可以利用技术与工程中任何一种思考和行动方式来解决任何问题。该框架提出了三种一般类型的实践活动，应用在三个评估领域中，分别是：理解技术原理、开发解决方案并实现目标、交流与合作。评估时会将评估任务和项目放入多个特定的情境中，情境覆盖的领域有人文、社会科学、医学、环境保护等，让学生基于问题情境展示所学所思。

此外，该框架还提出，为了制定评估框架，必须明确科学、技术、工程和数学之间的关系。对自然世界的科学理解是技术发展的基础，例如：计算机芯片的设计依赖于对硅和其他材料电性能的详细了解，技术是科学发展的基础；气象学家研究全球变暖的气候模型需要借助超级计算机；技术是工程和科学的产物，是对自然世界的研究。科学包括两个部分：一是随着时间积累的知识体系；二是产生关于自然世界知识的过程——科学探究。同样，工程也包括一个知识体系（人类设计和创造的产品）和解决问题的过程。因此在科学、技术和工程三个领域中，科学和工程之间有着最明显的相似之处；数学本身是一个有别于科学、技术和工程的单独领域，但是数学工具是其他三个领域的专家工作时不可缺少的。正因为这四门学科有如此密切的联系，所以会缩写成STEM。

**4. 数学课程标准**

美国数学教师委员会（National Council of Teachers of Mathematics，NCTM）自20世纪20年代成立后，一直致力于美国的数学教育发展，其制定的数学教育标准在美国具有很大的影响力。NCTM在2000年颁布了《学校数学的原则和标准》（Principles and Standards for School Mathematics），取代了1989年颁布的数学标准。该标准围绕六个原则（公平、课程、教学、学习、评估和技术），由五个内容领域（数量和运算、代数、几何、测量、数据分析和概率）和五个过程（问题解决、推理和证明、交流、联系和陈述）组成。

在2000年数学标准的基础上，NCTM在2006年发布了《幼儿园到八年级数学课程的重点：追求连贯性》（Curriculum Focal Points for Prekindergarten through Grade 8 Mathematics：A Quest for Coherence），明确了K-8年级数学课程的重点内容，旨在让数学课程内容更加连贯，重点更加突出。课程的重点（focal points）是指每个年级数学课程中的重要主题，包括相关的想法、概念、技能和过程。这些重点也被2010颁布的《共同核心州立标准》（Common Core State Standards，CCSS）所引用。

《共同核心州立标准》是美国联邦政府首次颁布细化到课堂的教育政策，列出了K-12年级学生应当掌握的知识和技能，从而为高中升入大学或就业做好准备。目前仅颁布了英语标准和数学标准，其中《共同核心州立数学标准》（Common Core State Standards for Mathematics）主要由简介、八项数学实践标准、K-12数学内容标准和附录组成。从以上颁布的数学教育标准看，这些标准对STEM教育的关注度显然没有其他三门学科对STEM教育的关注度高。

综上所述，2000年后美国颁布的科学和技术的教育标准都逐渐体现了整合性STEM教育思想。工程教育虽然尚无课程标准颁布，但是工程教育已经融入科学和技术学科教学中了。数学教育标准虽然没有提及STEM教育，但是众所周知，数学工具对于其他三门学科至关重要。因此，从STEM学科课程标准的发展演化中，可以看出，整合性STEM教育思想日渐突出。STEM学科教学不再仅仅局限于一门学科，而是更加注重与其他学科的联系，注重实践性，培养学生利用跨学科概念、知识和技能等，来解决源自现实的真实问题。

### （二）中国STEM课程标准

在中国，香港率先实施了STEM教育。2015年香港课程发展议会便发布了《推动STEM教育——发挥创意潜能》，目的是培养STEM相关领域的多样化人才，提高香港的国际竞争力。该报告对香港未来10年实施STEM校本课程提出了建议和策略。提出的三条建议分别是：（1）强化综合和应用能力。学生通过综合和应用科学、技术和数学领域的知识和技能，明白STEM与社会是息息相关的，并通过这些知识与技能解决真实问题和制作发明品，从而培养STEM学习兴趣，为日后在STEM领域的升学和就业打好基础。（2）推行STEM教育学习活动的模式。报告提出了两种STEM教育模式：首先是基于一个学习领域课题的学习活动，让学生综合其他学习领域相关的学习元素；其次是通过专题研习让学生综合不同领域的相关学习元素。目的都是强化学生在科学、技术和数学等领域及跨学科领域的综合和应用知识与技能的能力。（3）建立教师协作和社区伙伴关系。鼓励校内老师的跨学科协作，以及加强社区伙伴的写作，包括科学、技术、工程和数学各领域的学者和专家、事业团体及其他相关组织，共同规划和组织STEM跨学科学习活动。由此可见，香港实施的STEM教育，已经重视跨学科的“整合性”教育，但是在中小学推行STEM教育主要强调了现有的科学、技术和数学课程的学科教学和跨学科学习，而对于工程教育在STEM教育中的渗透，尚未明确阐述。

如今整合性STEM教育已经进入国家课程的视野。在小学阶段，2017年新修订的《小学科学课程标准》的颁布被视为STEM教育的重大举措①，因为小学科学课程的课程内容在原有的物质科学领域、生命科学领域、地球与宇宙科学领域的基础上，首次加入了技术与工程领域的内容。技术和工程领域包括三个核心理念：人们为了使生产和生活更加便利、快捷、舒适，创造了丰富多彩的人工世界；技术的核心是发明，是人们对自然的利用和改造；工程技术的关键是设计，工程是运用科学和技术进行设计、解决实际问题和制造产品的活动。鼓励教师通过观察、阅读、设计和制作产品，帮助学生理解这些核心概念，首次加入了技术与工程领域。

在初中和高中，STEM教育被分为物理、化学、生物学、地理、信息技术等多个学科，使学生缺乏对科学的综合理解。但在有关部分学科的政策和课程标准中，STEM教育已经被提及并有待探索。如2016年教育部制定的《教育信息化“十三五”规划》，鼓励有条件的地区积极探索信息技术在跨学科学习、创客教育等新的教育模式中的应用，以提高学生的信息素养、创新意识和创新能力，培养学生的数字化学习习惯，促进学生的全面发展。此外，2017年《普通高中生物学课程标准》首次提出在生物学学习过程中，学生应通过完成的工程学任务，加深对生物学概念的理解，提高知识运用能力，培养创新精神，进而运用科学观点、知识、思维和方法，探讨或解决现实生活中的问题。

根据上述相关课程标准，STEM教育刚刚进入我国教育部门的政策视野，在国家课程体系中，STEM教育标准有待进一步完善。

专栏2

## 3D打印技术

赵玉萍　首都师范大学教育学院

3D打印（3D printing，又称为三维打印）是一种快速成型技术，它基于计算机的数字化建模软件，以金属或塑料材料作为合成材料，通过逐层打印的方式构建实体。3D打印技术早在20世纪90年代已经出现，由于技术和造价的制约，并未得到推广普及。进入21世纪后，3D打印技术在建筑设计、医疗健康、工业制造、教育等领域都表现出巨大的应用前景。

3D打印技术的制作过程，可以分为设计和打印两个阶段。在设计阶段，主要利用计算机软件进行建模或者利用三维扫描软件直接生成数字化模型，在此阶段设计者可以进行个性化的创作或在开放式的理念下进行合作。在打印阶段，3D打印机型会按照某一坐标轴切割成为无限多个剖面，然后逐层打印，最终形成实体模型。

3D打印技术在教育中应用广泛，主要包括模型的制作及活动课程的开发。模型制作包括教具和学具的制作及工程类模型的设计，属于一种静态的制作方式，利用3D打印技术能够满足个性化的设计理念并快速生成的特点。近年来，3D打印技术的交互性和开放式的设计理念受到更

① Yao, J.-X. & Guo, Y.-Y., “The Curriculum Development and Practical Challenge of Science Education in Primary School Curriculum,” *Teaching Material and Method*, 2017, 37 (9), pp.98-102.

多的关注，3D 打印技术成为活动课程开发的重要选题。如将 3D 打印技术用于 STEM 课程、设计学习（DBL）及综合实践活动课程的开发中。

## 本章回顾

1. 自 20 世纪开始，世界各国均在课程改革中推出了旨在适应 21 世纪挑战的课程，与我国综合实践活动课程相似的，体现课程整体性、实践性、社会性、生活性等现代化要求的新课程，如法国的有指导的学生个人实践活动、美国的服务性学习、日本的综合学习时间、英国的设计与技术课程等。

2. STEM 是科学（science）、技术（technology）、工程（engineering）及数学（mathematics）四个学科的缩写。STEM 教育美国是 STEM 教育的发起者和主导者，自 20 世纪 80 年代美国首次提出 STEM 教育后，经过 30 多年的发展演变，如今 STEM 教育已经成为国际科学教育的主流趋势，并且作为以美国、英国、德国为代表的发达国家的国家战略而大力推行。

3. 中国教育科学研究院在对中国及世界各国的 STEM 教育情况进行调查后，于 2017 年公布了《中国 STEM 教育白皮书》，分析了中国 STEM 教育的背景和现状，提出中国 STEM 教育 2029 创新行动计划，指明了中国 STEM 教育的发展方向。

## 反思与交流

# 第四章

# 综合实践活动课程视角

【知识地图】

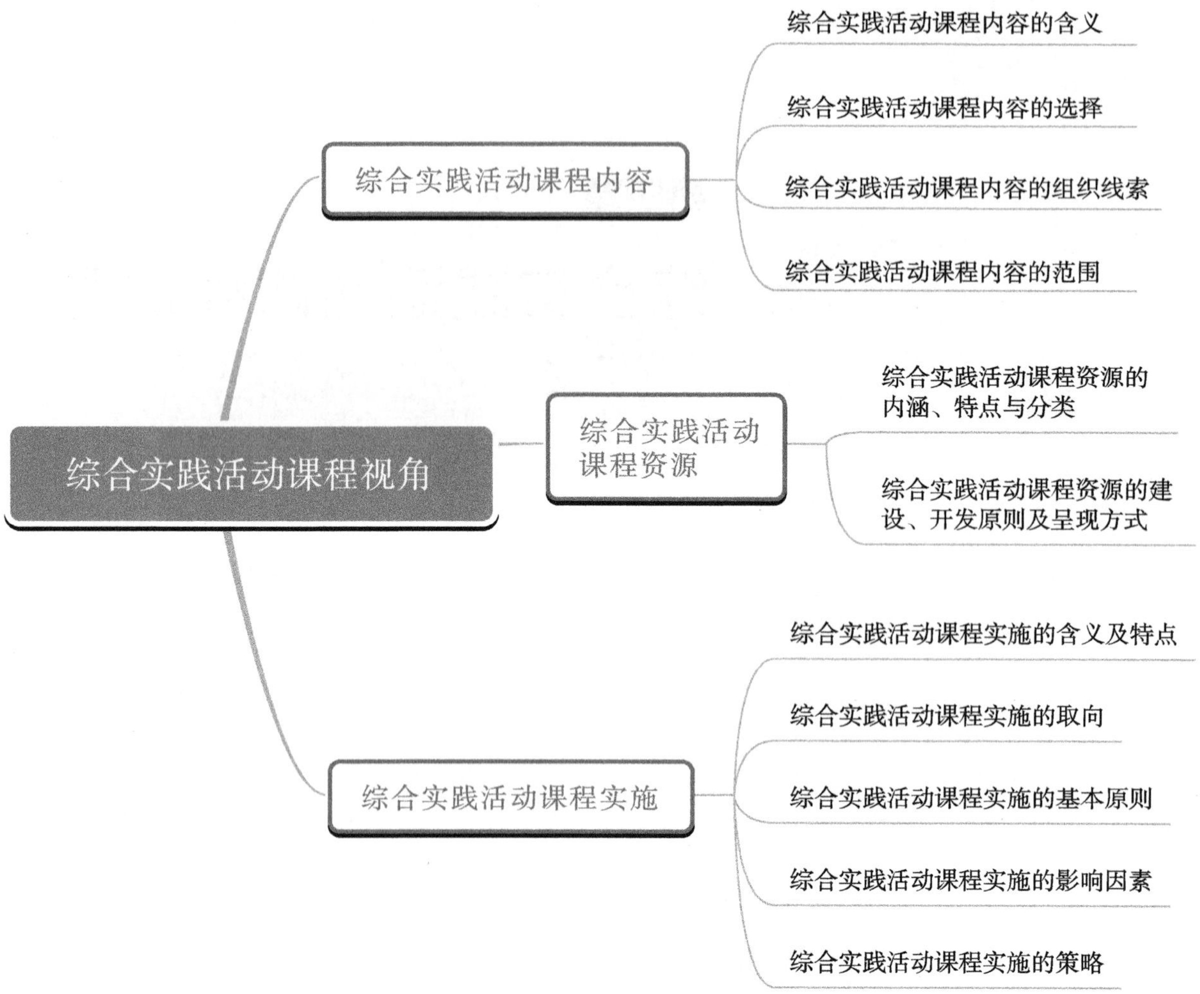


【学习目标】

1. 掌握综合实践活动课程内容的确定方法。

2. 领会综合实践课程资源的开发方法。

3. 掌握综合实践课程实施的策略。

什么是课程内容？这是课程理论无法回避的一个基本问题，也是综合实践活动课程实施要正视的一个关键性问题。可以说，对这个问题的考察与研究，深刻影响着综合实践活动课程内容的选择与组织，影响着综合实践活动课程的实施，以及决定着综合实践活动课程是否能够真正实现课程目标。

# 第一节　综合实践活动课程内容

要考察综合实践活动课程内容的内涵，需要对课程内容的相关概念进行深入的研究。

## 一、综合实践活动课程内容的含义

综合实践活动课程作为课程形态的一种，对其课程内容的含义的认识，可以置于一般性的课程内容理论下分析。国外的理论立足于知识的社会学观点和技术学观点对课程内容进行阐释，主要有两种观点：一种认为课程内容是在教育机构范围内要向学生传递的知识；另一种认为课程内容是指一门课中所传授或包含的知识，也指各门学科中特定的事实、观点、法则和问题等。[①]我国学者也对课程内容有不同的认识与理解。一种观点认为，课程内容是指由符合课程目标要求的一系列比较系统的、间接经验与学生的某些直接经验组成的、用以构成学校课程的基本材料。[②]另一种观点认为，课程内容是符合课程目标要求的一系列比较规范的、由间接经验和直接经验组成的、用以构成学校课程的文化知识体系，是课程的主体部分，并进一步指出课程内容是由科学知识、社会生活经验、学习活动三个维度的要素构成的。[③]分析可见，有些学者将课程内容这一概念放在学校的总体课程内容组织和结构中使用，有些学者则将课程内容概念限定在对单一学科的描述和研究中使用。总体上，课程内容是一个开放性的概念，这与研究者所持的课程观有关系，可以说持有不同的课程观就会对课程的内容有不同的理解。

综合实践活动课程作为一种重要的课程样态，是从学生的真实生活和发展需要出发，从生活情境中发现问题，转化为活动主题，通过探究、服务、制作、体验等方式，培养学生综合素质的跨学科实践性课程。它强调立足学生的生活世界，以学生为中心，借助实践活动，使学生在个体生活、社会生活及与大自然的接触中获得丰富的实践经验，形成并逐步提升对自然、社会和自我的整体性体验与认识，并具有价值体认、责任担当、问题解决、创意物化等方面的意识和能力。因此综合实践活动课程内容就超越了传统的重视逻辑严密、体系完备的分科课程内容，而是将具有动态性、开放性、不确定性的个体经验性和实践性知识纳入其中。

综合实践活动课程内容是由符合课程目标要求的学生的真实生活经验与相关知识体系，包括特定的事实、观点、原理和问题等，通过实践活动整合组织在一起的文化知识体系。从对综合实践活动课程内容的界定中可以发现以下几个方面的内容。

第一，综合实践活动课程内容将学生的真实生活经验包括其中，给学生的个体经验以合法性。学生在学习过程中，可以经由自身生活经验，以有意义的方式将课程内外的知识与经验连接成一个整体，从而学习到知识的意义，得到完整的经验。

第二，综合实践活动课程内容不排斥间接经验的习得。间接经验是从社会文化知识中选择出来的，是具有内在逻辑和价值关联的科学知识体系，它在综合实践活动的整合中相互联系、沟

① 江山野:《简明国际教育百科全书·课程》，68页，北京，教育科学出版社，1991。
② 廖哲勋:《课程学》，98页，武汉，华中师范大学出版社，1991。
③ 靳玉乐:《课程论》，207页，北京，人民教育出版社，2012。

通、交叉、渗透形成有机的联系，并与学生的直接经验共同构成一个新的统一整体。

第三，综合实践活动课程内容是按照课程目标的要求选择出来的，所以具有丰富的教育意味。

## 二、综合实践活动课程内容的选择

课程内容的选择是课程编制过程中的一项基本且复杂的环节，是许多课程问题的集结点。课程内容选择是根据特定的教育价值观及相应的课程目标，从学科知识、当代社会生活经验或者学习者的经验中选择课程要素的过程。① 课程设计者要在这个过程中根据教育观和课程目标要求对课程内容中的概念、原理、技能、方法及价值观等做出合理的抉择。

### （一）综合实践活动课程内容的选择取向

对课程内容的不同阐释中往往蕴含不同的课程内容取向。我国学者对课程内容选择取向的认识尽管在表达上略有差异，但是内涵上具有一致性。② 一般来说，课程内容的取向主要有三种：课程内容的学科本位取向、课程内容的社会本位取向及课程内容的学习者本位取向。

当课程目标的来源主要是学科发展的时候，学科知识就成为课程的主要内容。③ 历史上要素主义教育学者、永恒主义学者及结构主义者一般都持课程内容的学科本位取向。当前这个取向依然普遍存在。这个取向认为，学科是传递社会文化遗产的最系统、最经济有效的形式，各门学科所反映的科学知识具有强大的认识功能和实践功能。因此，课程成为以学科课程为主、辅之以一定的技术与实践训练的培养模式。④

教育永远无法脱离社会的制约，当社会生活的需求成为课程目标的主要来源时，社会生活经验就成为课程的主要内容。社会本位取向的课程内容的选择标准不是“什么知识最有价值”，而是“什么社会经验最有价值”，因此社会本位取向认为教育应该从社会的需要出发，根据社会的需要来决定，教育的目的就在于使受教育者社会化，以保证社会生活的稳定和延续。⑤

课程内容的学习者本位则强调尊重学习者的自主性和个性发展，因此在学习者本位的课程内容的选择中，学习者本身就是课程的主体，他们不仅是课程内容的接收者，也是课程内容的开发者及社会经验的创造者。

综合实践活动课程旨在弥合学校分门别类的科目，解决分科课程疏离于世界和学生经验整体性的问题。它以“主题、经验、表达”的非线性单元结构，取代“标准、成就、评价”的线性单元结构⑥，认同学习是知识和经验的持续整合过程，综合实践活动课程是为了加深自我对周围世界的理解，在合作探究活动中寻求解决问题的方法，发表见解，发展探索人类世界和自然世界的好奇心和兴趣。⑦ 从综合实践活动课程的界定及课程目标来看，综合实践活动课程内容是学习

① 张华：《课程与教学论》，191 页，上海，上海教育出版社，2014。
② 靳玉乐：《课程论》，207 页，北京，人民教育出版社，2012。
③ 张华：《课程与教学论》，192 页，上海，上海教育出版社，2014。
④ 靳玉乐：《课程论》，215 页，北京，人民教育出版社，2012。
⑤ 同上。
⑥ 吴国珍：《综合课程革新与教师专业成长》，2 页，北京，北京师范大学出版社，2013。
⑦ 钟启泉：《综合实践活动课程的设计与实施》，载《教育发展研究》，2007（3）。

者本位的。基于学习者本位的综合实践活动课程内容以学生的人格为核心，使学生这一主体实现了人的自然性、社会性、自主性的有机统一，是人主体性的本真状态和实质。

### （二）综合实践活动课程内容的选择原则

课程内容选择的原则为丰富的课程资源筛选提供了导向，一般来说，课程内容选择应遵循以下原则。

第一，目标一致性原则。目标一致性原则是指课程内容的选择必须符合既定的课程目标，既要为实现既定的目标服务，又不能违背课程目标所设定的价值体系。课程目标在根本上不可能价值中立，它的设定受制于特定社会公认的价值，因此课程内容的选择必须和课程目标所设定的价值体系保持一致，不能出现矛盾与冲突。

第二，适切性原则。适切性原则要求在选择课程内容时在总体上既要考虑学生的一般发展规律，又要适合学生的个别差异，以弥补统一要求与个性发展之间的空缺。一般来说，课程内容的选择要与学生的身心发展顺序相一致，遵循由近及远、由简到繁、由易到难、由直观到抽象的顺序，并且各阶段间的过渡要平缓，不可跳跃。

第三，结构性原则。结构性原则指课程内容的选择要兼顾课程内容的多样性和部分内容之间的适当比例。多样性要求课程内容采用多种形式、多种风格、多种角度的具体材料：一是提高教学内容的丰富性、生动性和趣味性；二是适应学生的个性化。比例的均衡性是指课程内容要在知识的范畴，如文与理之间、知识与技能之间、智力与体力之间取得一定平衡，并将各部分内容有机地整合在一起。

相对于一般意义上的课程内容选择，综合实践活动课程作为一种特殊的课程样态，在课程内容选择上除了要遵循一般性的原则外，还应该有符合课程特点的原则。《指导纲要》立足于综合实践活动特点，指出综合实践活动课程内容的选择与组织还应遵循如下原则。

1. 自主性

在主题开发与活动内容选择时，要重视学生自身发展需求，尊重学生的自主选择。教师要善于引导学生围绕活动主题，从特定的角度切入，选择具体的活动内容，并自定活动目标任务，提升自主规划和管理能力。同时，要善于捕捉和利用课程实施过程中生成的有价值的问题，指导学生深化活动主题，不断完善活动内容。

2. 实践性

综合实践活动课程强调学生亲身经历各项活动，在“动手做”“实验”“探究”“设计”“创作”“反思”的过程中进行“体验”“体悟”“体认”，在全身心参与的活动中，发现、分析和解决问题，体验和感受生活，发展实践创新能力。

3. 开放性

综合实践活动课程面向学生的整个生活世界，具体活动内容具有开放性。教师要基于学生已有经验和兴趣专长，打破学科界限，选择综合性活动内容，鼓励学生跨领域、跨学科学习，为学生自主活动留出余地。要引导学生把自己成长的环境作为学习场所，在与家庭、学校、社区的持续互动中，不断拓展活动时空和活动内容，使自己的个性特长、实践能力、服务精神和社会责任感不断获得发展。

4. 整合性

综合实践活动课程的内容组织，要结合学生发展的年龄特点和个性特征，以促进学生的综合素质发展为核心，均衡考虑学生与自然的关系、学生与他人和社会的关系、学生与自我的关系这三个方面的内容。对活动主题的探究和体验，要体现个人、社会、自然的内在联系，强化科技、艺术、道德等方面的内在整合。

5. 连续性

综合实践活动课程的内容设计应基于学生可持续发展的要求，设计长短期相结合的主题活动，使活动内容具有递进性。要促使活动内容由简单走向复杂，使活动主题向纵深发展，不断丰富活动内容、拓展活动范围，促进学生综合素质的持续发展。要处理好学期之间、学年之间、学段之间活动内容的有机衔接与联系，构建科学合理的活动主题序列。

## 三、综合实践活动课程内容的组织线索

课程内容一旦确定，就需要对各部分内容进行组织、安排，使之成为一个有机的整体。课程内容的组织是指在一定的教育价值观的指导下，将多选出来的各种课程要素妥善地组织成课程结构，使各种课程要素在动态运行的课程结构系统中产生合力，以有效地实现课程目标。[①] 良好的课程组织，使学生学习之际易于理解课程各要素的关系，而不是陷入零碎的知识矩阵中，从而可以迅速掌握意义，发现所学之应用途径。此外课程有了良好的组织，学生学起来容易，动机增强，学习时间可以缩短，这样的教育显然是非常经济的。可以说，课程内容组织作为课程编制的重要环节，采取何种逻辑方式，直接影响着课程内容结构的性质，也制约着课程实施。如果课程内容的组织不合理，不但教学效果无法最大化，还可能出现冲突与抵消，从而产生负面效果。

综合实践活动课程的组织应以学生和学生的实践活动为中心。学生的实践活动是多样、丰富和复杂的。整合性则是综合实践活动课程内容设计与实施的一个基本特性。综合实践活动课程内容的组织需要沿循一定的组织线索，从而促进课程内容的体系化。

综合实践活动课程内容的组织以学生为中心的原因在于内在地突出了学生在学习中的主体地位，开拓了学生个性发展空间。以实践活动为中心的原因在于综合实践活动课程主张回归学生的生活世界，并借助学生的实践活动来促进学生综合素质的提升。

2017 年教育部颁发的《指导纲要》指出：综合实践活动课程的内容组织，要均衡考虑学生与自然的关系、学生与他人和社会的关系、学生与自我的关系这三个方面的内容，这三个方面是

---

① 张华：《课程与教学论》，200 页，上海，上海教育出版社，2014。

一个有机的整体，而非随意拼凑的若干主题的杂乱混合，它们之间存在着必然的内在逻辑关系。学生的实践活动是丰富多样的，课程内容的组织围绕这三条线索设置相应领域，从而使活动主题有所集中，活动内容有所依托与侧重。如此，不至于使活动内容过于宽泛、教师指导无所适从、学生活动劳而无功。

学生与自然的关系即人与自然的关系。综合实践活动课程重视通过科学教育帮助学生掌握并运用科学知识及其方法技术，去认识自然、改造自然、利用自然，为人类自身创造新的生存条件，并在此过程中改变人类的思维即智力的性质，更加强调进行以自然为主体的人文教育，如环境教育，使学生认识到人类与自然环境的共生共存关系，从而更好地与自然和谐相处，养成保护自然的意识。自然探究领域非常广泛，主要涉及与人类的生存环境相关的自然事物或现象，而核心是人类所处的自然环境中的问题，如水资源、植被、能源、环保、生命等方面的问题。

学生与他人和社会的关系问题是学生需要学会处理和探究的基本问题，涉及他人、社区和社会三个层次的不同方面的内容。社区是社会的缩影，是指与一定区域相联系的社会生活共同体。也可以将其简单地理解为区域性或地区性的社会，还可指学校师生所处的人文社会环境，包括村庄、街道、居民生活小区等。社会比社区的范围广泛，与学校师生当前的生活、交往和教育教学活动不是直接的而是间接的关系，但与学生未来的生活、交往和教育教学等活动有着比较紧密的联系。社会服务活动可以包括社区的基础设施，民俗、传统节日或重大活动，社区居民关注的交通问题及垃圾处理等问题，也包括一定社会的基本活动，如社会公德、公民道德和开放社会的多元文化价值等。综合实践活动课程力图使学生走出教室，走出学校，走进社区，走入社会，通过调查访问、参与社区活动，触摸社会脉搏，来培养学生的实践能力和社会责任感，促进自身发展，成为履职尽责、敢于担当的人。

学生与自我的关系是学生在成长中最需要关注的本体性问题，也是当前教育最乏力的领域。“自我”的形成是个体社会化的重要内容，自我意识对“自我”形成有直接作用。自我意识是个体对自己及自己与周围事物关系的认识和体验，以及据此对自我的评价、省察。人是社会性动物，同时也受自我的支配，这决定了个体必须不断地认识自己，并依据社会的要求评价、调节自己的行为以适应社会。综合实践活动课程力图通过各种群体活动和参与社会实践活动，使学生在认识周围世界的同时，也认识或体验自己及自己与周围事物之间的关系，揭开“自我”的神秘面纱，了解自我的优点与缺点，发展自我兴趣，获得自我体验，形成自我意识，促进自我成长。

## 四、综合实践活动课程内容的范围

有相关文件和文献对综合实践活动课程内容的范围做出了大致规定。教育部2000年颁发的文件指出，综合实践活动指定领域包括研究性学习、劳动技术教育、社区服务、社会实践四个部分。随后，义务教育课程《综合实践活动指导纲要（初稿）》依据“新的历史时期”的特点，对原来内容做了一些调整和强调。尽管上述两方面规定所描述的内容有区别，但均强调“研究性学习”“社区服务与社会实践”“劳动与技术教育”。2017 年教育部颁发的《指导纲要》，具备“课程标准”的性质和效力，指出了综合实践活动的主要方式及其关键要素（见表 4-1）。

表 4-1 《指导纲要》规定综合实践活动内容结构变化

<table>
<tr><td>四个指定领域（旧）</td><td>研究性学习</td><td>社区服务<br>社会实践</td><td>信息技术</td><td>劳动技术</td><td>（非指定领域）</td></tr>
<tr><td rowspan="2">四种活动方式（新）</td><td rowspan="2">考察探究</td><td rowspan="2">社会服务</td><td colspan="2">设计制作</td><td rowspan="2">职业体验及其他活动</td></tr>
<tr><td>信息技术</td><td>劳动技术</td></tr>
</table>

### （一）综合实践活动课程的主要方式及其关键要素概述

第一，考察探究。考察探究是学生基于兴趣，在教师的指导下，从自然、社会和学生自身生活中选择和确定研究主题，开展研究性学习，在观察、记录和思考中主动获取知识、分析并解决问题的过程，如野外考察、社会调查、研学旅行等。它注重运用实地观察、访谈、实验等方法，获取材料，形成理性思维、批判质疑和勇于探究的精神。实践也表明，中小学生参加考察、调查、旅行等活动兴趣浓厚，能取得较好的效果。考察探究的关键要素包括：发现并提出问题；提出假设，选择方法，研制工具；获取证据；提出解释或观念；交流、评价探究成果；反思和改进。

第二，社会服务。社会服务指学生在教师的指导下，走出教室，参与社会活动，以自己的劳动满足社会组织或他人的需要，如公益活动、志愿服务、勤工俭学、自我服务、家庭服务、校园服务、社区服务、社会服务等。它强调学生在满足被服务者需要的过程中，获得自身发展，促进相关知识技能的学习，提升实践能力，成为履职尽责、敢于担当的人。社会服务的关键要素包括：明确服务对象与需要；制订服务活动计划；开展服务行动；反思服务经历，分享活动经验。

第三，设计制作。设计制作指学生运用各种工具、工艺（包括信息技术）进行设计，并动手操作，将自己的创意、方案付诸现实，转化为物品或作品的过程，如动漫制作、编程、陶艺创作等。它注重提高学生的技术意识、工程思维、动手操作能力等。在活动过程中，鼓励学生手脑并用，灵活掌握各类知识和技巧，提高学生的技术操作水平、知识迁移水平，体验工匠精神等。设计制作的设置延续了许多学校开展的小制作、小发明活动，并赋予了新时代的元素，如“制作我的动画片”“体验物联网”“开源机器人初体验”“镜头下的美丽世界”等主题活动具有浓厚的时代气息。设计与制作的关键要素包括：创意设计；选择活动材料或工具；动手制作；交流展示物品或作品，反思与改进。

第四，职业体验。职业体验指学生在实际工作岗位上或模拟情境中见习、实习，体验职业角色的过程，如军训、学工、学农等，它注重让学生获得对职业生活的真切理解，发现自己的专长，培养职业兴趣，形成正确的劳动观念和人生志向，提升生涯规划能力。职业体验的关键要素包括：选择或设计职业情境；实际岗位演练；总结、反思和交流经历过程；概括提炼经验，行动应用。这一设计具有非常重要的时代意义，因为科学技术、社会生产、劳动世界的变化与发展往往迅速地体现在职业生活领域。在职业活动体验过程中，学生能接触到最新的技术、成就与问题，感受到社会的发展与时代的脉搏。职业体验活动的开展能让学生获得对职业劳动的真切体验和初步理解，形成正确的劳动观念，为学生的职业选择、生涯规划、人生志向奠定基础，避免中学生专业选择的迷惘与盲从，克服对一些职业的偏见。

第五，其他活动。综合实践活动课程除了以上活动方式外，还设计了专题教育活动、博物馆参观等活动。其中专题教育是对中央有关部门发布的100多个专题教育文件进行了系统梳理和研究，把其中可以作为综合实践活动课程主题的内容进行了提炼和转化。如党中央和社会各界十分关注的中华优秀传统文化教育、革命传统教育、国家安全教育、法治教育、环境教育、知识产权保护等各类专题教育，均被纳入综合实践活动课程中，转化成生动活泼的主题形式具体呈现，并根据活动的难易程度分别推荐给不同学段的学生开展活动，使专题教育真正落地。

#### （二）综合实践活动课程的主要方式及其关键要素间的关系

综合实践活动课程主要方式的划分是相对的，其在逻辑上不是并列的关系，更不是相互割裂的关系。综合实践活动课程的综合性特点要求妥善地处理各个领域之间的关系，将其整合起来，以融合的方式实施。在课程设计时可以有所侧重，可以以某种方式为主，兼顾其他方式；也可以整合方式实施，使不同活动要素彼此渗透、融会贯通。同时要充分发挥信息技术对于各类活动的支持作用，有效促进问题解决、交流协作、成果展示与分享等。综合而言，不同的活动方式是以融合的形态呈现和实施的，它要求各学校根据地方和学校的课程资源及其特色，跨越四个领域的边界，追求活动内容的综合性，以综合主题或综合项目的形式将各部分融合在一起实施，使各部分内容彼此渗透，达到学科与学科、学科与活动、活动与活动、学校活动与社会、家庭活动之间理想的均衡与整合状态。

## 第二节　综合实践活动课程资源

课程资源问题是在我国基础教育课程改革日益深入的时代背景下提出的，课程变革使得人们越来越深刻地认识到，没有课程资源的合理开发与有效利用，基础教育课程的宏伟目标就很难实现。

### 一、综合实践活动课程资源的内涵、特点与分类

课程资源是综合实践活动课程设计与实施的全部条件的总和，是课程得以呈现的基础，是课程设计、课程实施的基本组成部分。有鉴于此，厘清综合实践活动课程资源的内涵、特点及分类，具有重要的现实意义。

### （一）综合实践活动课程资源的内涵

课程是组织教育教学活动最主要依据，任何课程都是以一定的课程资源为基础和前提的。从某种意义上来说，没有课程资源就没有课程，更不用说课程目标的实现，课程资源的作用比任何时候都更加重要。事实上学者们围绕课程资源展开了丰富、深入的讨论，尽管学者们并未对课程资源的内涵达成共识，但比较一致的是认同课程资源在构成上应包括形成的来源和实现课程的条件两个方面的要素。综合实践活动课程资源可被分为：形成综合实践活动课程的要素来源，以及实施课程的必要而直接的条件。

### （二）综合实践活动课程资源的特点

从综合实践活动课程的内涵来看，综合实践活动的课程资源确实丰富，但是这并不意味着所有的资源都能成为其课程资源。只有那些进入课程中，与教育教学活动联系起来的资源才是现实的课程资源。综合实践活动的课程资源具有其独特的特点，大体上包括客观性、丰富性、具体性、多质性、地域性。

客观性是指综合实践活动课程设计之前，课程资源是客观存在的，只不过是潜在的课程资源，没有被充分开发和利用而已。这些客观存在的“前课程资源”具有转化为学校课程或支持课程实施的可能性，其经过课程设计者筛选和转化后形成不同的课程资源形态，需要特别指出的是，同一课程资源的开发和利用的深度、广度受制于开发主体的课程意识、知识水平、能力水平及时间经验等。综合实践活动课程资源的丰富性是指构成综合实践活动课程资源的“素材”的丰富性。

综合实践活动课程围绕着人与自然、人与社会、人与自我三条线索展开，那些有关自然、社会、自我的知识、技能、经验、方法等都能纳入综合实践活动的素材库中加以开发和利用，从而使得综合实践活动课程资源呈现丰富性和多样性。

受制于时间、地域、文化传统及开发主体的差异性，课程资源同时又呈现具体性特点。不同的地域，可资开发和利用的课程资源不同，其构成形式和表现形态各异；不同的文化背景下，人们的价值观、道德意识、风俗习惯、宗教信仰等具有独特性，相应的课程资源各具特色。[①]

综合实践活动课程资源还具有多质性，这主要表现在同一资源具有不同的用途和价值。如学校附近的既可以用于学生调查、统计的资源，还可以用于劳动技术教育中的植树绿化。这要求教师具有敏锐的课程资源意识，从而使课程资源的潜在价值得以充分发挥和显现。

综合实践活动课程资源还具有地域性特点，在不同的地区会体现出很大的差异性，主要与不同地区生活环境的区域性特点如地理要素，以及各地的文化传统和社会发展条件有关。

### （三）综合实践活动课程资源的分类

为更好地理解课程资源，需要弄清楚课程资源的类别，明确不同课程资源自身的内在特点。当前我国学者开展了依据不同的分类标准对课程资源分类的研究（见表 4-2）。[②③]

---

① 徐继存、车丽娜：《课程与教学论问题的时代澄明》，54 页，济南，山东教育出版社，2008。
② 吴刚平：《课程资源的理论构想》，载《教育研究》，2001（9）。
③ 徐继存、周海银、吉标：《课程与教学论》，176 页，济南，山东人民出版社，2010。

表 4-2　课程资源分类

| 分类标准和依据 | 类型 |
| --- | --- |
| 性质 | 自然课程资源、社会课程资源 |
| 呈现方式 | 文字资源、实物资源、活动资源、信息化资源 |
| 存在方式 | 显性课程资源、隐性课程资源 |
| 功能 | 素材性课程资源、条件性课程资源 |
| 来源 | 校内课程资源、校外课程资源 |

对课程资源的分类研究在一定程度上有利于把握课程资源的内部特征，进而推动课程的实施。但不可否认，课程资源具有整体性和内涵连贯性，不同类型的课程资源常常交织在一起，很难真正明确将其区分开来。因此，要把课程资源视为一个整体来研究。有学者认为，课程资源系统包括：人类认识的对象系统即整个宇宙大系统，其中包括课程的物质资源；人类认识的成果系统，即人类的文化传统。[①] 这样的分类尽管有利于认识课程资源，但遗憾的是基于系统论的划分忽视了人这个主体。课程资源系统应当将人类认识与交往纳入其中。从这个意义上来看，综合实践活动课程资源具体包括物质资源、人力资源、文化资源、信息资源四个基本类型。

物质资源包括社会资源和自然资源。自然资源涉及各种自然因素和条件，社会资源则涉及各种社会因素和社会条件。从空间上看，校内物质资源包括学校的办公设施，如实验室、图书馆、计算机室、操场、公园、宿舍、食堂等，这些都可以在一定条件下成为综合实践活动课程的课程资源，成为师生展开综合实践活动的场所。校外的资源更为丰富。校外的自然资源包含地方和社区的自然资源，如水土、植被、环境等，学生才能根据这些自然资源发现各种有关自然的探究性问题，如水资源调查、水土流失研究等。社会资源中除了工厂、农村等，还包括各类公共设施，如图书馆、博物馆、历史遗迹、社会机构、福利单位等。学生可以访问市政机关或去社会福利机构如敬老院、孤儿院等地方参与有意义的综合实践活动，由此还可以开发出各种社会问题探究、社会调查和社会考察等活动。

人力资源涵盖了综合实践活动课程有关的各类角色，包括校内的学生、教师、学校相关工作人员，以及校外的学生家长、社区人员、课程专家和其他相关人员。教师和学生是综合实践活动课程实施的主体，但是其他各类人员也在综合实践活动课程实施中发挥重要作用。比如，综合实践活动课程中有许多的活动内容是要求学生在家庭中完成的，因此家长在其中的作用显然不可忽视。此外，综合实践活动课程的实践性特征也要求走向社会生活，故而社区人员等人员亦是不可忽视的重要力量。

文化资源既包括科学文化知识、文化传统等，还包括现代信息资源及社会文化活动。科学文化知识构成了综合实践活动课程的知识基础，既包括有确定结论的科学知识、规定性知识，也包括丰富的地方知识或本土知识。同时，特定生活背景下群体积累的有效经验、生活习俗、行为规范等属于综合实践活动课程的文化知识范畴。我国具有悠久的历史和优良的文化传统，地方的

① 范兆雄:《课程资源概论》，12 页，北京，中国社会科学出版社，2002。

各种文化传统、民俗、民间节日、民族文化等都可以成为综合实践活动宝贵的课程资源。如学校可以中秋节、元宵节、民族服饰等题材开展丰富多彩的活动。学校校风、校纪等优良传统也构成了综合活动课程重要的文化资源，如学校的优良传统或艺术节、科技节、文艺节等活动。综合实践活动课程的文化资源还包括社区的社会文化活动。社区服务活动、文化宣传活动及社区的体育节、艺术节等都是学生参与社会活动的好时机。

信息资源是指随着信息化的推进，以计算机网络为代表的资源具有信息容量大、智能化、虚拟化、网络化和多媒体特点。信息资源能够延伸感官，扩大教育教学规模和提高教育教学效果。现代信息资源的开发与利用已势在必行。

## 二、综合实践活动课程资源的建设、开发原则及呈现方式

课程的素材广泛地存在于我们生活之中，大多课程素材是以潜在的方式存在的，因此需要对课程资源进行开发，从而搭建起课程资源系统，实现课程资源的教育价值。综合实践活动课程资源开发是一项复杂、系统化的浩大工程，它需要在完成课程资源建设的基础上使用一系列方法开发。

### （一）综合实践活动课程资源的建设

综合实践活动课程资源的建设是综合实践活动课程资源开发的基础，它沿循一般意义上的课程资源建设路径。课程资源的建设是课程开发主体认识课程资源系统，利用课程资源为课程实施服务的过程，它包括普查、筛选、培植、建设四个步骤。①

课程资源的普查旨在探明一个国家、地区或学校所拥有的课程资源数量，可以用信息拥有量、物力财力总量、人力资源量、民族文化风俗状况等多方面指标衡量。掌握一定范围的课程资源量有利于获得进行课程开发的必要依据。课程资源的筛选是在一定的教育哲学思想控制下的活动，受一定的教育思想和办学宗旨左右，与一定的年龄阶段的学生身心发展的特点相符合，与教师教育教学修养的现实水平相适应。②课程资源的筛选建立在完成课程资源的鉴定上，即通过对各类与课程活动有关的要素进行甄别，初步分析出具有开发价值的课程资源。课程资源的培植是指国家、地区、学校在可能范围内，对课程资源进行适当的扶持，使课程资源丰富起来，满足课程活动需要。③主要用于应对课程资源缺失问题。国家可以通过制定政策，用投入资金购买、投入人力开发等方式培植课程资源。课程资源的建设是指地方可以通过建立良好的社区文化、环境，有意识地培育当地缺少的课程资源，学校也可以从物质、文化层面进行学校层面的课程资源建设。综合实践活动课程实施的困境之一就是课程资源的匮乏。课程资源的建设是系统性的工程，可以根据课程资源的不同要素特点及课程的目标进行。比如课程的物质资源建设，这需要学校和教师将当地物质环境纳入课程视野，乡村学校可以将当地农场纳入课程资源的建设范畴，为学生开辟学农基地。

---

① 范兆雄:《课程资源概论》，20页，北京，中国社会科学出版社，2002。
② 吴刚平:《课程资源的理论构想》，载《教育研究》，2001（9）。
③ 范兆雄:《课程资源概论》，21页，北京，中国社会科学出版社，2002。

### （二）综合实践活动课程资源的开发原则

综合实践活动课程资源的开发与利用需要依据一定原则规范。基于综合实践活动课程的本体特征，其课程资源的开发利用应该遵循开放性、经济性、可操作性、个性化（包含因地制宜）四个原则。

综合实践活动课程的开放性特点要求其课程资源以开放的心态对待人类创造的一切文明成果，尽可能开发利用益于综合实践活动课程开展的一切有可能的课程资源，这包括课程资源类型的开放性、空间的开放性和开发途径的开放性。具体来说，课程资源类型的开放性是指课程资源的开发不拘于固定类型和形式，只要有利于综合实践活动课程的实施都应该成为课程开发的对象。空间的开放性是指课程资源开发应该打开视域，不单单局限于某一领域，而是应该具有走出校园、兼备城乡、面向世界的眼界。开发途径的开放性是指课程资源开发应探索多种途径相结合，尽可能地协调配合使用。

经济性原则是指综合实践活动课程资源开发要尽可能用少的精力和开支，达到理想的效果。这包含两个层面的含义：一是综合实践活动课程资源开发要用最节省的经费开支取得最佳效果，尽可能开发那些不需要过多经费开支的课程资源；二是综合实践活动课程开发应考虑空间经济性，即要尽可能就地取材，不舍近求远，积极开发利用本地资源。

综合实践活动课程资源开发应遵循可操作性原则。这一原则要求开发过程中，选材应坚持从学生实际出发，联系自然、联系实际、联系社会和学生的发展，选择既符合学生需要又能激发学生兴趣的问题作为活动主题；同时课程资源的形式和内容应考虑学生的身体发展水平、心理水平和认知发展的实际水平，切忌只从成人的视角考虑问题。

综合实践活动课程资源开发还应该遵循个性化原则。由于不同地区、学校可资利用的课程资源具有极大的差异性，课程资源开发应追求异质与差异性，不应强求一致。应从各地实际情况出发，因地制宜，发挥地域优势，强化学校特色，突出个性化，这同时体现出对课程资源开发主体的尊重。进一步来说，课程资源开发本身就是一项富有创造性的实践活动，追求个性化是其应有之义。如果课程资源开发千篇一律，缺乏个性，那么其创造性将很难得到保障，就会流于形式主义和机械主义。

### （三）综合实践活动课程资源的呈现方式

综合实践活动课程资源开发一般都表现为一定的成果，会以一定形式呈现，可以是文本，也可以是材料、工具或软件等；可以是具象存在，也可以是虚拟存在。综合实践活动课程资源的开发成果从宏观层面大体可分为供大范围使用的具有共性特点的基本教育资源和供学校等局部使用的个性化课程资源两类。①

供大范围使用的具有共性特点的基本教育资源主要是从课程总体目标出发开发出的基本教育资源。在综合实践活动课程的研究推进中，有观点认为，综合实践活动课程的开放性、动态性、实践性、结构松散性特点决定了综合实践活动无须为学生编写任何材料，认为固化的材料容易禁

---

① 陈树杰:《综合实践活动课程引论》，196 页，北京，首都师范大学出版社，2010。

锢学生的思维及实践活动，使综合实践活动沦为形式。综合实践活动课程诚然不需要像分科课程那样开发出全国通用的教材，但是从教育效能出发，为师生开发出高质量、可操作性的基本活动平台、教育资源是完全必要的。如以主题形式开发的各类高质量的综合实践活动案例。综合实践活动资源包的出现为中小学综合实践活动的开展提供了“脚手架”，对课程的推进发挥了积极作用。

供学校等局部使用的个性化课程资源主要是指各地、各校因地制宜开发的地方或校本课程资源。这类课程资源旨在弥补基本教育资源难以反映各地、各校差异性的短板，以适应各地社会发展实际情况。这类综合实践活动课程资源主要是由地方或学校组织教师对适合当地的综合实践活动资源进行计划、设计、编创、实施，是学校师生自行建设独具特色的地方或学校课程的成果。这为地方和学校实现自己办学宗旨和教育理念提供资源支持，对教师的专业成长和发展也具有十分重要的意义。

总的来说，综合实践活动课程资源开发出的一系列资源为课程的实施提供了内容依据。一线教师在学习借鉴基本课程资源的基础上，根据当地条件和学生的实际情况对可资利用的资源进行开发、改造，使之更适合当地学生的需要，也可进一步丰富、提高、完善综合实践活动课程资源，促进综合实践活动课程的落地。

**案　例**

## 老北京小吃

设计者：田琳　北京市东城区景泰小学

指导者：俞林军　东城（南）教育研修学院

| 教学基本信息 | | | | | |
|---|---|---|---|---|---|
| 课题 | 老北京小吃 | | | | |
| 学科 | 综合实践活动 | 学段 | 高年级 | 年级 | 六年级 |
| 指导思想与理论依据 | | | | | |
| 《北京市中小学综合实践活动教师指导手册》中明确指出：“密切学生与生活的联系、学校与社会的联系，帮助学生获得亲身参与实践的积极性和丰富经验；提高学生对自然、社会和自我之内在联系的整体认识，发展学生的创新精神、实践能力、社会责任感及良好的个性品质。”参观、访问、实际参与、探究等活动的开展，使学生们了解老北京小吃的来历、老北京小吃的种类和特点、老北京小吃的制作，以及在哪能找到老北京小吃，增强学生亲近家乡、了解家乡、热爱家乡、服务家乡的情感意识，让学生愿做非物质文化的传承人。 | | | | | |
| 教学背景分析 | | | | | |
| 北京是一个文化古都，有着丰富而深厚的文化底蕴，其风味小吃历史悠久、品种繁多、用料讲究且制作精细。老北京小吃融合汉、蒙、回、满等多民族风味小吃及明、清宫廷小吃而形成，品种多，风味独特。学生通过本次活动，看看，做做，品品，想想，初步感受到传统文化的光辉灿烂。让学生在生活中体验中华传统文化的博大精深、丰富多彩，让学生体会到传统文化就在我们身边，做传统文化的传承人。<br>“老北京小吃”主题活动以学生的直接经验或体验为基础，将学生的需要、动机和兴趣置于核心地位，活动充分发挥学生的主动性和积极性，鼓励学生自主选择活动主题，积极开展活动，引导学生主动发展。 | | | | | |

续表

| 教学背景分析 |
| --- |
| 学生情况：六年级学生<br>从学生能力发展来看：具有一定的搜集处理信息的能力，掌握了一定的整理资料的方法。宜发挥学生的主动参与性。<br>从学生的认知结构来看：对老北京的小吃了解得不多，对小吃文化认识不够。<br>教学方式：调查研究，亲身体验，合作探究。 |
| **教学目标** |
| 通过搜集和整理资料、观察食物和图片，了解老北京小吃的特点、来历、制作方法等方面的知识。<br>过程与方法：<br>根据研究主题去搜集相关资料，掌握搜集资料的途径和整理资料的方法。<br>情感、态度、价值观：<br>通过对老北京小吃的了解，接受中华民族传统文化的熏陶，从而热爱祖国文化，增强民族自豪感，树立首都文明意识。<br>培养学生小组合作的精神，团结合作，互相帮助，互相学习，共同进步，了解小组合作的重要性。<br>重难点分析：<br>（1）教学重点：<br>对搜集到的大量资料进行整理，选取与自己研究有用的资料进行汇报。<br>（2）教学难点：<br>提出问题，发现问题。 |
| **活动流程示意** |
| 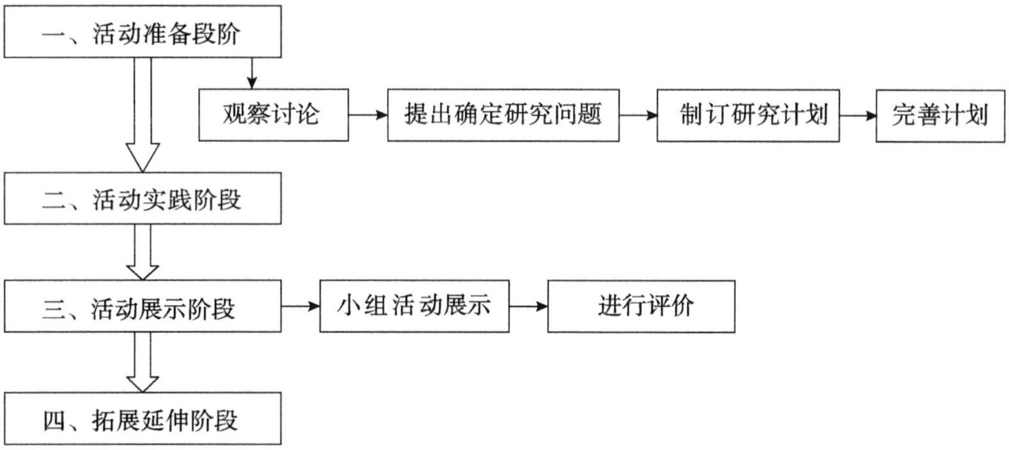 |
| **教学过程（文字描述）** |
| 整个活动可以分为四个阶段，用 5 课时的时间完成。<br>第一阶段：活动准备阶段（1 课时）<br>一、激疑诱趣，导入新课<br>教师："同学们，老北京小吃是具有北京特色的食品，多起源于北京，流传至今，独具特色。如北京的大糖葫芦、豆汁，都是具有老北京特色的小吃。谁还知道其他的北京小吃呀？或者吃过什么老北京小吃呀？小组可以讨论一下。"<br>学生进行小组讨论。 通过交流了解更多的老北京小吃。<br>二、提出问题<br>通过出示图片引发学生的思考：现在想了解关于老北京小吃的哪些知识？围绕老北京小吃可以开展哪些研究？<br>学生绘制思维导图，提出问题。 |

续表

| 教学过程（文字描述） |
|---|
| 三、归纳问题<br>学生们提出许多问题：<br>（1）老北京小吃的由来是什么？<br>（2）老北京小吃的制作过程是什么？<br>（3）老北京小吃是什么时代的？<br>（4）老北京小吃有什么历史？<br>（5）老北京小吃的种类有哪些？<br>（6）老北京小吃有什么特点？<br>（7）在哪里能吃到老北京小吃？<br>（8）老北京小吃有什么讲究？<br>教师教给学生用整理问题的方法“筛选”这些主题活动的价值意义，分析是否有能力、有条件开展所有的主题活动。再考虑：可以归纳出哪些方面的研究内容呢？请学生们在小组内讨论一下。<br>引导学生思考我们是不是可以将（1）（3）（4）归纳，因为这些问题都是在研究“老北京小吃的来历”，而（6）（8）是研究老北京小吃的特点吃法。<br>最后，经过教师和学生们共同讨论研究，在“老北京小吃”这个大研究主题下确定了五个子课题，分别是：老北京小吃的来历；老北京小吃的种类；老北京小吃的特点；老北京小吃的制作；在哪里能吃到老北京小吃。<br>意图：引导学生考虑主题活动的价值意义及是否有能力、有条件开展活动，进行主题的确定和选择。<br>四、确定研究问题<br>学生根据自己的兴趣爱好选择活动主题。<br>五、自主组建课题研究小组<br>自愿结合形成研究小组，选出组长。尊重学生的自主能力。<br>六、制订研究方案<br>共同制订出研究方案。提高学生设计与协调能力。在学生制订方案的过程中，教师结合以前指导学生开展过的研究性学习的案例，对学生在研究方法的选择上进行指导、录音、录像、拍照、记录、观察、采访，学生修订完善本组制订的计划表，使活动计划更具有可行性、可操作性。<br>意图：通过分组讨论、填写计划表、小组代表汇报的方式，激发学生学习的积极性，培养学生的合作意识和竞争精神，让他们学会合作、倾听、评价。<br>第二阶段：活动实践阶段（2 课时）<br>采用课上课下相结合的方式开展。<br>资料的搜集整理是本课的重点，突破方法包括看、问、拍、查、议。<br>看一看：考察附近的老北京小吃。<br>问一问：遇到不明白的问题请求解答。<br>拍一拍、摸一摸、记一记。<br>查一查：学生分组多角度、多渠道地搜集相关资料，了解相关知识。<br>议一议：引导学生思考不同性质的资料可以用什么样的方式展示出来，要做到重点突出，能反映研究过程的水平，展示方式要根据自身的特点扬长避短，不必面面俱到，要把自己感受最深、收获最大的方面展示出来。<br>意图：通过不同途径获取资料，培养学生调查实践、与人交往、搜集整理资料能力。<br>第三阶段：活动展示阶段（1 课时）<br>一、创设情境，激情导入<br>教师：“同学们，我们来欣赏一首歌曲，听一听这首歌里唱的是什么。”<br>“冰糖葫芦很诱人吧，是北京的特色小吃，你们都是北京的孩子，你们了解老北京小吃吗？”<br>“大家想一想，什么叫小吃呢？老北京小吃恰好代表了北京的饮食文化。” |

续表

| 教学过程（文字描述） |
| --- |
| “外国朋友对北京的文化特别感兴趣，都想了解北京饮食文化。如果你是北京的小使者，请你跟外国朋友介绍老北京小吃，你会怎么介绍呢？今天我们就来开展‘老北京小吃’推介会。”（板书课题）<br>意图：创设情境，利用歌曲，调动学生的学习兴趣，激发学生探究问题的积极性和主动性。激发学生学习的学习兴趣。<br>二、搭设舞台，展示交流<br>（一）推介要求<br>教师：“前些天，我们开展了老北京小吃的活动，同学们通过不同的方式分组进行了研究，你们认为应该怎么推广介绍呢？推介的时候要注意什么呢？大家说得很好，老师把大家的话进行了整理，我们一起来看看。”<br>活动过程，条理清楚。<br>形式新颖，内容丰富。<br>语言简洁，声音洪亮。<br>认真倾听，补充评价。<br>意图：明确评价要求，更好地进行推介。<br>（二）进行推介<br>1. 北京小吃的来历。<br>过渡。教师：“我们中华民族是一个非常重视‘吃’的民族，平时见面的第一句问候都是：您吃了吗？更有意思的是，许多老北京小吃的由来都有一个有趣或感人的故事呢！你们想听一听、看一看吗？请研究老北京小吃来历的小组给大家介绍一下。”<br>学生汇报。<br>教师：“听完这组介绍，请同学们说一说这组的介绍有哪些优点值得你学习。可以按推荐要求从研究过程、汇报展示、研究成果、合作分工四个方面来评价一下。”<br>进行小组评价。<br>小结：这些故事是经过一代一代流传下来的，它蕴藏着老祖先浓浓的情感，承载的是中华灿烂而厚重的文化。难怪人们都说小吃文化历史悠久。（板书：历史悠久）<br>2. 老北京小吃的种类。<br>过渡。教师：“如果外国人想了解（板书：了解）老北京小吃，你猜他现在最想知道的是什么。没错，现在在老师的脑海里，也不断出现美味小吃的画面。哪个小组研究的是老北京小吃的种类？让我们欣赏一下老北京小吃宴。”<br>学生汇报。<br>教师：“你们对这一小组如何评价呢？”<br>进行小组评价。<br>小结：看来老北京小吃种类非常丰富（板书：种类丰富），我们老北京的小吃有二三百种之多。<br>3. 老北京小吃的特点。<br>过渡。教师：“北京有许多让人看着就想流口水的小吃呢，你知道它们吗？欢迎研究老北京小吃特点的组为我们介绍！”<br>学生汇报。<br>教师：“他们组是不是说出了小吃的特点？能不能吸引我们呢？”<br>进行小组评价。<br>补充：<br>欣赏吆喝声。诱人的吆喝词，动听的吆喝调，表现了老北京特有的韵味。<br>教师：“你们知道面茶吗？老师给大家带来了一段视频，大家可要认真听、认真看哦，看完后老师会考考大家，面茶是什么样的？吃面茶有什么讲究？”<br>小结：是啊，老北京小吃不仅美味，而且从视觉上也给人以赏心悦目的感觉，色、香、味、形俱全。 |

续表

| 教学过程（文字描述） |
|---|
| 4. 老北京小吃的制作。<br>过渡。教师："看到像艺术品的老北京小吃，你知道它们是怎么制作出来的吗？听说我们有一个小组的同学也做了回小厨师，体验了制作的乐趣，让他们来谈一谈吧。<br>学生汇报。<br>教师："护国寺的师傅制作豌豆黄的工艺是跟谁学的？他师傅又是怎么知道的？他师傅又是跟谁学的？啊哦，原来是祖传的手艺，老北京小吃的文化就是这样一代一代传承下来的。"（板书：传承）<br>进行小组评价。<br>小结：老北京小吃用料讲究，制作精细。（板书：制作精细）赏心悦目的美食中蕴藏着中华民族了不起的智慧和创造，我们不仅要了解老北京小吃，还要传承老北京小吃。<br>5. 哪里能吃到老北京小吃。<br>过渡。教师："讲了这么多老北京小吃，哪里能吃到呢？这一定也是外国朋友最想知道的。"<br>学生汇报。<br>进行小组评价。<br>教师："这一小组同学不仅搜集了资料，而且动手制作了精美的美食卡，从中看到了你们的心灵手巧和别出心裁。综合实践体现的不就是同学们的综合能力吗？掌声送给他们！不过，如果能运用地图，把小吃店的位置标注在地图介绍给大家，会更直观、清楚。你们知道我们学校附近有哪些老北京小吃店吗？老师送给每个组一张地图，我们同学回去后可以把我们学校附近的老北京小吃店标注下来，方便又实用。"<br>小结：看来，老北京小吃不仅品种多，小吃店更是遍布北京各处。<br>意图：各小组根据搜集的资料和主题用不同的方式进行展示汇报，培养了学生的语言表达能力。让学生快乐地学习，了解老北京小吃的相关知识。每组汇报完请同学评价，培养学生评价的能力。<br>三、总结归纳，拓展延伸<br>教师："在每组的桌上老师给大家准备了一种小吃，请大家分享品味一下，并从历史悠久、种类丰富、色香味美、制作精细的角度，试着用一句话把这种小吃介绍给你的爸爸妈妈。"<br>小结：学生们在研究老北京小吃的过程中，参与了，体验了，提高了，成长了。这次活动还仅仅是展示了部分北京小吃的魅力，有待于同学们进一步去挖掘、探究更多老北京小吃蕴藏的秘密。让我们一起继续了解老北京小吃和北京文化。<br>第四阶段：拓展延伸（1 课时）<br>学生们根据搜集到的资料，进行整理归纳，制作学校附近的美食宣传卡，走入社区，进行介绍。<br>意图：综合实践活动的主题来源于现实生活，最终也应该回到实践中去。把搜集到的资料进行宣传，到社区中宣传我们传统的老北京小吃，做老北京小吃的传承人。<br>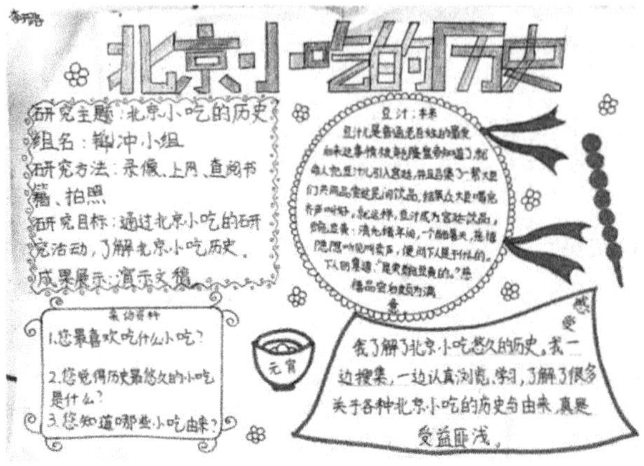<br>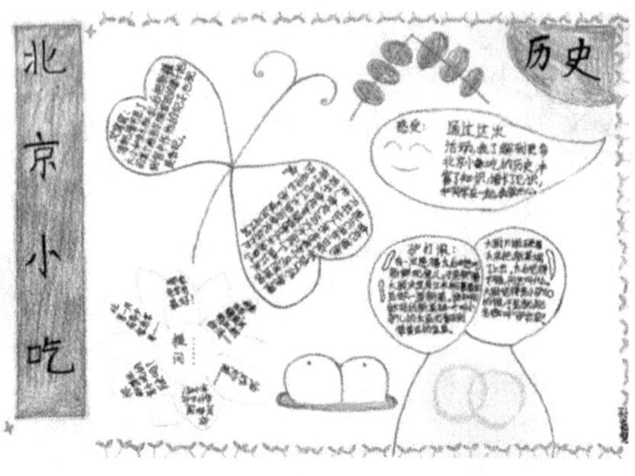<br> |

续表

**学习效果评价设计**

评价方式：
1. 借助及时的过程性评价，提升学生学习能力。
2. 借助时尚化的评价量规，促进学生自主发展。

评价量规

| 项目 | 评价的内容 | 自评 | 互评 | 师评 |
|---|---|---|---|---|
| 资料搜集 | A. 能积极搜集资料，内容丰富 | | | |
| | B. 能积极搜集资料 | | | |
| | C. 没有搜集资料 | | | |
| 汇报内容 | A. 主题鲜明，内容丰富、清晰 | | | |
| | B. 主题明确，内容较清晰 | | | |
| | C. 主题不明确，内容不清楚 | | | |
| 语言表达 | A. 声音洪亮，表达清楚，仪态大方 | | | |
| | B. 声音洪亮，表达清楚 | | | |
| | C. 声音小，表达不清楚 | | | |
| 小组合作 | A. 积极参与活动，团结协作 | | | |
| | B. 能参加活动，较好地与同伴合作 | | | |
| | C. 不参加活动 | | | |

**本教学设计与以往或其他教学设计相比的特点**

1. 以学生的自主性、探索性学习为基础。
“老北京小吃”这个主题是从学生身边的生活选择和确立的，以小组合作的方式进行研究性学习，在研究中学生亲身体验每个环节，发挥自主性，从不同渠道搜集资料，在社会实践中学会了综合运用各科知识解决实际问题。为了更好地展示自己的研究成果，学生各小组想到了与众不同的想法，对自己的研究进行概括、总结和汇报。
2. 在活动中教师充分发挥指导作用。
活动开始就创设情境，听歌曲，一下子就调动起了学生的兴趣，促进了学生参与活动的积极性。综合实践活动课程强调自主探究、合作学习，但决不能忽视教师的指导作用。那种完全放任自流、教师靠边站的活动不是有效的综合实践活动。引导学生将大主题分成几个可以展开研究的小主题。在学生探究的过程中，将方法的指导贯穿其中。在汇报过程中，也不是把成果展示作为一个结果来呈现，而是作为一个过程来对待，作为一个学习、研究、思考、指导、生成的过程，通过小组评价促进活动的完善。
3. 让评价贯穿教学。
首先制订了推介要求：（1）活动过程，条理清楚；（2）形式新颖，内容丰富；（3）语言简洁，声音洪亮；（4）认真倾听，补充评价。然后每个小组汇报完后进行评价，发现问题及时进行指导，提出可以从研究过程、汇报展示、研究成果、合作分工进行描述，注重学生互评、师评。

案　例

## 走进花市之“花市十景”

刘立　北京市东城区花市小学

<table>
<tr><th colspan="6">教学基本信息</th></tr>
<tr><td>课题</td><td colspan="5">走进花市之“花市十景”</td></tr>
<tr><td>学科</td><td>综合实践</td><td>学段</td><td>高年级</td><td>年级</td><td>五年级</td></tr>
<tr><td>相关领域</td><td colspan="5">社区服务与社会实践</td></tr>
<tr><th colspan="6">指导思想与理论依据</th></tr>
<tr><td colspan="6">综合实践活动作为新课程实施中的一门必修课程，具有开放性、自主性、多元化、动态化，极富现代教育的时代特征。因此，综合实践活动要真正亲近生活、亲近实践，以活动促发展，让学生主动实践、主动探索、主动创造，大胆探究，敢于质疑。由于课本的局限性，无法完全反映不断进步、不断发展的社会，因而教学不能只停留在课本上，要把学校的“小课堂”与社会的“大课堂”结合起来。把课堂教学与学生的社会实践活动有机结合起来，让学生走出课堂、走出校门、走向社会、走向生活，自主选择自己生活和学习中的问题开展探究和实践活动。在实践的过程中体验、感悟，获得经验，学会生活，学会交往，学会学习，学会做人，为学生获得终身学习的能力及在未来社会生存和发展的能力打好基础。</td></tr>
<tr><th colspan="6">教学背景分析</th></tr>
<tr><td colspan="6">（一）活动内容<br>我校位于东花市大街，其历史悠久，资源丰富，为开展综合实践活动提供了广阔的天地。根据这个有利的条件我设计了“走进花市”了解“花市十景”的系列活动。<br>（二）学生情况<br>我校学生大都生活在花市小区内，这就为他们的研究活动提供了方便条件。学生可以通过小组合作、考察、搜集、访问、社会调查等社会实践活动，认识周围的生活环境，并在活动中学会与人交往，锻炼自己勇于参与、大胆实践的品质。在活动中增强学生的竞争意识、合作意识，培养学生的创新能力及社会综合实践能力，以及搜集、分析、整理信息，交流思想和发现，安排和组织资源，与他人共同工作和从事集体工作、解决问题的能力。<br>（三）教学方式、手段<br>1. 教法。<br>（1）情境教学法：运用直观的多媒体课件和生动且富有激励性的语言创设情境，有效地激发学生的学习兴趣。<br>（2）开放性教学法：从课前开放性课外作业的布置，到课中采取小组交流、课上展示交流的方法，把课堂交给学生，给学生搭建展示的平台。<br>2. 学法。<br>自主学习合作探究法：在课内采用交流、分组讨论的形式，让学生积极交流、共同探讨，主动参与实践活动。<br>（四）技术准备<br>多媒体课件，搜集“花市十景”的资料。</td></tr>
<tr><th colspan="6">教学目标</th></tr>
<tr><td colspan="6">在活动中让学生了解“花市十景”的今昔。<br>在活动过程中，让学生学会搜集资料、处理信息的方法，培养自主、合作和综合实践能力。<br>学生从展示活动中提升口语表达和应变的能力，以及熟练使用多媒体的能力。<br>通过制订方案、计划和参与社会调查活动，让学生学会发现问题、研究问题、解决问题。<br>通过互相交流的形式让学生利用各种方式介绍“花市十景”的历史风貌及现状。<br>学生通过参与活动的过程，直接感受地域文化气息，让生于花市、长于花市的学生产生自豪感，延续历史、传承文化。<br>通过活动增进友谊，树立自信，培养学生热爱学习、热爱生活的思想感情。</td></tr>
</table>

续表

**活动重、难点**

第一，初步了解“花市十景”的发展演变过程。知历史、懂文化。
第二，利用多种方式展示自己的活动成果。

**活动整体实施方案**

活动的开展分为四个阶段。
第一阶段：确立主题成立小组
（出示“花市十景”图片）
让学生选择自己乐于参与、有兴趣的景观作为研究的主题。
“花市十景”调查表：

______________调查表

小组名称：　　　　调查时间：

| 组长： | 组员： |
|---|---|
| 分　　工 | |
| 成　　果 | |
| 体　　会 | |

第二阶段：根据主题分组实践
（利用幻灯片介绍花市大街的今昔）
花市小学坐落在一个具有悠久历史的街道之中，那就是花市大街。花市大街位于崇文门东南，东西走向，长约 1.5 千米。相传形成于清朝乾隆年间，距今已经有 200 多年的历史了，是京城古老、繁华的商业街之一。花市曾有过往日的骄傲，但那毕竟是昨天的一幕。随着地区拆迁改造，旧貌换新颜，过去狭长的街道、低矮的店铺、拥挤的民宅早已被宽阔的马路、漂亮的店铺和高大的住宅楼所代替。
“花市十景”向我们展现了当年花市大街的繁华。为了了解、延续花市的历史，传承花市的文化，同学们走进花市，用各种方式去了解“花市十景”的历史风貌及现状，感受当年花市大街的繁华，了解历史，传承文化。
1. 在教师的指导下对“花市十景”有一些初步了解。选择自己乐于参与、有兴趣的景观作为研究的子课题，小组合作调查、访问、搜集资料，分析整理资料，完成汇报交流方案。
2. 搜集和准备多媒体课件。
3. 学生制作汇报交流使用的幻灯片和视频等。
第三阶段：成果展示，交流共享
1. 同学们在课前已经做好了充分的准备，下面就请把你们的收获与大家分享。
要求：交流的过程中请同学们认真倾听，看一看、听一听其他小组在汇报过程中有哪些优点值得我们学习，又存在哪些问题需要改进。
2. 各小组进行汇报交流。
各组把自己课外实践活动的情况进行汇报交流，展示精心研究的成果。
交流的内容：角楼映秀、火德真君庙、千年枣王、崇文税关、袁崇焕祠和卧佛著书。

续表

**活动整体实施方案**

3. 通过参与搜集资料和调查活动你有什么收获？
（1）在小组内交流自己的收获。
（2）集体进行交流。
活动延伸：通过这次活动同学们不仅在知识上有很大收获，在能力上也有了一定的提高。今天我们了解了“花市十景”的部分历史风貌及现状，接下来我们还将对花市的民间工艺进行探究，希望同学们积极参与活动。
第四阶段：组织学生进行活动评价
综合实践并不在乎学生最后作品成果质量的高低，而是注重过程。此时，师生之间、生生之间的互动评价是多元的，评价的内容关注学生的体验和收获，激励着学生的成长和发展。

______________小组活动评价表

| 评价内容 | | 评价等级 | | | | | |
|---|---|---|---|---|---|---|---|
| 具体项目 | 参与者姓名 | 好 | | 较好 | | 还需努力 | |
| | | 小组 | 个人 | 小组 | 个人 | 小组 | 个人 |
| 认真动脑筋进行方案设计 | | | | | | | |
| 积极参与调查和搜集活动 | | | | | | | |
| 能与他人合作 | | | | | | | |
| 在遇到困难时能想办法解决 | | | | | | | |
| 善于交流敢于提问 | | | | | | | |
| 认真倾听他人发言 | | | | | | | |
| 积极参与汇报展示 | | | | | | | |

**本教学设计与以往或其他教学设计相比的特点**

“走进花市”主题活动的生成以“近、小、实”为原则。
1.“近”。为了使学生联系社会生活实际，综合实践活动主题的确定是在依据综合实践课程特点的基础上，结合学校周边环境，根据学生的具体情况从学生接触的生活世界出发，从学生熟悉的文化生活和社会实践活动中选取他们关注的问题，使主题的确定基于学生的兴趣，贴近学生的年龄及心理特点，符合他们发展的需求。我校位于东花市大街，历史悠久，资源丰富，为开展综合实践活动提供了广阔的天地。根据这个有利的条件我设计了“走进花市”了解“花市十景”的系列活动。
2.“小”。“花市十景”共有十个内容，在探究的过程中不可能面面俱到，因此，我鼓励学生根据自己的兴趣爱好从中选择一个小主题进行深度研究。
3.“实”。学生大都生活在花市小区内，这就为他们的研究活动提供了方便条件。学生可以通过小组合作等方式进行调查、访问、搜集资料等活动。

# 第三节　综合实践活动课程实施

任何课程变革或课程计划，都需要经过实施走向教育实践。研究课程实施的内涵具有重要的现实意义和实践价值。

## 一、综合实践活动课程实施的含义及特点

### （一）综合实践活动课程实施的含义

对课程实施的内涵进行探讨大体上可以分为两类：一是将课程实施界定为变革，即课程实施是将课程变革付诸实践的过程；二是将课程实施界定为教学，即实施课程计划的过程。加拿大教育改革专家富兰认为“课程实施是把某项改革付诸实践的过程”①，这已成为“课程实施”的经典定义，在他看来，课程实施是课程变革的一个重要阶段或环节。我国学者也普遍认为，课程实施是将某项课程计划付诸实践的具体过程。课程实施关注的焦点是课程实践中实际发生的变革的程度及影响变革的因素。② 课程实施在本质上不仅意味着将新课程方案付诸实施的过程，还涵盖了在不断地课程实施中课程的变革被制度化和常规化的过程。

综合实践活动课程作为一个新的课程样态，旨在弥补传统分科课程远离学生生活世界、知识区隔严重的不足。综合实践活动课程本身就是一种变革。而且与传统分科课程相比，综合实践活动课程的实施阶段也牵涉更广泛的深层变革。因此，综合实践活动课程实施的内涵应从变革的层面去理解，它是将《指导纲要》付诸实践的具体过程，关注的焦点是课程实践中实际发生的变化程度及影响变革的因素。在不断地课程实施中，影响综合实践活动课程变革的因素不断被制度化和常规化。

### （二）综合实践活动课程实施的特点

综合实践活动课程是教师与学生合作开发、共同设计与互动实施的课程，其课程实施的特点一般而言有动态性、整体性、开放性、亲历性、自主性。

综合实践活动课程实施的动态性有两层含义：一是课程方案和计划不可能被原封不动地实施，它根据学校实际、教师特点、学生需求及教育情景的突变灵活地调整，甚至协商生成新的课程方案。尤其是综合实践活动课程具备动态性、实践性的特点，这使得课程实施的随机性和不确定性不断增加。二是课程的实施是一个动态调适的过程。课程实施的过程是一个持续调整，使得课程变革的因素走向制度化和常规化的过程，必然呈现一种动态性。

综合实践活动课程的实施具有整体性特点，表现在课程实施是由多种因素协同推进的整体性过程或活动。课程发展史已经表明，课程的成功实施单靠教师执行课程方案或仅依赖单一因素是难以达成的。综合实践活动课程具有的整合性、实践性特点，旨在使学生形成对自然、社会、

---

① 江山野:《简明国际教育百科全书·课程》，156 页，北京，教育科学出版社，1991。
② 施良方:《课程理论——课程的基础、原理与问题》，128 页，北京，教育科学出版社，1996。

自我之间内在联系的整体认识，发展学生对所学知识的综合运用能力。综合实践活动课程的实施要比传统课程的实施更加需要整合多方面力量共同协作推进，不仅要求学校各科教师共同协作和师生的合作互动，还要求学校教师与社会各方人员（如政府、家长、社会有关机构人员等）相互配合，形成合力，协同完成课程实施。

综合实践活动课程实施的开放性特点包括内部开放和外部开放。开放性意味着课程实施需要内部生态和外界环境的支持，需要内外实现物质、信息等的交换。内部开放一是指课程实施既要向学科课程领域开放，也要向实践活动领域开放；二是指课程实施内部系统（如课程方案、教师、学生等各方面）彼此协商性的开放交流。外部开放是指课程实施本身与其他方面的彼此开放，如社会环境、实际生活等方面有所联系和交流。综合实践活动课程的实施应走出学校教室，将“课堂”延伸到学校之外的家庭、社区机构、社会生活场所、科研单位……开放到现实生活中的事件、现象和情境之中，密切教育与生活、学校与社会、教学与实践的联系。

从课程实施的微观教学层面来看，综合实践活动课程实施还具有亲历性特点。课程实施经历了“防教师”到教师协同参与的过程。教师亲历课程实施获得了合法性。综合实践活动课程具有的师生互动性、实践性、自主性特点赋予了其课程实施的亲历性特征。在实施中，师生双方参与课程实施都获得了应该有的正当性，并且师生的亲历性本身就是综合实践活动课程实施的重要路径。

## 二、综合实践活动课程实施的取向

不同的课程价值观及对课程实施过程的不同认识产生了不同的课程实施取向。课程实施的取向集中体现在对课程变革计划与课程实施过程之间关系的不同认识方面。

美国课程学者辛德尔、波林和扎姆沃特认为课程的实施有三个基本取向，即忠实取向、相互适应取向和课程创生取向。

课程实施的忠实取向的基本假设是课程实施“忠实地”反映课程设计者的意图，以便能达到预定的课程目标。衡量课程实施成功与否的基本标准是课程实施过程实现预定的课程计划的程度，即实现程度高则课程成功，实现程度低则课程失败。在这一取向下，课程变革是一种线性过程，课程知识由课程专家创造、选择并提供，课程专家在课堂外制订课程变革计划，教师在课堂中实施课程变革计划，教师处于被动执行课程计划的状态。

课程实施的相互适应取向的基本假设是唯有对实际情况最了解的人，才有可能做出最恰当的选择，因此我们不可能也不应该事先规定精确的实施程序，而应该让不同的实施者自己来决定。基于此，课程实施是课程计划与班级或学校实践情境在课程目标、内容、方法、组织模式诸方面相互调整、改变与适应的过程。这一取向下课程变革被视为一个复杂、非线性、充满不确定性的过程，教师由课程计划的被动执行者转变为主动消费者。

课程实施的创生取向认为课程实施本质上是在具体教育情境中创生新的教育经验的过程，既有的课程计划只是供这个经验创生过程选择的工具而已。这一视野中课程是地道的经验课程，它是由师生联合创造的，是双方实际体验到的经验。课程知识成为一种“人格建构”。师生双方共同成为积极建构教育经验的主体。

三种课程实施取向表明课程变革的复杂性和需求的多样性，反映出综合实践活动课程实施的关键在于把握现实的复杂性。综合实践活动课程实践显然要求在创生取向上实施。在创生实施中，外部的课程仅是教师用于创生课程的资源，只有当有益于课堂中教与学的不断向前演进时才有意义。课程的情境化和人格化得到保护，知识和经验的动态生成获得尊重。综合实践活动课程动态性、实践性、开放性、整合性等特点增添了课程实施本身的复杂性、不确定性和多元变化性。因此课程实施需要包容、开放的空间，这也为教师实践智慧提供了广阔的平台。教师拥有了更多即兴创造的空间，在综合实践活动课程实施中成为课程的积极创造者和学生成长的精神导师。

## 三、综合实践活动课程实施的基本原则

综合实践活动课程的复杂性特征及其实施的创生取向使得课程在实践操作层面具有较高的操作难度，因此给予课程实施者一种操作引导的实践原则变得尤为迫切。很多观点尝试从不同的视角探讨综合实践活动课程实施的原则。

如有观点从生态主义的视角出发，认为综合实践活动的课程实施应遵循以下课程实施原则：系统观、过程观、情境观、差异观、和谐观、平等观、互动观。[①]

还有观点提出，综合实践活动课程实施应根据其课程特点和学生身心发展的规律来进行，要遵循以下原则：综合性原则、实践性原则、自主性原则、开放性原则、过程性原则。[②]

鉴于综合实践活动课程本身的操作难度，因此课程实施的实践操作引导性还需要更加贴近过程。基于这一思考，兼顾综合实践活动课程实施的宏观层面，从操作层面探讨的综合实践活动课程实施原则应包括激发兴趣原则、自主选择原则、开放探究原则、互动合作原则、构建联系原则。

### （一）激发兴趣原则

激发兴趣原则指在综合实践活动课程实施中，通过引发学生兴趣，调动学生好奇心，激活学生思维，从而将学生引入主动、自主的探索学习中。其中，密切结合学生的生活经验与体验是激发学生学习兴趣的重要着力点。比如，教师要求学生完成一张发现之旅的地图，并进行口头报告，包括为什么这个探索是重要的及用答题描述线索等，这个活动很难激起学生的兴趣。但是当教师应用动机偏好通过加入虚构人物来修改这个活动，学生的学习兴趣就明显高涨。[③]

### （二）自主选择原则

自主选择原则是指要给予课程实施主体自主选择的机会和空间。自主选择原则包含教师自主和学生自主两层含义。教师自主选择是指教师要开放地、有选择地吸收已有的课程开发成果，创生性地开发与实施。学生自主是指给予学生根据自身兴趣与特点自由选择的权利，从而保证学

---

① 吴国珍：《综合课程革新与教师专业成长》，157 页，北京，北京师范大学出版社，2013。

② 赵雪梅：《综合实践活动课程的实施与案例分析》，26 页，乌鲁木齐，新疆青少年出版社，2009。

③ [加]Susan M. Drake、[美]Rebecca C. Burns：《综合课程的开发》，廖珊、黄晶慧、潘雯译，114 页，北京，中国轻工业出版社，2007。

生适合性的差异发展。

### （三）开放探究原则

开放探究原则要求课程实施应面向学生的整个生活世界，在时间安排、主题确立、方法运用和成果表达等方面有相当大的灵活性，为学生发挥个性特长和才能提供广阔空间。一方面要求课程实施以开放性的问题为组织形式；另一方面要求教师在指导过程中应学会放手，给学生进行开放的、富于挑战性探索的机会。

### （四）互动合作原则

互动合作原则强调课程实施中应重视师生、生生、师师之间形成共同愿景，相互分享，相互学习，相互合作，协作互补，在共同探究中获得持续成长。因此合作学习是实现互动合作的重要路径。

### （五）构建联系原则

构建联系原则指为了使综合实践活动实施获得良好效果，应"左右逢源"地构建内在联系，这既包括对组织中心的概念、下位概念、综合活动、跨学科的标准及评价之间建立联系，还要对课程实施过程中涉及的人、事、物、特定时空环境、潜在资源，预设的计划与生成的信息给予关照。

## 四、综合实践活动课程实施的影响因素

综合实践活动课程进入实施层面，便会涉及各种复杂的因素，这些因素是复杂的、多层次的，共同构成一个系统，并在课程实施过程中发挥综合作用。探讨影响综合实践活动课程实施的因素关系到如何提高课程实施质量，是课程实施研究的重要议题。在这些影响因素中，人们普遍比较关注的有三类：综合实践活动课程方案本身的特性、学校内部影响因素和学校外部影响因素。

### （一）综合实践活动课程方案本身的特性

课程实施的本质在于变革原有课程，引入新的课程方案。因此课程方案本身的特性就是影响课程实施的一个基本变量。一般认为，课程方案的特性包括：适切性，即课程方案是否获得课程实施主体的认同；明确性，即课程变革目标与意义的清晰性；复杂性，即课程改革的范围及深度；可操作性，即课程方案在被实施时的操作方便程度。

2017年《指导纲要》的出台使综合实践活动课程步入规范发展期。纵观我国综合实践活动课程的演进过程，可以发现课程的方案在时间维度上针对一定时期实施中出现的问题被不断修改。对比2001年的《基础教育课程改革纲要（试行）》，2017年的《指导纲要》进行了很多方面的改进，如课程目标更加清晰、整体设计课程、贯通十二年学程、设计突出时代气息。可以说，综合实践活动课程方案本身是制约综合实践活动课程实施的重要因素。

### （二）学校内部影响因素

学校在课程实施中的地位不容忽视。在学校中，学校领导（主要是指校长）、教师及学生是影响课程实施的主要内部因素。

学校领导层（尤其是校长）是学校课程实施的领导者，是课程实施的重要推动力量。“我们可以毫不夸张地讲，校长对于改革的短期成效或长期成效都起到了很重要的作用。当教师认为某一项计划并不为校长所支持时，这项计划就很难出成效。但是也有一些对改革漠不关心的校长比较幸运而取得较好的成绩或达到一定的目标，这主要是因为有出色的改革领导者弥补了校长的不足。受到了校长积极支持的改革计划是最有可能进展顺利并取得成效的。”① 校长对课程实施的影响涉及课程实施的方方面面，例如：按照国家要求，规划学校实施方案；课程实施的制度规定，如课时安排等。校长还影响着课程实施的思想和物质支持，如果校长重视课程实施，往往不仅能够激发教师们的改革热情，还有助于解决课程实施所需要的设备、材料、空间和时间等问题。综合实践活动课程能否在学校常态实施，校长发挥着关键性的作用。尤其是一些综合实践活动需要额外资金、物质支持时，校长的支持与否将决定着这些活动能否开展。

教师是课程实施成功与否的决定性力量，尤其是在课堂教学层面，教师是课程实施的核心。课程发展史表明，设计再完美的课程设计，少了教师的参与，都无法发挥应有的价值。教师对待课程的态度、教师的教学水平直接影响着课程实现的教育效果。教师面对新的课程方案，一般会产生三种反应：抵制、冷漠和积极接纳。前两种态度将对课程的实施起到阻碍作用，尤其是当教师产生抵制情绪时，新的课程方案的实施就沦为一句空话。相反，当教师对新的课程计划产生积极的接纳情绪时，教师会对新课程方案产生认同感，意识到新课程方案的重要价值，并将自己看作课程实施的主体，积极主动地参与课程的实施。同时，教师的教学能力也是制约课程实施的关键。一方面，由于我国教师接受教师教育的整个过程均是在分科课程体系下进行的，很多教师“分科思维”积重难返，过度顺从封闭的教学生态环境，严重依赖固定教材，观念更新迟滞，这直接导致了综合实践活动课程教师对综合实践活动课程基本内涵的认识偏差，进而导致综合实践活动课程实施“学科化”、形同虚设等弊端。另一方面，我国传统的教师专业发展的传统，使教师培养集中在理论知识的传输，忽视师范生的教育体验和教育实践，使得综合实践活动教师过分依赖理论，面对基于实践的综合实践活动教学茫然不知所措，难以胜任综合实践活动课程的教学要求。

学生作为教学过程的当事人，对课程方案实施效果的体验是最鲜活、最真实的。同时，任何一项课程方案的设计本质上都在追求促进人的发展。因此，课程实施必然要倾听学生的心声。学生不是被动的课程知识的接受者，而是教学过程的参与者，因此有权表达自己的课程期望。综合实践活动课程作为一门立足学生直接经验、回归学生生活世界、关注学生亲身实践的课程，强调师生互动性。缺乏学生主动参与的综合实践活动课程实施将失去应有的价值和意义。

---

① ［美］艾伦·C. 奥恩斯坦、费朗西斯·P. 汉金斯:《课程：基础、原理和问题》，柯森主译，335 页，南京，江苏教育出版社，2002。

### （三）学校外部影响因素

学校外部的影响因素左右课程实施，是影响课程实施效果的重要因素。这些外部因素一般包括政府机构的力量和社会力量，如家长、高校课程专家等。

政府机构的力量在课程实施中的重要作用成为共识。学校的课程计划与学校所在地的需求一致性越大，就越能得到当地政府的支持。国家和地方政府政策的倾斜、财政和物质资源的供给、技术援助等，可以使课程实施获得强大的政治和经济保证。[①]纵观综合实践活动课程在我国发生、发展历程的每个重要阶段，政府力量都在发挥重要的推动作用。可以说政府力量是综合实践活动课程实施制度化、常规化的重要力量。但是需特别指出，课程实施获得政府支持并不意味着学校要被动地顺应，相反，学校在课程实施中应该发挥学校教育的主体性，通过课程实施做出建设性的批判和超越。

新课程方案牵动着社会各界的目光，从某种意义上来说，所有利益相关者都在影响着课程实施。课程实施需要获得社会各界的支持，即家长、课程专家、新闻媒介、社会团体都是课程实施的无形推动力量。就综合实践活动课程而言，新闻媒介的宣传可以扩大课程实施的影响力。课程专家的参与不仅有利于准确理解综合实践活动课程的内涵与价值，而且能够对课程实施提供专业性、前瞻性的建议。家长的理解和支持也是综合实践活动课程实施取得实效的重要方面。综合实践活动课程的很多内容需要家庭参与其中，家长的支持与否决定着这些活动能否落地。社会团体也在综合实践活动课程实施中不可或缺，一些综合实践活动课程需要走出校园、走进社会，没有社会团体的支持，这些活动也很难得到实施。

## 五、综合实践活动课程实施的策略

综合实践活动课程的实施是一项复杂工程，需要多方联动，相互支持协同获得实施。具体来说，要从政府层面、区域层面、学校层面、教师层面、评价层面等共同发力。

### （一）政府推动与顶层设计

政府在课程实施中发挥着导向、支持和应有的推动作用。政府应通过自上而下和自下而上的双向互动，制定具有通用性又兼顾差异性的、符合我国实际发展状况的综合实践活动课程实施方案。具体而言，应通过政策导向机制，使广大教育工作者和社会各界都能够认识到加强综合实践活动课程的重要作用与意义。还应在广泛征求课程专家和中小学师生意见的基础上，出台符合中国国情和师生实际需要的实施细则或课程标准。

一是从多群体利益立场协调的角度协商生成具体的实施目标。借助对一线师生的调查研究，吸收课程专家建议，将师生喜爱又具有先进性的内容纳入课程内容之中，充分反映师生真实的利益追求。

---

① 张华:《课程与教学论》，357～358页，上海，上海教育出版社，2000。

二是将课程标准细化为具有操作性的具体指标。[①]

三是针对城乡经济、文化的二元结构，出台针对发达地区和欠发达地区、城市与乡村不同的课程实施细则或标准。

国家还应制定符合中国特色的管理制度。将综合实践活动课程的实施纳入学校工作考核评价中，与校长绩效挂钩；制定和落实综合实践活动课程的学生发展评价制度，出台将综合实践活动课程纳入中考综合素质评价的具体细则。课程标准必须针对核心要素制定明确的督导和管理目标，并在“三级管理”中以统一标准执行，以免地方和学校借因地制宜或发挥创造性之名，延迟或者变相实施综合实践活动课程。针对综合实践活动课程实施的需要，应增补相应的管理制度。如为了提高综合实践活动课程实施质量，可建立国家或地方资源包审查制度。[②]

### （二）统筹区域推进

区域推进策略是指在一定的行政区划范围内，当地教育行政管理部门和业务指导部门根据国家有关课程政策，结合当地实际，在区域内采取一定策略或措施，整体推进课程实施。[③]区域推进策略能够促使区域内的教育行政部门和业务部门通力合作，真正发挥地方管理和指导的作用。

区域推进策略能够有效地解决课程开设不平衡、不规范的问题。综合实践活动课程是新课程的亮点，更是难点，在没有课标、没有教材、教师没有教学经验的情况下，地方教育行政部门的管理就成了综合实践活动课程在学校能否顺利开设和实施的关键。在三级课程管理中，地方教育行政部门发挥着承上启下的作用，一方面具体落实国家的课程政策，另一方面具体管理和指导学校课程的开设和实施。地方教育行政部门可以通过动员会，提高校长和教师对课程的认识；可以通过建立和完善区域内综合实践活动课程管理制度和课程运行机制，为本区域综合实践活动的开展提供一定的物质、人力和资源保障，对全区各学校课程的开设和实施提出规范性要求；还可以通过监管制度督促和检查课程的开设和实施情况。这既有支持保障，又有监督检查。全区统一要求，可以有效地解决区域内课程开设不平衡、不规范的问题。

区域推进有利于解决课程实施的专业引领问题。制度和监管措施只能解决学校课程的开设，而课程实施水平的提高则需要业务部门的专业引领和指导。学校综合实践活动课程的开发与实施、管理和评价及教师的教研和培训均需要上级教育业务部门的引领和指导。有些地区的教研、科研及培训分属不同的业务部门负责，通过区域推进，区域内的教研、科研和培训三个业务部门在行政部门的统一领导和调配下可以联合作战，加强对区域内综合实践活动课程的规划、培训、研究和指导。可以采取课题引领、研训结合、以点带面、区片联动、网络教研等措施，有效地指导区域内学校综合实践活动的开展，切实提高教师的指导水平。

区域推进有利于统筹区域内课程资源的开发和基地建设。综合实践活动作为一门实践性课

---

① 赵兴奎、刘宗发、赵兴元：《综合实践活动课程实施的困境与建议》，载《教学与管理》，2010（5）。
② 周雪镛：《初中综合实践活动课程发展瓶颈之探究》，载《现代教育科学》，2006（4）。
③ 冯新瑞、田慧生：《区域推进：综合实践活动课程有效实施的重要策略》，载《教育研究》，2015（11）。

程，实施不仅需要文本资源，更需要开发自然资源和社会资源，让学生去探究、去实践。仅靠单个学校来开发，不仅难度大，而且成本也高。在区域推进中，各区域业务部门不仅可以指导学校如何开发课程资源，还可以统筹区域内的各种自然资源、社会资源和民族文化资源，统一开发，共同享用。尤其是建设大型的供全区学生使用的综合实践活动基地，需要统一规划、设计和开发，也需要政府部门的政策和资金支持。此外，区域教科研部门还可以开发地方文本资源、搭建网络资源平台供区内学校共享。

### （三）学校推进

综合实践活动课程实施离不开学校层面的推进。学校应当从思想上正确认识综合实践活动课程实施的价值和意义。只有实现价值认同，才能产生强大的内部驱动力，推动学校，尤其是学校管理层的积极参与。学校在推进综合实践活动课程实施时应坚持校本开发的理念，针对开展综合实践活动对学校教学资源配备、社会可利用教育资源、教育文化环境等提出一定要求，努力把本校的课程建设目标确立在育人的层面上，以培养学生的研究能力、实践能力和创新精神为主要目标，因校制宜，整体规划，逐步推进。学校在校本开发的过程中，应立足本校的物质资源、人力资源、文化资源等，积极与外部力量合作，选择活动方式、设计活动内容达到为学生发展服务的功能。在校本课程开发中，应重视建立校内评价机制，形成课程发展的良性循环，坚持运用行动研究的方法。在发展中建设，在建设中发展，争取做到根据学校在课程建设中遇到的具体情况不断调整课程方案、教学过程和评价方式。

学校应在综合实践活动课程实施推进中重视建立基于学校的、专业化的教师培训、管理、指导队伍。学校可通过以下三个方面进行课程开发的人员配置：（1）成立由校长或分管副校长、教学处分管主任（或教科室主任）、学科教研组长组成的学校研究性学习课程指导小组，并确定领导核心；（2）成立综合实践活动课程开发、指导、管理核心团队，加强对课程实施过程的监督和指导，并确立学校课程核心团队对课程开发、指导、管理与评价的领导地位与作用，分工明确，责任到人，定岗定位；（3）成立年级、班级两级综合实践活动课程委员会和指导教师委员会，分别承担教师与学生的学习活动评价和学习管理，建立民主评价管理团队。①

### （四）师资推进

“课程的探究性与研究性学习紧密相关，是一种高度个性化的活动。这需要教师能够照顾到每个学生的感兴趣领域，并能够引导学生体验研究方法。”② 为了从根本上解决师资问题，就需要综合实践活动和教师教育形成联动。从某种意义上说，有什么样的教师教育就有什么样的综合实践活动课程实施。

在职前教师教育中，应着力为综合实践活动课程培养专门师资。综合实践活动课程是一门崭新的课程，原来几乎没有这方面的师资力量。我国现行的中小学教师培养培训的内容和方式是

---

① 张小亚、甘亦农：《浅析综合实践活动实施现状及建议》，载《全球教育展望》，2006（2）。
② 唐盛昌：《如何提升我国普通高中学校课程的现代水平》，载《课程·教材·教法》，2013（3）。

与原有的课程体系相适应的，没有培养专门的综合实践活动课教师。教师教育是基础教育发展的先决条件，不仅要求“适应”，而且要发挥“引领”“服务”的作用。同时，在职后教师教育中，要尤为关注教师研究能力的养成。职后教育提高教师素质的途径很多，包括系统培训、课题合作研究、自主探究、校际观摩研讨等。

### （五）评价推进

在综合实践活动课程的实施中应从两个方面着手搭建评价机制。一方面，综合实践活动课程的实施需要与高考形成联动，使综合实践活动课程的实施有强大的评价支持。高考是评价学生学习状况的最重要的考试，综合实践活动课程的实施也需要配套的高考改革。“可以说教师的教和学生的学，以及学校管理和家长的期望都紧紧地围绕高考，高考成为普通高中教育的最终决定力量。”[①] 如果高考依然走在老路上，没有进行相应的改革，加上学校普遍的应试心态、学校之间的高考竞争等因素，将会阻碍综合实践活动的推进。[②] 因此，如何利用高考的作用成了一个关键的问题。如可以在大学录取要求中考虑参与社区服务的时间或参与社会实践的经验等。

另一方面，还应健全综合实践活动课程管理机制和评价标准，从而形成有力保障。任何有效举措的实施应配套具有激励作用的评价制度，所以需要构建个人、学生间、教师和实践单位四位一体的评价体系，形成合理、客观、系统、积极的评价机制。首先，学生自评，以增强学生的社会服务的兴趣及信心；其次，组织学生进行互评，激发学生的参与热情，相互学习，相互监督；最后，教师根据服务单位的反馈情况，进行综合评定，给予一定的奖励和表彰，激发学生学习、参与综合实践活动的积极性。

**案　例**

## 中国传统节日

田琳　北京市东城区景泰小学

| 教学基本信息 | | | | | |
|---|---|---|---|---|---|
| 课题 | 中国传统节日 | | | | |
| 学科 | 综合实践活动 | 学段 | 中年级 | 年级 | 四年级 |
| 指导思想与理论依据 | | | | | |
| 《北京市中小学综合实践活动教师指导手册》中明确指出：“密切学生与生活的联系、学校与社会的联系，帮助学生获得亲身参与实践的积极性和丰富经验；提高学生对自然、社会和自我之内在联系的整体认识，发展学生的创新精神、实践能力、社会责任感及良好的个性品质。”参观、访问、实际参与、探究等活动的开展，使学生们初步感受到传统文化的光辉灿烂，让学生在生活中体验中华传统文化的博大精深、丰富多彩。 | | | | | |

① 陆春萍、赵明仁：《高中课程改革中的教学取向浅析》，载《课程·教材·教法》，2014（4）。

② 汪明帅：《高中综合实践活动的问题透视与路径选择——基于十五位高校专家的访谈报告》，载《全球教育展望》，2015（10）。

续表

**教学背景分析**

一、教学内容分析

“中国传统节日”主题活动来源于京版教材《研究性学习实践与评价》四年级上册。传统文化是我们民族的根，中国的传统节日是传统文化中重要的组成部分。在社会经济发展的今天，学生们对国外的节日兴趣浓厚。愚人节、圣诞节学生们谈起来头头是道，但对于我国的传统节日却并不是很了解。从2008年起，我国政府把清明节、端午节、中秋节等传统节日纳入公众假期，就是促进传统文化的一个有效措施。因此，我们要让学生从小就对祖国的节日有所了解，感受祖国丰富多彩的节日、厚重的文化。学生通过搜集资料、展示汇报等环节，产生对中国节日文化发自内心的热爱，增长知识和才干，激发热爱中华民族的情感。

我校本年度大力开展传统文化教育活动，请来了北京电视台《这里是北京》的节目主持人阿龙，用地道的京腔京味为同学们讲述“春节的由来”，同学们对中国传统节日产生了浓厚的兴趣，探寻传统节日文化，也是学校传统文化教育的一部分。

“中国传统节日”是以学生的直接经验或体验为基础，将学生的需要、动机和兴趣置于核心地位，活动充分发挥学生的主动性和积极性，鼓励学生自主选择活动主题、积极开展活动，引导学生主动发展。

二、学生情况分析

为了有效地进行课堂教学，我对四年级学生进行了前概念的调查、分析，发放问卷42张，收回有效问卷36张。

（1）你是否清楚地知道哪些中国的传统节日？

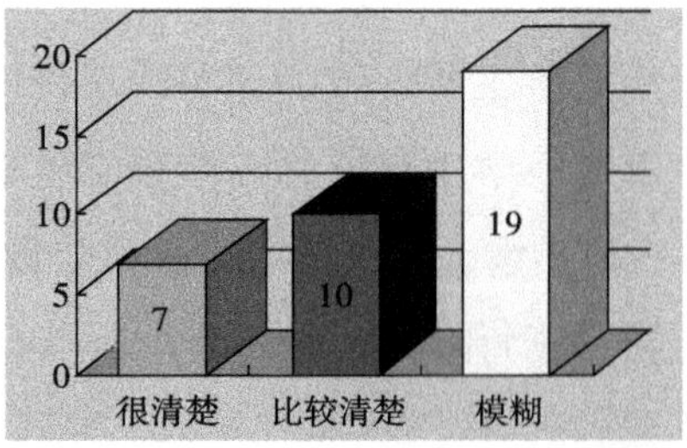


（2）你对节日的习俗了解多少？

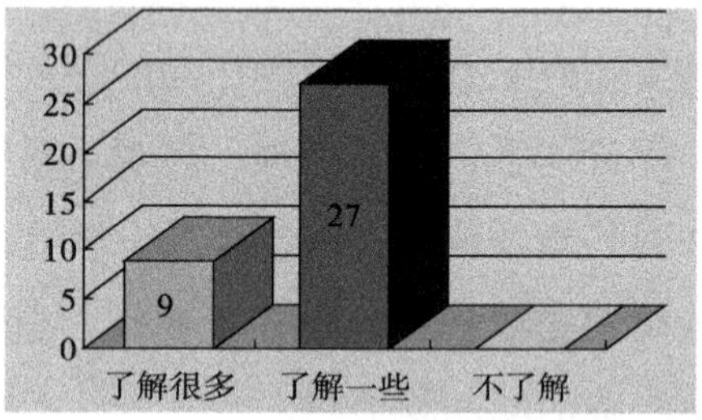


（3）你认为在综合实践活动前制订研究计划有必要吗？

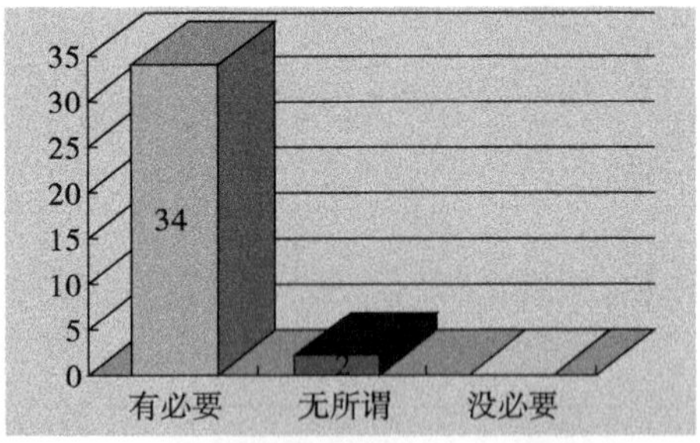


（4）一份完整的研究计划包括哪几个部分？

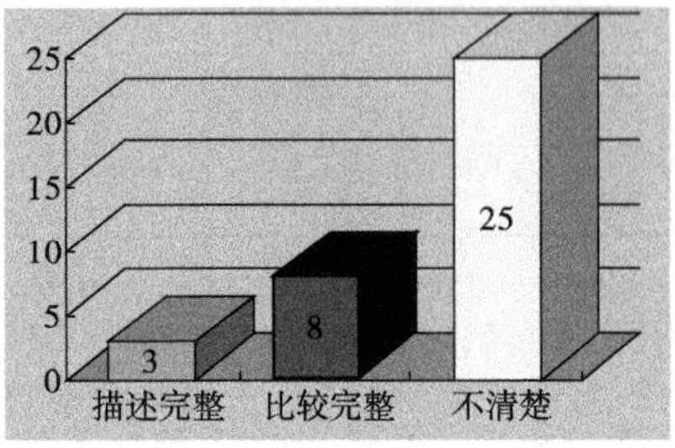


（5）你认为在制订研究计划时最难的是哪部分？

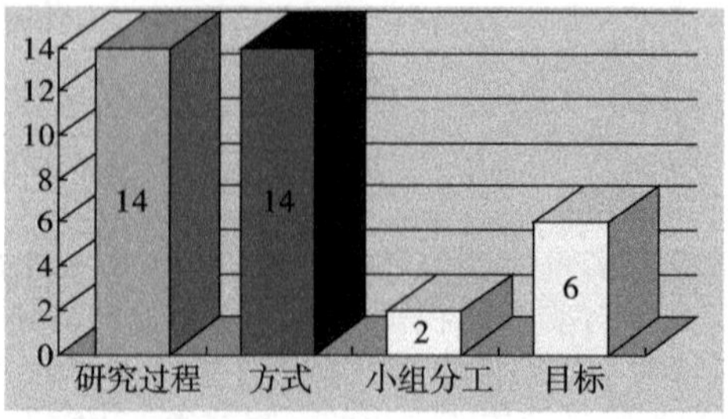


前测反映出：

（1）学生对中国传统节日有一定的了解，了解一些节日的名称、日期等知识，但是大多数学生对传统节日的认识是模糊、不完整的，甚至是错误的。

（2）许多学生对于传统节日的习俗知道一些，但对节日的由来和文化的深刻内涵还没有体会。

（3）大部分学生认为在综合实践活动课程前制订研究计划有必要。

续表

**教学背景分析**

（4）只有少数学生能够描述一份完整的研究计划包括哪几个部分，较少的学生对研究计划的描述缺乏一部分内容。
（5）大部分学生认为制订研究计划时最难的部分是研究方式和研究过程。
因此，本课的教学充分利用学生有效的前概念并以此为教学起点，确定了教学的重、难点。
从学生能力发展来看：四年级学生有一个学期的综合实践活动课程经验，基本了解研究性学习的学习过程。他们活泼好动，对研究问题有着浓厚的兴趣，对开展综合实践活动课程学习有较好的基础，这些已经形成的能力对本课的学习有很大的帮助，但往往不能合理、恰当地制订研究计划，缺少目的性，不知道如何有步骤地进行研究实践及应该计划些什么，需要教师在活动中加以指导。
教学方式：调查研究，亲身体验，合作探究。
技术准备：实物投影，计算机，教学课件。

**教学目标**

1. 通过活动，使学生知道中国重要传统节日及日期、习俗，体会节日深刻的文化内涵。
2. 体验研究性学习过程，能够提出问题、分析问题、解决问题。
3. 进一步明确研究计划的重要组成部分。
4. 在思考、实践、讨论、分析的活动中，学习制订研究的初步计划。
5. 通过实践活动，能够感受节日文化的魅力，树立民族自豪感，并自觉地传承我国传统文化。
教学重点：
（1）知道春节、端午节、中秋节等我国主要的传统节日，以及它们的日期、来历和主要习俗。
（2）了解研究计划的重要组成部分。
教学难点：
（1）了解传统民族节日的习俗与来历。
（2）学会初步制订研究计划。

**活动流程示意**

整个活动可以分为四个阶段，用 7 课时的时间完成。

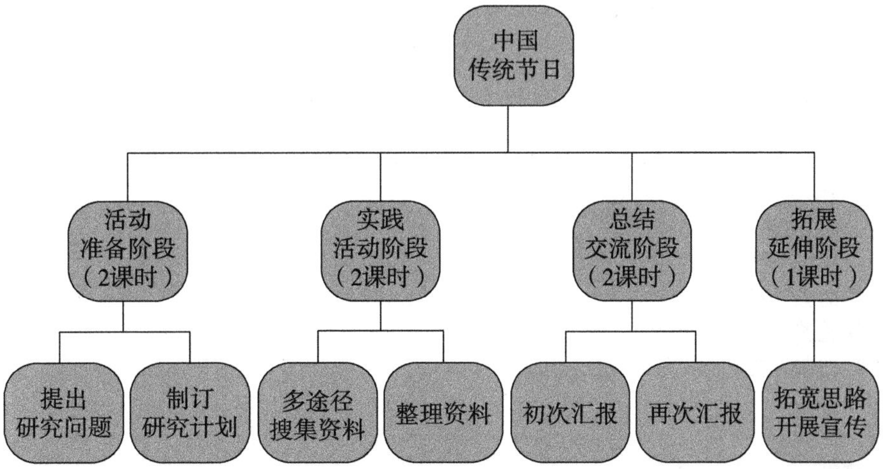


**教学过程（文字描述）**

第一阶段：活动准备阶段（2 课时）
第一课时：走进传统节日
一、激情导入
播放录像。
教师："同学们，这段录像上的人们在欢天喜地地庆祝什么？"

续表

| 教学过程（文字描述） | | | | | | |
|---|---|---|---|---|---|---|
| 学生："录像上的人们在庆祝各种节日呢！"<br>教师："你们喜欢过节吗？"<br>教师："过节是我们最盼望的一件事了，不过有关节日还有许多学问呢！有世界节日、传统节日、民族节日，你们想不想来研究研究？"<br>教师："好，今天我们就来研究一下我国的传统节日。"（板书：传统节日）<br>意图：通过人们欢度节日的画面，唤起学生对节日的回味，激发学生对传统节日的喜爱之情。充分调动学生的学习积极性，引导学生主动参与活动。<br>二、探秘节日<br>1. 说说你知道的传统节日。<br>教师："悠悠五千年的中国历史长河，创造了举世瞩目、灿烂古老的东方文化，也形成了许多各具中国特色的传统节日。中国传统节日的起源和发展是一个逐渐形成的、漫长的、带有浓厚中国文化韵味的过程。除了春节，大家所知道的中华民族的传统节日还有哪些？请大家说说这些传统节日的时间。"<br>学生根据自己的生活经验说出知道的传统节日。（教师板书节日名称，并及时评价）<br>教师小结：中国的传统节日一般是以农历来计算的。<br>2. 辨析：下面的节日哪些是中国的传统节日？<br>春　节（　　）端午节（　　）劳动节（　　）儿童节（　　）<br>元宵节（　　）植树节（　　）国庆节（　　）中秋节（　　）<br>圣诞节（　　）重阳节（　　）母亲节（　　）清明节（　　）<br>3. 请你将中国的传统节日按时间排排队。<br>学生充分发表自己的意见。<br>教师：小结，出示表格。 | | | | | | |
| 节日 | 春节 | 元宵节 | 清明节 | 端午节 | 中秋节 | 重阳节 |
| 日期 | 农历正月初一 | 农历正月十五 | 阳历4月5日左右 | 农历五月初五 | 农历八月十五 | 农历九月初九 |
| 意图：教师引导学生从多角度认识传统节日，让学生在交流中获得新知，知道中国的传统节日及时间，使学生明确中国的传统节日是中华民族历史文化的一个组成部分，是中国历史文化长期的积淀。<br>三、确定主题<br>1. 提出问题。<br>教师："你们喜欢研究哪个节日的内容？"<br>学生回答。<br>教师："同学们，谁知道今年的端午节（中秋节）是哪一天？农历是哪天？一提到端午节（中秋节），你脑海里闪过的第一个关键词是什么？写在纸上，标序号①。第二、第三个关键词又是什么？接着写上。"<br>同学们提出了许许多多的问题：<br>（1）端午节的由来。<br>（2）端午节相关的人物故事。<br>（3）端午节的佳肴美食。<br>（4）端午节小吃的制作方法。<br>（5）端午节的图片。<br>（6）端午节的文娱活动。<br>（7）端午节的诗歌。<br>2. 归纳问题。<br>教师："在这些问题中有哪些内容值得我们研究？请同学们在小组内讨论一下。"<br>合并归纳：<br>（1）节日的由来。<br>（2）节日的习俗。<br>（3）节日的食俗。<br>（4）节日的诗歌。 | | | | | | |

续表

| 教学过程（文字描述） |
| --- |
| 3. 确定研究问题。<br>学生根据自己的兴趣爱好选择活动主题。<br>4. 自主组建课题研究小组。<br>学生自愿结合成研究小组，选出组长，确定组名。尊重学生的自主能力。<br>意图：培养学生提出问题的能力。引导学生考虑主题活动的价值意义和我们是否有能力有条件开展活动，进行主题的确定和选择。<br>第二课时：制订研究方案<br>一、回顾导入<br>教师："上节课，我们开展了'中国传统节日'的研究活动，同学们利用思维导图的形式提出了自己想要研究的问题，根据自己的兴趣，各自选定了这八项作为你们的研究主题。我们成立了小组，明确了研究主题，按照综合实践活动学习的步骤，接下来大家应该做什么？"（板书：制订研究计划）<br>学生讨论。<br>意图：通过回顾前期活动，引导学生主动参与活动，明确本课的学习目标。<br>二、认识研究计划书<br>1. 初识计划书。<br>教师："同学们，在平时的生活和学习中，你们见过或写过计划书吗？"<br>预设:（1）没有。<br>（2）有：暑假计划书，双休日计划书，学期计划书。<br>2. 计划书内容。<br>教师："一份完整的计划都需要包括哪些内容呢？"（根据学生回答适时出示）<br>预设：研究主题、研究目标、研究内容、研究方法、小组成员和分工、研究过程、预期成果及表现形式、可能遇到的问题和解决策略。<br>教师："在以往的活动中，你觉得哪些比较难？"<br>预设：研究目标、研究方法、研究过程。<br>3. 明确计划书。<br>（1）研究目标。<br>教师："你们小组是研究什么主题的，能告诉我们你们为什么选择这个主题吗？"<br>学生交流。<br>预设：①端午节有许多有意思的庆祝活动，我们很感兴趣。<br>②我们不知道端午节的由来，我们想去了解。<br>教师小结：为什么研究就是研究的目标。有了目标，行动就有了方向。<br>（2）研究方法。<br>教师："老师这有一个五彩粽子，你会折吗？请每个同学折一折。"<br>学生展示。<br>教师小结：通过实践的研究方式可以学习五彩粽子的折叠方法。<br>教师："包粽子大家一定比较陌生，但是你们知道吗，我们可以利用采访的方式进行学习，我们一起来看看。"<br>学生观看。<br>教师："同学们还知道哪些研究方法呢？"<br>预设：上网，查阅图书，参观。<br>4. 分析计划书。<br>老师这有一份其他小组制订的活动计划。大家来看一看，你觉得这份研究计划书什么地方写得特别好，值得我们借鉴和学习？<br>学生交流、分析。<br>意图：在学生学习制订研究计划的过程中，教师结合以前指导学生开展过的研究性学习的案例进行分析，增强学生的分析能力。 |

续表

| 教学过程（文字描述） |
| --- |
| 三、制订研究计划<br>教师：“明确了制订一份活动计划的内容与格式，接下来，我们就要尝试着制订一份活动计划了。”<br>“老师先给你们几点提示。”<br>“老师给你们准备了一份计划书模板，请组长带领组员们先商量一下小组准备进行的活动，制订一份符合本小组的活动计划，合作完成，时间为 10 分钟，先完成画星号的部分。比一比哪个小组的活动计划制订得既完整又清晰，既美观又实用。”<br>学生交流、讨论制订研究计划，教师巡视指导。<br>意图：通过分组讨论，学会制订研究计划，提高学生设计与协调能力、创新能力和想象能力。教师的温馨提示，提出制订中容易出现的问题，保证活动的正常开展。<br>四、交流、反馈、修改研究计划<br>1. 展示研究计划。<br>教师：“哪个小组愿意来展示自己的活动计划？其他各组同学认真倾听，看看这个小组的活动计划有哪些值得我们学习的地方。你想给他们提一些什么建议，使他们的计划更完善？”<br>学生呈现初步完成的计划表，其他小组提出修改意见。<br>2. 完善研究计划。<br>教师：“看了这两个小组的活动计划，你们是不是受到了什么启发？请同学们分析一下自己小组的活动计划，并用红色的签字笔进行修改，力争使本组的计划更加完善。”<br>学生修改、完善研究计划。<br>3. 交流完善后的研究计划。<br>教师：“好，下面哪个组先向同学们介绍一下你们小组修改了哪些地方？为什么要修改这一点？你觉得自己小组的计划哪一点与众不同？”<br>学生呈现修改后的计划表，展示交流。<br>意图：互听、互学可以使小组的方案更为完善，激发学生学习的积极性，培养学生的合作意识和竞争精神，让他们学会合作、倾听、评价，为终身学习奠定基础。学生修订完善本组制订的计划表，使活动计划更具有可行性、可操作性。<br>五、总结拓展<br>这节课你有什么收获？<br>教师：“希望同学们在课下根据我们小组选定的活动内容，按照活动计划积极开展活动，在活动中感受中国传统节日的丰富多彩。”<br>意图：通过总结巩固所学到的知识。鼓励学生按计划实施后续研究活动。<br>第二阶段：实践活动阶段（2 课时）<br>采用课上、课下相结合的方式开展，在这个过程中强调的是学生在实践中学习，在实践中获取知识和能力，在实践中体验情感。学生们以小组为单位，通过多种途径查找资料。<br>突破方法有看、问、拍、查、议。<br>看一看：查阅书籍、网络中的资料。<br>问一问：遇到不明白的问题请求解答。<br>拍一拍、摸一摸、记一记。<br>查一查：学生分组多角度、多渠道地搜集相关资料，了解相关知识。<br>议一议：引导学生思考不同性质的资料可以用什么样的方式展示出来。<br>意图：小组通过上网查找资料，搜集电视、报刊信息，请教家长、专家，调查、访问等方式了解中华传统节日的内容及来历、习俗，保证资料的真实性和科学性，培养学生调查实践、与人交往、搜集整理资料能力。<br>第三阶段：总结交流阶段（2 课时）<br>一、导入<br>播放前期活动过程。<br>二、初次汇报、修改<br>1. 明确要求。<br>汇报开始之前，教师指导汇报要求：活动过程，条理清楚；形式新颖，内容丰富；语言简洁，声音洪亮；认真倾听，补充评价。 |

续表

| 教学过程（文字描述） |
|---|
| 2. 进行彩排。<br>布置学生活动，让学生按照这些要求，结合小组汇报计划书进行练习。<br>3. 初次汇报。<br>教师规定汇报时间，并引导其他同学学会倾听，讲解倾听的技巧：记住知识，丰富自己；汇报精彩，学习技巧；听出问题，合理建议。<br>学生开始汇报。<br>4. 评价、分析、修改。<br>学生修改。根据自身的特点，做到扬长避短，不要面面俱到，要把自己感受最深、收获最大的一面展示出来。<br>三、第二次汇报<br>以自己喜欢和擅长的方式汇报收获，全班交流共享。<br>四、总结交流<br>意图：汇报是研究性学习的重要环节，它既是对前期活动的总结，又可以培养学生交流合作的能力。各小组根据搜集的资料和主题用不同的方式进行展示汇报，培养了学生的语言表达能力。让学生快乐地学习，加深对传统节日习俗的了解。每组汇报完请同学评价，培养学生评价的能力。<br>第四阶段：拓展延伸阶段（1 课时）<br>教师："同学们，现在我们国家非常重视保护传统节日这种非物质文化，制定并出台了弘扬非物质文化的政策。同学们想弘扬中国的传统文化吗？你现在想做些什么？"<br>学生：办小报、设计广告语、画宣传画、编诗歌、进行诗歌朗诵等。<br>教师："课后同学们可以组成小组，用你喜欢的方式来为弘扬中国文化尽自己的力量。"<br>意图：通过活动激发学生的爱国之情，产生保护、弘扬中国传统文化的愿望。 |
| 学习效果评价设计 |
| 评价方式：<br>1. 借助及时的过程性评价，提升学生学习能力。<br>2. 借助时尚化的评价量规，促进学生自主发展。<br>评价量规 |

| 项目 | 评价的内容 | 自评 | 互评 | 师评 |
|---|---|---|---|---|
| 资料搜集 | A. 能积极搜集资料，内容丰富 | | | |
| | B. 能积极搜集资料 | | | |
| | C. 没有搜集资料 | | | |
| 汇报内容 | A. 主题鲜明，内容丰富、清晰 | | | |
| | B. 主题明确，内容较清晰 | | | |
| | C. 主题不明确，内容不清楚 | | | |
| 语言表达 | A. 声音洪亮，表达清楚，仪态大方 | | | |
| | B. 声音洪亮，表达清楚 | | | |
| | C. 声音小，表达不清楚 | | | |
| 小组合作 | A. 积极参与活动，团结协作 | | | |
| | B. 能参加活动，较好地与同伴合作 | | | |
| | C. 不参加活动 | | | |

续表

| 本教学设计与以往或其他教学设计相比的特点 |
| --- |
| 1. 以学生的自主性、探索性学习为基础。<br>“中国传统节日”这个课题是从学生身边的生活选择和确立的，以小组合作的方式进行研究性学习。学生在主题实践中感悟传统节日，享受实践中的快乐，感受中国文化的传统底蕴。在小组学习、汇报成果、教师小结的学习方式中，创建生生合作、师生合作、探究分享的平台，体现了构建自主、合作、探究的学习方式和师生平等的教学理念，激发了学生热爱中华优秀传统文化的热情，增强了民族自豪感。<br>2. 在活动中教师充分发挥指导作用。<br>综合实践活动课程强调自主探究、合作学习，引导学生将大主题分成几个可以展开研究的小主题。将方法的指导贯穿学生探究的过程中，并引导学生学会制订研究计划。在整理环节，我采取阅读整理资料的策略，指导学生学会整理复杂的资料的方法。在小组汇报环节，我利用表格引导策略，让学生根据表格进行汇报准备。其中在了解汇报程序的基础上让学生掌握汇报的方法和技巧，是综合实践活动课程的难点。我采取了以点带面的策略，让一个小组汇报展示，全班剖析汇报中的问题，提炼出汇报技巧，使得各小组的汇报都有了很大的提高。 |

## 本章回顾

1. 一般来说，课程内容选择应遵循以下原则：第一，目标一致性原则；第二，适切性原则；第三，结构性原则。

2. 综合实践活动课程资源可分为形成综合实践活动课程的要素来源及实施课程的必要而直接的条件。

3. 综合实践活动课程的实施是一项复杂工程，需要多方联动、相互支持、协同获得实施。具体来说，要从政府层面、区域层面、学校层面、教师层面、评价层面等共同发力。

## 反思与交流

# 第五章

# 综合实践活动课程的（教学）指导视角

【知识地图】

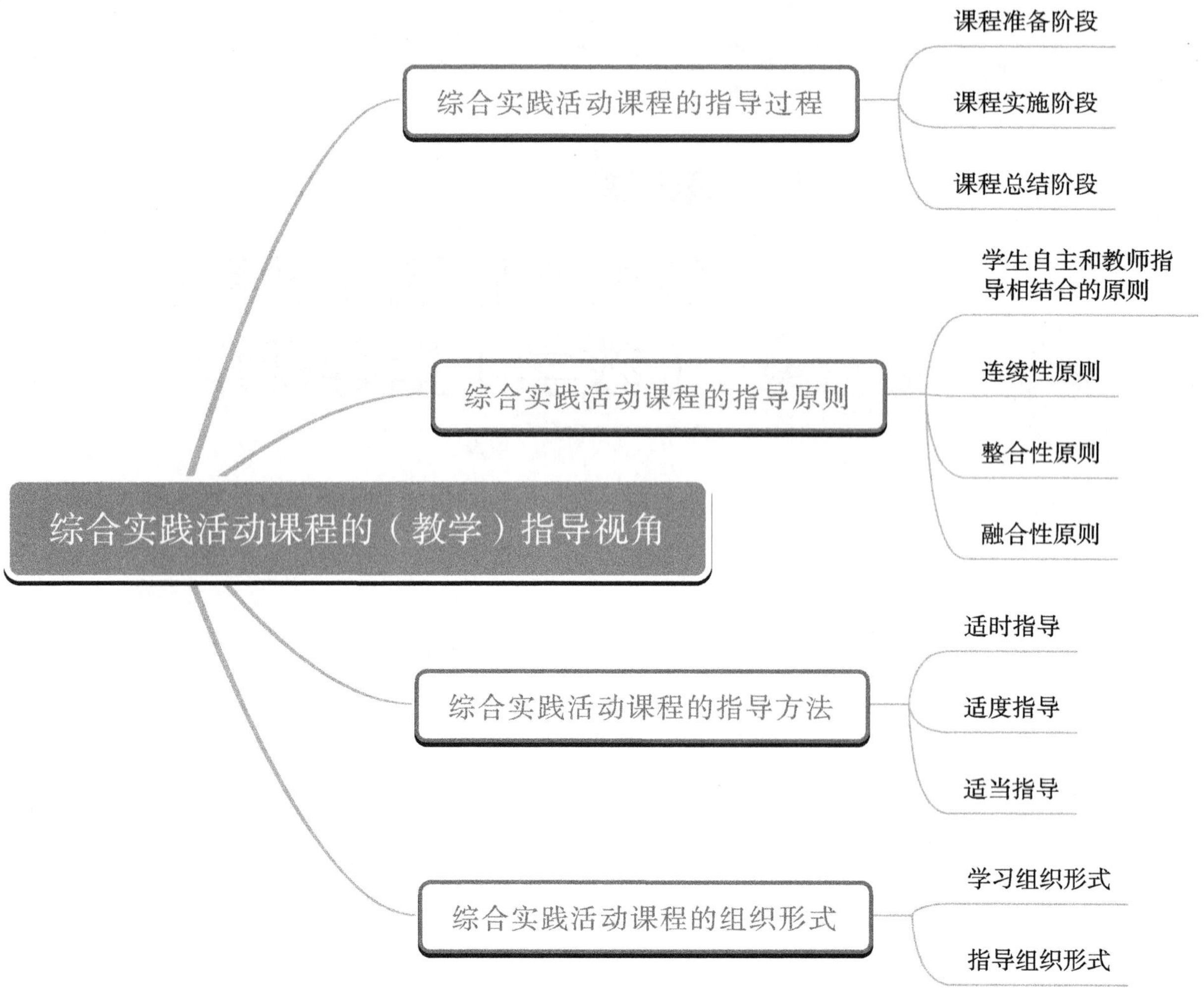


【学习目标】

1. 掌握综合实践活动课程的指导过程。
2. 掌握综合实践活动课程的指导原则。
3. 了解综合实践活动课程的组织形式。

我国传统“教学论”与“学科教学论”一直以来都从“教学”的视角透视师生“教导—学习”互动关系中的诸多内涵，形成了一定的学术传统，而这既有的学术传统对综合实践活动课程的分析需要新的发展。2017年颁布的《指导纲要》以“指导”为关键词，为学术范式的转换提供了启发。教学过程本质的变化必然带来教师教学的调整。在学科课程教学中，教师的“教”主要体现在“传授”知识与技能；而在综合实践活动课程中，教师的“教”则侧重“指导”，并且教师的指导应贯穿于综合实践活动课程实施的全过程。因此，以下对综合实践活动课程中教师教学的新形态的阐述，均在“指导”的话语体系下展开。

# 第一节　综合实践活动课程的指导过程

在学科课程中，传统观点一般认为教学过程的本质是一种特殊的认识过程，具有间接性、领导性和教育性。与学科课程不同的是，综合实践活动课程强调实践，该课程教学过程的本质是一种体验过程，这种体验具有实践性、自主性和启发性。

## 一、课程准备阶段

在课程准备阶段，教师要充分结合学生经验，为学生提供选择课程主题及提出问题的机会，引导学生构思选题，鼓励学生提出感兴趣的问题，并及时捕捉课程中学生动态生成的问题，组织学生就问题展开讨论，从而确立课程目标内容。要让学生积极参与课程方案的制订过程，通过合理的时间安排、责任分工、实施方法和路径选择，对课程可利用的资源及课程的可行性进行评估，增强课程的计划性，提高学生的课程规划能力。同时，引导学生对课程方案进行组内及组间讨论，吸纳合理化建议，不断优化完善方案。

### （一）学生自主选题

选题是开展综合实践活动课程的第一步，也是最关键的一步。在这个过程中教师务必要给学生充分的自主选择空间，把选择权交给学生。学生只有从自身生活出发，从自己的兴趣出发，从自我学习出发，才能选出来自己感兴趣并且对自身发展有价值的课题。

例如，北京某中学高一年级的学生选题如下。

课题 1：广告对消费者的影响。

课题 2：从流浪宠物情况间接看中国经济发展。

课题 3：男孩危机。

课题 4：中国中学生想象力。

课题 5：老师、学生对不同种类校服的喜好程度。

课题 6：怎样能让纸飞机飞得更远？

课题 7：什么样的苹果最甜？

课题 8：充电式新能源汽车在中国不同地区减排效果的研究。

课题 9：不同成分洗涤剂对糖类饮料污染去除效果的研究。

……

从以上的自主选题中我们可以发现，学生的研究兴趣不局限于与学科课程相关的课题，更多的是从自己的生活实际着手。学生希望通过综合实践活动课程能够解释生活中的现象、解决生活中的问题，如“广告对消费者的影响”“什么样的苹果最甜”等都洋溢着浓厚的生活气息。

### （二）教师引导筛题

受生活阅历和社会经验的制约，学生对一些课题的合理性、可操作性缺少评估，这时就要求教师以引导者的身份来协助学生重新考量所选主题。如“课题3：男孩危机”这个选题就太模糊。教师应该引导学生思考：男孩可能存在哪些危机？你们对哪一个更感兴趣？危机产生的原因有哪些？……通过教师循序渐进地引导，这个选题最后可能就变成了“中学男生网络成瘾的原因探究”。又如“课题4：中国中学生想象力”这个课题的研究对象就太大。2018年7月19日教育部发布2017年全国教育事业发展统计公报，全国初中在校生4442.06万人，高中在校生2374.55万人，中国中学生共计在校人数为6816.61万人。对于这么庞大的研究对象群体，怎么开展研究？教师可以引导学生缩小研究范围，如“北京市中学生想象力研究”或“××学校中学生想象力研究”。修改后课题的可行性就得到了保障。

应该指出的是，综合实践活动课程强调学生的自主性，但不意味着学生选题的无限性和实施过程的随意性。一些仅基于文献研究的和远超出学生研究能力的选题——如恐龙探秘这种很难达到综合实践活动课程追求的目标的选题——最终会背离课程设置的初衷。因此，教师应及时引导学生研究方向的调整，以免学生既浪费了时间又没有收获。在活动准备阶段，教师一定要把握研究的大方向，在充分发挥学生主体性的同时，使研究课题符合《指导纲要》中规定的考察探究、社会服务、设计制作和职业体验等活动方式的要求。

### （三）制订课程方案

在教师的指导下，学生根据自己的兴趣、能力选择个人研究主题。主题相近的同学就可以组成一个学习小组，小组成员将在以后的活动中共同学习和探究。

在各小组确定了研究主题之后，指导教师要引导每个小组的学生制订出小组具体的课程方案，这样才有利于指导学生有计划地实施课程。课程方案应包含小组课题、具体目标、所需资料、研究方法、过程规划等。

案 例

#### 小手机　大世界

黄利锋　江苏省张家港市万红小学

课程主题的提出：

随着无线电科技的迅速发展，手机成为人们生活中必不可少的通信工具，使得人与人之间的沟通变为零距离。从现在的发展趋势看，手机不再是简单的通信工具。作为一个现代社会的小学生，很有必要去了解、熟悉和实践手机，为融入现代信息社会做准备。

课程的具体目标：

1. 了解家庭手机使用情况，学会使用手机的常用功能。

2. 学会利用思维导图的形式，对课程内容做头脑风暴。

3. 根据本班家庭手机情况调查表，学会分析统计家庭拥有手机数量和手机品牌种类，提出自己的研究主题。

4. 学会设计调查表，走访社区手机专卖店，了解手机市场信息。

5. 能够从网络搜索相关信息，并经过加工、处理做一份手抄报或一份多媒体作品。

6. 学会小组合作，相互学习，相互帮助，共同完成课程。

拟用研究方法：

问卷调查法、访谈法、文献研究法。

活动过程规划：

（思维导图）

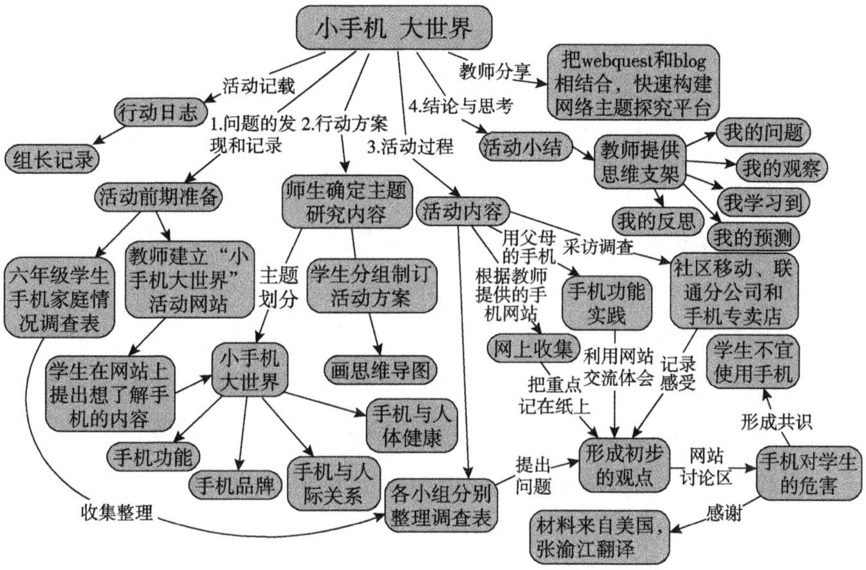


图 5-1　小手机　大世界

需要说明的是，教师除了要根据每个课程主题的内容组织学生讨论制订具体的课程实施方案，还要做好课程用品的准备、与社会相关部门联系取得支持和帮助、为学生自主学习和探究创设开放式的学习环境、保证活动安全等工作。

## 二、课程实施阶段

在课程实施阶段，教师要创设真实的情境，为学生提供亲身经历与现场体验的机会，让学生经历多样化的活动方式，促进学生积极参与活动过程。学生在现场考察、设计制作、实验探究、社会服务等活动中发现和解决问题，体验和感受学习与生活之间的联系。教师还要加强对学生活动方式与方法的指导，帮助学生找到适合自己的学习方式和实践方式。教师指导重在激励、启迪、点拨、引导，不能对学生的活动过程包办代替。此外，教师还要指导学生做好活动过程的记录和活动资料的整理。

### 1. 研究方法指导

《指导纲要》将“问题解决”作为综合实践活动课程的总目标之一，但不同学段对“问题解决”目标的具体要求有所不同。

小学阶段“问题解决”的具体目标为：“能在教师的引导下，结合学校、家庭生活中的现象，发现并提出自己感兴趣的问题。能将问题转化为研究小课题，体验课题研究的过程与方法，提出自己的想法，形成对问题的初步解释。”

初中阶段“问题解决”的具体目标为：“能关注自然、社会、生活中的现象，深入思考并提出有价值的问题，将问题转化为有价值的研究课题，学会运用科学方法开展研究。能主动运用所学知识理解与解决问题，并做出基于证据的解释，形成基本符合规范的研究报告或其他形式的研究成果。”

高中阶段“问题解决”的具体目标为：“能对个人感兴趣的领域开展广泛的实践探索，提出具有一定新意和深度的问题，综合运用知识分析问题，用科学方法开展研究，增强解决实际问题的能力。能及时对研究过程及研究结果进行审视、反思并优化调整，建构基于证据的、具有说服力的解释，形成比较规范的研究报告或其他形式的研究成果。”

随着对学生问题解决能力要求的不断提升，可以发现对学生科学方法的运用要求也在相应提高。由刚开始的“体验课题研究的过程与方法”到“学会运用科学方法开展研究”，最后能够“用科学方法开展研究”解决实际问题。因此，科学方法指导就成为教师指导工作的重要组成部分。

综合实践活动课程的活动方式包括考察探究、社会服务、设计制作、职业体验四种——均注重学生的体验过程，与学科课程以班级授课为主的教学方式相差甚远。一般而言，学科课程中的科学方法分为学科方法和思维方法[①]，而综合实践活动课程的科学方法主要指研究方法，包括访谈法、实地考察法、观察法、文献法等。以《指导纲要》中推荐的 152 个主题及其说明为分析依据，统计出综合实践活动课程的研究方法内容（见表 5-1）。

表 5-1　综合实践活动课程推荐的研究方法

| 研究方法 | | 频次 | 百分比 | |
| --- | --- | --- | --- | --- |
| 调查研究法 | 实地考察法 | 41 | 26.62% | 66.88% |
| | 访谈法 | 31 | 20.13% | |
| | 调查法 | 28 | 18.18% | |
| | 问卷调查法 | 2 | 1.30% | |
| | 案例研究法 | 1 | 0.65% | |
| 观察法 | | 12 | 7.79% | |
| 文献法 | | 35 | 22.73% | |
| 实验法 | | 4 | 2.60% | |
| 共　计 | | 154 | 100% | |

① 邢红军、陈清梅、胡扬洋：《科学方法纳入〈课程标准〉：基础教育课程改革的重大理论问题》，载《教育科学研究》，2013（7）。

从表 5-1 中可以看出，调查研究法出现的频次最多，占总数的 66.88%。根据调查方式的不同，调查研究法又可以分为实地考察法、访谈法、调查法、问卷调查法及案例研究法。在一个主题活动中，可能会用到多种调查方式，有的调查是为了发现问题，有的调查是为了形成结论，还有的调查是为了验证活动结果，在进行调查活动之前，应根据实际情况和调查目的选择适当的调查方式。例如：10—12 年级“考察探究”主题下的“知识产权保护”活动的要求为“访问当地知识产权部门，了解知识产权的相关知识；对身边公众的知识产权意识和行为进行调查，提出增强公众知识产权意识的建议……”此处的访问知识产权部门与后续开展的调查（访问或问卷调查）公众知识产权意识和行为的目的就显然不同。

在确定了综合实践活动课程中的研究方法后，如何进行研究方法指导就成了必须考虑的问题。目前，对于综合实践活动课程中的研究方法指导多采取“隐性”教育方式。如有观点认为“教师在综合实践活动课程教学过程中，对方法知识的授受，是在师生的共同活动中完成的，寓知识于活动中，在活动过程中领会并掌握知识”[①]。又如有的观点认为“教师必须避免简单地传授研究方法，避免使研究方法成为固定的可简单沿袭的模式，而应该引导学生深入追问和思考，在逐步深化的过程中把习得和掌握研究方法作为课题研究的一部分”[②]。确实，我们不能将研究方法简单地讲授，也不应用研究方法束缚学生开展活动，但是隐性教育方式容易导致教师对研究方法指导不到位，更为严重的是，有的教师自己对活动中运用的研究方法都比较模糊。为规避研究方法隐性教育带来的危害，应提倡以研究方法为中心的显隐结合的教育模式（见图 5-2）。

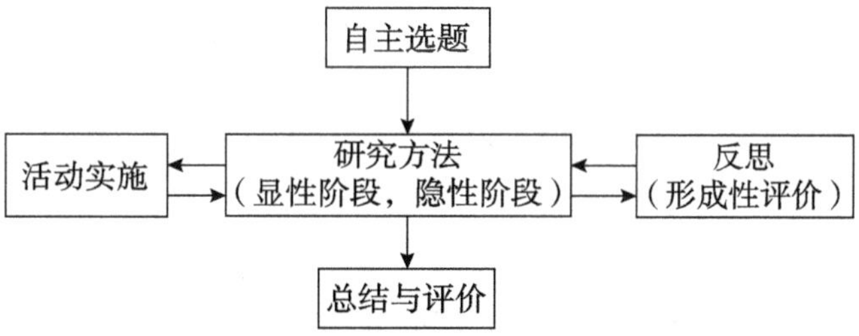

图 5–2　以研究方法为中心的教育模式

以研究方法为中心的教育模式框架图中包括五个部分，分别为自主选题、研究方法、活动实施、反思、总结与评价。研究方法处于框架图的中心，与其他四个部分相互联系。图 5-2 中的箭头表示了不同部分之间的相互关系，不同部分之间也会发生联系，但这种联系须经由研究方法才能实现，研究方法起到桥梁和纽带的作用。从图 5-2 中可以看出，研究方法教育分为两个阶段，即显性阶段和隐性阶段，这两个阶段构成了综合实践活动课程得以科学实施的全过程。

首先，在研究方法显性教育阶段，教师处于课堂的主导地位。指导教师汇总学生选题中拟用的研究方法，对这些研究方法进行讲解，既要讲出研究方法是什么，也要告诉学生研究方法怎样用及使用注意事项。

① 李臣之，等：《综合实践活动课程教学论》，145 页，广州，广东高等教育出版社，2007。
② 张华，等：《综合实践活动课程研究》，230 页，上海，上海科技教育出版社，2007。

以文献法为例，文献法是对文献进行查阅、分析、整理，从而探索问题的一种研究方法，它既可以作为一种单独的研究方法，也是其他研究方法的基础。① 文献研究法大致分为做好相关准备、查找文献资料、整理文献资料、总结文献汇报四个阶段②，各个阶段的工作要求见表 5-2。

表 5-2　文献法使用要求

| 阶段 | 工作 | 要求 |
|---|---|---|
| 做好相关准备 | 明确研究目的 | 能够根据研究主题确定检索的方向，明确文献搜集的目的 |
| | 确定检索工具 | 能够独立确定检索工具 |
| | 选择检索方法 | 能够根据课题选择适当的检索方法，如顺查法、逆查法、引文查找法、综合查找法等 |
| | 确定关键词 | 能够根据研究主题准确地拟定检索的关键词，包括近义词、同义词等 |
| 查找文献资料 | 更改关键词、检索途径和方法 | 当找不到适当的文献时，能够自主地改变检索方法、途径和关键词等 |
| | 遇到困难具有积极的态度 | 能够持之以恒地、积极地检索文献，遇到困难不轻易放弃 |
| 整理文献资料 | 文献分类 | 能够独立地根据材料的时间、内容或重要程度等进行分类，并且分类准确、有条理 |
| | 筛选文献 | 能够完全排除无关的、可信度低的材料 |
| | 整理文献 | 能站在客观的立场上，利用简单的图形或表格整理有关资料，并且清晰、全面 |
| 总结文献汇报 | 尊重版权 | 尊重作者版权，对引用的资料进行标注，并且格式正确 |
| | 表达交流 | 能够用清晰、简洁的语言将搜集的资料与同伴进行交流 |

在表 5-2 中，我们能够明确课程实施的步骤，反思并寻找解决问题的策略，科学地呈现与交流研究成果。在研究方法显性教育阶段，研究方法与其他四个部分是静态的投射关系，学生的学习主要处于输入状态，这是学生能够规范地运用研究方法解决问题的基础。

其次，在研究方法隐性教育阶段，学生处于课堂的主导地位。这时指导教师退居幕后，成为学生的“方法顾问”，在学生无法进行后续操作时适当给予点拨。在这个阶段，学生学习的流程为：自主选题→研究方法可行性分析（→重新选题）→实施过程的研究方法→活动实施（→调整研究方法→实施活动）→总结过程的研究方法→总结与评价。在这个阶段，研究方法就像珍珠项链中的线一样贯穿主题活动的各个环节。与显性教育阶段不同，隐性教育阶段中研究方法与其他四个部分是动态联系的，学生的学习主要处于输出状态。如果说研究方法显性教育阶段中学生的学习处于被组织阶段，那么研究方法隐性教育阶段中学生的学习就处于自组织阶段，这也是综合实践活动课程培养学生问题解决能力目标达成的标志。

综合实践活动课程具有开放性的特点，但开放性并不等于不讲方法内在的合理性和操作过

① 李秉德、檀仁梅：《教育科学研究方法》，136 页，北京，人民教育出版社，1997。

② 董曼曼、陈欢：《综合实践活动课程中常用研究方法评价量表的设计》，载《现代中小学教育》，2017（8）。

程应有的规范性。方法的合理性和操作的规范性，不仅有利于提高活动的效率，更重要的是对发展学生的科学精神、创新精神具有重要的意义。[①] 综合实践活动课程的活动主题个数是无限的，而在活动中运用的研究方法是屈指可数的，以有限的研究方法来指导无限的活动主题是科学的，也是可行的。

### 2. 活动开展

活动开展环节是综合实践活动课程的主要环节，学生采用调查研究法、文献法、观察法、实验法等研究方法开展考察探究、社会服务、设计制作、职业体验等多种主题活动。教师在该环节的指导直接影响着活动的有效开展和深度推进，指导内容主要体现在以下四个方面。[②]

**（1）指导学生搜集资料**

教师在活动展开环节对学生资料搜集的指导大致包括两方面内容：一是文献资料的阅读与搜集；二是活动过程中有价值的第一手材料的发现与采集。

对于文献资料，学生会根据主题活动的要求，阅读报刊或上网查阅相关资料。教师可以就如何有效搜集资料的方法对学生做些指导，主要包括文献基本分类、文摘、索引及工具书的使用，网络资源的有效查阅、追踪查找、倒查文献等。通过教师现场示范、学生查阅文献资料典型问题剖析、分析学生成功查阅文献的经验等指导，提高学生查阅文献的水平。

对于活动过程中的第一手资料，学生需要借助教师的提示或借助开发的工具灵活搜集。教师可以根据学生喜好，指导学生灵活运用多种形式，如利用日记、绘画、录音、摄影等，及时记录活动中发生的典型事件、解决策略、体验和感悟。为了方便学生记录，教师需要结合实际需要，鼓励学生想办法，如合作开发一些活动卡、资料记录卡、活动日记表等，一次印制（不需要追求纸质的精良，能用即可）多次使用既可以带来资料搜集的便利，也可以节约时间、经济等成本。

尽管资料搜集工作常常以小组和个人为单位展开，但教师仍然需要强调，个体是小组的组成部分，小组是活动群体的一部分，个人与个人之间、个人与小组之间、小组与小组之间需要紧密配合，互相关注支持，既让学生个人、小组去用自己最喜爱的方式分头搜集资料，又倡导协作精神，共同把活动过程完整地记录下来。同时，教师也需要组织阶段性督查，适时点评和鼓励，对于那些资料搜集出色的个人和小组给予肯定和鼓励。

**（2）指导学生学会交往与合作**

有效活动依赖有效的交往与合作。教师引导学生取得活动对象的支持与合作、共同参与学生活动过程非常必要。

教师可以设计一些特别的且能够体现团队精神的活动，促进学生领悟和感受“别人的存在就是自己的存在”，也可以选择一些体现或注重凝聚力的成功企业、团体，分享他们成功的经验，感受成功背后合作的力量。

在活动交往与合作过程中，教师需要引导交往与合作的技术。例如：引导学生恰当地进行

---

① 郭元祥:《综合实践活动课程与教学论》，333 页，北京，人民教育出版社，2013。
② 李臣之:《综合实践活动课程教学论》，121～124 页，广州，广东高等教育出版社，2007。

信息发布、求助、分享、互助；引导学生注重交往礼仪，学会在访谈中积极倾听和有效表达，学会等待和期待；也要引导学生书写规范的信函，如拜访信、求购信、感谢信等，做到格式规范、要求明确、表达清晰；能够熟练地电话预约，以及活动结束时真诚致谢。

学生对自己负责、对小组负责，也是有效交往与合作的关键。学生负责地参加学习过程时，就会促进学习。教师指导，既不是放手，也不是束手，而是留给学生足够的“责任田”，让他们自主耕耘。学生在自己对自己负责、对自己小组负责的过程中，清楚自己的角色意识、团队意识，就会求同存异，互学互助。

在活动中，教师还要善于发现学生交往与合作的典范，选择恰当时机给予肯定和表扬，启示学生有效交往与合作的方向。

**（3）指导学生克服困难、解决问题**

在活动实施过程中，困难与问题难以避免，教师及时引导学生克服困难、解决问题是活动持续进行的关键。否则浅尝辄止，难有深度体验。

学生遇到困难和问题时，教师在情绪上应保持冷静，在态度上应表示支持，在言语上应表示鼓励，不能出现激动、难以控制的表情和摇摆不定甚至退缩的姿态，以及讽刺和打击的语言。在语言上尽量采用鼓励、引导反思、理解的语言，如“出现这种问题很正常”（理解）、“许多重大的发明需要经过上千次失败，尝试看看有没有别的办法”（引导探索）等。避免出现如下语言：

错了！不能那样！（否定）

哎呀！太糟糕了！（悲观）

你看你怎么能够这样呢？（责备）

真是异想天开，应该……必须……（限制）

看看老师怎么做的，一点也不仔细！（主观臆断）

真是没救了！（打击）

……

在行动上，教师尽可能以朋友、合作者的身份支持学生，参与活动，共同寻找解决问题、克服困难的办法，而不是单纯地要求、责备和监督学生。

**（4）指导学生有效利用社会和家庭资源**

活动必然需要一定的资源条件，无论是物质资源，还是对于学生活动有帮助和学生感兴趣的人。

专家及社会各行业人士是活动中很容易想到的人力资源，他们可以从专业角度或行业经验角度，对学生进行专业知识、方法和经验上的指导，解决教师难以解决的难题。但是，专家或行业人士对学生的帮助不是替代学生做事，也不是直接告诉学生关于如何做的知识和经验。因此，教师需要同专家及行业人士商议，建议他们像“教师”那样启示学生寻找问题的答案，从专业和行业经验角度引导学生科学地、有效地解决问题。同时，教师更需要启发学生向专家、行业人士学习解决问题的方法、精神、经验等，而非得到直接的答案。

家长肩负教、养双重角色，兼顾着学生的生活和学习上的指导。教师需要借助家长委员会或家校网络、学校报刊，进行经常性沟通，交流学生在综合实践活动中的需要，解决遇到的困难。更重要的是，教师同家长在对综合实践活动课程教学认识上形成共识，才能真正做到家校合力。

此外，学校内外活动场所、基地、图书馆、实验室、电脑房等，既需要教师在“备课”的时候考虑周全，同时也需要指导学生在活动中尝试预约、学习规则、注重礼仪等。

案 例

**惊险的平衡**

郑珊 北京二中分校

班级________ 姓名________ 学号________ 日期________ 成绩________

| 任务一：制作平衡鸟 |
| --- |
| 利用身边的硬纸板（例如衬衫盒）、剪刀和橡皮泥做一个平衡鸟，把照片贴在这里。<br>照片要求：一张立在指尖；<br>一张背面，有名字。 |
| 任务二：制作高空踏车模型 |
| 用瓶盖和铁丝制作一个简易滑轮，在门和门的把手间做一个高空踏车，把照片贴在这里。<br>照片要求：一张正面骑车小人，有名字，绷紧绳子；<br>一张背面，绷紧绳子。 |
| 任务三：制作斜坡上的不倒翁 |
| 用卷纸芯、干电池和胶带制作一个斜坡不倒翁，把照片贴在这里。<br>照片要求：一张透明饼干桶在斜面，盖上贴名字；<br>一张内部结构。 |
| 我的收获和感受 |
| |

## 三、课程总结阶段

在课程总结阶段，教师要指导学生选择合适的结果呈现方式，鼓励多种形式的结果呈现与交流，如绘画、摄影、戏剧与表演等，对活动过程和活动结果进行系统梳理和总结，促进学生自我反思与表达、同伴交流与对话。要指导学生学会通过撰写活动报告、反思日志、心得笔记等方式反思成败得失，提升个体经验，促进知识建构，并根据同伴及教师提出的反馈意见和建议查漏补缺，明确进一步的探究方向，深化主题探究和体验。

### 1. 展示交流

在展示交流过程中需要明确以下两点，才有可能促进综合实践活动课程健康发展。

**（1）展示是为了交流和分享而非评比**

展示只是活动过程中或结束后的一个交流分享，目的不是判断谁做得好谁做得差，而是不同小组之间研究内容的相互欣赏和学习。所以，教师在引导学生的过程中也应注意避免使学生觉得展示是迎合他人的伪饰，而应使学生感到展示是自己实际情况的汇报和呈现。有的指导教师为了调动学生的积极性，总是说："别的小组已经搜集很多资料了，我们的资料若是很少，到时候拿什么展示呢？"教师的本意是利用学生争强好胜的心理促使他们积极投入，但这些引导易使学生认为活动就是为了展示和比较，学生各小组间会相互攀比，比谁的资料多或谁的形式独特，这样很容易牺牲过程中的深入探索和独立思考。

**（2）展示要关注学生的真实体验而非有形的成果**

综合实践活动的成果多种多样，一般可以分成物化的成果和非物化的成果（见表 5-3）。综合实践活动课程不是根据研究结果的优劣来进行评价，而是重视整个探究过程。展示不单看最后的研究成果，而是看学生课题是如何产生的，在探究过程中遇到了哪些困难、采取了什么方法、参与探究的态度、小组合作的情况、最后得出的成果等多个方面。①

表 5-3 综合实践活动课程成果类型②

| | |
|---|---|
| 物化的成果 | 文字性的研究报告<br>设计的方案<br>制作的模型 |
| 非物化的成果 | 获得的对自然、社会、自我的认识、体验或感悟<br>主题研究的一般方法<br>获取信息、处理信息的方法<br>合作、交流与表达的技能与方法 |

### 2. 反思评价

反思重在反省和思考，是一种主动的、批判的思考及自我反省的过程，是对自己的思维过程及结果进行再认识的检验过程。在综合实践活动课程中，教师引导和提示学生养成不断反思的习惯至关重要。在综合实践活动课程中，教师应该引导学生反思以下内容。

**（1）在活动中的情感、态度、感悟和体验**

学生应认真反思在整个活动及每次具体活动中，自己能否积极主动地参与各项实践和探索，是否乐于与伙伴互相帮助、彼此协作，是否具有"崇尚真理、尊重科学"的科学态度和科学道德，能否热心参与志愿者活动和公益活动，能否体验到服务他人与社会的充实与愉悦，以及是否加深了对自然、社会和人生问题的思考与感悟……

---

① 张华：《综合实践活动课程研究》，225～228 页，上海，上海科技教育出版社，2007。

② 冯新瑞：《发展性评价在综合实践活动中的运用》，载《基础教育课程》，2014（1）。

**（2）活动的过程、方法、策略和途径**

综合实践活动课程的过程是学生自主开展研究、解决问题、体验做事的过程，教师需要指导学生在思维过程的研究策略及科学方法论等方面进行反思。学生活动通常不是一帆风顺的，教师要指导学生通过反思成功的经验和失败的教训。综合实践活动课程具有较强的生成性特点，无论是活动主题，还是具体的活动内容，都有可能出现新的情况，学生要能够灵活调整活动设计和方案，教师则要指导学生反思随机应变经验，提高学生面对各种问题和困难的信心。

**（3）在活动中知识与能力方面的收获**

教师不仅要引导学生总结自己在活动中获得了哪些知识，更重要的是引导学生反思在综合实践活动中解决实际问题与学科知识学习之间的联系，激发学生学习的主动性和积极性。同时，教师还应引导学生反思自己在搜集处理信息、自主获取知识、分析与解决问题、表达与交流等方面的表现。不仅要认识到自己某些方面的不足，更要总结自己在活动过程中的成长和进步，促进学生积极主动的发展。

在综合实践活动课程的各个环节中，教师都要注意给学生创设相互理解、尊重反思的氛围，给学生提供反思的空间、时间，并为学生提供真实表达和交流的环境。在交流过程中，教师要对学生的反思做出及时评价，鼓励学生反思，对学生面临的困难和问题积极提供支持和帮助。学生的自我反思能力是影响学生成长的重要因素，教师要创造更多的机会培养学生的反思能力，不仅要引导学生对活动结果的反思，而且还要学会对活动的过程和方法、兴趣和态度等各个方面进行反思，让学生在反思中培养自我意识，在反思中感受自己的成长和进步，在反思中自主发展，最终达到促进学生终身发展的目的。①

**案　例**

## A survey on students' after-school reading

—To learn how to do a survey

设计者：姚艳华　北京市门头沟区妙峰山民族学校

指导者：杨静静　北京市门头沟区教师进修学校 英语教研员

一、活动实施对象

七年级学生。

二、活动背景

《中小学综合实践课程指导纲要》明确指出：学生要能关注自然、社会、生活中的现象，深入思考并提出有价值的问题，将问题转化为有价值的研究课题，学会运用科学方法开展研究。教师要多为学生创造在真实语境中运用语言的机会，鼓励学生在教师的指导下，通过体验、实践、参与、探究合作等方式，发现规律，逐步掌握语言知识和技能。

《义务教育英语课程标准》指出，英语学习应强调学习过程，重视语言学习的实践性和应

① 田慧生：《综合实践活动课程实施中的问题与策略》，35～38页，北京，教育科学出版社，2007。

用性。现代外语教育注重语言学习的过程，强调语言学习的实践性，主张学生在语境中接触、体验和理解真实的语言，并在此基础上学习和运用语言。

三、活动目的

学生通过调查课后阅读情况的任务，和同学一起编写问卷，之后在教师一步步地带领下面对真实的问卷，实事求是地整理、汇总数据，面对真实的数据，进行客观的描述，最后反映出真实的情况。让学生在真实的情境中体验英语、应用英语。这不仅培养了学生英语学习的兴趣，而且培养了学生口头表达的能力，使学生在用英语做事情的过程中，体验到英语学习的自信和乐趣。

四、具体实施

按照《义务教育课程设置实验方案》中对英语学科实践活动的学时安排，这学期应安排不少于6学时的学科实践活动。

表5-4 七年级英语实践活动课时间安排表

| 阶段 | 时间 | 内容 |
|---|---|---|
| 准备阶段 | 2018年6月1日 | 讲解调查报告要素，浏览规范真实的调查报告 |
| | 2018年6月2—6日 | 1. 学习Excel的应用：Excel数据输入，函数countif的应用<br>2. Excel图表制作及简单应用 |
| 第1学时 | 2018年6月7日 | 确定调查研究方向 |
| 第2、3学时 | 2018年6月8—12日 | 制订问卷及修改 |
| 第4学时 | 2018年6月13日 | 发放问卷及回收 |
| 第5学时 | 2018年6月15日 | 数据录入及简单分析 |
| 第6学时 | 2018年6月16日 | 制作统计图表 |
| 第7课时 | 2018年6月17日 | 学习书写调查报告 |
| 第8课时 | 2018年6月20日 | 总结，制作展板 |

准备阶段：

1. 讲解调查报告的要素。

2. 带领学生浏览规范的调查报告。

3. 学生学习Excel软件的应用。

（1）Excel数据输入，函数countif的应用。

（2）Excel图表制作及简单应用。

第一阶段：选题阶段

学生寻找感兴趣的话题，最后敲定“学生课后阅读情况的调查”这个方向。

第二阶段：制订问卷及发放

1. 学生自己制订调查问卷。

2. 学生在小组中分享、补充。

3. 教师对学生编制的调查问卷进行修改、规范。

4. 学生完成调查问卷。

第三阶段：数据统计及分析

1. 统计数据，进行分析。

2. 制作统计表（图）。

第四阶段：学习书写调查报告

1. 教师举例：教师给出几种描述数据的句型或者格式。

2. 学生在小组中模仿书写调查报告。

3. 学生独自完成调查报告数据描述。

第五阶段：根据图表结果得出结论，并提出呼吁

第六阶段：总结

1. 学生个人反思："我的收获"。

2. 制作展板汇报研究结果。

七、评价

Read the sentences. If you think so，draw ☺，if not ◎.

表 5–5 评价表

| 评价 | 结果 |
|---|---|
| 我能说出完成一份调查报告需要的要素 | |
| 我能简单描述调查报告中的数据 | |
| 我能认识几种简单的统计图表 | |
| 我能读懂饼型的统计图 | |
| 我能根据调查报告的数据，发现一些问题 | |
| 通过本节课，我对调查报告不再陌生 | |

五、设计后感受

1. 本教学设计突破教材框架，以发生在学生身边的、真实的、有价值的实际问题作为教学授课的内容，这极大保证了语言学习的真实性和实践性，使教学不再是纸上谈兵的事情。因为教学与他们自己息息相关，学生也会更加愿意参与其中。

2. 在教材使用的过程中，善于将细小的内容专业化。教材中，七年级下 Unit 3 中，一份调查问卷作为 Communication Workshop 中的一道习题，看似微不足道，在我看来却意义深远，把它作为一个专题来讲，使学生不仅学到了语言知识，同时也初步学会了调查研究问题的大致方法。

3. 切实提升了语言运用能力。本课教师通过创设语言实际运用的情境，并设计出环环相扣、难度适当的环节，引导并促使学生运用英语表达，从而提升学生语言表达能力。

## 第二节 综合实践活动课程的指导原则

指导原则是根据课程目标和对于综合实践活动课程开展规律性的认识，制订出以指导综合实践活动实施的基本要求。根据综合实践活动课程的总目标和国内外综合实践活动课程取得的实施经验，结合前人对教学原则的研究，提出以下综合实践活动课程指导原则。

### 一、学生自主和教师指导相结合的原则

倡导学生对课题的自主选择和主动探究是实施综合实践活动课程的关键。

第一，学生要形成问题意识，善于从日常生活中发现自己感兴趣的问题。

第二，学生要善于选择自己感兴趣的课题。选择的方式可以是一个学生独立选择，也可以是同伴互动中进行选择，还可以是教师提示大的范围，学生从中加以选择。

第三，在课题的展开阶段，可以采取多种多样的组织方式，主要包括：个人独立探究的方式、小组合作探究的方式、班级合作探究的方式、跨班级与跨年级合作探究的方式、学校合作探究的方式、跨学校合作探究的方式。亦可通过各种方式（如借助网络技术）进行跨地区、跨国界合作探究。

第四，在课题的探究过程中要遵循“亲历实践、深度探究”的原则，倡导亲身体验的学习方法，引导学生对自己感兴趣的课题持续、深入地探究，防止浅尝辄止。

总之，综合实践活动课程所重视的不是问题解决的结果，而是学生在探究课题、解决问题的过程及在过程中所产生的丰富多彩的、活生生的体验。

教师的有效指导是综合实践活动课程成功实施的基本条件。

从指导内容而言，综合实践活动课程的指导在根本上是创设学生发现问题的情境，引导学生从问题情境中选择适合自己的探究课题，帮助学生找到适合自己的学习方式和探究方式，与学生共同展开探究过程。

从指导方式而言，综合实践活动课程倡导团体指导与协同教学。不能把综合实践活动课程的指导权只交给某一学科的教师、班主任或专门从事综合实践活动课程指导的教师，而应通过有效的方式将所有教师的智慧集中起来，对综合实践活动课程进行协同指导。这是综合实践活动课程整体性的内在要求。

从指导力度而言，不同学段甚至是同一学段的不同年级之间，指导的力度也应不同。年级越低，指导的力度越大。

总之，教师既不能“教”综合实践活动，也不能推卸指导的责任、放任学生，而应把自己的有效指导与鼓励学生自主选择、自主探究有机结合起来。

## 二、连续性原则

2017 年教育部出台的《指导纲要》实现了基础教育的整体覆盖，即拓展为 1—2 年级、3—6 年级、7—9 年级、10—12 年级四个学段。这对教师的指导工作提出了新要求：综合实践活动课程的内容设计应基于学生可持续发展的要求，设计长短期相结合的主题活动，使活动内容具有递进性。要促使活动内容由简单走向复杂，使活动主题向纵深发展，不断丰富活动内容、拓展活动范围，促进学生综合素质的持续发展。要处理好学期之间、学年之间、学段之间活动内容的有机衔接与联系，构建科学合理的活动主题序列。

以《指导纲要》推荐的考察探究活动主题为例，我们可以看出：1—2 年级的活动主题“我与蔬菜交朋友”、3—6 年级的活动主题“关爱身边的动植物”、7—9 年级的活动主题“家乡生物资源调查及多样性保护”、10—12 年级的活动主题“家乡生态环境考察及生态旅游设计”，围绕“人与自然”设置了深度递增的主题活动。这就要求指导教师课程实施持续、连贯、有系统地进行。

## 三、整合性原则

学生不仅生活于学校中，而且还生活在家庭和社区中。将学校、家庭、社区融合起来的重要途径是综合实践活动课程要打破学校、教室的框束，把校内课程与校外课程整合起来，把正规教育与非正规教育融合起来，这是综合实践活动课程整体性和开放性的内在要求。因此，要积极鼓励学校和学生利用双休日、节假日等开展综合实践活动课程。

## 四、融合性原则

各学校要根据地方和学校的课程资源，以综合主题或综合项目的形式将考察探究、社会服务、设计制作和职业体验融合在一起实施，使四大领域的内容彼此渗透，达到理想的整合状态。融合的基本方式包括两个方面：一是整体融合，即把四个指定领域视为四种因素渗透在一个活动中彼此交织起来，形成一个整体；二是拖带融合，即根据学校传统、教师特点和学生需求，以一个领域为基础或重点，把另外三个领域有意识地包容进去，如以考察探究为基础，将另外三个方面作为探究内容，由此形成融合方式。

例如：以下清除城市河道污染、安全用电我能行主题活动便是整体融合的案例（见表 5-6）。

表 5-6　清除城市河道污染、安全用电我能行主题活动整合案例

| 活动主题 | 考察探究 | 社会服务 | 设计制作（劳动技术） | 设计制作（信息技术） | 职业体验其他活动 | 专题教育 |
|---|---|---|---|---|---|---|
| 清除城市河道污染 | 考察哪些地方有河道污染；探究用什么方式能清除掉 | 志愿服务去清除河道污染 | 劳动教育 | 设计某种宣传方式代替这种小广告 | 体验清洁工的辛苦劳动 | 环保教育 |

续表

| 活动主题 | 考察探究 | 社会服务 | 设计制作（劳动技术） | 设计制作（信息技术） | 职业体验其他活动 | 专题教育 |
|---|---|---|---|---|---|---|
| 安全用电我能行 | 学校、家庭、社区安全用电隐患排查 | 学生安全用电宣传 | 安全使用与维护家用电器 | 网络信息辨真伪 | 学习掌握安全用电常识并进行简单演练 | 安全教育 |

案　例

## 饮料的学问

设计者：刘芳　北京第一师范学校附属小学

指导者：俞林军　东城区研修学院

| 教学基本信息 | | | | | |
|---|---|---|---|---|---|
| 课题 | 饮料的学问 | | | | |
| 学科 | 综合实践活动 | 学段 | 高年级 | 年级 | 六年级 |
| 教学背景分析 | | | | | |

**教学背景分析**

随着生活水平的提高，超市中的饮料种类越来越多，口味和颜色也越来越丰富，吸引了很多的学生购买。有些学生甚至渴了就喝饮料，尽管家长和媒体都说喝饮料不好，但学生们却不以为然，依旧喝着饮料。为此，我决定结合教材，引导学生以“饮料的学问”为切入点，关注身边的小事，关注健康，发展学生主动获得知识和信息的能力，养成主动探究的态度，发现问题、解决问题。

“饮料的学问”这个活动分为两课时，第一课时，引导学生对本班同学喝饮料的情况做调查；今天呈现的是第二课时，在调查的基础上认识饮料的成分，做出分析，并且制作健康的饮料。

教学内容：饮料的学问。

学生情况：六年级的学生在思维方面，可以逐步学会分出概念中本质与非本质及主要与次要的内容，学会掌握初步的科学定义，学会独立进行逻辑论证，但他们的思维活动仍然具有很大成分的具体形象色彩。学生已经形成了一定的学习技能水平，初步具有了观察、设计、归纳概括和分析问题的能力，但他们考虑问题还不够全面，动手能力还有待提高，在自制饮料时还需要老师加以适当的指导，帮助学生掌握自制饮料的要领。

教学方式：本课采用“课堂汇报法”的教学方法。鼓励学生大胆发表自己的见解，激发学生的思维，调动学习的积极性，培养他们独立思考和语言表述的能力。

教学手段：PPT 课件，学生自制饮料的视频，自制饮料的材料。

教学准备：课堂展示使用的电脑设备等。调查问卷、饮料记录表、自制饮料记录单；各种饮料、搅拌机、纸杯、食品袋、手套、自制饮料材料。

**教学目标**

通过对饮料营养成分表和配料的分析，使学生了解更多关于饮料的知识。

知道饮料有一定的营养，但也有危害，正确选择饮料，通过自制饮料活动，引导学生懂得从健康出发。

让学生在参与综合实践活动课程中，培养他们的观察思考、探索研究、动手实践、发现问题、解决问题的能力。

能进行基本的数据处理，并能对结果做出一定的解释。

通过活动中的分工合作，增强团结协作精神，感受与他人合作交流的乐趣。

学会运用现代信息技术，在活动中自主地交流，增强自信心。

续表

| 教学过程（表格描述） | | | | | |
|---|---|---|---|---|---|
| 教学阶段 | 教师活动 | 学生活动 | 设置意图 | 技术应用 | 时间安排 |
| 温故知新 | 1. 回忆课前调查问卷中的四个问题（见教案最后）；<br>2.PPT 出示统计图；<br>3. 引导学生重点分析第四题，说说你有什么发现，引出课题“饮料的学问”。<br>板书：饮料的学问。 | 根据统计数据进行分析：<br>（1）游玩、吃饭、看电视喝饮料人数比较多；<br>（2）喜欢喝饮料的原因是口感好；<br>（3）每周喝饮料的次数绝大多数同学不超过 4 次；<br>（4）冰红茶、可乐、雪碧是同学们爱喝的饮料。 | 引导学生归纳分析，把研究重点放在营养和健康上来。 | 电脑 | 8 分钟 |
| 新课讲解 | 我们可以从哪些方面研究饮料的学问呢？<br>看来饮料真是有很多问题值得我们研究，孩子们，我们能不能从饮料包装上得到一些信息呢？<br>重点从营养成分表和配料上进行研究，将看到的信息记录下来，提示一下，营养成分表有的是每份，有的是每 100 毫升，注意区分；配料填写前 5 种，括号里的不填写；将 4 种饮料的营养成分和配料进行比较，填写你们组的发现。引导学生归纳出：饮料有一定营养，但也有对身体健康不利的因素，要选择适合我们青少年的饮料，要适量。<br>板书：适合、适量。<br>简单介绍饮料分类：碳酸饮料、果蔬汁饮料、功能饮料、茶类饮料、乳饮料、咖啡饮料。 | 以组为单位，进行研究。<br>营养成分表上主要是能量、蛋白质、脂肪、碳水化合物、钠，配料表上主要是水、果葡糖浆、食品添加剂、食用香精。<br>预设学生会发现饮料最主要的配料是水、食品添加剂、食用香精等；有些饮料含有咖啡因、植脂末等。根据这些发现饮料中存在一些不健康的因素。<br>简单了解一下饮料的分类，知道乳饮料和果蔬汁饮料比较适合饮用。 | 课前调查问卷中发现学生选择饮料时关注的是口味，很少关注营养与健康，引导学生将数据处理，并对结果做出一定解释，知道选择饮料时要选择适合自己的，并且要适量地饮用。 | 电脑 | 13 分钟 |
| 实践操作 | 市场上的这些饮料不是很有营养，对我们生长发育也不是很健康，能不能解决这个问题呢？<br>我们请同学们说说自己是如何制作的。<br>自制的饮料要从营养和健康的角度考虑。<br>教师指导一个组，亲自完成一个自制饮料的活动。 | 可以自制饮料；<br>学生汇报，预设汇报形式：文字、PPT、视频；<br>学生完成搅拌机自制饮料活动。 | 利用信息工具将制作过程呈现出来。引导学生制作既有营养又健康的饮料。 | 电脑 | 17 分钟 |
| 归纳总结 | 通过今天的活动，我们知道饮料有一定的营养，但也有一些不健康的因素，我们要选择适合自己的饮料，更要适量。还学会了自制营养、美味、健康饮料的方法，饮料的学问还有很多，等着你们去发现。 | 回顾本节课所学知识，知道选择饮料要适合自己，适量饮用，还要关注饮料中的营养与健康的关系。 | 归纳重点，引发继续探究的欲望。 | | 2 分钟 |

续表

<table>
<tr><th colspan="3">学习效果评价设计</th></tr>
<tr><td colspan="3">评价方式<br>小组活动评价表</td></tr>
<tr><td>活动名称</td><td>活动时间</td><td>活动评价</td></tr>
<tr><td>组长</td><td colspan="2">组员</td></tr>
<tr><td colspan="3">课前参与</td></tr>
<tr><td colspan="3">小组合作</td></tr>
<tr><td colspan="3">课堂表现</td></tr>
<tr><td colspan="3">实践成果</td></tr>
<tr><td colspan="3">评价量规<br>课前参与 20 分（搜集、整理资料；与组员进行交流）<br>小组合作 30 分（积极参加小组合作；服从组内安排；能主动帮助其他组员；能积极发表自己的见解，接纳别人的建议）<br>课堂表现 30 分（认真倾听其他同学的发言，能与大家互动；自觉遵守纪律；积极参加小组讨论，完成课堂任务）<br>实践成果 20 分（汇报时语言简洁，有条理；展示过程中能与大家进行交流；自制饮料活动中积极参与）</td></tr>
<tr><th colspan="3">本教学设计与以往或其他教学设计相比的特点</th></tr>
<tr><td colspan="3">这个活动主题来源于学生的生活实际，各种饮料层出不穷，从外观、口味、宣传多个角度吸引着人们，学生是其中一个非常庞大的消费群体。通过活动学生们了解了饮料与健康的关系，对促进学生健康成长起到了积极作用。教学结构设计合理，各个环节之间过渡自然流畅、节奏紧凑、衔接合理，符合学生的认知特点。教师引导学生利用所学知识解决生活中的问题，活动引发学生思考，整个教学环节清楚。本次主题实践活动开启了学生思考的闸门，训练了学生思考的灵活性，促进了学生思维的逻辑性，培养了学生思考的深度。教师指导学生自制饮料时，既能顺应社会潮流，又能提高学生的动手操作能力，还可以充分地体现健康因素，从而简单、有效地改变学生的生活习惯。</td></tr>
</table>

**课前调查问卷**

1. 你一般是在什么时候喝饮料？（　　　　　）（多选）

A. 运动后　　B. 游玩时　　C. 吃饭时　　D. 看电视时　　E. 写作业时　　F. 其他

如果选择其他，请说明是在什么时候喝饮料：____________

2. 你喜欢喝饮料的原因是（　　　　　）。（多选）

A. 解渴　　B. 口味好　　C. 颜色漂亮　　D. 营养丰富　　E. 其他

如果选择其他，请说明你喜欢的原因：____________

3. 你平均每周喝饮料的次数是（　　　　　）。

A. 不超过两次　　B.3～4 次　　C.5～6 次　　D.7 次以上

4. 你经常喝的饮料有哪些？按照你最喜欢的写出三种具体的饮料名称。

表 5-7　饮料调查表

| 营养成分（每份 / 每100 毫升）及配料 | 饮料名称 | | | |
|---|---|---|---|---|
| | | | | |
| 能量 | | | | |
| 蛋白质 | | | | |
| 脂肪 | | | | |
| 碳水化合物 | | | | |
| 钠 | | | | |
| 饮料容量 | | | | |
| 配料（选取前 5 个） | | | | |

我们的发现：

表 5-8　自制饮料记录表

组员及分工：　　　　　　　　　　　　　　　　　　　　　　　　　第　　小组

| | |
|---|---|
| 饮料名称 | |
| 原料 | |
| 用量 | |
| 制作方法和过程 | |
| 口味及特点 | |

★自制饮料一定要注意卫生，选用的水果蔬菜等原料必须新鲜。

## 第三节　综合实践活动课程的指导方法

在展开综合实践活动课程时，令人担心的是要么变成传统的教师传授的教学方式，要么过度重视儿童的兴趣爱好而放弃教师的指导。怎样处理才能避免教师“教”综合实践活动课程的现象及儿童陷入经验主义的误区？需要遵循相应的指导方法，具体而言，应适时、适度、适当指导。①

① 郭元祥：《综合实践活动课程与教学论》，334～336 页，北京，人民教育出版社，2013。

## 一、适时指导

适时指导是指在综合实践活动课程过程的不同阶段，针对不同的目的和任务，指导教师需要履行不同的指导职责，发出有效的指导行为，落实方法，遵循规范。

无论多么复杂或简单的活动主题，综合实践活动课程的过程一般都可以分为三个基本阶段来组织实施，每个阶段都具有不同的活动任务。

第一阶段，活动准备阶段。活动准备阶段的基本任务是：提出问题，确定活动主题；构成活动小组；制订活动方案；准备必要的工具和条件。在活动准备阶段，指导教师应指导学生自主地从生活中发现问题、提出问题，明确活动的具体目的和任务。

第二阶段，活动实施阶段。活动实施阶段的基本任务是：运用一定的方法搜集文献资料和第一手资料，进入实际活动情境，进行具体的活动操作，获得实际的实践体验。在活动实施阶段，指导教师应着重指导学生学会运用解决问题的基本方法。

第三阶段，总结交流阶段。总结交流阶段的基本任务是：整理活动过程中获得的资料、经验、结果和感受，形成对问题的基本看法及问题解决的基本经验，发展实践能力及培养良好的情感态度和价值观。在活动总结阶段，指导教师应引导学生对活动过程、活动体验进行系统总结和提升，参照活动目标，深化活动的收获。尽管活动的具体方式或方法因主题的不同而不同，但基本活动过程应该是相对稳定的、一致的。教师应针对不同的进程，落实指导行动。

## 二、适度指导

教师的指导并不是事无巨细地告诉，更不是越俎代庖，而是要善于发现学生在活动过程中的困惑和困难。教师要把握好指导的“度”，既不放任自流，也不包办代替，留给学生自主思考、独立实践的空间，充分信任学生的潜能。要提高综合实践活动课程实施的有效性，就必须处理好教师与学生的关系。一方面，要突出学生的主体地位、兴趣、爱好和需要；另一方面，要加强教师指导的针对性和实效性。

从某种意义上说，综合实践活动课程是一种学生本位课程。从学生出发是体现学生本位课程的基本要求。它要求我们在综合实践活动课程实施的准备阶段、开展过程、总结与交流等环节都应该尊重学生的实际，关注他们的兴趣、爱好和需要。综合实践活动课程的全过程都应该突出学生主体，发挥学生主体的主动性和积极性，发挥学生作为活动主体应有的地位和作用。从活动主题或课题的提出，到活动方案的制订，再到活动实施，以及活动的总结、交流与评价，都应该尽可能让学生自主活动，教师有效地针对学生的实际进行适当的指导或引导，避免教师包办代替。例如：在综合实践活动课程的内容方面，一般来说不是教师或课程编制者预先具体设计的，而是学生自己提出的感兴趣的问题或主题。因此，在综合实践活动课程的准备阶段，最好不由教师提供活动主题或问题来让学生选择，而应由学生自主地提出活动主题或问题。活动主题或问题的提出，要充分尊重学生的兴趣、爱好和需要，从他们的实际出发。当然，尊重学生的兴趣、爱好和需要，并不是完全放手让学生制订活动主题，教师要引导学生，明确活动主题或问题的意义。

## 三、适当指导

适当指导是指教师的指导方式的多样性与指导任务的切合。在学生活动的各个环节，教师要根据活动的阶段性任务和活动内容，适当采取专题讲座、方法讲解、操作示范、案例剖析、分析综合、总结评价等方式对学生进行指导。

只有符合学生活动主题的特点、满足活动过程需要及针对活动过程中的困惑，才可能是适当的指导。在学生活动的全过程中，教师的指导要考虑学生对活动主题的意义理解及相应的知性了解、理性准备，学生的综合实践活动不能成为“无知”的实践，因此，针对某些主题，指导教师应组织相应的专题讲座、专题资料搜集、资料整理与分析等活动，其目的在于为学生的实践活动过程奠定有效的认识基础和理性准备，注重活动中最基本的问题解决方法的理解和掌握。所以，在教师指导过程中，必要的讲授、文本学习是不可避免的，但不能仅仅采取教师讲授、师生问答的方式来完成教师指导任务。

指导方式的多样性是教师对学生活动过程进行适当指导的前提。针对学生活动的不同阶段、不同任务，指导教师应采用不同的指导方式，否则难以达到有效指导的目的。

# 第四节　综合实践活动课程的组织形式

综合实践活动课程的组织形式包括学生学的学习组织形式和教师教的指导组织形式。综合实践活动课程以小组合作方式为主，也可以个人单独进行。小组合作范围可以从班级内部，逐步走向跨班级、跨年级、跨学校和跨区域等。要根据实际情况灵活运用各种组织方式。要引导学生根据兴趣、能力、特长、活动需要，明确分工，做到人尽其责，合理高效。既要让学生有独立思考的时间和空间，又要充分发挥合作学习的优势，重视培养学生的自主参与意识与合作沟通能力。还要鼓励学生利用信息技术手段突破时空界限，进行广泛的交流与密切合作。

## 一、学习组织形式①

学生学习的组织形式或者说学习集团的编成，一般需要考虑两个方面的问题：一方面是要考虑学生个性发展的需要；另一方面是要从共同生存的立场出发，考虑学生之间的相互合作。因此，有必要开发和完善小组学习和合作学习的方式。

---

① 熊梅：《当代综合课程的新范式：综合性学习的理论和实践》，223～225页，北京，教育科学出版社，2001。

这两方面的依据反映了新的“自己（个人）和共生”的教育模式，它改变了传统的“集体和个人”的教育模式，而要求通过个人与共生之间关系的建立，使学生确立具有个性的自我，以及通过个人之间的相互支持、相互学习和相互合作而建立起共生的关系。因此，在教学展开的过程中，以自己和共生为轴心来组合学习集团和学习组织，从中使学生在相互学习、相互切磋的研究过程中，体验自己的价值与他人存在的价值，获得成功的体验。如果学生没有立足于自我的学习，只是依赖他人学习，或者只是按照他人说的去学习，就难以形成和发现自己的个性。

以“自己和共生”活动模式进行的学习，主要采取的是“个别学习”（独自学习、自己学习）、“小组学习”（协同学习、相互学习）及“一起学习”（全体学习）的方式。这些学习方式在问题解决学习活动的过程中具有不同的组合方式，它可以根据学习活动的特点和学生特点进行不同方式的组合。

综合实践活动课程是体现了问题解决学习的过程，问题解决对于学生来讲是对未知的挑战，而且，在这个过程中往往不是靠个人的智慧，而是需要集中大家的智慧进行相互的合作，从而探索问题解决的策略。因此说，在问题解决学习活动的过程中，通过小组合作学习的方式能够充分发挥每个人的聪明才智，并且能够有效地促进问题的解决。

从共生这一点来看，今天主要是以异年龄集团的编成（可以说是纵向组织）为基本目标。当代的学生们由于缺乏户外群体游玩的体验，因此从一出生开始就脱离社会。而社会的集团和组织是由异年龄人员组成的，从培养学生社会性本质的角度出发，学校学习的组织形式应该考虑异年龄集团的编制问题。

综合实践活动课程也正是结合学生社会性发展目标，强调高年级学生的学习经验和能力能够对低年级学生的学习提供榜样和模仿的作用。当然，异年龄集团的组合不是局限在学校内，它可以拓展延伸到社区社会中的高龄者、障碍人、外国人，从而进行相互的“交流学习”，这是培养学生社会性发展目标的基础。

## 二、指导组织形式

教师的指导主要是以学生的学为基本的出发点，从促进学生进行综合实践活动的角度出发，需要改进教师传统的指导形式。根据学生个性和主体性发展的要求，指导学生进行综合实践活动不仅要求教师具有宽广的胸怀，而且，强调教师之间能够相互合作，发挥教师群体的合力作用。因为教师个体的能力是有限的，不可能实现对全班每个学生的个别指导。因此，从综合实践活动课程体现学生个性、个别发展的要求出发，强调教师之间的相互协作，从而分担不同的教学指导的任务，因此合作教学（Team Teaching，TT）应运而生。

TT 指导是指两位以上教师相互合作的教学指导组织形式。它不同于传统的单一学科教师的指导体制，具有组织有机性、合理增幅性、柔软弹性、个性发展性、全面全程性、支援开放性等特点。TT 指导体制的发展为综合实践活动课程教学的实施提供了可行的方案。

教师集团的合作包含着横向与纵向两种基本的合作形式。横向合作主要体现在学年内教师、不同学科教师、校内与校外人员的有机合作；纵向合作主要体现在不同学年间教师的有机合作。这种纵向与横向的组合方式具体表现出了如下的五种基本组织类型。

### （一）班级教师 TT

这是由两名以上的教师所担任的教学指导组织形式。在小学一般采取的是班主任和学科教师相互配合的指导组织形式。在中学是加配教师的组织形式，即班主任和班主任以外教师的相互合作或学科教师和学科外教师的合作，如英语的辅助教师（EAT）和英语学科教师的相互配合。

### （二）学年教师 TT

这是以同学年或者异学年为单位，教师之间围绕着某个主题所进行的合作教学的组织形式。在具体学习指导的过程中，它不仅需要各班主任教师的合作，而且还需要相关学科教师和加配教师的广泛参与合作。这种指导体制主要适用于小学，学年教师 TT 主要有两种形式：一种是同学年的合作组织形式；另一种是异学年的合作组织形式。

### （三）学科教师 TT

这是围绕某个主题同学科或异学科教师通过各学科的相关内容而将教师的指导统整起来的组织形式。学科教师 TT 包括同学科教师 TT 和异学科教师 TT。同学科教师 TT 是隶属同学科的教师间的有机合作的指导组织形式，根据学习内容各自分担相关内容的指导。异学科教师 TT 是隶属于不同学科的教师而组成的、学际性的合作指导组织形式，它一般包括两个学科以上的多个相关学科教师的合作。对于指导的学习集团，可以是班级、学年、无学年等多种形式。

### （四）全校教师 TT

这是全校异学科、异学年的教师，以及教职人员、营养人员之间的相互合作的指导体制。全校相关教师根据综合性学习的目标、内容及活动形式，各自承担不同的职责，通过相互合作共同完成综合性学习的指导。

### （五）校内外教师 TT

这是校内的制度化教师与校外的非制度化教师相互合作的指导组织形式，这种组织形式体现了学校、家庭、社区社会相互合作的一体化、开放性的特点。

综合实践活动课程中学习组织形式和指导组织形式多种多样，究竟采取哪种或者哪几种组织形式需要综合考虑课程资源、活动目的、人员配备等多方面的因素。在组织形式的选取中，没有最好的组织形式，只有最合适的组织形式。①

---

① 熊梅:《试析综合性学习的 TT 指导组织形式》，载《教育研究与实验》，2000（5）。

案 例

## 初中英语学科实践活动设计方案

设计者：文峰　北京市门头沟区大峪中学分校
指导者：杨静静　北京市门头沟区教师进修学校

一、活动主题

English drama show（英语戏剧表演）。

二、活动实施对象

八年级学生。

三、活动背景

《义务教育课程设置实验方案》明确提出“中小学各学科平均应有不低于10%的课时用于开展校内外综合实践活动课程”。

《义务教育英语课程标准》中要求“教师要因地制宜，创造性地利用和开发现实生活中鲜活的英语学习资源，积极利用音像、广播、电视、书报杂志、网络信息为学生拓展学习和运用英语的渠道”。

《义务教育学科实践活动课程指导意见》强调英语学科的校内外实践活动以语言应用为主，校内可安排阅读、朗诵、辩论、文学论坛、戏剧表演等活动。

本活动以戏剧表演为载体积极地推进英语学科教育教学内涵发展和质量提升，提高实践与实验教学的效果，激发学生的想象力，培养学生的创造力。

四、活动目的

通过英语戏剧表演改变传统英语教学中的单调与沉闷，激发学生参与学习活动的积极性。通过英语戏剧表演中的合作与互动及英语戏剧表演中模拟的真实场景提高学生英语学习的兴趣，提升学生自信与交际能力，培养学生口头表达能力，为学生提供展示自我风采的舞台，丰富学生的校园文化生活，提高学生综合素质。

五、具体实施

根据《义务教育课程设置实验方案》中对英语学科实践活动的学时安排，这学期应安排不少于6学时的学科实践活动。

表5-9　八年级（5）班英语实践活动时间安排

| 学时 | 时间 | 内容 |
| --- | --- | --- |
| 第1学时 | 2018年4月1日 | 观看电影《侠盗罗宾汉》 |
| 第2学时 | 2018年4月5日 | 剧本讲解，台词学习 |
| 第3学时 | 2018年4月7日 | 剧本讲解，台词学习 |
| 第4学时 | 2018年4月12日 | 小组表演练习，辅导1、2组 |
| 第5学时 | 2018年4月14日 | 小组表演练习，辅导3、4组 |

续表

| 学时 | 时间 | 内容 |
|---|---|---|
| 第 6 学时 | 2018 年 4 月 18 日 | 小组表演练习，辅导 5、6 组 |
| 第 7 学时 | 2018 年 4 月 19 日 | 小组表演练习，教研员集中辅导 |
| 第 8 学时 | 2018 年 4 月 20 日 | 针对各小组薄弱部分重点辅导 |
| 第 9 学时 | 2018 年 4 月 22 日 | 所有学生戏剧展演 |
| 第 10 学时 | 2018 年 4 月 25 日 | 各小组进行活动评价与反思 |

（一）前期工作

在外教与教师的帮助下，学习剧本中的语言知识，了解剧中的人物关系，本活动以小组为单位进行，人人参与，每组 5～6 人，组员根据自己兴趣特点选择合适角色，自行设计场景、表演、准备服装道具等，初步完成小组戏剧演绎。教师辅导各组戏剧表演，并请教研员及专家对学生的表演集中点评，各组组长汇总建议并对本组的戏剧表演进行改进。教师及各组成员针对组员的参与情况进行过程性评价。（见评价）

（二）活动进行

所有学生按小组形式完成班内竞演，组长抽签决定展演顺序，活动过程中教师只负责组织学生的上下场，观察学生在活动过程中的收获，而学生要在活动中发挥自己的合作交流能力、表演能力、应场能力等。外请教师针对各组的表现进行成果性评价。

（三）后期工作

1. 对本次实践活动的内容、方式、组织进行全面总结与反思。

2. 颁发团体奖及单项奖，并且推荐优秀人员参与年级戏剧录制。（见评奖方案）

3. 讨论以后综合实践活动课程如何开展。

表 5-10　英语戏剧实践过程评价

姓名：　　　　　　　　　　　　　　　　　　　　　　　　组名：

| 评价要点（5，4，3，2，1） | 自评 | 组评 | 师评 | 总评 |
|---|---|---|---|---|
| 积极参加小组戏剧展练活动，认真学习记忆台词 | | | | |
| 能够主动承担组内分工任务，努力准备服装道具 | | | | |
| 角色语言、表情、动作揣摩到位，台词表现顺畅、符合角色特点，表演富有表现力 | | | | |
| 主动与同学合作交流，善于倾听，倾听中有思考，能提出想法与建设性建议，能理性接纳组员提出的建议 | | | | |
| 最想对自己说：<br><br>对所有组员说：<br><br>对______组说： | | | | |

表 5-11 戏剧展练评价

| 组别 | 语言 30 分 | 表演 30 分 | 服装道具 20 分 | 整体效果 20 分 | 总分 |
|---|---|---|---|---|---|
| 1 | | | | | |
| 2 | | | | | |
| 3 | | | | | |
| 4 | | | | | |
| 5 | | | | | |
| 6 | | | | | |
| 7 | | | | | |

要求：组员全员参与；语言清晰流畅；表演设计合理；服装道具准备充分。

附：评奖方案

1. 团体奖：一、二、三等奖和优秀奖。

2. 单项奖：最佳男、女主角奖，最佳配角奖，最佳编导奖，最佳服装奖，最佳道具奖，最佳台词奖，最佳表情奖，最努力奖，最大进步奖。

3. 推荐优秀人员参与年级戏剧录制。

学生感受（摘取）

张同学：本学期我们花了很长时间排练的英语戏剧已经结束了，我个人的表演还有可以改进的地方，但我觉得自己差不多已经做到最好了。我的感受是台上表演的荣耀极大地提高了同学们的信心。而且，我们在排练的过程中克服了很多困难，在一定程度上提高了同学们对英语学习的兴趣，由于话剧里面出现不少单词和句子是书本上没学到的，后来学到一些和话剧有关的新知识时候，有角色的同学说出相关的意思或句子时有种很骄傲的感觉，快乐之情溢于言表。

闫同学：我相信这对自己是个很好的历练。一开始我也没有料到我面对的困难有那么多，好在后来都克服了。在台词准备方面，我要读准这些单词，这样演的时候才不容易忘台词。我的性格内向，在台上演起来太内敛，声音太小，动作和语言不能很好地协调，演出让我深刻地认识到这些不足，我会慢慢改变。

苏同学：我是负责人，负责监督小组成员在最短的时间内把自己的台词记熟，让他们把不会的单词找出来来问老师，必须要求组员们理解他所背的台词的意思，防止部分组员死记硬背，否则等到演的时候不仅表情、动作很难把握，在演出时一紧张还容易忘词。每天要求他们把台词读准直至脱稿。

张同学：在演之前，先理解整个话剧，然后思考如何才能在这个话剧整体背景下更好地把我所演的这个角色演好。边思考边排练，我大胆地修改之前的台词，力求把角色演活。我相信集体的力量，组员也提出了相当多可以采纳的新台词和新动作，在整个过程中我感到快乐，有成就感和自豪感。

剧本：（略）

## 本章回顾

1. 在活动准备阶段，教师要充分结合学生经验，为学生提供活动选择主题及提出问题的机会，引导学生构思选题，鼓励学生提出感兴趣的问题，并且及时捕捉活动中学生动态生成的问题，组织学生就问题展开讨论，从而确立活动目标内容。要让学生积极参与活动方案的制订过程，通过合理的时间安排、责任分工、实施方法和路径选择，对活动可利用的资源及活动的可行性进行评估等，增强活动的计划性，提高学生的活动规划能力。同时，引导学生对活动方案进行组内及组间讨论，吸纳合理化建议，不断优化完善方案。

2. 反思重在反省和思考，是一种主动的、批判的思考及自我反省的过程，是对自己的思维过程及结果进行再认识的检验过程。在综合实践活动课程中，教师引导和提示学生养成不断反思的习惯至关重要。

3. 学生学习的组织形式或者说学习集团的编成，一般需要考虑两个方面的问题：一个是要考虑学生个性发展的需要；另一个是要从共同生存的立场出发，考虑学生之间的相互合作。因此，有必要开发和完善小组学习和合作学习的方式。

## 反思与交流

# 第六章

# 综合实践活动课程的学习视角

【知识地图】

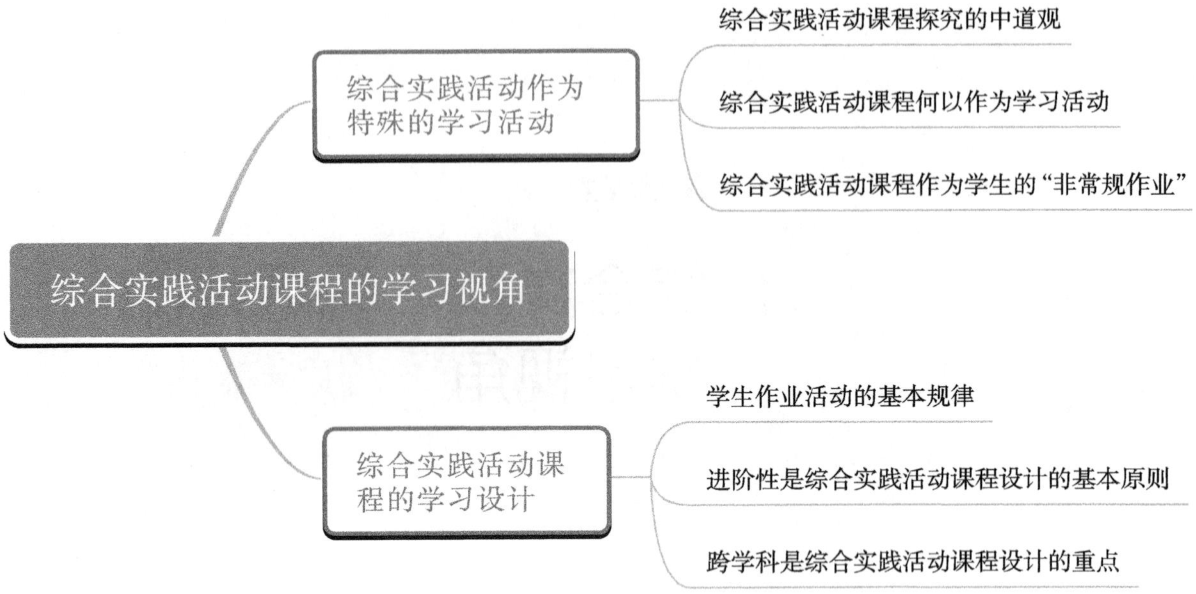


【学习目标】

1. 领会综合实践活动课程的学习意义。

2. 领会综合实践活动课程作业产出的分类与内涵。

3. 掌握学习视角下综合实践活动课程设计的方法。

综合实践活动课程的理念与目标以一种类群和层次的方式展开，然而从目标落实及教育学术的角度上看，把握综合实践活动课程的理念和目标，需要把跨学科教育作为重要的着力点之一。

# 第一节　综合实践活动作为特殊的学习活动

前两章分别从综合实践活动课程的视角和（教学）指导的视角进行了分析与论述。如前所述，课程论、教学论都有自身发源的学术土壤与学术传统，对于当下中国出现的综合实践活动课程这个新生事物，只依靠已有的学术资源是远不足的。

## 一、综合实践活动课程探究的中道观

近代以来，陶行知依据杜威的观点，主张教与学不能分离，这种倾向于生活、经验、实作、师生互动及“儿童中心”式的教育主张，亦在俞子夷、陈鹤琴及其他众多学者的文章里可以发现。陶行知这一次的语词更改，促使“教学”一词的使用从此日渐盛行。这个主张诚然有相当的优势，然而亦有学者认为“教学”容易产生语义的滑动游移，以至于容易混淆“教与学”和“教学生学”。①

课程论传统在泰勒原理的支配下，反映了效率主义的片面性，在观念与实践上容易导致操作主义、事务主义的倾向，倾向于把课程开发过程变成一种普遍性的、划一性的模式，这种预设的、决定主义的课程模式弊端是显而易见的。它遏制课程开发中的创造性；忽视不同学校实践的特殊性；教师在课程开发中的主体性、创造性得不到应有的尊重；学习者是被控制的对象，在课程开发和教育过程中被置于客体地位，其主体性不可避免地受到压抑；工具化的知识观与社会效用标准观，使课程扮演着社会适应及社会控制的手段之角色，而对社会文化的批判、改造及重建缺乏责任意识及使命感。并且这种范式在学术精神传统上，缺乏人性培育的教育内涵。②

当然，应以跨学科的观念，“中道”地从事教育、教学这项事业。“中道”“中庸”体现了教育作为一项智慧事业的内在要求。正所谓“叩其两端而执其中”，当下的教育事业应更多汲取中国智慧。应该说，综合实践活动课程的实践工作在开始前就面临着诸多复杂的难题，不仅包括实践中的诸多复杂情况，还包括学理上不同的学术资源，并且这些问题都是深刻而复杂的。面对这些情况，需要先清扫出一条清晰而坚实的道路。找到的路径依然是古代中国的智慧“中庸之道”。

中庸之道本身并不是调和折中、不讲原则，而是运用更多的教学机智处理教学问题，更加全面、切中地应对教学的实际。例如：在教学视角、课程视角等不同的视角之间保持中道，不走极端，从而实现“全角度”地透视问题。这或许是教育实践本有的要求。中道还意味着理解各类教育因素的优势及其限度。例如：综合实践活动课程纵然十分重要，然而也存在有限的功能，必须要其他教育因素发挥整合的作用。

---

① 杨龙立、潘丽珠:《“教学”的语言分析——兼述教学论和课程论之争论》，载《教育学报》，2006（1）。

② 同上。

## 二、综合实践活动课程何以作为学习活动

### （一）以现象学的态度思考综合实践活动课程

综合实践活动在理念上是多维且复杂的，语词本身也是交叠繁复的，一有不慎便容易落入观念的陷阱之中。要有效地把握综合实践活动课程的要领，需要在一种思想的境脉中叙述综合实践活动课程，从而明确其着力点。跨学科教育被作为综合实践活动课程的重要着力点之一。除了以上这种思想史的"顺思"的方式之外，领会综合实践活动课程本身还需要补充一种"逆思"的思考方式。这里就需要现象学的方法。现象学的态度与方法要求"回到事物本身"，这就是"逆思"的过程。此外，现象学严格科学的态度与对明证性的追求，使得现象学教育学成为真正的实践的教育学，正因为教育的本质是实践的。在对科学本质的追问上，现象学分析是一种对"何以可能"的不断追问，进而导致追问的不断推行，最终终止一切成见与判断，以获得关于综合实践活动课程的明证性。

综合实践活动课程的本质是什么？在现象学的视野下，"本质"可以被"直观"的方式直接地拥有，这种方式就是现象学的本质直观。想象力的"自由变更"作为本质直观的现象学步骤和方法，也就是说此在作为能够做出想象力的自由变更的存在者，把这种想象力的自由变更作为自己的一种存在方式，并且是一种本真的存在方式，因为想象力所朝向的对象是一个可能性的世界。正是在存在论和生存论意义上的想象力的规定之下，此在得以获得关于它作为能在的存在方式，而自由变更意味着想象力作为此在的存在方式能够自由地朝向任何可能的意义对象，这样一个意义对象的大全或整体，就是作为概念而出现的可能世界，它类似于一种超越性的理念世界。到达本质直观之后就可以看到，我们所探究的那个事物要是别的什么样子的话，那就太不可思议了。与经验上的归纳相比，想象能够为我们提供更加深刻的洞见。① 在运用本质直观的方法审视综合实践活动课程之后，我们认为"学习"正是综合实践活动课程的本质，综合实践活动课程是一种特殊的学习活动。

### （二）回归中国传统文化的"学习"概念

党的十八大以来，以习近平同志为核心的党中央高度重视中华优秀传统文化的传承发展，始终从中华民族最深沉精神追求的深度看待优秀传统文化，从国家战略资源的高度继承优秀传统文化，从推动中华民族现代化进程的角度创新发展优秀传统文化，使之成为实现"两个一百年"奋斗目标和中华民族伟大复兴中国梦的根本性力量。习近平总书记做出的一系列重要论述，为传承和创新发展中华优秀传统文化指引了方向。习近平在党的十九大报告中指出："中国特色社会主义文化，源自中华民族五千多年文明历史所孕育的中华优秀传统文化，熔铸于党领导人民在革命、建设、改革中创造的革命文化和社会主义先进文化，植根于中国特色社会主义伟大实践。"

---

① [美]罗伯特·索科拉夫斯基：《现象学导论》，高秉江、张建华译，177页，武汉，武汉大学出版社，2009。

综合实践活动课程的理念本身就含有中华优秀传统文化的培养内涵，对综合实践活动课程的探究也应当呼应弘扬优秀传统文化的时代精神，自觉地以中华优秀传统教育文化滋养综合实践活动课程的内涵。并且，中国传统教育心性调节、内在修养、重视实践的特征，都使其与当下的现象学教育学与现象学心理学有内在的贯通。

在以往的教育学探讨中，“学习”大多被置于西方认识论、心理学、认知加工等背景下加以理解和阐释。在这些话语中，学习分为狭义与广义两种：狭义的学习是通过阅读、听讲、研究、观察、理解、探索、实验、实践等手段获得知识或技能的过程，是一种使个体可以得到持续变化（知识和技能、方法与过程、情感与价值的改善和升华）的行为方式。例如：通过学校教育获得知识的过程。广义的学习是人在生活过程中，通过获得经验而产生的行为或行为潜能的相对持久的行为方式。

然而，在中国的传统中，“学习”则有着不同的内在含义。“学”造字的本义是教人问卜、演算的校舍。古人“问卜”的内涵代表了中国古人天人合一的自然观与人世观，“问卜”实则是“领会天人大道”。中国传统的“学”概念比现代认知主义的“学”概念更加丰富深广。“习”造字的本义为幼鸟在鸟巢上振动翅膀飞行。一直以来，一些论者将中国传统文化的“习”理解为“练习”，这在很大程度上容易产生误解，即犯了“以今度古”的错误。这是因为，现代社会作为“知识社会”，古代的“实践性知识”已被一般性地剔除，科学知识成了最具权威与正统的知识类型。在这一背景下，“练习”也往往被理解为对科学知识的练习。殊不知“习”的本义是真实生活的“实践”，而非纸笔练习——“习”本身即是实践。

归结起来，“学习”的中国传统文化解释正是：领悟天人大道，施行真实实践。这一理念与综合实践活动课程的理念有着内在的同一性，打通了中国优秀传统教育思想文化的经脉。因此，对综合实践活动课程学习视角的审视需要回归并坚守这一立足点。

**案　例**

## 认识我国的传统节日——清明节（QingMing Festival）

设计者：姚艳华　北京市门头沟区妙峰山民族学校

指导者：杨静静　北京市门头沟区教师进修学校

一、活动目的

中国学生学习英语的目的之一是了解英语国家的风土人情、习俗、历史文化，同时发挥英语工具性的特点，讲述中国故事，传播中国的优秀文化，让世界了解中国。与此同时，进一步加深对祖国传统文化的理解，从而增强中国情怀，提升民族自豪感。

清明节是我国重要的传统节日之一。学生对于这个节日有一定的认识，几乎都能用中文介绍清明节。但说到用英文介绍清明节的由来及清明节的相关活动，这对学生们来说是个挑战，但同时也会激起他们的兴趣。对于一些有关清明节的耳熟能详的内容，学生一定很想知道如何用英文来表述，如纸钱、坟墓、供品、柳条等。这样的教学内容贴近学生生活实际，让我想起了英语综合实践活动课程的含义和初衷，而正是给学生提供了用英语做事情、向世界介绍我国优秀传统文化的机会，才更进一步提升了学生的民族自豪感。

二、活动对象

八年级学生。

三、活动流程

按照《义务教育课程设置实验方案》中对英语学科综合实践活动课程的学时安排，这学期应安排不少于6学时的学科实践活动。

| | | |
|---|---|---|
| 第1、2学时 | 2017年3月22—23日 | 搜集有关清明节的英文资料：古诗词、介子推等清明风俗的英文表达 |
| 第3学时 | 2017年3月26日 | 学生交流合作，分享材料 |
| 第4学时 | 2017年3月27日 | 筛选和甄别，选取适合学生使用的材料 |
| 第5学时 | 2017年3月28日 | 学习“用英语介绍我们的传统节日——清明节” |
| 第6学时 | 2017年3月29日 | 总结展示，制作展板 |
| 第7学时 | 2017年3月30日 | 搜集端午节的英文资料：古诗词、屈原等端午风俗的英文表达 |
| 第8学时 | 2017年3月31日 | 学生自主甄别材料 |
| 第9学时 | 2017年4月4日 | 制作海报及展板 |

四、准备阶段

1. 学生从网上或书籍中搜集有关清明节渊源的英文材料。

2. 学生搜集有关清明节的英文古诗词。

3. 老师根据学生搜集的材料进行挑选、删减和汇总。

4. 教师带领学生学习一些有关清明节的专有词汇，例如：spirit money，offering，tomb sweeping，deceased ancestor，plant willow，swinging，grave，tombstone。

五、实施阶段

1. 欣赏清明节古诗词。

目的：学生感受用英语描述的清明节。

2. 学习一些有关清明节的专有名词。

目的：为后续用英语介绍清明节做准备。

3. 阅读文章，为每段文字选取大意。

目的：宏观把握文章大意结构。

4. 阅读有关介子推生平的文字，并把描写介子推生平的事迹进行排序。

目的：进一步了解文章大意。

5. 阅读文章，勾出文中出现的属于清明节的活动。

目的：明确清明节习俗的英文表达。

6. 阅读文字并回答问题。

目的：从细节上获取有关清明节的事实信息。

7. 根据提示词语及提示句型，用英文简单介绍清明节（分层设计）。

目的：为教学目标的实现做准备。

六、总结和提升

在这次活动中，学生表现了极大的热忱和兴趣。因为，他们认为能用英文介绍传统节日是很有成就感的。在活动的准备阶段，学生搜集了很多有关清明节的英文材料，虽然有些材料很难，但是学生们却认真地把生词都查了出来，还在旁边做了批注。对于一些清明节平日常见的词汇，他们更是兴趣盎然，如纸钱、坟墓、供品、柳条等。活动贴近了学生的实际生活，而这正是英语实践活动课程的目的——为学生提供运用英语、用英语做事情的机会。正是通过这样的活动，践行了英语学科素养中有关文化意识这个层面的精神，弘扬我国优秀的传统文化。枯燥的书本知识，激发不起学生的任何兴趣，唯有这些来源于生活的语言、语言素材、生活实例，才有可能使学生爱上英语，进而提高学生的英语素养。

七、评价量表

Read the sentences. If you think so，draw ，if not .

| | |
|---|---|
| 我能用搜索工具查找有关清明节的英文信息 | |
| 我能和同伴们一起甄别、选择有用的信息 | |
| 我能读懂简单的关于清明节历史渊源的英文文章 | |
| 我能用英文说出有关清明节的简单习俗的单词、表达 | |
| 我能用英文简单介绍清明节 | |
| 我能根据学习用英文介绍清明节的流程和方法，自己搜集、整理材料，用英文介绍中国其他的传统节日 | |

文字材料（略）。

## 三、综合实践活动课程作为学生的“非常规作业”

### （一）“作业”的重新定义

在更为具体的层面，将“学习”这一教育现象进行继续细分，现代学校教育领域的学生学习活动可被划分为课堂授受学习和学生作业学习两种活动。课堂授受学习是指学生在课堂上，在专任教师的教导下进行学习的活动，所学习的内容由教师的传授所给予和支配；学生作业学习则是与课堂授受学习相对的一种学习活动，是教育理论长期缺少关注的学习活动。

传统意义上，《辞海》中作业解释为“为完成生产、学习等方面的既定任务而进行的活动”。

《教育大辞典》则把完成学习任务的作业分为课堂作业和课外作业两大类。课堂作业是教师在上课时布置学生当堂进行检测的各种练习，课外作业是学生在课外时间独立进行的学习的活动，是检测学生是否学会了课上的知识点的一种方法。也有研究者将作业定义为教师给学生布置的学习任务。然而，以上对作业的描述都存在偏颇之处。最大的失误在于容易使作业学习片面聚焦于“作业任务”等物质性的、已完成的“作业”产品，而忽视了学生真实的学习活动。

基于系统的思考，作业的概念应被重新界定为：基础教育中的作业是学生有产出的专门的学习活动，是学生自我建构良好知识观、能力观、品德观、学习观的活动。这个概念对作业的界定分为两个层次：第一个层次明确了作业是一种“学习活动”，与传统的作业观念相比，将重心置于“学习活动”，而非“任务”本身，因为再好的作业都是为了学生的学习服务的，作业是“有产出的学习活动”，而非“为了产出的学习活动”。“纸面作业”“小制作”等传统的“作业产品”被置于“有产出的”这一定语之中。此外，概念中的“学习”也应在中国传统学习观下理解。第二个层次是对第一个层次的递进，明确了作业作为学习活动，不仅是学生习得知识、能力、品德及学习策略本身的活动，还应该是学生建构关于知识、能力、品德、学习观念的活动。这些观念是对知识、能力、品德、学习更为超越的、高阶的反思，并且建构的这些观念必须是良好的，建构过程也必须是学生自我真实地建构的。对于良好观念而言，建构过程也必须是良好的。例如：靠“背诵”作业习得的知识可能会造成学生不良的知识观，以为知识都是靠死记硬背得来的教条；内含多样学习方式（纸笔、慕课、服务、制作……）的作业，则可能使学生建构良好的学习观，即认为学习方式应该是多种多样、随机通达的。基于以上的作业理解，我们应对当下的作业做出新的审视与建设，包括综合实践活动课程。

### （二）作业过程的“浮冰理论”

#### 1. 理论研究中隐喻思维的重建

在作业的概念中，依次给出了学习活动、作业产出、观念建构三个要素，如何进一步描述各要素之间的关系及动态的演化规律，就需要理论的构建，这一理论是对“作业过程”的良好描述。作为一种中观性理论，作业过程理论不应是反思式或实践式的，而应体现足够的框架性与可操作性。在这个方面，物理学等自然科学可以作为良好的示范。物理学的成功并非仅指理论体系的精美，还有物理学模型的生动形象。然而，人文社会科学领域则往往误解了“理论模型”的实质和作用，从而错失了很多构建良好学术系统的机遇。

在教育领域，隐喻是教育实践者重要的认知方式及知识组织方式。抛却隐喻的教育理论对教育实践者而言是不符合实际的，是不亲和的。所以说，教育理论的构建尤其需要隐喻思维的运用。

#### 2. 作业过程的“浮冰隐喻”

在作业的概念中，学习活动、作业产品、观念建构三个要素只有通过一个形象的模型或隐喻图景，才能得到真正全面、整体的关系描述。图 6-1 是关于作业过程的“浮冰隐喻”。

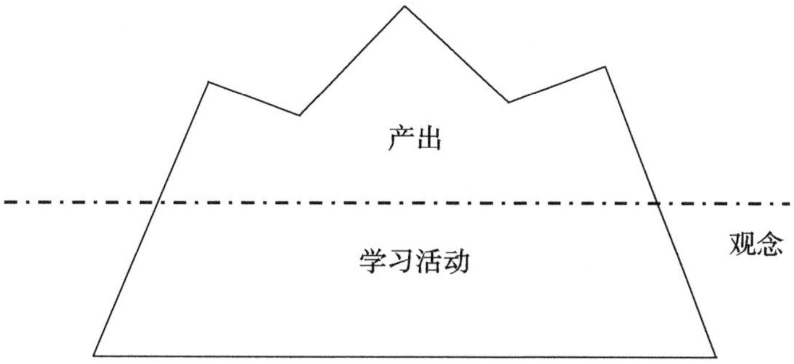


图 6-1　作业过程的“浮冰隐喻”

图 6-1 中冰山浮于海面，被分为海面以下和以上两个部分。大海隐喻着学生的整体观念，即“观念（意识）之海”[①]。浮冰浮于海面并发生自然的演化，三要素之间表现出依存和互动。这一现象隐喻着作业过程作为学习活动的本身规律，也即关于作业的理论。

海面下的冰山对应着学生的学习活动，这隐喻着学生真实的学习活动都发生于观念之中，并且是难以观测的隐性状态。海面上的冰山对应学生作业过程的产出产品，表示作业产出往往是显在的、明示的、容易被关注的。同时，“产出”与“学习活动”是一个整体，表示产出与学习活动不能被截然地分开，需要有联系的观念。浮冰会因温度的变化而融化变小或凝固增大，这隐喻着作业与观念之间也无法分开。

在动态的意义上，浮冰露出海面的比例取决于冰的密度与海水密度的比例关系。对于不同的比例而言，海面上下的浮冰比例不同。这隐喻着不同的学习者有不同的观念背景，对不同的给定作业，需要进行的学习活动与作业产出的体量，以及二者比例均不同，不能对作业的产出体量或学习活动进行整齐划一的限定。

冰山会发生融化，溶液将汇入观念之海。这隐喻着作业过程正在被学生“消化”（教师常用隐喻）。学生的观念之海得以汇入新的内容，并与已有的观念发生融合。融合的实质是什么？是稀释或浓化，还是发生化学反应？这些都取决于冰山溶液与观念之海各自的性质。

在一种极端情境中，课堂授受学习相当于将液体直接注入观念之海，这与传统教学“要给学生每人一杯水，老师就要有一桶水”的“水 – 桶”隐喻是相通的。另一种极端情境是当浮冰的密度与海水的密度相同时出现悬浮，即浮冰没有露出海面的部分。这隐喻着对一次作业，有些学生的观念状态所决定的学习过程可能不需要有显性的产出，就能很好地实现“消化”，而“消化”之后，观念之海只有量的改变，没有密度等性质的变更。

## （三）“浮冰理论”下作业的分类

作业过程的浮冰理论（模型 / 隐喻）对解释作业规律有重要的价值，从不同角度可以对诸多作业现象和问题做出分析，从而启发教育实践。由于作业的产出具有显性化的特点，容易分类，

① 弗洛伊德把人的心灵即意识比喻为露出海面的一座冰山，露出的只是其中一小部分，代表意识，埋藏在水面之下的绝大部分则是潜意识。人的言行举止，只有少部分由意识掌握，其他大部分都由潜意识主宰。潜意识主动运作，影响着意识与占水面下一小部分的前意识。关于作业的“浮冰理论”也采用了这一意象，但并非在弗洛伊德精神分析的学术范式下来说的。弗洛伊德的“冰山隐喻”的本体为人的意识和潜意识，为的是突出潜意识的地位和特点。关于作业的“浮冰理论”，比喻的本体为作业，为的是突出作业本身的结构和特点。

所以根据作业产出类型的不同，可以将作业分为常规作业与非常规作业两种类型，综合实践活动课程属于非常规作业。

常规作业是纸笔工作的书面作业，作业过程就是写作业的过程，作业过程的完成需要以检查作业作为证据。由于局限于书面，容易出现抄作业、不认真完成作业现象。非常规作业的产出不局限于书面，而是包括精神型产出（参观、游览）、实物型产出（制作、创制）、事件型产出（服务、工作、展示、表演）等类型。与传统的作业相比，非常规作业的产出更加丰富，给作业学习开辟了更为广阔的空间。

案 例

## Healthy Living

设计者：王秀铭　北京市门头沟区京师实验中学
指导者：杨静静　北京市门头沟区教师进修学校

健康的饮食能提供人体生长所需要的基本营养，适当的运动能让人们拥有强健的身体、充沛的体力。让学生增强健康生活的意识，培养健康的生活习惯，拥有强健的体魄、健康的人生，对于处在生长发育时期的中学生来说尤为重要。因此，以 healthy living 为主题开展英语实践活动，对学生来说既比较实用，又非常有价值。

一、活动对象

八年级学生，共 31 人。

二、活动目的

班里有的学生挑食、偏食，爱吃零食及薯条、汉堡等高热量食物，有的学生不喜欢运动、身体发胖，有的学生不讲卫生……希望通过开展此次综合实践活动课程，使学生养成科学的饮食习惯、运动习惯和卫生习惯，拥有健康的身体，促使学生愉快地生活和学习，增强学生健康生活的意识，培养学生健康的生活习惯。

三、具体实施

| 八年级（3）班英语实践活动时间安排表 | | |
|---|---|---|
| 第一阶段 | 2018 年 10 月 29 日—11 月 2 日 | 基于教材，引出主题 |
| 第二阶段 | 2018 年 11 月 5—11 日 | 观察自己，记录数据 |
| 第三阶段 | 2018 年 11 月 12—13 日 | 小组讨论，发现问题 |
| 第四阶段 | 2018 年 11 月 14—15 日 | 汇总数据，形成报告 |
| 第五阶段 | 2018 年 11 月 16 日—12 月 6 日 | 讨论措施，具体实施 |
| 第六阶段 | 2018 年 12 月 7—10 日 | 前后对比，分享体会 |
| 第七阶段 | 2018 年 12 月 11—12 日 | 制订计划，继续改进 |

第一阶段：基于教材，引出主题

1. 学习北师大版八年级上册 Unit 4 Healthy Living。同时，复习北师大版七年级下册 Unit 3 Food and Drink.

2. 读 Communication Workshop 中 Wu Wenjing 的日记。

We did a survey at school today. It was about health habits. I had some good habits, although I have a few bad habits, too.

I usually eat healthy food because my mum and dad are good cooks. When they cook, I often help them. However, I sometimes eat junk food when I'm with my friends. They love candy and chocolate.

I'm also very clean and tidy. I often wash my hands and I also take a shower every day. I brush my teeth twice a day. I'm fast, so I don't waste water.

Although I'm thin, I don't exercise very much and I'm not very strong. When you exercise, it makes your bones stronger. I play ping-pong once a month, but I'm not very good at it. I walk to school every day, but I should do more.

I have a lot of good habits, but I need to eat less junk food and exercise more.

3. 让学生讨论、分析出我们应该在饮食、运动、卫生三个方面培养哪些健康的习惯。

第二阶段：观察自己，记录数据

学生们反思自己的日常生活：饮食、运动情况怎么样呢？

学生们讨论决定每人记录一周（周一到周日）自己的日常生活情况。

| | Date: ____________ |
|---|---|
| breakfast (what to eat) | Yes. (　　) ____________ No. (　　) |
| in the morning (what to do) | |
| lunch (what to eat) | |
| in the afternoon (what to do) | |
| dinner (what to eat) | |
| in the evening (what to do) | |

第三阶段：小组讨论，发现问题

1. 四人一组，分享彼此的记录单，发现彼此的问题，如不吃早饭、经常吃零食、经常玩游戏、不爱运动等。

2. 班级统计。英语课代表和班长对全班同学的记录单进行统计：课代表提问，班长统计（采取全班同学举手的形式）。

例如：课代表问 Who often has breakfast？班长统计出不吃早饭的人数和同学。

What do you have for breakfast？统计出大家早餐吃什么，进而调查同学们早餐吃的食物是不是健康的食物及哪些同学经常吃不健康的食物。

What do you often do in the evening？统计出同学们做运动的时间多不多、经常做哪些运动及多少同学不爱运动等。

第四阶段：汇总数据，形成报告

1. 在统计过程中，同学们现场了解本班同学们日常生活存在的问题，这样更加引起大家对健康生活的重视。

2. 统计结束后，课代表和班长汇总数据，并以文字形式形成本班的 survey report。

第五阶段：讨论措施，具体实施

1. 学生们讨论本班同学们日常生活存在的几大问题，如饮食不够科学营养和运动量不足。

2. 针对同学们的健康问题，提出改进建议，制作健康饮食、加强锻炼的健康宣传海报。

3. 根据大家的主要问题，分成两组。一组为改善饮食；二组为加强运动。各自记录三周。

| | Date：________ |
|---|---|
| breakfast（what to eat） | Yes.（ ）________ No.（ ） |
| lunch（what to eat） | |
| dinner（what to eat） | |

| | Date：________ |
|---|---|
| in the morning（what to do） | |
| in the afternoon（what to do） | |
| in the evening（what to do） | |

4. 学校里请同学们互相监督，家里请家长监督，学生要做到坚持执行、坚持记录。帮助学生们养成健康的生活习惯。

第六阶段：前后对比，分享体会

1. 小组内同学们互相分享自己三周后的变化。

2. 请两位典型代表在全班发言，谈自己改变后的体会。

第七阶段：制订计划，继续改进

1. 根据大家的所学、所做、所议、所感，每位同学制订自己的作息时间表（包括饮食、运动）。

2. 上学期间，大家的作息和生活都比较有规律。但是假期会怎样呢？寒假即将来临，请每位同学制订自己的寒假计划表，督促自己继续培养健康习惯。

3. 跟踪抽查，督促学生持之以恒，坚决执行计划，培养健康的生活习惯，促进学生的健康生长，从而拥有强健体魄，进而能够更愉快地生活、学习、成长。

## 第二节　综合实践活动课程的学习设计

如何合理地设计综合实践活动课程？综合实践活动课程由于本身的复杂性，容易导致形式多样，而学生的学习体验不佳。所以，学生的学习需要被重点地聚焦。

### 一、学生作业活动的基本规律

综合实践活动课程作为特殊的学生作业，遵从由一般到特殊的逻辑，需要由作业设计的一般原理出发，不断聚焦至综合实践活动课程的特殊性。学生作业设计的基本规律作为理论探讨，与关于学生作业的模型一样，都是对作业这一活动本身的描述。

第一，学生作业发生、发展、结束都由学生的整体观念承载，并与观念整体发生互动。

作业的设计与完成的整个过程，都不能与学生的整体观念脱离联系，并且要与整体观念发生双向的互动。观念应真实地促进作业的过程，作业过程又真实地反哺观念的建构。这一规律的表述意在强调学生作业的学习活动、学习产出、观念建构三个要素之间是有机联系的整体，不可机械地分割开来，不能把个别要素当作作业的整体来看。

第二，学生作业的产出与学习活动是一个整体，二者的比例不是确定的，取决于作业品质与学生观念品质的相对差异。

学生作业的产出同样不能与学习活动割裂看待，二者是动态统一的整体。在学习活动中，二者的比例关系具有相对性。依据“浮冰隐喻”，浮冰排开海水的体积取决于浮冰密度与海水密度的比例。类比而言，学生作业的产出与学习活动的比例取决于作业（学习活动 + 作业产出）品质与学生观念品质的相对差异。如果作业品质远小于学生的观念品质，则产出的比例远大于学习活动的比例；若作业品质较高，则作业产出的比例远小于学习活动的比例。在进行作业设计的时候，不能机械地看待与规定作业产出与学习活动之间的比例关系，应该更加动态地掌握。

第三，并非只有被给予的才是作业，作业也可能从学生整体观念中自发地生成。

作业最终需要被“完成”，依据浮冰隐喻，作业完成的最终状态就是“浮冰”消失，溶液汇入学生的观念之海，学生形成了新的观念海洋——影响学生的观念建构是最终结果。然而观念并非尽是被动的，在演化至一定的程度上是主动的。所以，作业活动并非仅能由外界给定，也会由学生观念自主地生成。这表示作业过程并非仅有“完成作业”一类，而是也有“生成作业”这一逆向的过程。所以，作业设计不应将给定的作业当作作业的所有，应注意到学生也会通过自我附加、自我生成等方式改变作业的体量。

第四，学生的作业过程是社会性行为，学习活动、作业产出和观念建构均有社会性。

人是社会性的动物，学生的学习自然也有社会性的特征。学生作业不仅有个体性的成分，也有社会性的内涵。学生的学习活动需要自主与指导相结合，也需要借助各种学习资源，此外，合作、研讨、交流都是学习的社会性表现。学生的作业产出不论是精神、事件还是实体，都需要被社会读懂、解释和赋予意义。并且正是社会性的赋予，使得作业产出有了更多的符号价值、意义负载，从而反作用于学生群体的学习活动、观念建构。最后，观念建构本身在哲学的意义上是实践的反映和升华，而实践具有社会历史性。总而言之，作业过程不应成为一件纯粹的私密之事，而应有社会性的价值。

综合实践活动课程作为一种特殊的作业活动，也应遵循以上规律，否则就会出现低效、无效的活动，甚至对学生的学习与发展有害。

## 二、进阶性是综合实践活动课程设计的基本原则

学习的进阶性是指关于学习的各要素有序不断地递进。例如：所学知识的不断深化、丰富、结构化；习得能力从简单到复杂，从偶然到稳定；品德观从片面到深刻，从外在到内化……综合实践活动课程的学习应遵循进阶性的原则，最根本的原因是综合实践活动课程的根本内涵就是与常规的学习活动（常规作业）相区别的，这种区别需要在设计之时着意突出，否则就容易使得综合实践活动课程的内涵落空，成为“新瓶装旧酒”的幌子。具体而言，综合实践活动课程学习设计还应着眼于作业的三要素——学习活动、作业产出、观念建构三个方面的进阶展开。

### （一）学习活动的进阶

综合实践活动作为特殊的作业活动，在对应的学习活动方面，是有别于常规作业的。综合实践活动的学习活动有别于常规的“习得知识”“掌握技能”，而是要在传统学习文化的视域下，开展真实实践，通过实践领悟道理、亲知亲证、砥砺精神、践履责任。这些学习活动比起常规的认知主义主导下的学习活动是有进阶性的。在学习内容上，超越了书本知识；在学习方式上，超越了纸笔操练的方式。

综合实践活动课程的学习活动设计如何体现进阶的原则？就要看其是否突破了传统认知主义、书本知识的局限，以更加生态化、实践性的方式设计学习内容与学习方式。然而这也并不是说综合实践活动课程的学习不能涉及任何常规知识类型与学习方式，而是说要及时地实现超越，并将重点置于进阶的学习活动上。

专　栏

## 具身认知

传统认知主义的学习观已经在经历这样或那样的反思，认为实验室中的学习研究与真实的学习并不能画上等号。20 世纪 80 年代以来，生态化运动成为国际心理学发展的重要趋向。生态化就是强调在真实、自然的情境中研究教育规律及学生的心理活动规律，强调提高教育活动的可应用性和普遍适用性，建立合理的教育生态环境，提高教育的效益，促进人才迅速成长和发展。事实上，“具身”研究已成为国际心理学研究的前沿领域。“目前，认知科学中最令人振奋的观念就是认知是具身的。”① “具身认知”就是对人身体认知功能的强调。归结起来，“具身认知”的基本内涵主要表现在以下四个方面：(1) 身体参与了认知，影响了思维、判断、态度和情绪等心智过程；(2) 我们对于客观世界的知觉依赖于身体作用于世界的活动，身体的活动影响着关于客观世界表象的形成；(3) 意义源于身体，抽象的意义有着身体感觉－运动系统的基础；(4) 身体的不同倾向于造就不同的思维和认识方式。②

“具身性”的提出与价值是相对于传统认知心理学“离身”化的特征而凸显的。从柏拉图的“绝对理念”到笛卡尔的认识论，西方传统心理学理论及其哲学基础默认了一种主体客体二元分立的哲学观，在此基础上，人的身体被认为是中性化的，其不过是心智的“容器”，而不会对心智产生影响。现代认知心理学更是将认知系统类比为计算机的信息处理程序，忽略了一切身体因素，这种局限已然受到了诸多反思与批评。正是由此，“具身”观点已得到了教学领域的应用。

### (二) 作业产出的进阶

《指导纲要》规定的综合实践活动课程的具体目标分为价值体认、责任担当、问题解决、创意物化四个维度，都有相应的作业产出来与之对应。四个目标维度主要对应的产出类型如表 6-1 所示。

表 6-1　四个目标维度主要对应的产出类型

| 目标维度 | 产出类型 |
| --- | --- |
| 价值体认 | 精神型产出 |
| 责任担当 | 精神型产出<br>事件型产出 |
| 问题解决 | 精神型产出<br>实物型产出<br>事件型产出 |

① 叶浩生：《“具身”涵义的理论辨析》，载《心理学报》，2014 (7)。
② 同上。

续表

| 目标维度 | 产出类型 |
| --- | --- |
| 创意物化 | 精神型产出<br>实物型产出<br>事件型产出 |

作业的产出可以在一种意义上服务于课程目标达成情况的评价。如表 6-1 所示，四个维度的目标均对应有精神型产出，可见这种产出是奠基性的。只有在精神层面有了新的发展，才能实现综合实践活动课程的基本预期。

问题解决、创意物化均对应有实物型产出，即创制相应的实物产品。在古希腊哲人眼中，“创制”所需要的知识类型有别于自然科学知识和实践知识。亚里士多德把科学分成三大类。①最高的科学，是所谓思辨科学，也可以称作理论科学，它包括：形而上学，研究纯粹形式和纯粹理念的；自然科学，研究自然界的；数学，研究纯形式的。②其次的科学，是所谓实践科学，包括政治学、伦理学、家政学。③创制性科学，包括诗学、戏剧、建筑术、医术。亚里士多德根据研究对象领域的不同，将全部科学知识分成三类，这就是物理学（自然知识）、实践知识和创制知识。常规的作业产出局限于纸笔产出，没有在创制的意义上多加着力，综合实践活动课程为此提供了重要的契机。

责任担当、问题解决、创意物化均对应有事件型产出，这类产出不一定会有实体的物品与之对应，相反事件型产出还有可能促使某些实体的消失或消解，如一次服务活动减少了公共区域的一些垃圾、污染、障碍。如何规划事件、促进学生卷入事件及在事件中扮演必要的角色，就是这类产出需要考量的。这样的产出需要有叙事思维的指导。在实践上，需要做到“讲逻辑”与“讲故事”皆佳并保持二者的平衡。著名教育学家、心理学家布鲁纳在晚年即转向了“叙事研究”，认为逻辑思维与叙事思维是人类两种平行不悖的思维方式，且均不宜偏废。[①] 实际上，优秀的“讲逻辑”与“讲故事”都不容易，都需要超越经验式、知识点式、条块式的教学方式。更重要的是，“讲故事”更能为教学承载文化品性、精神品性。

案　例

## “对联”学科实践活动中学生的作业产出

北京市大峪中学分校　李雅敏

作业：

（1）给班集体写副对联。

（2）给自己的卧室写副对联。

课后小结：

（1）在轻松愉悦的气氛中，落实了对联的教学。

① 向眉：《布鲁纳叙事教育思想及其启示》，载《课程·教材·教法》，2014（11）。

（2）学生兴趣盎然，在不知不觉中传承弘扬了传统文化。

学生创作的内容：

包容厚德北京精彩
龙腾虎跃爱国情怀　　创新精神

二（1）白同学

斗转星移中华韵
龙腾虎跃神州情　　厚德北京

二（1）白同学

岁岁容天下以德为本
年年创新绩以国为荣　　中华神韵

二（1）刘同学

龙飞龙舞龙欢腾
新风新貌新北京　　宽容厚德

二（2）马同学

八方宾客齐聚文明古都
四海亲朋共创薪新北京　　厚德载物

二（1）冯同学

嫦娥舞袖辞旧岁，岁岁欢庆
银龙腾空贺新年，年年创新　　爱我北京

二（1）李同学

人人创新包容精神传千里
家家爱国厚德传统遍万家　　厚德载物

二（1）梁同学

爱国创新树壮志
包容厚德展雄风　　与时俱进

二（2）谭同学

厚德载物容天下
睿智创新爱中华　　继往开来

二（2）张同学

创新爱国展北京
包容厚德显精神　　北京精神

二（2）孙同学

北京自古都城，精神佳颂
首府至今中心，世人惊叹　　　　北京精神

二（2）刘同学

北京精神说创新爱国
首都文明讲厚德包容　　　　和谐发展

二（2）祁同学

求学 修身 齐家 治国 古代训
爱国 创新 包容 厚德 北京魂　　　　代代相传

二（2）李同学

### （三）观念建构的进阶

近些年来，建构主义等学术思潮已然对我国教育工作产生深远的影响，应该说，“学生不是空着脑袋走进教室的”“知能是建构的”等观念对于我国教育工作者来说已然不再陌生。综合实践活动课程建构的观念则并非指“作为知识的观念”，而是“关于知识（等）的观念”，二者之间含有一次超越。展开而论，综合实践活动课程的观念建构应促进学生反思与形成一些观念，它们的内容包括“什么是知识”“应如何获得与应用知识”“什么是能力”“什么是良好的品德”“什么是良好的学习”等关于知识、能力、品德、学习的观念。这些观念不仅关注所得知识、品德的结果，更关注过程与价值判断。所以，依靠死记硬背、题海演练获取的“知识点”“能力表现”和“品德”等，都应被观念建构所排斥和矫治。从这个意义上来看，综合实践活动的观念建构所建构的是“二阶”的观念。

如是观之，靠走马观花及单纯地“增加印象”所获得的表面“知能”和“学习能力”都不能算作好的综合实践活动课程。好的综合实践活动课程应使学生在二阶观念上不断升华。综合实践活动课程并非单纯是“目光朝外”的外在探求，也是“目光向内”的自我探索。综合实践活动课程并非只告诉学生“有哪些”“是哪些”，还应促进学生反思“为什么要有这些”及“究竟什么为好”。知识、技能、品德、学习究竟是什么？我们为什么需要这些？这些思考的机会是综合实践活动课程所必须给予的，否则就是另一种形式的灌输，用表面的综合和热闹的活动遮蔽了学生内心的思考欲求和权利。

## 三、跨学科是综合实践活动课程设计的重点

跨学科学习是综合实践活动课程学习在内容上的重点。这一着力既是对常规学科课程教学不足的矫治，也是综合实践活动课程本身的内在要求。可以说，能否克服分科教学带来的惯习和思维定势，决定着综合实践活动课程实施的实效。

### （一）跨学科的学习活动

如何实现学习活动跨学科？对此，简单的学科拼接、拼合都不能从根本上实现。唯有回归中国传统文化意义上的“学习”概念，才能实现学科在更高意义上的统合。

福柯认为话语构成或话语实践受制于“一组匿名的历史规则”，这些规则“在某一时期的时空中通常是确定的，而且对一定的社会、经济、地理和语言领域来说，是陈述功能运作的条件”。在《词与物》中，福柯把这种规则系统称为“知识型”。知识的模型在不同的历史时期是有不同的变化的，那么这个变化的过程就称为知识转型。所谓知识转型就是知识型的转变，就是知识的范式、知识的形态或知识整体的转变或被颠覆。原有的知识型出现了问题，新的知识型逐渐出现并替代原有知识型，这个知识型的转变意味着原来被认为不是知识的东西现在可能获得了知识的合法地位，所以人类历史上有很多的经验，在前一段时间里被认为是邪恶的、是谬误，过一段时间它们就被称为合法的知识，这主要是知识转型的结果。历史上大概有四种知识型：原始知识型；古代知识型；现代知识型；后现代知识型。四个知识型里出现了三次大的知识转型，即由原始知识型转变为古代知识型、由古代知识型转变为现代知识型、由现代知识型转变为后现代知识型。

跨学科学习理应反思既有的知识型，观照不同类别的知识型。事实上，现代科学知识所支配的现代社会以科学知识作为典范的知识型，这在综合实践的意义上并不全面。综合实践活动课程只有开展真实实践，才能避免学科杂凑的危险。这就要求综合实践活动课程的“设计”必须保留一定的限度，为实践生成留足空间。在活动中，往往是突发性的实践、未知的情境、难以解决的困难才促成了学生真实实践的发生，也就是跨学科学习的涌现。这些涌现是单纯的预设所难以把握的。

### （二）跨学科的作业产出

如何确保学生的作业产出是跨学科的？这需要开发超常规的产出类型，如此才能有效地规避传统的“学科习题”。在长期的教学实践史上，各学科都积累了大量的“题型”，供学生平时操练、考试应答。无论哪个学科，学生的“作业”往往就是“解题”。为了把握题型、训练解题，自然地产生了对各种“题型”的归纳。“解题”也就容易被作为学生作业的基本形式。然而，局限在“题型”之中也就容易产生学科的区隔，即每个学科都有本学科的习题之海，然而解决所有习题之后，仍然无法在学科间产生一种超越的理解。如何突破常规学科习题的局限？美国的“跨学科写作”可以作为一种参考。

根据密歇根教育部给出的定义，跨学科写作指“不同学科的教师使用‘通过写作学习’和‘通过写作展示知识’来加强学生在各学科中的学习”。跨学科写作的基本原则如下：①以写作促进学习；②通过整合写作和写作过程来促进学生参与、促进学生表达，才能在学科中有效沟通。

跨学科写作以写作促进学生的学习，为此，它强调写作与真实生活的有机结合，赋予学生具有真实情境的写作任务。教师们往往以项目学习的方式，让学生在研究或活动中搜集一手资料，在社区与社会人员交往接触，从中整合相关领域的知识，在研究中写作，在写作中研究。学生在此过程中打破了传统的写作只是在教室里、学校内完成的空间界限，将写作的触角延展到社会生活的方方面面，学生们通过写作学习。[①]

此外，发生于真实实践中的服务、问题解决、事件处理等，都能成为跨学科产出的良好机会。实践中可不断开发新的跨学科产出形式，从而有效地激励学生跨学科综合实践的开展。

### （三）跨学科的观念建构

如前所述，关于“什么是知识”“什么是能力”“何为良好的学习”“为什么要有好品德”等问题的答案，不同学科有不同的回答，只有较全面地从不同学科的视角出发，才能形成跨学科的观念建构。甚至需要涉及一些基础教育阶段的学科教学未能涉及的学科，如能力观与学习观，绕不开涉及心理学、哲学的相关观念。理科的学习观是推理的、理性的，人文艺术学科的学习观则更侧重包含非理性的、直觉的成分。只有观照不同的学科，观念建构才是“综合”的。

在更高的层面统合不同学科贡献的观念仍然要回归“学习”的中国传统观念。“领悟天人大道”应被作为观念建构的统合点，这意味着以一种更高阶的人生哲学、宇宙哲学来统领不同学科的观念。如此，学生的综合实践活动才能有必要的高度及充分的深度。综合实践活动课程要给有潜质的学生以充分的遨游探索空间。

**案　例**

### 跨学科学习项目的设计与教学实践

黄利锋　江苏省张家港市万红小学

综合实践活动课程是我国基础教育课程改革中新设的一门实践性课程，课程面向学生完整的生活世界，需要指导教师把学生的好奇心和兴趣点设计成一个个学习项目。在每个项目学习中，学生以小组的形式，借助网络、图书馆、博物馆和社会自然环境等多种资源开展多样化的探究活动，如调查、实验、设计和制作，在一定时间内解决一系列相互关联的问题，将结果以作品的形式展现出来。学生在开放式的学习活动中，科学探究、团队协作、人际交往和社会责任感等核心素养得到了发展。

综合实践活动课程已经实施十多年了，大家都认同这门课程的价值，其难点就在于：如何去实施？有没有专职指导教师？是否缺少课程资源？有了现成的主题，该如何去开展？根本的问题在于，大家始终把这门课程作为一个传统意义上的学科，希望有相应的教材，再用普通的教学法去教，如果不是这样，就会觉得很难教学。特别是对学生来说，反而增加了学习负担，违背了设计这门课程的初衷。各学科的新教材上都安排了综合性学习活动，引导学生从生活中体验知识

---

① 沈奕辰、崔嵘：《培养竞争力，从培养跨学科写作能力开始——美国跨学科写作案例的启示》，载《语文教学通讯》，2017（15）。

的生成与应用。由于学科质量的压力，使得任课教师不敢放开活动，更没有足够的课时来实践，只能是走走形式。因此学科的综合性学习活动与综合实践活动课程能否相互整合？各学科教师能否组成一个指导教师团队？这就需要我们转变思路，从学科的综合性学习入手，设计跨学科的学习项目，既学以致用，又兼顾综合实践活动课程目标的达成。

基于以上认识，学校成立了以郭小磊校长为核心的项目学习课题组，聘请特级教师储海燕为学术顾问，确立了苏州市“十三五”规划课题“生活情境视角下的项目学习开发与实施研究”，课题研究目标是：从国家课程的校本化实施、地方和特色课程的深化与拓展、家校社会网络等学习空间挖掘项目学习的资源，建立项目学习资源库；引导在真实的生活情境中批判性、创造性地运用各学科知识、信息，解决实际问题，使学生能习得人文、科学等各领域的知识和技能，掌握和运用人类优秀智慧成果；能有效管理自己的学习和生活，认识和发现自我价值，发掘自身潜力，有效应对复杂多变的环境；能处理好自我与社会的关系，增强社会责任感，提升创新精神和实践能力。

一、设计跨学科学习项目

华中师范大学的雷实教授在《谈谈“语文素养”》一文中提到，如果将现行各科的活动设计做一个简单统计，不难发现“垃圾收纳袋”“调查水污染”“科技小制作”之类的活动重复甚多。学校应鼓励“TT 制”，即多个教师相互合作的指导组织形式，通过学科教师团队，共同组织主题活动，一次活动，多科受益。

基于跨学科的学习项目指的是学生围绕复杂的、来自真实情境的主题，在精心设计任务、活动的基础之上，进行较长时期的开放性探究，最终建构起知识的意义和提高自身能力的一种教学设计。这种学习方式具有真实情境、任务驱动和跨学科的特点，需要发挥教师团队作用，从各学科知识中挖掘项目主题素材，按照综合实践活动课程的理念重新打造，再到实际的教学中去检验和调整。在跨学科教学设计的校本研修中，不断引导一线教师跳出学科本位，放眼于学生成长过程，把关注点从考试分数转移到学生的综合能力提升。如语文苏教版六年级下册有项习作任务是撰写一份调查报告，如果我们仅仅把教学目标定在掌握调查报告的撰写格式，学生的写作将是“无源之水”。经过六年级学科教师团队讨论，把主题定为“本校学生课外阅读情况的调查研究”，以学生完成项目任务为目标，活动步骤为设计调查问卷、实地调查、数据设计、结果分析，让学生经历获取、整理和分析信息的过程，学生的收获会更多。

（一）组建教师团队

教师团队由本年级组内各学科教师组成，综合实践活动课程任课教师担任牵头人。

（二）活动主题筛选

各个学科组的备课组长，根据教材内容与教学目标，将凡是涉及需要学生进行手工制作、调查、参观、实验等的教学主题罗列出来，特别是数学、科学、品德等实践性和生活性比较强的学科。

参考样例1：单学科综合性学习资源整理

五年级科学

| 年级 | 五年级 | 学科 | 科学 |
|---|---|---|---|
| 主题 | 活动目标 | 活动内容 | |
| 造一艘小船 | 按自己设计的方案制造小船，并不断改进 | 1. 探索用橡皮泥造船，不断改进船的形状，增大船浸入水中的体积<br>2. 按照自己设计的方案制造小船，并不断改进<br>3. 感受人类创造发明的历程，激发创造欲望 | |

五年级数学

| 年级 | 五年级 | 学科 | 数学 |
|---|---|---|---|
| 主题 | 活动目标 | 活动内容 | |
| 蒜叶的生长 | 1. 培养学生观察、操作、记录等实践能力<br>2. 使学生进一步提高识图和用图的能力，感受复式折线统计图的特点<br>3. 使学生在绘制复式折线统计图的过程中进一步发展统计观念<br>4. 使学生进一步体会统计在现实生活中的运用，进一步感受统计方法对于分析问题、解决问题的价值，增强参与统计活动的兴趣 | 1. 选择蒜瓣，分别种在3个盆里<br>2. 观察并记录蒜瓣根须和蒜叶的生长情况<br>3. 制作折线统计图<br>4. 分析统计图<br>5. 写实践小论文 | |

（三）学科主题整合

各年级综合实践活动课程的教师，根据学科组长列出的活动素材，进行有机整合，用一个契合学生生活的场景，把活动素材串联起来，基于综合实践活动课程的理念进行修改、重组和提升，以任务和问题为导向，从社会、自我、自然三个维度进行设计。这样从一定程度上可以减轻学生学习内容的重复，又可以挖掘深度，做到少而精，真正能够动手、动脑，有真实的实践体验。跨学科学习跟传统学习最大的不同之处在于，学科之间不再是割裂的，学生会发现平时学习的科目在实际运用中相互关联。同时，学生在学习过程中也不能单凭自己的力量独立完成任务，还要链接各方资源，团队成员间合理分工协作。这种学习形式提升的不是学生某个方面的素养，而是一个综合能力，在跨学科的学习项目中体现更为突出。

参考样例2：跨学科学习项目设计

| 年级 | 主题 | 时间安排 | 涉及学科 | 活动内容 | 作品形式 |
|---|---|---|---|---|---|
| 一、二 | 春天在哪里 | | 语文<br>美术<br>音乐 | 1. 利用双休日，和父母外出拍摄春天景色，有远景，有特写，数量在六张以上，上传至乐教乐学班级空间相册模块，相互浏览、点评<br>2. 美术课上画春天，可以根据学生拍摄的照片<br>3. 音乐课上唱春天的歌曲<br>4. 语文课上学习朗诵春天的古诗或儿歌，引导学生描述自己照片拍摄的内容，训练表达 | 以小组形式，利用班会，展示各类学习成果 |

续表

| 年级 | 主题 | 时间安排 | 涉及学科 | 活动内容 | 作品形式 |
| --- | --- | --- | --- | --- | --- |
| 三 | 养蚕记 | | 语文<br>科学<br>综合实践 | 1. 科学布置养蚕任务，拍照记录，上传至班级空间<br>2. 语文老师要求写养蚕日记，配合每天的照片<br>3. 用思维导图的形式整理相关资料 | 养蚕图文记录 |
| 四 | 美食分享会 | | 科学<br>综合实践 | 1. 和父母到超市买菜<br>2. 食物的分类，食物的营养成分鉴定<br>3. 学做美食<br>4. 班级分享美食 | 菜肴<br>美食制作 |
| 五 | 蒜叶的生长 | | 数学<br>科学<br>语文<br>综合实践 | 1. 选择蒜瓣，分别种在三个盆里<br>2. 观察并记录蒜瓣根须和蒜叶的生长情况，拍摄生长照片，上传至乐教乐学班级空间<br>3. 制作折线统计图和分析统计图<br>4. 写实践小论文 | PPT 作品 |
| 五 | 上下五千年 | | 语文<br>品德<br>综合实践 | 1. 了解上下五千年的历史演变<br>2. 分组选择某个朝代，介绍它的社会、文化、科技等方面的情况<br>3. 专题阅读《明朝那些事儿》<br>4. 专题辩论活动，针对某一历史事件或人物 | 辩论会<br>课本剧<br>手抄报 |
| 五、六 | 我爱阅读调查 | | 综合实践<br>信息技术<br>数学<br>语文 | 1. 了解自己和亲朋好友的家庭阅读情况，知道营造家庭阅读氛围的意义，并积极带动父母共同阅读<br>2. 了解同学们的阅读情况，制作本班阅读排行榜<br>3. 根据个人调查，能够对调查数据进行整理和分析，撰写调查报告 | 阅读调查表<br>介绍自己喜欢的书 |

## 二、跨学科学习项目展示

### （一）综合实践活动课程内部整合：我的生日我做主

综合实践活动课程的实施领域包括四大部分：信息技术教育；研究性学习；社区服务与社会实践；劳动与技术教育。这四大活动内容并不是单列的，而是可以相互整合、交叉学习的。江苏省小学劳动与技术教材五年级上册家政学习内容是烹饪，教材安排旨在引导学生认识、了解家庭厨房设备，学会安全、合理地使用灶具和炊具。围绕项目主题开展买菜、择菜、洗菜、烧菜等系列实践活动，学会从营养、卫生、经济、环保等角度鉴别和选购食品，学习掌握切、拌、煮、炒等基本的烹饪技能。可学校没有专用的烹饪教室，这部分教学内容是放弃，还是照本宣科走过场？我们经常会埋怨孩子缺乏独立生活的能力，对家长依赖性太重，其实这不是孩子的错，而是我们没有给孩子一个锻炼的机会。

我们设计了主题活动“我的生日我做主”，在这次活动中，要求学生过一次自己动手做的生日聚会，家长提供一定数量的活动资金，邀请同学们来做客，一起布置房间，用电饭锅做蛋糕，自己设计菜肴。

在活动中，学生的潜力得到了充分发挥。在“展示我家的厨房”环节中，只要求把厨房照片发送到教师邮箱，多样化的作业形式让我们赞叹不已，有的把照片插入 Word 文档，有的做成了 PPT，还有的把几张照片做成一个压缩文件，这些教师在课堂上还没有教过。在“用电饭锅做蛋糕”环节中，有的学生还把网上教程进行了整理，用Word文档发给教师，提供给其他学生参考。有的学生和妈妈一起，利用烤箱做了蛋挞、土豆饼。有的学生把自己外出旅游的照片发到了学习社区，有的学生用手机拍摄美食发到QQ群，这些我们都没有额外给学生布置。所以，我们相信只要给学生一个正确的方向，他们一定会给走得更远、更好。

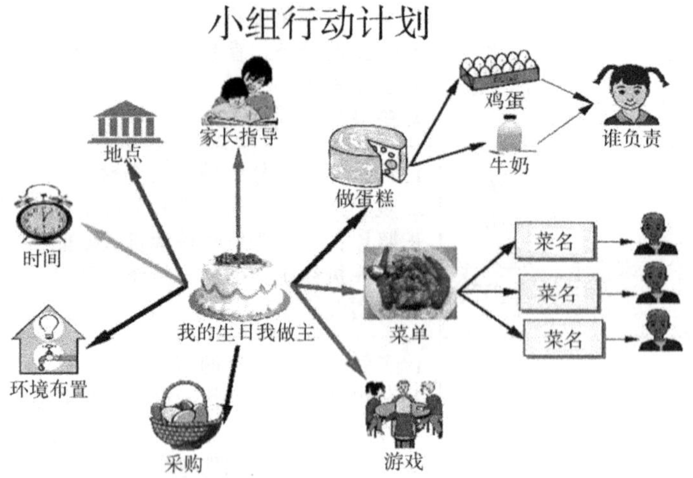


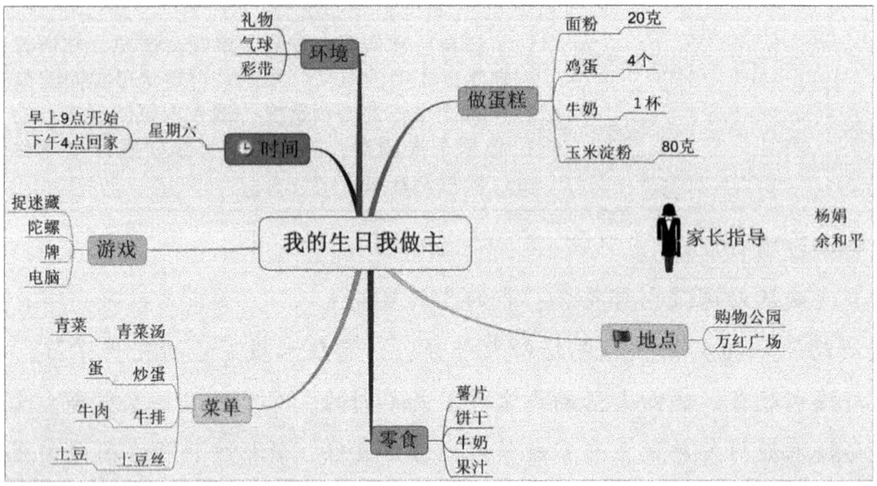


（二）多学科的学习项目展示：我是小小创业者

创业教育是培养人的创业意识、创业思维、创业技能等各种创业综合素质，最终使被教育者具有一定的创业能力的教育。目前的创业教育大多数都针对大学及以后阶段，中小学的创业教育仍然是一片空白。从国际看，英国、法国、日本、印度等国家都非常重视中小学阶段的创业教育，重视从孩提时代就培养学生的领导能力、沟通能力、商业和经济意识等。

我校上学期在六年级开展了“我是小小创业者”活动项目，项目的目的是赢得人生的第一桶金。教导处专门为每个班安排了半天的活动时间，学生分组成立泥艺工作室，在创业导师团队的指导下，研究我国的传统陶艺工艺、采购工具和原料、设计产品草图、制作美化和定价销售，经历了创业的一套流程。通过学手工、学合作、学策划，学生在实践中懂得了综合应用各学科知识。虽然也遇到了很多问题，但是当各具特色的泥艺笔筒得到了家长们的认可，部分作品在微店上成功售出的时候，学生们发现原来学习还可以如此有趣。

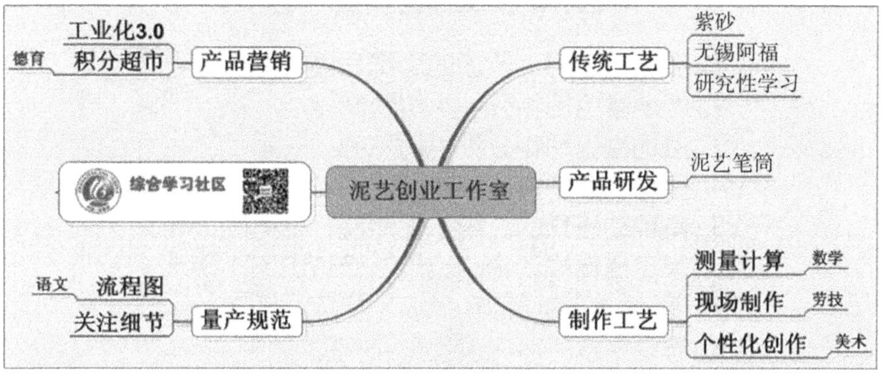


（三）社会实践类学习项目：根与芽水地图课程

未来世界需要具备批判性思考能力、解决复杂问题能力及团队合作与沟通能力的人才。这就要求学校教育进一步超越封闭的学科知识体系和单一的课堂教学的时空限制，带领学生走出教室、走出学校、走向社会，在开放的社会生活中进行学习。但如果只把这个责任落到学校和教师，实践起来就非常困难，需要学校、家庭和社会三方合作，共同努力。现在社会上有许多公益机构面向学校开发了社会实践课程，如根与芽国际环保组织，学校只要提出申请就能参与。

我们成功申请“水地图”项目后，便收到了根与芽北京办公室邮寄来的一整套活动装备，有活动横幅、队员服装、动植物参考书籍、放大镜、铅笔等，还有小组项目管理参考模板和活动指南。在具体活动中，可以随时和项目管理员联系，取得专业指导。在我们暑假的五次活动中，家长来回接送也是必不可少的，有的家长还和学生一起来参与实践活动。

活动项目取得了丰富的成果，有学生 PPT 作品、自然笔记、水资源的思维导图、湿地书籍的读书笔记。这次“水地图”活动具有跨学科、跨领域的学习特征，学生在形式多样化的实践体验中习得知识和提升能力。

1. 发挥技术优势，提升学生数字化学习能力

为了促进同学们活动之后的交流，我们利用沪江社团建立了水地图项目网站，利用网络进行每次活动的报名工作、推荐活动资源、开展活动收获交流。学生在整个项目中能够熟练应用各个信息工具开展研究活动，在户外考察时用形色 App 识别各种植物，拍摄湿地动植物，制作幻灯片，总结湿地考察活动，撰写演讲稿，利用直播平台 cctalk 分享心得。教师建立水地图网络课程和微信公众号，鼓励家长和社会人士参与共建。

2. 组建教师团队，指导学生开展跨学科学习

在开发湿地课程中，我们设计了多样化的实践活动，在绘制自然笔记、制作幻灯片、网络直播、设计调查问卷、专家访谈、科普阅读等环节中都有学科的专业老师参与研发。

3. 注重思维训练，促进学生的深度学习

在科普阅读后，指导学生用思维导图总结湿地相关知识，用八大思维图示制作读书笔记，如用气泡图介绍一种植物、用因果图分析湿地的现状、用树形图对动植物进行分类等。

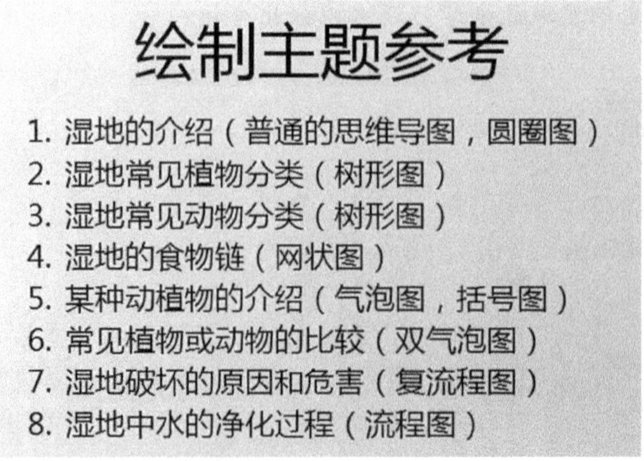


4. 整合社会资源，培养学生的公民意识

项目课程得到了环保局、园林管理局和水利局的大力支持，教师带领学生走出教室、走出学校、走向社会，在开放的社会生活中进行学习。引导学生积极参与社会实践，关心社会发展，自觉保护自然与环境。

三、依托信息技术，建立学习社区

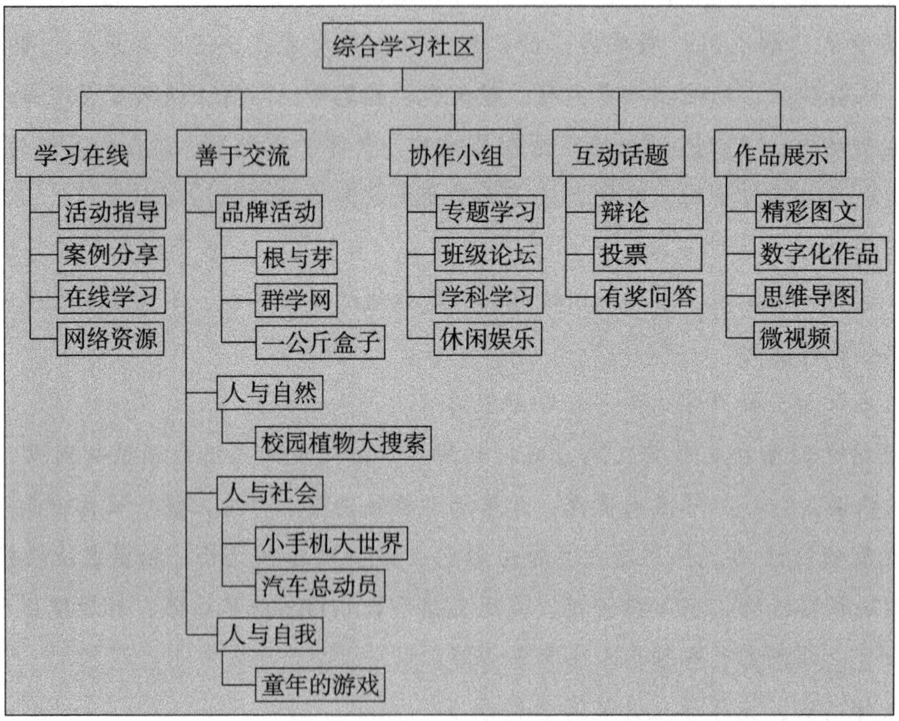


五年级这个学期开展的“绿豆芽”的研究项目，提出的驱动问题是：如何把半斤绿豆做成一份美味的绿豆芽菜？学生在科学课上刚学过绿豆发芽的知识，但要把知识内化为能力，需要一个实践的过程。在项目学习层层推进的过程中，需要教师随时关注学生的研究动态，而在现实的课堂上教师是无法兼顾到每个小组的，因此我们自己建立了综合实践活动学习社区，方便师生进行交流。

在综合实践活动学习社区上，教师只要会文字输入和上网操作，就能开发出基于项目学习的在线课程。如在“小手机大世界”主题活动中，教师根据活动方案对论坛板块进行分类，分为问题、探究、资源、分享、评价等几个模块，教师以主题帖的形式引领活动的进展，学生在网上提出问题、发表看法。对相同主题感兴趣的学生可以组成一个活动小组，组长在学习社区的“协作小组”板块，以课题的名义申请一个网上小组，在商定好小组活动方案后，大家就能分头行动了，把本小组的活动方案、阶段成果或活动中遇到的问题及搜索到的资料发表在小组主页上，教师可以随时查看到学生活动进行的情况，并对学生的问题直接在网上解答。还可以实现跨班级、跨年级开展，如果有可能还可以吸引外校的学生参与。学生在网上发的所有信息都汇集到个人空间，其实就是一份真实的电子档案袋，它不仅记录了在综合实践活动中的体验，也可以发表自己的作文、日记和学习反思。

在校际协作学习案例“校园植物大搜索”中，学生需要和外校的学习伙伴分享本校的校园绿化情况，他们分组设计校园平面图，在图上标出各种植物的分布点，贴上有这种植物资料的二维码。这些二维码的内容虽然都是介绍植物，但呈现方式却多样化，有美篇、PPT 和微视频。通过完成这个项目的作品，学生进一步熟练了植物摄影和资料整理的技能，也自然而然地掌握了制作 PPT 和二维码的方法，信息技术成为学生开展研究性学习的得力工具。有时为了让学生的研究活动更具实效，每个研究小组还聘请一位指导教师，对研究过程进行全程指导，把信息技术与研究性学习相整合，建立综合实践活动学习社区，指导学生把信息技术作为参与研究性学习的工具和平台，实现 1+1>2 的效果，从而更好地推进综合实践活动课程的开展。

回归生活、超越学科中心、鼓励动手实践、重视合作探究是教育改革的重要方向。综合实践活动课程是国家级课程校本化实施，需要根据学校的办学条件和师生现实情况，制订相应的教学策略，特别是项目主题的开发具有动态化、个性化和实践性的特点，我们每一个教师都要成为课程设计师，树立全面的课程资源观，注重从学生的生活背景、社会发展的现实状况等方面对教材加以拓展、延伸和补充，引导学生运用所学的书本知识，从现实生活中发现问题，探讨问题，发展学生参与社会实践的能力，或者通过对现实生活中的种种问题的探讨，引导学生获得书本知识。

## 本章回顾

1. 中庸之道本身并不是调和折中、不讲原则，而是运用更多的教学机智处理教学问题，更加全面、切中地应对教学的实际。如在教学视角、课程视角等不同的视角之间保持中道，不走极端，从而实现“全角度”地透视问题。这或许是教育实践本有的要求。中道还意味着理解各类教育因素的优势及其限度。如综合实践活动课程纵然十分重要，然而也存在有限的功能，必须要其他教育因素发挥整合的作用。

2. 作业的设计与完成的整个过程都不能与学生的整体观念脱离联系，并且要与整体观念发生双向的互动。观念应真实地促进作业的过程，作业过程又真实地反哺观念的建构。这一规律的表述意在强调学生作业的学习产出、学习活动、观念建构三要素之间是有机联系的整体，不可机械地分割开来，不能把个别要素当作作业的整体来看。

3. 在更高的层面统合不同学科贡献的观念仍然要回归“学习”的中国传统观念。“领悟天人大道”应被作为观念建构的统合点，这意味着以一种更高阶的人生哲学、宇宙哲学来统领不同学科的观念。如此，学生的综合实践活动课程才能有必要的高度、充分的深度。综合实践活动课程要给有潜质的学生以充分的遨游探索空间。

## 反思与交流

# 第七章

# 综合实践活动课程的学习类型

【知识地图】

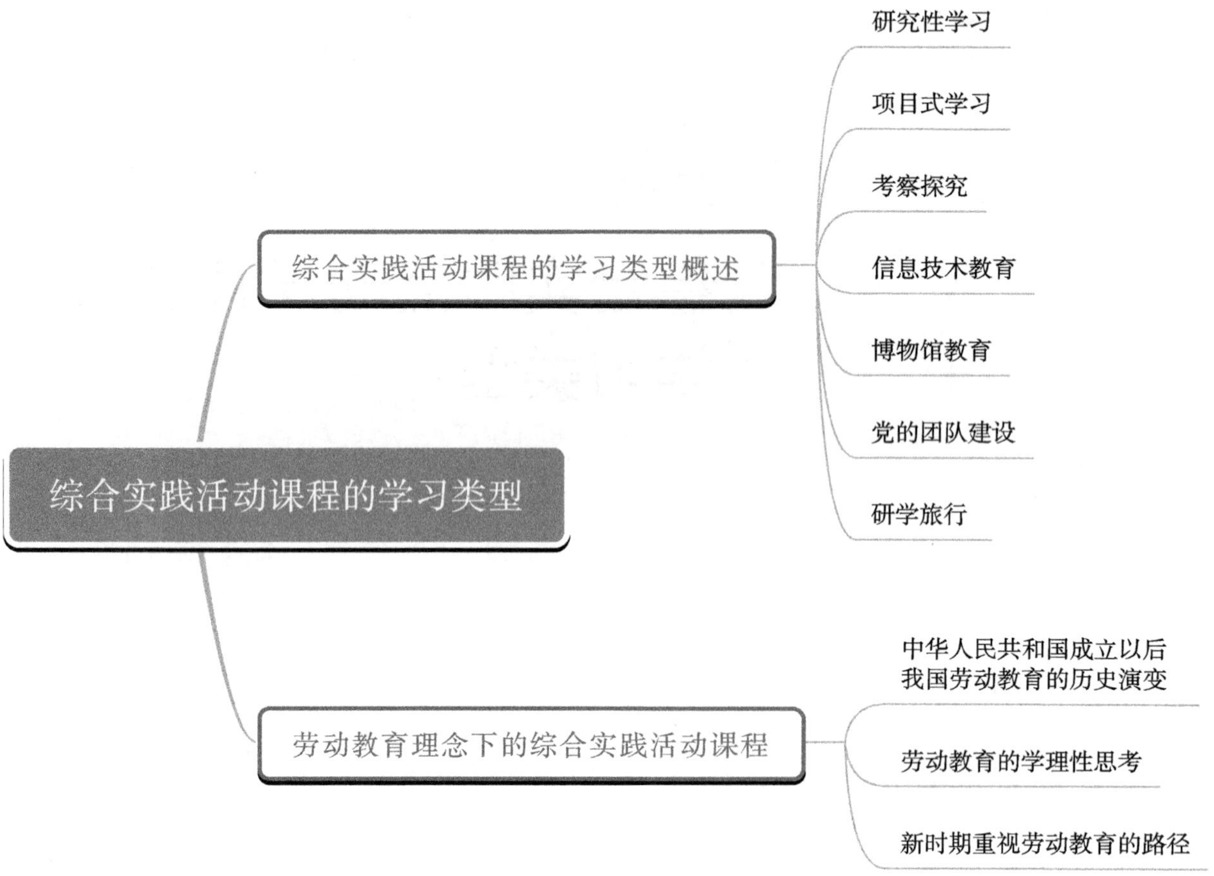


【学习目标】

1. 了解综合实践活动课程学习类型的基本分类与内涵。

2. 基于劳动教育理念领会综合实践活动课程的内涵与意义。

基于将综合实践活动课程视为特殊的学习活动，我们对几种应用于综合实践活动课程的特殊学习类型展开论述，在新的视角下全面审视它们。

# 第一节 综合实践活动课程的学习类型概述

在学理层面对综合实践活动课程进行全面分析探讨之后，我们聚焦历史及当下一些具体的学习类型。对这些类型化学习的分析也有意识地依据学习视角展开，从而更为深刻和连贯地把握它们。

## 一、研究性学习

研究性学习是以“培养学生具有永不满足、追求卓越的态度，培养学生发现问题、提出问题从而解决问题的能力”为基本目标，以学生从学习生活和社会生活中获得的各种课题或项目设计、作品的设计与制作等为基本的学习载体，以在提出问题和解决问题的全过程中学习到的科学研究方法、获得的丰富且多方面的体验和获得的科学文化知识为基本内容，以在教师指导下学生自主采用研究性学习方式开展研究为基本的教学形式的课程。

研究性学习是教育部2000年1月颁布的《全日制普通高级中学课程计划（试验修订稿）》中综合实践活动课程板块的一项内容。它是指学生在教师指导下，从学习生活和社会生活中选择和确定研究专题，主动地获取知识、应用知识、解决问题的活动。研究性学习与社会实践、社区服务、劳动技术教育共同构成综合实践活动课程，作为必修课程列入《全日制普通高级中学课程计划（试验修订稿）》中。

研究性学习不同于综合课程，虽然在很多情况下，它涉及的知识是综合的，但是它不是几门学科综合而成的课程，也不等同于活动课程。虽然它是学生开展自主活动，但并不是一般的活动，而是以科学研究为主的课题研究活动。它也不等同于问题课程，虽然也以问题为载体，但不是接受性学习，而是以研究性学习为主要学习方式的课程。

### （一）研究性学习的学习活动

研究性学习的学习活动与传统的书本知识学习比较而言，在时间、空间等维度上均有突破。学习活动包括了真实问题解决、体验式学习、浸入式学习等方面。

### （二）研究性学习的作业产出

研究性学习的产出首先包含精神型的方面，其次可以有一定的物质载体，如研究报告、小论文、小制作等。

### （三）研究性学习的观念建构

通过研究性学习，学生有机会了解各学科知识在应用中的内涵，感受问题解决能力的价值。学生也有机会通过实际活动了解，学习并非仅有书本知识演练，更是对问题的研究。在研究中，科学精神、求真精神、批判精神是研究者必备的品质。

## 二、项目式学习

项目式学习是一种以学生为中心设计执行项目的教学和学习方法。在一定的时间内，学生选择、计划、提出一个项目构思，通过展示等多种形式解决实际问题。项目式学习和传统式学习方法相比，能有效提高学生实际思考和解决问题的能力。项目式学习的目标是通过与现实相结合的实践方式，使学生更有效率地掌握学科知识，并在此过程中培养学生的社会情感技能。

项目式学习在美国被中小学普遍采用，锻炼了美国中小学生的创造力、团队合作和领导力、动手能力、计划及执行项目的能力。除此以外，对项目的选择也让中小学生更早和更深入地面对和解决现实生活中的问题。

项目式学习是一种以学生为中心的教学方法，它提供一些关键素材构建一个环境，学生组建团队并通过在此环境里解决一个开放式问题的经历来学习。需要注意的是，项目式学习过程并不关注学生们通过既定的方法来解决问题。它更强调学生们在解决问题的过程中发展出来的技巧和能力，包括如何获取知识、如何计划项目、如何控制项目的实施及如何加强小组沟通和合作。项目式学习过程最初是为了医学教学而发展出来的，从那以后被广为传播，继而应用在其他各个学科的教学中。

项目式学习中有几个非常关键的环节：提出问题、规划方案、解决问题、评价和反思。教师在每个环节，都要为学生起到引导的作用，根据项目的主题不同、学生的表现不同进而不断调整自己的教学计划和项目的进行计划。在与其他教学方法的对比中可以看到，教师在整个教学模型中更像是学生学习的协助者，在较为松散的课程计划中为学生提供大方向的辅导，帮助学生顺利完成项目。

项目设计者在为学生制订一个项目计划的时候，要考虑以下几个方面。

（1）重点的知识和技能：项目式学习是以服务学生的学习为目标而存在的。因此学生在完成每一个项目的时候，需要自主学习并运用标准化的学科知识，培养自己的批判性思维，锻炼合作和自我管理的能力。

（2）具有挑战性的问题：每个项目都应该引导学生提出有意义、有挑战性的问题。

（3）持续设问：应当为学生提供一个提问、寻找资源、应用信息、再进一步提问的学习环境。

（4）真实性：项目应与现实相结合，引导学生对真实世界的思考和观察。

（5）学生自主选择：学生要在项目的完成过程中有很大的自主选择权利，包括制订计划、修改计划等。

（6）反思：教师和学生一起对所学的知识点、项目完成的有效程度进行评价和反思，找到可以改进和提高的地方。

（7）修改：教师通过反思得到的反馈不断修改项目内容或完成项目产出的迭代。

（8）公开展示：学生以各种不同的形式向班级成员演示研究的成果。

### （一）项目式学习的学习活动

项目式学习的学习活动比起一般的研究性学习更有计划性和结构性。整个学习活动设计的重点是学生充分发挥主观能动性，对有挑战性的问题进行问题解决，解决问题的方法遵循理性思维、科学方法。

### （二）项目式学习的作业产出

项目式学习的作业产出无论是研究报告、小论文还是物质产品，都强调公开展示与交流，这充分体现了作业学习的社会性。作业产品只有与学习者群体相比较、分享、交流，才能赋予更多的意义，触发更多的思考。

### （三）项目式学习的观念建构

项目式学习的观念建构对知识的应用价值、问题解决能力的确证、研究式的学习方式、科学方法与科学精神的升华，都更加连续与结构化。

## 三、考察探究

一般而言，“考察（investigation）”与“探究（inquiry）”在西方科学教育领域已有长期的应用推广历史，也是西方科学教育一大永恒的主题。这种教育观念是与特定的科学观相联系的。我国科学教育也在不断地引介运用国际科学教育的理念。这些概念的表述在不同的国家有不同的习惯，如澳大利亚的科学课程习惯于称为“科学调查”。还有兰本达“探究 - 研讨”教学法中的“探究”，丁邦平教授指出：原文是“investigation”，她所称的“探究”和“研讨”结合起来才接近于当下所说的“科学探究（scientific inquiry）”。[①]

我国 2001 年新课程改革以来，《物理课程标准》提出了科学探究的七种“要素”，分别为：①提出问题；②猜想与假设；③制订计划与设计实验；④进行实验与搜集证据；⑤分析与论证；⑥评估；⑦交流与合作。对以上“要素”，国内外都有人将其等同于“科学方法”。对此，有学者认为：这些“要素”其实是“步骤”，这是由于要素相互之间是独立的，并且没有时间与空间的先后顺序关系，而“七要素”则存在时空上的先后关系。现实中，对“科学探究”的实施则往往出现僵化地处理几种“要素”的局面，因而遭到了不同的批评。

从历史的角度看，“‘科学方法’自 19 世纪晚期进入美国科学课堂。受经验主义科学哲学影响，当时所谓‘科学方法’主要指在量化实验基础上归纳得出确定结论的科学实验方法”[②]。可见，这些正是培根所总结与宣扬的现代意义上的“科学方法”[③]。“在这样的科学课堂中，假说、推测、

---

① 丁邦平：《小学科学有效教学》，4 页，北京，北京师范大学出版社，2015。

② 唐小为、丁邦平：《“科学探究”缘何变身“科学实践”？——解读美国科学教育框架理念的首位关键词之变》，载《教育研究》，2012（11）。

③ 胡翌霖指出，在科学革命（16 世纪至 17 世纪）之后可以说形成了两条科学传统：理论科学和实验科学。前者古已有之，是物理学、天文学等，后者又称培根科学，就是弗朗西斯·培根所鼓吹的以观察、记录、归纳为主的研究方式。理论科学在科学革命中被成功数学化，培根科学则在 18 与 19 世纪完成数学化和理论化。详见：胡翌霖：《过时的智慧——科学通史十五讲》，216 页，上海，上海教育出版社，2016。

科学解释等理论性思考几无立足之地。”[①] 然而随着时代的变迁，以杜威为代表的学者对传统教育展开了批评，并强调将学生学习的过程由接受知识的过程转为科学研究的过程。1910 年，杜威出版了《我们怎样思维》一书，提出了被后人冠以“科学（思维）方法”名号的“思维五步”。如果将“思维五步”视为“科学方法”，那么显而易见的是，“科学方法”的内涵已在“科学探究”的背景下发生了一次流变。

对“科学探究”背景下的“科学方法”，科学教育界至今都存在反思与批判的声音。这类声音大都基于科学哲学、科学社会学的视角。有学者认为，这种“科学方法”没有使学生理解“大尺度的科学方法”[②]；也有学者认为，应该使学生习得“科学的过程方面”“科学素养”“科学的建筑学”或“科学意识”[③]……这些概念都在实质上针对“科学探究”背景下的“科学方法”。对科学方法“步骤式”“食谱式”的表述容易使学生误解科学方法的内涵，认为科学有一套固定的模板，或者忽略科学过程的社会学方面及科学家高度个人的特质。[④]

“科学探究”在教学实际中也出现了诸多机械化、片面化的问题，以至于科南特、杜威都为“科学方法”“辟谣”，然而 20 世纪 50—60 年代美苏争霸的背景，以及布鲁纳、施瓦布等著名学者的著名学术终究使得“科学探究”不断获取着关注和学理资源。以至于在当下，“科学探究”已然是一个不容撼动与质疑的科学教育“大观念”“大主题”。针对“科学探究”在实施中遇到的诸多问题，美国国家研究理事会（NRC）于 2011 年 7 月发布的《K-12 年级科学教育框架：实践、跨学科概念和核心概念》一书首位关键词从“探究（inquiry）”，变成了“实践（practices）”。在这一背景下，“科学解释（scientific explanation）”[⑤]、“科学辩论（scientific argumentation）”[⑥] 等研究主题日益被研究者所关注。

“科学探究”既被认为是一种教学方式，又被认为是一种课程内容[⑦]。也有学者认为“科学探究有两个含义：一是真实的科学探究；二是教育中的科学探究”[⑧]。虽然也有学者强调“学科学”与“做科学”的极大不同[⑨]，然而这并不妨碍人们认为：“教育中的科学探究应该是理解科学知识及其产生的过程，学习科学探究的过程性技能，最终形成利于学生终身发展的能力。前者为后者提供模式或模型，后者是对前者的模仿或模拟。”[⑩] 如此来看，“科学探究”所指（模仿）的就是

---

① 唐小为、丁邦平：《“科学探究”缘何变身“科学实践”？——解读美国科学教育框架理念的首位关键词之变》，载《教育研究》，2012（11）。

② Kosso，P.，“The Large-scale Structure of Scientific Method，” *Science & Education*，2009，18（1），pp. 33-42.

③ Blachowicz，J.，“How Science Textbooks Treat Scientific Method：A Philosopher's Perspective，” *British Journal for the Philosophy of Science*，2009，60（2），pp. 303-344.

④ Guy R McPherson.，“Teaching & learning the scientific method，” *The American Biology Teacher*，2001（63），p. 242 .

⑤ 姚建欣、郭玉英、[德] 克努特·诺依曼：《科学解释能力培养模式的教育反思与哲学分析》，载《自然辩证法研究》，2017（1）。

⑥ 唐小为、李佳、宋乃庆：《课堂科学辩论实施探究——以中美中小学科学课堂案例比较分析为例》，载《课程·教材·教法》，2012（5）。

⑦ 王晶莹：《中美理科教师对科学探究及其教学的认识》，博士学位论文，华东师范大学，2009。

⑧ 罗敏玲：《探析学生科学探究过程技能的培养》，载《现代中小学教育》，2012（9）。

⑨ [英] 约翰逊·F. 奥斯本、张红霞、孙志凤：《超越建构主义科学教育观》，载《全球教育展望》，2004（7）。

⑩ 罗敏玲：《探析学生科学探究过程技能的培养》，载《现代中小学教育》，2012（9）。

科学研究（探索）的一般过程。然而“科学（研究）”的本质和内涵究竟是什么？这并不是一个可以简单回答的问题。

美国生物学家、教育学家施瓦布区分了两种不同的“科学”：当学科处于按同一的探究方式而不断地开拓新知识、新领域的状态之时，施瓦布称之为稳定的科学（stable science）。当旧的探究方式不能解决新的问题时，原有的探究原理受到怀疑，新的尝试性的探究原理取而代之，应用旧的原理而获得的知识被遗弃，其中所包含的事实被重新组合，重新使用。这一时期，学科便处于流动状态。施瓦布把处于原理转换时期的科学称为流动的科学（fluid science）。[①] 若以科学哲学家库恩的科学革命学说审视，“稳定的科学”就相当于科学范式稳定时期的“常规科学”，而“流动的科学”就相当于科学革命时期范式的转换。相较之下，布鲁纳的科学结构观更倾向于特指常规的、稳定的科学，而施瓦布的学科结构观则显然更加完整和全面。在此基础上，施瓦布提出的科学教育主张强调了培养学生的“科学探究能力”，这是一种“对探究的探究”，是一种批判性地理解科学的本性与过程的能力。[②] 也正是缘此，施瓦布将自己所称的“探究（enquiry）”首字母由原词的“I”改为“E”，以强调二者的不同。事实上，“科学研究过程”或“科学家究竟是如何工作的”，一直都是科学史、科学哲学研究的内容，在这方面或许还应做更多的哲学、人类学考察。

施瓦布的科学结构观貌似比布鲁纳的更加完备，但是若以库恩的范式学说审视，则可使我们发现更深刻的科学教育哲学问题。虽然有学者认为“施瓦布与库恩差不多同时分别地提出了较为一致的元结构理论，只不过库恩采用了范式的概念，用范式的科学和革命的科学来表述科学革命的结构，而施瓦布使用的概念则是稳定的科学和流动的科学”[③]，但是施瓦布终究未能提出“范式”这一概念，并不可避免地失去了理解关于范式的社会学及心理学内涵的机会，这使其科学哲学观在库恩的学说面前显出了局限之处。

常规科学（有稳定范式的科学）使科学家避免在第一原理上陷入无谓的争论，从而形成科学共同体，使研究能朝一个方向有组织地不断深入下去。拥有范式对于科学来讲绝对是幸事而非憾事。施瓦布没有更多地看到科学范式的社会学之维。事实上，科学作为一种社会建制，同属其建制组成部分的基础科学教学注定是“常规”的、培养常规科学家（工作者）的，甚至其本身就是在为科学在基础环节“塑造范式”。因此，企图在科学建制下的科学教育领域彻底施行“革命 - 流动”的科学，无异于使科学共同体“自毁长城”。综上所述，施瓦布的学说为什么没能在科学教育界占据主流？而布鲁纳的“常规”科学结构观的影响为何能够如此深远？以上讨论应该能够提供启发。[④]

正是在布鲁纳 20 世纪 50 年代“发现式教学法（discovery instruction）”提出的背景下，“科

---

① 徐玉珍：《区分两种不同的学科结构理论——施瓦布与布鲁纳学科结构理论比较及其对我国科技教育的启示》，载《课程·教材·教法》，1996（8）。

② 同上。

③ 同上。

④ 胡扬洋、乔通：《我国科学方法教学的传统反思及研究展望》，载《教师教育学报》，2015（3）。

学过程技能”（science process skills）自此兴起。[①] 虽然有不同的定义方式，但是科学过程技能的共同之处是“进行科学研究所涉及的一系列技能”。“科学方法”“科学思维”和“批判性思维”等词语均被认为是“科学过程技能”的同义语。[②] 在具体内容上。SAPA 列出的 13 项科学过程技能包括：观察、分类、测量、推理、交流、使用数字、预测、运用时空关系、对照实验、下操作定义、做出假设、解释数据和进行实验。[③] 与“思维五步”相比[④]，“科学过程技能”更加具体、灵活和经验化，在这个意义上，科学过程技能可视为对“科学方法”早期经验主义传统的一种坚持或回归。这种视角和工作在科学教育中或许是不可或缺的。如同布鲁纳的“常规”科学结构观在科学教育中无法摆脱一样，或许一种温和的经验主义[⑤]（或“温和的实在论”[⑥]）也是基础教育阶段的科学教育所不得不采取的。

### （一）考察探究的学习活动

考察探究的学习活动主要模拟科学研究的底本展开，力图通过开展科学探究，使得学生充分习得科学研究所需要的各种意识、技能及科学精神。比起一般的研究性学习、项目学习，科学探究沉淀了更多对“科学观”的哲学思考，即理解科学在人类社会中的重要意义和价值，以及科学本身的精致内涵。

### （二）考察探究的作业产出

考察探究的作业产出首先是精神型的，其次也可以包括实物型产出、事件型产出等。

### （三）考察探究的观念建构

考察探究的观念建构，其中一个重点是构建良好的科学观，即关于“科学究竟是什么”“科学有什么用”“科学与社会有什么关系”的回答。进而也有助于学生建构相关的学习观、品德观。

## 四、信息技术教育

信息技术（Information Technology Education，ITE），特指与计算机、网络和通信相关的技术。信息技术教育不是单纯技术教育，也不是以信息技术研究和开发为目标的教育。信息技术教育的内涵由信息技术课程和信息技术与其他学科的整合两大部分组成。

自 20 世纪 70 年代计算机教育进入中小学，学术界一直试图为之寻求合适的定位。先贤们从新时期现代人（主要是从事科学研究，特别是计算机工作）应具备的基本素养角度，将其定位

---

① 王健、刘恩山：《理科课程中科学过程技能评价方式及特点》，载《生物学通报》，2011（3）。

② 王健、刘恩山：《生物学教育中的科学过程技能》，载《生物学通报》，2007（11）。

③ 王健、刘恩山：《理科课程中科学过程技能评价方式及特点》，载《生物学通报》，2011（3）。

④ 也有论者将“科学过程技能”称为“科学探究过程技能”。

⑤ “经验论”在传统上是指：在观察和处理问题的时候，从狭隘的个人经验出发，不是采取联系、发展、全面的观点，而是采取孤立、静止、片面的观点。“实在论（realism）”则是亚里士多德所提出的创见，主要是否定柏拉图提出的真知只存在于观念世界的说法，主张知识可经由感官经验而得自现象世界。主张自然世界的事实就是真实的、事物变化之原理，经由对自然的观察与判断，即是知识的来源。

⑥ ［英］约翰逊·F. 奥斯本、张红霞、孙志凤：《超越建构主义科学教育观》，载《全球教育展望》，2004（7）。

为计算机素养。到了80年代中期，随着微型计算机的普及，越来越多的人能够利用计算机进行信息处理和信息传播，此时的教育定位则转向培养学生使用信息工具开展脑力劳动的意识，以及使用工具解决学习与生活中的各种问题。这一想法的核心是“计算机工具论”。同一时期开始强调“计算机辅助教学”，提出应该将计算机整合到各个学科教学中，这无疑是打响教育信息化的发令枪，持续影响着当今的教育工作者。20世纪90年代后期，多媒体与网络技术获得了巨大的成功，此时教育工作者又提出新增多媒体文化、超媒体文化与网络文化等内容。恰巧此期间，起源于图书检索能力的信息素养登上历史舞台，因其对网络信息甄别与处理具有重要的指导意义，在大学教育中得以快速普及，作为重要的教育目标也获得了中小学的重视。2000年以后出台的中小学信息技术课程标准，进一步确定了信息素养作为教育目标的核心地位。

此后的十余年里，包括联合国教科文组织（UNESCO）在内的国际组织，开始大力倡导建设知识社会，通过信息和交流的力量帮助人们获得知识、改善和发挥潜力。人们普遍相信，信息素养是应对信息时代挑战的关键。随着自媒体的快速发展，人人都可以成为信息源。这时的信息素养教育中不仅包括提升个体的信息素养，还包括学会理解和掌握媒体知识、利用媒体进行表达等内容。

在进入21世纪的第一个十年后，UNESCO发布《媒体与信息素养的政策与战略指南》，首次将“媒体与信息素养”定义为一个复合词，强调各类媒体应该给予公民参与的机会，赋予公民获取信息与知识、表达自己的权利，重视信息、知识与消除偏见，确保每个人的知情权。不难看出，UNESCO已从人权的角度界定媒体与信息素养。该定位已突破原有的素养教育范畴，非教育工作者所能驾驭。渐渐地，人们开始反思这样的发展趋势是不是中小学信息技术教育应有的发展方向。

客观来讲，各国推动中小学信息素养教育的成效一般。能力的养成需要真实的学习机会。受客观实际的限制，中小学教师和学生都很难对信息处理对象产生深层次的认知。在缺少反思“信息”所表征客观事物的准确性、可靠性、真实性和完备性的情况下，教学更多只能关注于信息处理工具，学习过程变成了“拥有”“学习”和“应用”信息技术工具，新颖和独到的作品成了标榜个体信息素养和能力水平的证据。这种“重视工具、忽视目的”的信息素养教育，弊病日渐明显。

一直以来，有部分中小学校坚持为特长生提供编程教育的机会，因而无法大规模开展。然而人们日益感受到计算机系统对世界的控制。指挥交通，调节电网，监测家电，控制机器人，组装产品，甚至是指挥军事活动，均离不开程序设计。而今被热炒的人工智能、物联网和大数据更是被人们看作深刻影响社会的关键技术，越来越多的人想学习和利用这些技术。①

### （一）信息技术教育的学习活动

信息技术教育的学习活动是一种技术习得的学习类型，主要通过计算机、互联网等虚拟平台开展。须遵循技术学习的一般规律。

---

① 张进宝、姬凌岩：《中小学信息技术教育定位的嬗变》，载《电化教育研究》，2018（5）。

### （二）信息技术教育的作业产出

信息技术教育的作业大部分以虚拟的形式呈现，如程序作品等，也可以以实物形式呈现，如 3D 打印制品。

### （三）信息技术教育的观念建构

信息技术教育应使学生建构良好的技术观，促进学生对技术的哲学思考，从而善于利用技术，运用技术为生活服务，避免滥用技术，导致技术对生活世界的遮蔽。

## 五、博物馆教育

博物馆教育是以实物组成的陈列及其他辅助形式对观众进行的直观教育活动。

中世纪的博物馆以保存、研究为目的，仅供少数人观赏，其教育职能很不明显。18 世纪末法国将卢浮宫变为共和国艺术博物馆，向社会开放。此后，博物馆成为社会服务的机构，其教育职能也逐渐发展起来。1869 年，美国出现了普及科学知识的科技博物馆，并兴起利用博物馆普及科学知识的风气。20 世纪以后，博物馆的教育职能不断扩大，逐渐成为学生校外教育和成人教育的重要课堂，成为社会的又一个教育系统。

20 世纪 80 年代建构主义理论迅速兴起，它对博物馆的教育理论和实践产生了深刻影响。建构主义理论把情境创设看作是教学设计的一项重要内容，这恰好适合博物馆的教育活动。

博物馆的教育活动能充分利用实物标本、生态场景展示、多媒体等资源，为观众提供真实的学习情境，让他们进行自我探索式的学习，帮助他们深刻理解事物的性质、规律及事物之间的内在联系等。

我国博物馆教育是以西方博物馆相对成熟的教育理念为范本，在经济大发展及博物馆新建、改扩建热潮的背景下，各类博物馆创建了颇具规模的教育模式。大多以本馆展陈资源为优势，挖掘和拓展各类题材，形成针对性强、主旨鲜明的教育活动，举办征文、朗诵、演讲、摄影及知识竞赛等活动；开展“志愿者”“小讲解员”等培训活动，形成长期品牌效应；建立流动博物馆，方便偏远地区的人们享有同等参观学习的机会。

近年来，一些博物馆创立了“寓教于演”的教育形式，将专题展与舞台表演有机结合，生动直观。如科技类博物馆开设益智有趣的表演剧，让观众在相关的情境体验中接受科学知识并探究科学原理，把思维活动与观察、想象、语言表达和应用操作结合起来，可视性强、趣味横生，有着极强的说服力和感染力，达到更佳的科学传播效果。

20 世纪末，多元化的社会发展和终身教育思潮拓展了博物馆教育的发展，一种以参与体验为欲求的新型展览教育渐成主流。博物馆大力拓展了以展览为媒介的教育方式，情境创设是建构博物馆展览教育的重要方法，展览教育的目的性更为强烈。

为了让一部分公众更好地解读展览内涵，各博物馆根据自身馆藏特色和展览功能空间，创设了探索角、发现屋、实验室、制作坊、考古勘探、宝物挖掘等项目；展览传播方式更加多样化，如虚拟再现、视听装置、声动感应等，公众不止于观察、阅读，还能参与、体验和操作等；开展现场手工制作及观众投票等活动，使他们亲身体验博物馆学习的乐趣。[①]

### （一）博物馆教育的学习活动

博物馆教育的学习活动可以采用参观、角色扮演、实际操作、故事讲述等方式，更加便于体现叙事思维在教育中的运用。

### （二）博物馆教育的作业产出

博物馆教育的作业产出除了精神型的方面之外，还可以包括实物型的和事件型的，如亲身参与制作及讲解体验过程。

### （三）博物馆教育的观念建构

博物馆遴选的实物一般而言是在学校教育与日常生活中不易看到与了解的，并且博物馆将展品依据一定的序列展示，无声地讲述着一个个故事，与每个参观者的个人观念背景发生互动。通过博物馆教育，学生的观念建构遇到了难得的质变机会。

## 六、党的团队建设

党的团队建设可分为党的建设和党群建设两个方面。党建和党群分属两个不同的范畴。党群指党务和群众工作，党群工作是协同党组织、工会、团组织、离退休支部与离退休组织等，开展各项党与群众和党内的工作。党建专指党的建设。党的建设包括三个方面的含义：一是研究党的建设的理论科学；二是在马克思主义党的学说指导下所进行的党的建设的实践活动；三是作为理论原则与实际行动两者中介的约法规章。

党的十九大鲜明提出“不断提高党的建设质量”的科学命题，这是以习近平同志为核心的党中央根据国内外发展大势做出的重要论断，是深刻把握管党治党规律做出的理论创新，是在新时代向全党发出的坚定不移全面从严治党的动员令。2018 年 6 月 29 日下午，在党的生日到来之际，中共中央政治局就加强党的政治建设举行第六次集体学习。习近平总书记在主持学习时强调，要把准政治方向，坚持党的政治领导，夯实政治根基，涵养政治生态，防范政治风险，永葆政治本色，提高政治能力，为我们党不断发展壮大、从胜利走向胜利提供重要保证。

群团组织是“群众性团体组织”的简称，是当代中国社会团体的一种。中央机构编制委员会办公室管理机构编制的群众团体有中华全国总工会、中国共产主义青年团中央委员会、中华全国妇女联合会等 22 家。社团组织一般分为“群体性社团组织”“学术性社团组织”和“活动性社团组织”，其中的“群体性社团组织”就是群团组织。群团组织既不是党委机关，如组织部、宣传部、统战部，也不是有社会管理职能的政府机关，如工商局等。在我们国家群团组织是在编的，工资待遇和党政机关相同，只是没有党政权力，是中国共产党组建的，主要有青年团、妇联、

---

① 杨秋：《博物馆教育的时代建构模式》，载《中国文物报》，2017-08-29。

工会、工商联、残联、文联、关工委等，是党联系这方面群众的桥梁和纽带，帮助党联系这方面的群众，并帮助做好他们的思想工作，向党反映这些群众的愿望和要求。

2015 年 7 月 9 日，中国政府网公布《中共中央关于加强和改进党的群团工作的意见》，内容包括：新形势下加强和改进党的群团工作的重要性和紧迫性；坚定不移走中国特色社会主义群团发展道路；加强党委对群团工作的组织领导；推动群团组织团结动员群众围绕中心任务建功立业；推动群团组织引导群众自觉培育和践行社会主义核心价值观；支持群团组织加强服务群众和维护群众合法权益工作；支持群团组织在社会主义民主中发挥作用；支持群团组织参与创新社会治理和维护社会稳定；推动群团组织改革创新、增强活力；加大对群团工作的支持保障力度；加强群团组织领导班子和干部队伍建设。

### （一）党的团队建设的学习活动

党的团队建设的学习中，讨论会、讲座、参观、服务、素质拓展、赴革命老区系统培训等形式都是重要的综合实践。这类学习活动与社会生活、先进模范、革命遗迹等现实中的党团教育资源充分联系起来，通过零距离地接触，触发真实而生动的学习活动。

### （二）党的团队建设的作业产出

党的团队建设的作业产出不应局限于纸笔作业，而是将产出更多地置于精神型、事件型的方面。例如：帮助人民群众解决现实中的问题，排忧解难。通过此类真实的产出，才能实践团队建设的真实进步。

### （三）党的团队建设的观念建构

党的团队建设，一个极端重要的方面是通过学习，进一步体认党团在国家民族革命、振兴过程中的光荣作用，了解党和国家救亡图存、改革发展的光辉历史，从而为党的团队在新时代的发展凝聚信心热情，鼓舞精神。

## 七、研学旅行

旅行是什么？它和旅游有何不同？旅游以出去玩乐为目的，而旅行以出去学习为目的。后者需要旅行者亲身参与，付出一定的劳动，在这个过程中开阔眼界、完善世界观，获得身心的成长，并顺带享受旅游的乐趣。

广义上的研学旅行，即指任何人出于文化求知的需要，在人生任何阶段暂时离开常住地以独立出游、结伴或团队到异地开展的文化考察活动。而狭义上的研学旅行，则特指中小学生教育中的一门新的综合实践活动课程，是一种学生集体参加的有组织、有计划、有目的的校外参观体验实践活动。[①]

例如：成都某学校的地震纪念馆研学旅行，让学生走进“5 · 12 汶川特大地震纪念馆”，参

① 李军：《近五年来国内研学旅行研究述评》，载《北京教育学院学报》，2017（6）。

观室内的地震纪念馆、地震科普体验馆和北川老县城地震遗址等室外遗址。这样直观、有冲击力的体验，对学生的教育效果（尤其是情感、态度和价值观方面）远远超过课堂教学。[①]

2013 年 2 月，国务院印发的《国民旅游休闲纲要》中首次提出“逐步推行中小学生研学旅行”。随后，国务院、教育部又相继颁布《关于促进旅游业改革发展的若干意见》《中小学学生赴境外研学旅行活动指南（试行）》和《关于进一步做好中小学生研学旅行试点工作的通知》等文件，从国家层面对研学旅行做了进一步解释和规定。

2016 年 12 月 2 日，教育部等 11 部门印发《关于推进中小学生研学旅行的意见》（以下简称《意见》），要求各地将研学旅行摆在更加重要的位置，推动研学旅行健康快速发展，对研学旅行的目标、意义、原则、工作保障等方面做出了权威指导。《意见》指出：中小学生研学旅行是由教育部门和学校有计划地组织安排，通过集体旅行、集中食宿方式开展的研究性学习和旅行体验相结合的校外教育活动，是学校教育和校外教育衔接的创新形式，是教育教学的重要内容，是综合实践育人的有效途径。开展研学旅行，有利于促进学生培育和践行社会主义核心价值观，激发学生对党、对国家、对人民的热爱之情；有利于推动全面实施素质教育，创新人才培养模式，引导学生主动适应社会，促进书本知识和生活经验的深度融合；有利于加快提高人民生活质量，满足学生日益增长的旅游需求，从小培养学生文明旅游意识，养成文明旅游行为习惯。

由于研学旅行在我国的发展尚不成熟，我国中小学在开展研学旅行的过程中存在诸多显而易见的问题，如重游轻学、规划随意、组织实施“去学生化”、评价模式单一等。这些问题与传统教育观念的制约和复合型师资人才的匮乏有关。[②]

“读万卷书，行万里路”，两者缺一不可。回顾历史，无论是中国明代地理学家徐霞客根据在中国各地的旅行观察所著的《徐霞客游记》，还是英国科学家达尔文乘贝格尔号环球旅行、科学探险，从而得以提出进化论，这些都是以学习为目的的旅行过程中的产物，倡导研学旅行的意义正在于此。

推进我国研学旅行的健康快速发展，需要通过精心开发研学旅行的课程资源与活动方案、加强对研学旅行导师的培训、强化学生的主体作用、完善教育评价体系等途径，这需要教育部门、教育研究者、学校、相关社会机构、学生和家长的共同努力。

### （一）研学旅行的学习活动

研学旅行将研究性学习与旅行活动结合起来，是“读万卷书，行万里路”的优秀传统学习观的良好体现形式。研学旅行在时间与空间上都极大突破了常规学习的限度，学生以集体的形式走出学校，走进社会、走向自然，从而有了更多机会体悟学校、社会、自然的统一关系。研学旅行通过集体活动的方式，更有助于体现学习的社会性方面。

### （二）研学旅行的作业产出

当下，研学旅行的作业产出有学习单、小制作、小论文等形式。需要注意的是，作业产出

① 王润、张增田:《研学旅行：价值取向与问题透视》，载《河北师范大学学报（教育科学版）》，2017（6）。
② 于书娟、王媛、毋慧君:《我国研学旅行问题的成因及对策》，载《教学与管理》，2017（7）。

的分量应与研学旅行的分量相适应，否则学生无法收获必要的成就感。研学旅行作业产出也应更加多样化。

### （三）研学旅行的观念建构

在研学旅行中，学生能够在一个相对集中且较长的时间与较为广阔的空间变换中感受不同的风土人情、景观事物，更有利于观念建构的丰富性与层次性。这就要求研学旅行的时空变换应更加体现连续性而非无原则地跳跃。

**案 例**

## 识器以知礼

——博物馆中鼎的形、用、道

杨毅 北京市第十二中学

中学传统文化教育的目的之一是对学习者传统文化基因的养育。但它的传授方式，并非简单的词语领悟，也应存在文本之外审美因素的熏陶，即现场感和亲历感的促进和激发。目前高中教学中的传统文化教育受场地与理念所限，未必都能充分挖掘此点，具体说来，所存在的弊端一是缺乏有亲历感觉的审美课堂；二是对教育概念理解的窄化，学科设置遮蔽了课堂生发的空间。笔者个人以为，传统文化的场域如何被直观且富于细节性地呈现出来，是传统文化教育不能脱离的一个环节，而博物馆内收藏着大量的历史文物，正是这样的一个审美、文化、语言宝库，等待我们走出课堂去开采和挖掘。

作为教师，要帮助学生从书本里的文字转化成身边具体可感的实在的东西。在传授方式上，因为笔者面向的是北京市高中二年级学生，因此选用博物馆与学校结合的方式，挖掘当地博物馆藏资源。在本次课程设计中选取礼器中最有代表性的一个食器——鼎，以点带面，让学生识器以言礼。

课程目的设置为：（1）知识和技能目标，通过本课的教学，使学生了解中国古代以鼎为代表的礼器的基本特征与文化内涵；（2）过程和方法目标，帮助学生学会自主探究分析，在与国家博物馆的文物零距离接触后对礼器的使用等级有所分析、感悟、判断；（3）情感态度和价值观目标，使学生认识鼎器独特的审美意蕴及其与“礼”的内在关联，加深学生对中国古代文物的了解，加强学生的民族自信心和自豪感，陶冶情操，提高人文素养和审美感知能力。

教学重点和难点：帮助学生学会自主探究分析，在与国家博物馆的文物零距离接触后对鼎的外观与涵蕴有所分析、感悟、判断。

教学方式主要采用情境教学法。

教学辅助手段为模型、PPT 多媒体课件、iPad 翻转课堂系统。

本节课的学生活动围绕着一个主要素材“鼎”进行，设计成以下环节。

一、新课导入

鼎似乎是一种存在于古文与成语中的器物，我们的生活中，很少能看到一具真实的鼎，它就像传说中的神龙一样，仿佛在我们的生活中常被提起，又仿佛不在现实中出现。鼎在我们课本里是很重要的礼器，然而走遍大江南北，作为礼器的鼎也不多见。

上节课，我们深入中国国家博物馆地下一层的“古代中国”展厅，近距离接触了两千年前的古代器物，其中，鼎就静静陈列其中，不知大家有没有精准地识别出它。

学生活动：

各位同学，对于以下与鼎相关的词语，你熟悉它们背后的故事吗？请从下列词语中挑选一个，进行自由阐发。

钟鸣鼎食　三足鼎立　问鼎中原

故事一：钟鸣鼎食

古代豪门贵族吃饭时要奏乐击钟，用鼎盛着各种珍贵食品，故用“钟鸣鼎食”形容权贵的豪奢排场，旧时还形容富贵人家生活奢侈豪华。唐代王勃《滕王阁序》：“闾阎扑地，钟鸣鼎食之家。”清代曹雪芹《红楼梦》第二回：“谁知这样钟鸣鼎食的人家儿，如今养的儿孙竟一代不如一代了。”

故事二：三足鼎立

东汉末年，荆州牧刘表病死，刘表的儿子投降曹操。刘备被迫南撤，孙权派鲁肃去联络刘备，诸葛亮认为可以联吴抗曹。孙权多谋善断，分析曹操犯了用兵之忌，于是与蜀军在赤壁大破曹操号称的八十万大军，从而形成这种如鼎的三只脚一样，各立一方、三方对立的局势。三足鼎立一般指三国时期的魏、蜀、吴三国。如《史记·淮阴侯列传》：“莫若两利而俱存之，叁分天下，鼎足而居。”

故事三：问鼎中原

春秋时楚庄王北伐，并向周天子的使者询问九鼎的重量，大有夺取周朝天下之势。楚庄王熊旅借伐陆浑之戎之机，把楚国大军开至东周首都洛阳南郊，举行盛大的阅兵仪式。即位不久的周定王忐忑不安，派善于应对的王孙满去慰劳。庄王见了王孙满，劈头就问道：“周天子的鼎有多大？有多重？”王孙满委婉地说：“一个国家的兴亡在德义的有无，不在乎鼎的大小轻重。”庄王见王孙满拿话挡他，就直接说道：“你不要自恃有九鼎，楚国折下戟钩的锋刃，足以铸成九鼎。”“问鼎中原”这个典故，就是这样来的。

小结并过渡：

鼎等待着向每个靠近它的人讲述它的故事，每具鼎都有它的渊源，每具鼎在历史的车轮中都留下了或深或浅的痕迹，它们有着一份独一无二的美。

二、鼎之形（亲历感知）

（一）识文察器 直观感知

请对应“鼎”字甲骨文等字体的特征，在上节课走进博物馆“古代中国”展的学案任务清单中找到你所临摹的“鼎”，每组用多媒体进行展示。

甲骨文　金文　小篆　楷体

总结鼎的外形：左右两鼎耳，鼎腹阔大，三只鼎足，乃和五味之宝器也。

此环节的用意是不让学生一味从“百度百科”中学知识，而是从真实器物前获得独一无二的直观感知，培养其严谨实证的科学精神。

鼎最初是做饭用的，由远古时期陶制的食具演变而来，鼎的三条腿便是灶口和支架，腹下烧火，可以熬煮油烹食物。自从青铜鼎出现后，它又多了一项功能，成为祭祀神灵的一种重要礼器。青铜鼎多为圆腹三足，也有方腹四足的。鼎口处有两耳。对铜鼎的拥有和使用，是奴隶主身份等级差别的标志之一。在周代就有所谓“天子九鼎，诸侯七鼎，卿大夫五鼎，元士三鼎”等使用数量的规定。随着这种等级、身份、地位标志的逐渐演化，鼎逐渐成为王权的象征、国家的重宝。统治者往往以举国之力来铸造大鼎。秦代以后，鼎的王权象征意义逐渐失去。以后，伴随着佛教在中国的传播，鼎的形式得以延续。后代的鼎通常安放在寺庙大殿前，既是装饰物，又是焚香的容器。

（二）禹铸九鼎 各个不同

研究者称：古代夏禹铸造九鼎，代表九州，作为国家权力的象征。夏、商、周三代以九鼎为传国重器，为得天下者所据有。九州乃豫州、冀州、兖州、青州、徐州、扬州、荆州、雍州、梁州。历史上的这些鼎因为地域与文化的差异，呈现出丰富多变的风貌。

1. 陶鹰鼎

仰韶文化，陕西出土。

2. 鸟形鼎

夏至春秋晚期，河北出土。

3. 夔龙形扁足青铜鼎

商（商文化与越文化交融时期），江西出土。

学生活动：

器物速写：请你选取一只最喜欢的鼎用自己的语言进行描述，120 字左右。此环节呼应语文学科核心素养，训练语言表达能力。

【参考示例·鸟形鼎】

鼎作为王权的象征，在造型上一般较为规整，给人以端庄凝重之感，而这件鸟形鼎却颠覆了我们对鼎的认识。它的设计颇为巧妙，呈鸟形，腹外饰精细的羽毛状纹，腹内铸一双鸭形图案，鸭头即流口，尾部还装饰一只回首的鸟，张翅展尾，如一只引颈欲飞的猛禽，灵动又十分具有气势。

（三）审美意趣 文化烙印

学生活动：

请与同学们分享你捕捉到的鼎细部的花纹，找到对应的名字，并说说它对于当地文化风貌的体现。此环节用意为细节训练，培养求真意识和审美态度，提升点为思考花纹背后的文化历史或地理背景。

【细节聚焦】

云雷纹：基本特征是由连续的“回”字形线条所构成。有的作圆形的连续构图，单称为“云纹”；有的作方形的连续构图，单称为“雷纹”。盛行于商代和西周，春秋战国时期仍见沿用。常见密布于太阳纹的周围，象征太阳与云雷共存于天际，这是南方民族对云雷崇拜的一种反映。

饕餮纹：青铜器上常见的花纹之一，盛行于商代至西周早期。饕餮是古人融合了自然界各种猛兽的特征，同时加以自己的想象而形成的，其中兽的面部巨大而夸张，装饰性很强，研究者称为兽面纹，常作为器物的主要纹饰。兽面纹有的有躯干、兽足，有的仅作兽面。这是古人对于自然界飞禽走兽的一种反映。

三、鼎之用（情境教学）

介绍背景：

鼎的功能主要是烹煮食物，尤其在周代以后，由于周人的饮食文化替代了商人的饮酒文化，“礼制思想替代了神制观念，所以青铜鼎作为饮食器具和礼器的功能排在首位”。与鼎有关的食器诸如簋、甗、鬲、俎、豆、簠，酒器诸如爵、角、觚、尊、壶、方彝、觥、缶、斗等，都体现了饮食器具与礼器兼备的功能。

【情境再现】

设置课堂情境教学令学生参与其中并做出自己的思考判断。教室中间设两张桌案，桌案上分别陈列食器鼎、簋、鬲、豆和酒器爵、角、尊的模型，令四位学生分别持有不同的朝代身份，通过判断器物的特点，选择他们的身份应该所坐的桌案，一一说出理由。

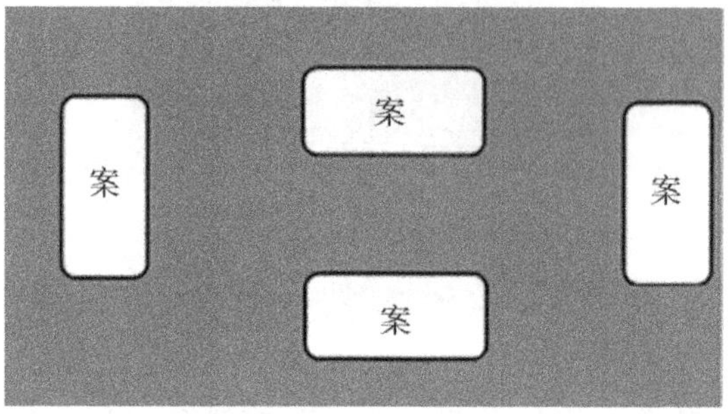


通过对鼎等食器的规制区别使用，明确鼎代表的身份背后的等级制度。

四、鼎之道（情思启发）

鼎盛行于商、周时期，从日常烹饪食器到大国重器，都是礼内涵的反映。器以藏礼，器的材质、组合、摆放方式、使用方式反映的是等级的差异，而等级差异的背后，体现了古人心中对“礼”的遵守。王夫之说：“天唯器而已矣。”以鼎为代表的礼器有以下诸种：

食器　　鼎、簋、甗、鬲、俎、豆、簠

玉器　　璧、璋、琥、琮、圭、璜

乐器　　钟、铙、鼓、钲、磬

酒器　　爵、角、觚、觯、斝、尊、壶、卣、方彝、觥、瓿、盉、罍

……

学生活动：

请同学谈谈你所感悟到的“器以藏礼”的哲学意义。

如梅珍生先生在《晚周礼的文质论》一书中所说："礼的意蕴与器具的显现构成了认识的两个层面。这就是《周易·系辞上》所指出的'形而上者谓之道，形而下者谓之器'。礼意作为抽象的原则，它体现了形而上的道的内容，而礼器则属于形而下的层面。礼意依存于礼器的朴素思想，开启了中国古代哲人对于道器关系的沉思。……礼中的道是蕴含于礼器之中的，同时礼中人伦之道也处在父子、君臣、夫妇、长幼、朋友的各种关系中，讨论道与器的关系，是依据最现实的礼的原则与其表现形式的关系，也即是实物形态的器具与政治原则、伦理道德规范及各种社会关系。"

不管是仰韶文化的陶鹰鼎，抑或商的夔龙鼎，都已经被安置在博物馆内，失去了实用功能。只是在我们的笔头口边，仍有那些以鼎带出的词，在我们的日常生活中耳熟能详。

五、作业

书面写作（三选一）：

1. 请在课堂开头的几个与鼎有关的词语中自选相关词语，用 150 字谈谈你的认识。

2. 请选取课堂上或博物馆中的一只鼎，用 150 字讲述它的故事。

3. 本节课你对于"礼"有怎样的感悟？请写写你的认识，字数不限。

六、教学反思暨总结

在中国传统文化的知识体系中，儒家文化是传统文化的基本点，而礼文化是儒家文化的第一性。"形而上者谓之道，形而下者谓之器"，器与道，本就相互转化、相生相依，只论道而不知器，则谈之无凭，只赏器而不晓道，则空有其表，道依存于器中。而当师生一起踏入博物馆，思维触摸到了器物、又跨越了那具体器物之后，道与器无论是形而上还是形而下，都将成为"道者，器之道；器者，道之器"的互生合一。就这样，我们的课堂让礼与器相互诠释，学生在外物身上印证了自己的虔诚与恭敬，正像"鼎中有牲、豆中有羹"一样，那些看似冰冷的器物内在的灵魂熠熠生辉。

案　例

## 北京市通州区潞河中学遨游计划项目展示课教学设计

李立娟　牛林　北京市通州区潞河中学

一、教学背景

| 学科 | 物理 | 任课教师 | 李立娟　牛林 | 时长 | 45 分钟 | 年级 | 九年级 |
|---|---|---|---|---|---|---|---|
| 课　　题 | 你说我们听　之　听你讲"光的故事" | | | | | | |
| 设计理念 | 依托科技馆特色展教资源，为学校科学教育和以提高学生科学素养为方向的课程改革做有益补充，重在激发兴趣、启迪思维，使学生体悟到物理的学科魅力，同时在课堂上充分重视学生的主体地位，把讲台变成学生展示、分享、交流的舞台，打造学生来"讲"系列的物理课，本节课主要围绕光学模块内容开展。 | | | | | | |

续表

| | |
|---|---|
| 教学目标 | 1. 通过实验体验，了解透明物体的颜色由透过的色光决定、不透明物体的颜色由其反射光的颜色决定。<br>2. 通过对色光的探究活动，学习关于色光的知识，积极思索一些有关光的问题，感受光世界的神奇之处，树立应用色光知识为人们创造多彩生活的意识。<br>3. 知道光的本质是电磁波，了解电磁波的应用及其对人类生活和社会发展的影响，知道波长、频率和波速。<br>4. 了解我国和世界的能源状况，对于能源的开发利用有可持续发展的意识，认识太阳能，通过动手制作太阳能动力小车，了解太阳能电池板的工作原理。 |
| 学情分析 | 走进科技馆、拓宽学生的科学视野是新课改的召唤，也是中考指挥棒所引领的趋势。九年级学生学业紧张，参观交流展示的方式能够寓教于乐，使他们在相对轻松的氛围中收获知识。学生喜欢这种走出校园、探索未知的学习方式，这样更能激发他们的主动意识。这个年龄段的学生有展示自我、相互交流的积极性，乐于且善于通过网络、书籍等其他方式寻求对未知的解答。 |
| 教学重点<br>教学难点 | 重点：设计参观学习任务单，确定参观重点，避免学生走马观花式的游览，关注学生参观过程的资料采集和保留。<br>难点：指导学生在参观结束后汇总整理所采集资料，通过网络和书籍寻求对未知的解答，充分调动学生探索和展示自我的积极性。 |

二、教学过程

| 教学内容 | 教师活动 | 学生活动 | 设计意图 |
|---|---|---|---|
| 一、回顾参观历程（课前）<br><br>开门见山，引出主题 | PPT 展示学生参观照片，引领学生回顾参观情境。<br><br>上星期我们终于有机会集体走进科技馆进行参观，在科技馆里，大家看到了很多有趣的物理现象，也收获了很多科技前沿的研究成果，馆里的展品涉及力、热、光、电、声方方面面的知识，今天我们就一起来分享有关光学的几件展品。光学是物理学中一个宽广的分支，之前我们在课堂上只是初步了解了光的传播、反射和折射，其实还有很多我们经常提起却又不甚了解的光学知识。 | 观看 PPT。<br><br>准备。<br>期待。 | 带领学生进入创设情境中，为整节课做好铺垫。<br><br>引领学生从更宽广的角度认识光。<br><br>用“你说我们听”的方式把讲台交给学生，让大家在交流过程中产生 1+1>2 的效果。 |
| 二、学生自编自导科普剧《“红玫瑰”or“黑玫瑰”》（源于参观展品“颜色屋”） | 欣赏、倾听、关照课堂。 | 自编、自导、自演科普剧。<br>第一幕：<br>“红玫瑰”or“黑玫瑰”。<br>由红玫瑰在红光照射下呈现红色，而在绿光照射下呈现黑色，引出剧情。<br>第二幕：<br>几位学生分别角色扮演七种色光，表演光照射在物体上的反射、吸收和透过的过程，共同诠释颜色的秘密。<br>（旁白讲解总结） | 开始利用两位学生的对话引发剧情矛盾，然后通过几位学生的演绎释疑，最后进行总结。<br><br>将光的物理符号拟人化，让学生在亲身参与角色扮演的过程中对知识理解更加深刻。 |

续表

| 教学内容 | 教师活动 | 学生活动 | 设计意图 |
| --- | --- | --- | --- |
| | | 不透明物体的颜色是由它反射的色光决定的（课上强调：该种情况，颜色取决于反射与吸收）。<br>透明物体的颜色是由它透过的色光决定的（课上强调：该种情况，颜色取决于透过与吸收）。 | |
| 三、学生讲解“电磁波大家族”（源于参观电磁波相关展品） | 感谢刚才几位同学的表演为我们诠释了颜色的秘密，17 世纪前，人们认为在五光十色的世界中太阳光是最单纯的，后来牛顿通过色散实验证明了白光是一种复合光。那么为什么不同色光经过三棱镜折射之后会分开，光的本质到底是什么？让我们一起来倾听下面同学的讲解。 | 1. 展示自己做的色散实验照片，讲解七种色光的波长关系。<br>2. 介绍光的本质是电磁波和电磁波大家族：电磁波包括的范围很广，无线电波、微波、红外线、可见光、紫外线、X 射线，γ 射线都是电磁波。人们按照波长或频率的顺序把这些电磁波排列起来，这就是电磁波谱。<br>3.“你来比画我来猜”：学生表演不同电磁波的实际应用，大家来猜是哪种电磁波。<br>4. 具体讲解每种电磁波的特点和生活中的常见应用。 | 让学生站上讲台，充分调动学生的课堂参与意识，鼓励学生通过网络和书籍等媒介查阅资料，丰富所学，提高学生的学习能力。 |
| 四、学生讲解“能源与太阳”（源于参观展品新能源） | 我们知道了光的本质是电磁波，也知道太阳光蕴藏着无穷的能量，请下面一组同学为大家讲解“能源与太阳”。 | 1. 光能（太阳光）的利用途径。<br>2. 太阳能电池原理及其应用。<br>3. 学生展示自制太阳能动力小车（在白炽灯下启动），根据制作过程中所思所想，和同学交流讨论。<br>问题 1：为什么太阳能电池板在白炽灯照射下可以工作，在节能灯下不行？<br>问题 2：太阳能小车分别在早上、中午和傍晚，拿出室外，运动情况不一样，可能是什么因素导致的？ | 使学生加深对能源的认识，了解太阳能及其应用原理。<br><br>通过学生自己的研究性学习，激发其他同学的学习积极性。 |
| 五、比一比：谁做的太阳能小车跑得远 | 指导学生制作太阳能小车。 | 利用课下时间动手制作。<br>开展竞赛。 | 在做中学。 |
| 反思：1. 设计这堂课的基本思路是既要顾及前期参观科技馆活动的衔接，又要与现有课程内容有效配合，同时兼顾与当前教育理念、教育导向理论的匹配。<br>2. 在整节课的设计中我们对师生的角色有了新的认识，教师要放心交出讲台，同时要激发学生的积极性，要求教师和学生对角色都有良好的意识。<br>3. 经过多方的磨合、实地调研、听取专家和领导同事的指导意见，我们对课程开发、课程的育人功能、课程价值有了更多的理解，今后要以此为契机，坚持此类课程的开发。 | | | |

案 例

## 巧手走进海洋世界

设计者 刘卫华 北京市金台书院小学
指导者 俞林军 北京市东城研修学院

| 教学基本信息 | | | |
| --- | --- | --- | --- |
| 课题 | 巧手走进海洋世界 | | |
| 学段 | 中年级 | 年级 | 四年级 |
| 相关领域 | 研究性学习（主要） | | |

**主题活动的背景分析**

北京海洋馆是亚洲第一、世界内陆最大、设施最先进的海洋馆。

北京海洋馆建筑造型独特、恢宏壮观，犹如一只蓝色的大海螺，躺在绿树环抱、花团簇拥的沙滩上。北京海洋馆拥有世界先进的维生系统，使用人工海水，总水量达18000吨。馆内以“陶怡大众，教益学生，维系生态”为宗旨，为游客巧妙安排了雨林奇观、风情海滩、海底环游、白令小镇、国宝中华鲟鱼馆、鲸豚湾、海洋剧院七个主题的展示区域，馆内饲养和展示的海洋鱼类及生物达千余种、数万尾。

海洋馆的丰富资源及学生们对海洋生物的好奇是我设计本活动的基础。北京海洋馆中丰富的资源，让学生大开眼界，通过各种实践活动认识到海洋生物的多样性。步入北京海洋馆，蜿蜒曲折的小道、飞流直下的瀑布、淙淙流淌的小溪、神秘的塑像、古老的小桥、耳边的虫鸣鸟吟，使人仿佛置身于神秘的亚马孙原始森林；金色的阳光、白色的沙滩，在阵阵的海浪声中，栖息着浅水海域的潮间生物，仿真海岸线长达48米，学生们可以倾听轻柔的海浪，可以亲手触摸形态各异的海洋软体动物，可以体验海水的感觉和与大海龟嬉戏的乐趣，尽情领略来自大海的柔情；幽暗的海底环境中，令人生畏的大鲨鱼与学生们擦肩而过；中华鲟的水下喂食展示，让学生们真切地感受到人与生物的和谐共生；巨大的海洋剧院展现了浓郁、浪漫的夏威夷海滨风光，碧波荡漾的动物表演池宛如一颗璀璨的蓝宝石熠熠生辉，精彩绝伦的海洋动物表演，在如潮的掌声中开始，在快乐的欢呼中沸腾。这一切让人流连忘返，同时也激发了学生强烈的好奇心和学习兴趣。

**对主题活动（研究课题）的描述**

整体活动的内容：“巧手走进海洋世界”是一个大主题的活动，力求通过各种实践活动让学生了解海洋生物。通过走进北京海洋馆观察、体验，加深对海洋生物的了解，从多视角、多维度丰富知识。通过自主学习、合作学习、探究学习等方式，促进学生学习能力的提高，激发学生的创新思维。感受人与自然的和谐共处，产生保护海洋动物、维持生态平衡的环保意识。

步骤和形式：“巧手走进海洋世界”活动可以分为三个步骤：（1）搜集、整理海洋生物的相关资料；（2）走进北京海洋馆；（3）巧手制作各种海洋生物作品。

目前实施进展：教师预设的活动全部完成。但是，在活动中又产生了一些新的生成，如很多学生对创意制作海洋生物作品非常感兴趣，教师鼓励这部分学生继续创作。

本次活动的主要内容：本次活动是大主题活动的创新环节。通过搜集资料、走进北京海洋馆，学生们已经对海洋生物有了一定的了解，在本次课中学生们将海洋生物与生活用品相结合，制作“海洋生物”主题的面塑作品。本课中学生可以把自己对海洋生物的认识用面塑的形式表现出来，既加深了对海洋生物的了解，同时也培养了学生动手制作面塑的能力，激发了学生探究“海洋生物”的兴趣。

**主题活动的教学目标**

主题总目标：

了解、认识各种海洋生物。能够利用多种方式搜集海洋生物的相关资料，并用自己喜欢的方式进行交流。走进北京海洋馆近距离地观察、了解海洋生物。通过巧手制作以“海洋生物”为主题的面塑作品，加深学生对海洋生物的认识，激发学生的创新思维。通过各种实践活动感受人与自然的和谐共处，产生保护海洋动物、维持生态平衡的环保意识。

续表

| 主题活动的教学目标 |
|---|
| 本次活动的目标：<br>（1）认识到海洋生物的多样性，认识常见的海洋生物。<br>（2）通过观察海洋生物的外形特点，学习用面塑制作海洋生物的方法。<br>（3）培养学生学习面塑和探索海洋生物的兴趣，激发学生创新制作面塑作品的欲望，激发学生热爱大自然的情感。 |
| **活动效果评价设计** |

| 评价目标 | 评价内容 | 自评 | | | 小组评 | | |
|---|---|---|---|---|---|---|---|
| | | ☺ | ☾ | ☆ | ☺ | ☾ | ☆ |
| 搜集资料 | 我能够利用网络查找资料 | | | | | | |
| 参观 | 我认真进行了参观 | | | | | | |
| 实践 | 我会捏 8 种以上的海洋生物 | | | | | | |
| 学习态度 | 我积极参与本次活动 | | | | | | |
| 创新 | 活动中能够创新思考 | | | | | | |

☺代表非常好，比较满意；☾代表比较好，还可以；☆代表还需要努力

# 第二节　劳动教育理念下的综合实践活动课程

“教育与生产劳动相结合”是在资本主义大工业生产不断发展的历史条件下产生、发展的，最早由贝拉斯提出，后来马克思、恩格斯使其有了坚实的物质基础和科学依据。在我国，“教育与生产劳动相结合”是我们历来坚持的教育方针。

## 一、中华人民共和国成立以后我国劳动教育的历史演变

### （一）中华人民共和国成立以后至改革开放前的劳动教育

在我国教育与生产劳动相结合是党历来坚持的教育方针。中华人民共和国成立前夕，《中国人民政治协商会议共同纲领》将“爱劳动”作为五项公德之一，主要培养正确的劳动态度，建立和谐的劳动关系，形成科学的劳动观念。但此时的“教育与生产劳动相结合”并未成为我国教育的基本方针，劳动教育作为缓解中小学生毕业升学压力、动员毕业生就业手段而得到国家重视。由于此时的社会背景和条件，以及受大多数学校教学条件的限制，劳动教育的实施效果并不理想。1957 年《关于正确处理人民内部矛盾的问题》一文明确提出：“我们的教育方针，应该使受

教育者在德育、智育、体育几方面都得到发展，成为有社会主义觉悟的有文化的劳动者。”确立了培养劳动者的教育方针。在课程设置上，开设了多门属于劳动教育的课程，只是后期劳动教育的政治意义被过度提高，使劳动教育偏离正常的内部规律。

### （二）改革开放以后至 21 世纪初的劳动教育

党的十一届三中全会以后，随着党工作重心的转移，教育战线上对教育是否与生产劳动相结合、劳动在全面发展中的地位问题进行了讨论。1978 年 4 月，邓小平在全国教育工作会议上特别提出“为了培养社会主义建设需要的合格的人才，我们必须认真研究在新的条件下，如何更好地贯彻教育与生产劳动相结合的方针”[①]。20 世纪 80 年代，“学界展开了关于教育方针的大讨论与新时期教劳结合的研究，在实践中则加强了中小学劳动技术教育的课程化和规范化建设”。1986 年《关于中华人民共和国义务教育法（草案）的说明》提出“应当贯彻德、智、体、美全面发展的方针，适当进行劳动教育，使青少年儿童受到比较全面的基础教育”。当年 10 月，在中学德育大纲研讨会上，“德、智、体、美、劳五育全面发展”的说法被正式提出，此后，国家教委颁布的一系列文件均出现过五育并举的表述。但 1993 年《中国教育改革和发展纲要》颁发以后，开始统一为“培养德、智、体等方面全面发展”，认为“德育的范围很广，应该包括美育，劳育也应当包括在德育和体育里面”。这一时期，尽管党中央对劳动教育的方针定位进行了慎重的调整，但受到各种内外部因素的影响，劳动教育的落实并不到位。

### （三）21 世纪初至今的劳动教育

21 世纪，随着知识经济和信息时代的到来，劳动教育的内涵被重新诠释，主要体现在两方面：一方面是劳动的创造价值得到高度彰显；另一方面是对劳动者的人本关怀。“在 2001 年启动的第八轮基础教育课程改革中，综合实践活动课作为劳动教育的新形式，成为从小学至高中的必修课，其内容主要包括：信息技术教育、研究性学习、社区服务与社会实践及劳动技术教育。”[②]可以看出，在新的历史背景下，劳动教育的技术之维更加凸显。然而，以综合实践活动课程替代劳动教育，造成劳动教育课程地位的下降、课程目标不明确、课时无法保障等问题，再加上对综合实践活动课程这一新的课程形态本身缺乏深入思考，直接导致劳动教育实施时的无名分、无标准。2015 年 8 月，教育部联合共青团中央、全国少工委印发的《关于加强中小学劳动教育的意见》中指出：劳动教育对促进中小学生身心健康和全面发展、推进教育现代化、实现“两个一百年”奋斗目标和中华民族伟大复兴的中国梦具有重要的现实意义。2016 年 9 月，《中国学生发展核心素养》总体框架正式发布，劳动意识是其中的重要内容。2018 年 9 月，习近平总书记在全国教育大会上强调“要坚持中国特色社会主义教育发展道路，努力构建德智体美劳全面培养的教育体系”，明确将劳动教育定位为全面发展教育的重要组成部分。

在此背景下，劳动教育及其研究也愈发受到人民的关注与重视。回顾中华人民共和国成立以来劳动教育的演变不难看出，教育方针及文件无疑有力地促进了劳动教育的推进与实施，劳动

① 李珂、曲霞：《1949 年以来劳动教育在党的教育方针中的历史演变与省思》，载《教育学报》，2018（5）。
② 同上。

教育这种主要靠外部力量推动而不是靠内部生命力引领的特点，使其难以形成持续稳定的运作体系。

## 二、劳动教育的学理性思考

### （一）劳动教育具有内在的生命力

人的本质是劳动，劳动创造了人类的物质财富和精神财富。劳动本身就是实践，劳动产生了教育，教育的主旨是改善人的灵魂，铸造人类的精神世界，这是教育不可推卸的责任。劳动教育作为教育的重要组成部分，同样对学生灵魂的塑造起着重要的作用。劳动教育最核心、最本质的价值目标是“培育学生尊重劳动的价值观，培育受教育者对于劳动的内在热情与劳动创造的积极性等劳动素养”①。因此，劳动教育需要注意“劳动”与“教育”是劳动教育的一体两面，不能顾此失彼。劳动也是实现人的全面发展的重要途径，是培养德智体美全面发展的人的重要载体之一，蕴含着“真、善、美”的价值意蕴，“是教人求真、教人至善、教人臻美的有机统一整体，在这个意义上，自由、审美与幸福得以实现价值的汇合，劳动是通向人的自由与美感的路径”②。劳动教育绝不仅是谋生的手段，而是以人的全面发展为内在目的。

### （二）劳动教育具有双重属性机制

劳动教育既是手段也是目的，具有双重属性机制。劳动教育的手段和目的是相互作用、相互促进、相互影响的辩证机制，能够揭示和解释整个教育的内在联系和德智体美劳之间的关系。劳动教育对五育的系统性、融合性、融通性、整体价值性，具有本质的解释力和承载力。双重属性机制决定了劳动教育具有强大的开放性、包容性和兼容性。以劳树德、以劳增智、以劳强体、以劳育美、以劳创新是新时代中国特色社会主义劳动教育的重要特征，是中华人民共和国成立以来劳动教育的实践结晶。以劳树德，劳动是最好的防腐剂。以劳增智，实践出真知，勤劳出智慧。以劳强体，劳动锻炼人，劳动磨炼人的意志，劳动发展人。以劳育美，智慧劳动增加了人的审美情趣，劳动最美丽。以劳创新，创新始于劳动，劳动本身的元教育特质承载了人的创造性活动的本质，劳动教育本质上也是创新教育。③

### （三）劳动教育丰富了我国教育的培养目标

新时代教育应该培养什么样的人及如何培养人成为社会关注的重点。20世纪50年代末至60年代初形成的“德、智、体”教育方针及21世纪之初“德、智、体、美”教育方针，虽然都未把“劳”加入其中，但是教育与劳动相结合思想始终体现在这些教育方针之中，尤其是教育方针的“落脚点，都是要培养劳动者、建设者，所以劳动在教育方针中是从不缺位的”④。当前“劳”

---

① 檀传宝:《劳动教育的本质在于培养劳动价值观》，载《人民教育》，2017（9）。
② 徐海娇:《新时代劳动教育需要新考量》，载《中国德育》，2018（18）。
③ 徐长发:《新时代劳动教育再发展的逻辑》，载《教育研究》，2018（11）。
④ 戴文宪:《新时代强化劳动教育的时代价值》，载《工会博览》，2018（28）。

加入教育方针之中，更是鲜明强调劳动教育在人才培养中的重要地位及在立德树人、实现中华民族伟大复兴中的重要作用。然而，改革开放以来，随着改革的深化、科学技术的发展，一些不尊重劳动、不尊重劳动者的现象有所出现，而在信息化社会中成长起来的一代，存在劳动意识淡薄、劳动能力欠缺、劳动观不正确的现状。如前所述，劳动教育蕴含着人的全面发展思想，劳动教育的“劳”既是培养目标，又是培养途径，无疑对受教育者有深刻影响，因为实施什么样的教育，就会培养出什么样的人。

## 三、新时期重视劳动教育的路径

### （一）明确劳动教育与综合实践活动课程的关系

劳动教育的多样性特征及其内在联系，决定了德智体美劳培养体系中的“劳”与“综合实践活动”不是一个层级的概念。劳动教育是上位概念，是学科概念。就我国现实教育发展的状况来看，以劳动教育为机制实现德智体美劳全面培养的教育体系建设是可能的，也是必然的。[①]但是，综合实践活动课程是实现劳动教育的一个重要途径，其中社会服务与社会实践、设计制作及劳动技术等内容虽然蕴含着“教育与劳动相结合”的内涵，然而却无法取代劳动教育。

### （二）让劳动成为一种积极的生存方式

在学校教育层面，各地方政府要在国家相关文件指导下，制订劳动教育的实施细则，学校要结合学科教学制订劳动教育计划、开展课外实践活动和公益劳动活动。在家庭教育层面，既要规定学校指导家庭配合实施家庭生活劳动教育计划，又要通过对学生个人劳动教育过程与成果的记载考核，督促引导家庭开展劳动教育。在社会教育方面，政府要制定政策要求社会各单位、企业有接收中小学生现场劳动教育观摩实践的义务和责任；规定各种公益性场馆、教育基地有接收中小学生参观、学习及开展实验演示教育的任务；允许并支持社会助学机构开展创新创造教育活动，合法组织中小学生开展研学旅行、实验、创新辅导等多样化创新和实践活动。最后要把劳动教育过程、成果作为学生、教师、学校和教育行政部门，以及相关的企事业单位、社会团体进行考核评价的内容载入档案，形成全社会的劳动教育激励机制。

### （三）让劳动教育成为一种价值召唤

在观念层面，重建劳动教育观要凸显综合性与统领性，让劳动教育成为一种价值召唤。劳动教育不是一种独立的教育形式，而是各种教育的统领，能够把其他一切教育内容联结在实践之中。劳动教育不仅能够培养爱劳动、依靠自我劳动生存与创造的道德品质和人格品质，能够增强体质，磨炼意志，促进身心健康，还能够丰富对人生的理解，增强对自我发展及成功体验的审美意义，能够实现把知识转化为能力，增进智慧等功能，即“以劳树德、以劳增智、以劳强体、以劳育美”。与此同时，我们也要注意劳动教育的界限，劳动教育始终是与德、智、体、美教育融

---

① 徐长发：《新时代劳动教育再发展的逻辑》，载《教育研究》，2018（11）。

合在一起的，既不能以劳动教育代替德、智、体、美教育，也不能以德、智、体、美教育混淆劳动教育。劳动教育并不狭隘地指体力劳动或直接的生产劳动，而是基于体力劳动与物质生产劳动的实践活动；也不是社会、学校或家庭单方面的事情，而是这三个教育渠道相互配合、密切联系、各司其职的整体性教育。

## 本章回顾

1. 研究性学习是以“培养学生具有永不满足、追求卓越的态度，培养学生发现问题、提出问题从而解决问题的能力”为基本目标，以学生从学习生活和社会生活中获得的各种课题或项目设计、作品的设计与制作等为基本的学习载体，以在提出问题和解决问题的全过程中学习到的科学研究方法、获得的丰富且多方面的体验和获得的科学文化知识为基本内容，以在教师指导下学生自主采用研究性学习方式开展研究为基本的教学形式的课程。

2. 中小学生研学旅行是由教育部门和学校有计划地组织安排，通过集体旅行、集中食宿方式开展的研究性学习和旅行体验相结合的校外教育活动，是学校教育和校外教育衔接的创新形式，是教育教学的重要内容，是综合实践育人的有效途径。

## 反思与交流

第八章

# 小学综合实践活动课程案例分析

【知识地图】

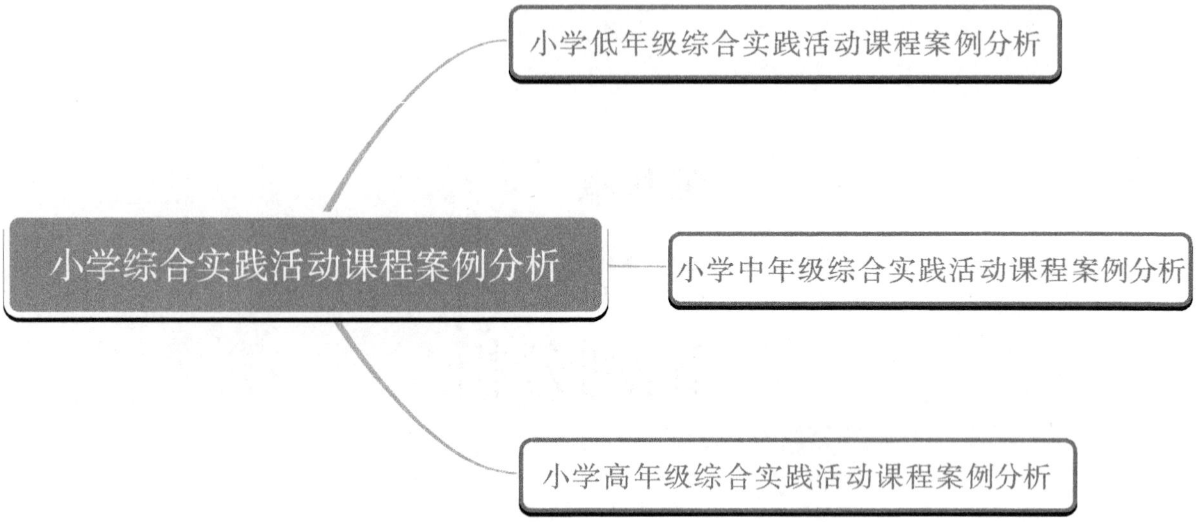


【学习目标】

1. 了解综合实践活动课程案例撰写的一般框架。

2. 加深领会综合实践活动课程的教学过程。

3. 了解小学综合实践活动课程的一般特点。

现实中，一线教师已基于丰富的教育知识与实践智慧设计实施了大量综合实践活动课程案例。本章集中呈现小学综合实践活动课程的10个典型案例，按照低年级、中年级、高年级的顺序排列。在阅读以下案例的过程中，请结合前面章节的理论探讨展开分析。

# 第一节 小学低年级综合实践活动课程案例分析

小学低年级案例选用了《你会吃零食吗》和《校园种植》。请在阅读案例过程中体会综合实践活动课程的一般流程和设计特点。

案例 1

## 你会吃零食吗

黄利锋 江苏省张家港市万红小学

一、探究学习的设计方案

（一）活动目标

1. 了解零食的国家分类标准，知道哪些属于垃圾食品。学会挑选健康的零食，了解食品的生产原料、添加剂和生产日期等基本信息。

2. 擅长从多途径挖掘和搜索资料，能在网络上查找和筛选出有价值的信息，用手抄报和幻灯片等方式呈现和运用信息。

3. 能根据本组研究主题设计较规范的调查问卷和完成调查活动，调查结束后能进行初步的分析。

4. 掌握外出考察的方法和注意自身安全的事项，搜集零食包装纸，进行汇总分析。

5. 学会制作常见的美食，如蛋糕、水果拼盘、鲜榨水果汁等。

（二）情境

成都一个 5 岁的小女孩身高低于同龄人的标准，体重却远超平均水平，而且存在缺钙等身体健康问题。小女孩的母亲说没有肥胖的家族史，孩子平时身体也很好，只是爱吃方便面、火腿肠，也喜欢喝可乐、吃零食。成都市第一人民医院的主任医师说，小女孩之所以存在这些生长发育的问题，与这些不健康的饮食习惯不无关系。

同学们，看到这则新闻，你的第一反应是什么？零食以后是不是再也不能吃了？还是应该有选择地吃？让我们立即行动起来，共同来捍卫我们的健康。

（三）任务

零食是小朋友们的最爱，每个小朋友都有自己特别喜欢的零食，但在享受它的美味的同时，你是否想过它是怎么做出来的？有哪些成分？给人体健康带来什么影响？

1. 零食调查

活动建议：先设计一份零食调查表，调查本班同学平时吃零食的情况，如吃零食的种类、吃零食的多少、是否掌握有关零食的健康知识等，再对统计结果进行分析，对本班同学吃零食是否合理健康作出评价，最后提出建议，引导大家的关注。

2. 实地考察

活动建议：分区域实地调查学校周边小店、摊贩，以及家庭所在小区小店和大型超市，看看这些地方所售的零食是否有“三无”产品，结合考察结果对零食采购提出建议。

3. 零食宣传

活动建议：首先是采访本地区食品安全专家，获取最新食品安全知识；其次是上网搜索零食相关知识，制作零食与健康的手抄报或幻灯片。

4. 自制零食

活动建议：在家长的指导下，自己动手做一些绿色、健康的零食，也可以请家长把制作过程拍摄下来，用微视频的方式来展示。

（四）评价

零食与健康主题活动评价表

学校：　　　　班级：　　　　姓名：

个人评价表

| 评价项目 | 达成情况 | |
|---|---|---|
| 调查与统计能力 | 能根据研究需要，通过小组合作设计较规范的调查问卷，完成调查活动，对搜集的信息进行汇总、筛选 | |
| | 对调查结果能提出相关的质疑、见解，并能尝试提出解决策略或建议 | |
| 网络资料整理能力 | 能够根据资料制作一份思维导图，呈现内容结构 | |
| | 能从资料中提炼出有助于解决所研究的问题的信息，并能通过手抄报、幻灯片等方式灵活多样地呈现和运用信息 | |
| 家政制作能力 | 能用较清晰的语言表述或记录制作结果 | |
| 总结与反思能力 | 乐意学习他人的成功经验，对自己存在的不足能以积极的态度拿出整改的措施；能自主设置学习生活目标，检查目标的进展情况；征求别人对自己的意见并作出相应的调整 | |

小组评价表

| 班级 | | 小组名称 | | 组长姓名 | |
|---|---|---|---|---|---|
| 小组成员 | | | | | |
| 评价项目 | | | | 达成情况 | |
| 1. 小组有无具体的活动计划？计划是否得到落实？如没落实，原因是什么？ | | | | | |
| 2. 小组成员是否分工明确？ | | | | | |
| 3. 小组成员之间关系是否协调？有了矛盾通过什么办法来解决？ | | | | | |
| 4. 小组成员在活动中遇到了什么困难？是怎样克服的？有什么体会？ | | | | | |
| 5. 活动的成果（作品或报告）质量如何？ | | | | | |
| 教师的评价（重点描述性评价） | | | | | |

备注：☆☆☆☆☆表示优秀，☆☆☆☆表示良好，☆☆☆表示合格，☆☆表示有待努力。

## 二、探究学习的实施过程

### （一）活动框架

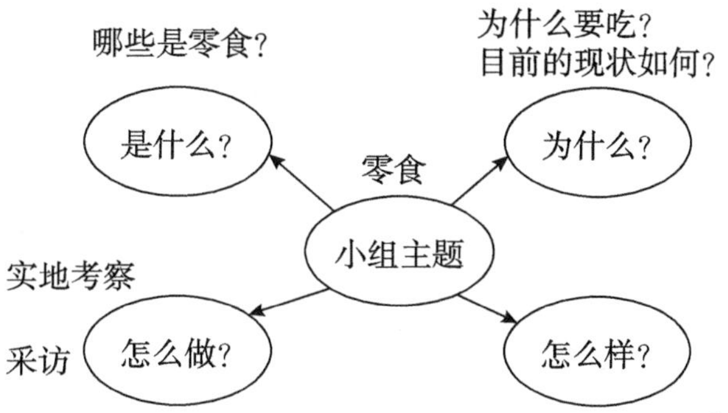


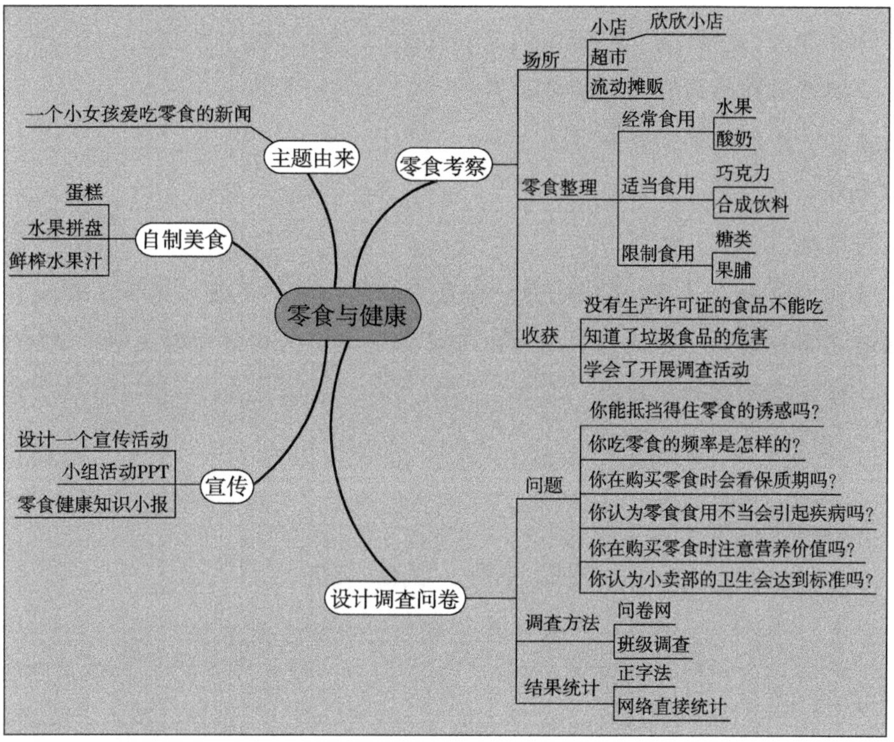


### （二）网络调查

为了节约纸张，我们的调查问卷活动采取无纸化调查方式，请家长在问卷网上注册账号，再把我们的问题输入里面，网站会自动生成一个调查网页，供同学们接受调查。这次共有100位同学参与网上答题，网站根据大家的调查数据自动生成条形统计图和饼形统计图，避免了烦琐的手工统计，使同学们充分体验到了信息技术应用的便利。

我们设计的问题有：

（1）你能抵挡得住零食的诱惑吗？

（2）你吃零食的频率是怎样的？

（3）你在购买零食时会看保质期吗？

（4）你认为零食食用不当会引起疾病吗？

（5）你在购买零食时注意营养价值吗？

（6）你认为小卖部的卫生会达到标准吗？

（三）实地考察

在我们学校附近的小店、小区周边的超市是否有垃圾零食销售呢？我们小组分头去考察，得到了不少有价值的资料。

（四）自制美食

我们平时除了直接购买自己喜欢吃的零食外，还可以亲自动手来做。自己做零食既安全、没有额外的食品添加剂，又能够提高自己的动手能力。在我们的综合学习社区的“零食与健康”板块，同学们各展所能，分别晒出了自己做的美食。

三、探究学习的支持资源、环境

（一）支持资源

问卷网是小组开展网络调查的社会化服务平台。

思维导图工具、小组规划活动框架。

微软办公套件。

（二）支持环境

本案例实施的网络平台是群学网。它是一个设计完善、结构严谨的课程管理和协作学习系统，对新手有很强的指导作用。在它的指引下可以开展各种类型的网络学习活动，家长和关心教育的社会人士也能方便地参与课程管理。

**案例 2**

## 校园种植，长绿未央

刘若淼　天津市和平区职工中等专业学校

一、活动背景

一方面，农乃立国之本，民以食为天，古老的中华文明就起源于种植农业。伴随着社会发展和科技进步，现代农业与传统农业有了天壤之别。另一方面，当代青少年的生活充斥着智能设备和电子产品，在这样的大环境下，无论城市还是乡村的青少年，对农业和种植都是陌生的。更有一些青少年长期被“困”在钢筋水泥之中，远离自然，这必将是他们“长大成人”过程的一块短板。在中小学开设种植农业相关课程，对于学生亲近自然、返璞归真、形成较好的劳动习惯具有重要的意义。

活动主要场所：

2016 年，天津市和平区岳阳道小学为了给学生提供更好的种植体验，让学生更真切地感受现代农业的乐趣，下大力气在教学楼的楼顶空间建立起物联网种植基地，内设 10 个物联网小菜园及 10 个自动种植小菜园，供学生从事种植活动。

二、活动目标

1. 熟练使用物联网应用培育植物，了解其工作原理。

2. 了解土壤栽培、无土栽培的种植技术和技巧，以及防治病虫害的相关知识。

3. 观察、了解植物的形态特征、生存环境及生理特征。

4. 科学记录植物生长过程，会写种植日志、拍照，以及写观察报告、记录表、评价表等。

5. 形成科学的思维方法：在实践中发现问题、提出问题，为解决问题开展调研活动、撰写调研报告；开展科学实验，撰写实验报告。

6. 培养学生的合作意识、团结互助精神，养成观察记录、搜集、整理的好习惯。

7. 通过几个专题，培养学生的探究能力、调研能力，解决实际问题，养成安全操作的习惯。

8. 增进与自然的情感，体验人与自然和谐相处，形成热爱生活、热爱生命的态度。

9. 促进劳动意识生成，养成较好的劳动习惯，做德、智、体、美、劳全面发展的当代青少年。

10. 形成自主学习、团队合作的习惯，愿意交流与分享，增强参与较长期科学实践活动的能力。

11. 关注个体、自然和社会三者关系。

三、难点、重点

重点：种植有产物，活动有记录，成果有展示，思想有升华。

难点：对未知的现象作出科学假设，并通过自己的方式提出合理的解决方案。

四、实施过程

课程包含 26 个活动单元，每个单元可依据学生掌握情况各利用 1～2 学时完成，每学时 120 分钟。课程在每周三、周四下午的素质拓展时间开展，一学年的上、下学期各开课 16 教学周，每周两次课。

本活动分为五个阶段：培养兴趣、播种、移栽、养护和采收，另有四种日常活动穿插其中。活动梗概如下表所示。

校园种植——综合实践活动课程

| 阶段 | 序号 | 专题 | 方式 | 主要内容 |
|---|---|---|---|---|
| 一、培养兴趣 | 1 | 农业和农产品 | 了解 | 了解农业，认识农产品 |
| | 2 | 阳台种菜 | 了解 | 适合室内种植的植物，阳台朝向与种植的关系，容器与施肥 |
| | 3 | 参观物联网种植园 | 了解 | 感受物联网农业，认识种植园里的植物 |
| | 4 | 体验传感器与物联网种植 App 的应用 | 体验 | 体验温度传感器和土壤湿度传感器的应用；每组学生分配到 App 上的管理权限，随时可以登录 App 查看植物生长状况，并对其进行监控和管理 |
| | 5 | 认识身边的植物 | 参观 | 到公园认识植物。讲述公园植物的分类和形态及生理特性。学会利用植物的名牌认识植物，学会观赏植物 |
| 二、播种 | 6 | 播种 | 学中做 | 湿纸巾育苗 |
| | | | 学中做 | 直播 |
| 三、移栽 | 7 | 定植 | 学中做 | 学会定植，记录定植时间 |
| | 8 | 移栽 | 学中做 | 土壤环境下植物移栽过程 |
| | | | 学中做 | 百合从土（水）培环境到水（土）培环境的移栽 |
| | 9 | 测一测 | 学中做 | 种子出芽后，定期测量植物高度、冠茎并记录；计算相同品种和生长周期植物以上生理指标的平均值；比较不同植物在基本相同的条件下的生长速度 |
| | 10 | 无土栽培 | 学中做 | 1. 无土栽培概念及优缺点<br>2. 无土栽培是现代栽培技术的重要组成<br>3. 无土栽培的营养液及添加方法 |
| 四、养护 | 11 | 光合作用 | 探究 | 光合作用的意义，发生的机理，实验 |
| | 12 | 呼吸作用 | 探究 | 呼吸作用的意义，发生的机理，实验 |
| | 13 | 蒸腾作用 | 探究 | 蒸腾作用的意义，发生的机理，实验 |
| | 14 | 植物水分的运输——蓝色妖姬养成记 | 探究 | 1. 会使用色素溶液给植物染色，制作彩色切花<br>2. 导管是运送水和色素分子的通道<br>备注：部分小组自发探索出将一朵花染成多种颜色的方法 |
| | 15 | 植物的向光性 | 探究 | 1. 植物向光性原理<br>2. 达尔文的向光性实验揭示了植物向光弯曲发生在茎中部、感受点在茎尖。了解植物生长素 |
| | 16 | 生菜叶子黄了 | 调研 | 学生在种植过程中发现很多叶菜边缘变黄，提出问题，希望教师予以解决。教师就此开展本专题 |
| | 17 | “甜菜是苦的” | 调研 | 学生发现种出的甜菜是苦的，按照提出—解决问题的模式开展本专题<br>1. 开展调研活动<br>2. 归纳总结叶菜种植中避免“苦菜叶”出现的方法<br>3. 总结出专题报告 |
| | 18 | 二十四节气 | 延伸 | 1. 二十四节气与农业生产活动的关系<br>2. 节气与诗歌<br>3. 每逢节气，一名学生准备内容，课前讲解 |

续表

| 阶段 | 序号 | 专题 | 方式 | 主要内容 |
|---|---|---|---|---|
| 四、养护 | 19 | 走进花圃 | 参观 | 1. 观赏多个月季品种<br>2. 观赏各种多肉植物<br>3. 在花圃购买科技花盆，回去尝试使用<br>备注：这是后来学生们自制浇花器的原因之一 |
| | 20 | 押花艺术 | 设计制作 | 1. 讲解日本的押花艺术<br>2. 利用押花器制作干花<br>3. 设计制作专属押花产品：滴胶手机壳、抽纸盒、干花扇等 |
| | 21 | 设计自动浇花器 | 设计制作 | 1. 用矿泉水瓶、滴灌管、输液器等自制浇花器<br>2. 作品展示课 |
| 五、采收 | 22 | 采收 | 学中做 | 1. 自留地里的农产品可以采收时，学生们体验收获的喜悦<br>2. 掌握叶菜、果菜不同的采摘方法<br>3. 烂叶、烂果的处理 |
| | 23 | 邀请植物专家讲解制作标本 | 学中做 | 1. 采集植物，制作腊叶标本，掌握制作植物标本的科学方法<br>2. 理解制作标本的意义 |
| | 24 | 制作标本的其他方法 | 探究 | 自己设计实验，探究微波炉干燥植物的最佳方法 |
| | 25 | 小小美食家摄影展 | 展示 | 1. 亲自下厨烹制美食<br>2. 拍照秀出来：让学生看到镜头里优秀和美丽的自己，增强自信心 |
| | 26 | 绿色食品我来讲 | 展示 | 1.（分组活动，制作 PPT，讲解）绿色食品、无公害食品、有机食品的区别和它们的标志<br>2. 购买食品时会区分三种食品，学会按需求选择 |
| 六、日常 | 27 | 种植和养护 | 做中学 | 每天下午大课间 |
| | 28 | 我身边的植物 | 展示 | 每节课前 10 分钟讲述，请 1 ~ 3 名学生讲述自己身边的植物故事。持之以恒，人人参与 |
| | 29 | 种植日志 | 记录 | 细心观察植物生长过程，用文字记录 |
| | 30 | 我们是小小讲解员 | 展示 | 负责接待各方来宾，介绍我们的物联网种植园 |

活动片段 1：

生菜叶子的边缘都黄了，学生们特别着急；采摘后品尝到叶菜是苦味的，学生们很失望……学生们便急于发问，我并不急于回答他们的问题，而是指导他们带着自己的问题形成自主学习的习惯。

发现问题—提出问题—发现已有的知识体系无法解决—向教师发问—教师给予指导—学生查阅书籍、网络搜索、查文献、问身边有经验的人—分析这些解答（可以分组活动）—汇总—回到实践中遇到的难题—问题得以解决—记录活动过程—总结这一类叶菜的黄叶出现的原因—自学调研报告的写法—提交调研报告《叶菜种植中的黄叶问题指南》。

活动片段2：

一次，一个学生问我："老师，假期我们不来学校浇花，教室里的花怎么办？"于是，我们开始设计自动浇花器。

学生分组活动，分别设计专属的自动浇花器，他们开始天马行空地想象。你不得不承认，学生的想象力要比成年人丰富很多。他们尝试画草图、寻找合理的素材，在教师指导下分头制作。作品呈现后，教师为学生组织一个展示实物和结合PPT讲解活动过程的环节，学生自己投票选出他们认为最优的作品，然后进入试用阶段。过了一段时间，学生们发现有些作品并不那么实用，他们又经历了作品试用和优化改进环节，再进行评选。通过这个过程，学生们真正懂得了梦想照进现实还是有一段路程的，这段路程就是实践。

教学创新点：

校园种植活动方案以播种、定植、移栽、养护、施肥、采收过程为主线。因植物的生长周期较长，教师可以见缝插针，在植物的每个生长阶段都插入相关专题，使课程具有连贯性。本方案包含26个单元，其中任何一个单元都是一个完整的活动方案，还可以多个单元组合开展活动。可根据不同学校特色、学生情况开展活动。

以STEM理念和综合实践活动课程的形式贯穿始终，综合运用植物学、信息技术、统计学、文学等方面知识，与物联网技术、AR技术巧妙结合，在教学中融入更多新科技元素，培养学生核心素养。

学生在“小农民”的角色中，把养护的植物视若平等的生命，形成热爱生活、生命的情感态度；逐步认清个体、自然与社会之间的关系，有益于形成正确的人生观和世界观。校园种植活动教会学生的并不只是种植技术本身，还是在学生内心深耕一抹生命之绿。

五、活动评价

每个单元分别设立评价标准，例如：知识掌握情况以提问—回答的形式进行运用能力评价；探究类活动以过程性评价为主，主要考查学生在探究过程中的表现及收获；设计制作类活动以产品评价为主，参考动手能力、设计能力等。每个单元可以将单独评价、阶段性评价和课程总体评价相结合。

评价主体：教师评、小组互评、学生自评与他评。

## 第二节 小学中年级综合实践活动课程案例分析

小学中年级综合实践活动课程与该学段小学生的生活联系紧密，并且针对这一年龄段学生的一般问题选择课题，培养学生一定的研究方法，增强学生一定的社会意识。

案例 1

### 健康饮食

刘芳 北京第一师范学校附属小学

主题产生的由来：

中小学生处于生长发育的关键时期，良好的营养是其智力、身体素质乃至心理发育的基础和保障。相关调查显示，北京市中小学生膳食结构不尽合理——谷薯类、蔬菜水果类、奶类摄入量不足，而油脂、盐等摄入量过多。养成科学的饮食习惯，有益于我们的健康。拥有健康的身体，我们才能愉快地生活和学习。特别是对于正处在生长发育阶段的中小学生来说，健康饮食尤为重要。为此，我决定引导学生以“健康与饮食”为切入点，进行系列活动，意在通过开展直接体验的学习活动，使学生积极地投入学习和生活，在合作探究的基础上纠正挑食、偏食的不良习惯，形成正确的饮食观念，养成良好的饮食习惯，并使学生通过活动学习知识、掌握能力，使各方面的综合素质得到培养和发展。

资源分析：

科学课老师、信息技术老师有能力和热情指导学生综合实践活动课程的开展。

大小餐馆随处可见，家庭聚会、同学聚会、一日三餐……饮食和健康的话题深入人心，很多家长特别支持学校开展综合实践活动课程。有一位家长是国家一级公共营养师，经常来我校给学生讲解饮食与健康的关系。家长可以作为导师带领学生进行研究。

学情分析：

学生在四年级科学课上学习了“食物的营养”，对食物的营养和健康间的关系有了初步了解。学生也已经形成了一定水平的学习技能，初步具有了观察、设计、归纳概括和分析问题的能力。但他们考虑得不够全面，动手能力还有待提高，需要教师加以适当的帮扶。特别是在选题、制订研究方案、调查研究、汇报方面，教师更要加以指导。

一、活动目标

（一）活动总目标

1. 通过调查、搜集资料、小组合作等多种活动方式，培养语言表达、运用资料、处理信息与获取知识的能力；锻炼独立找到问题解决方法的能力及与他人合作、交流等能力。

2. 初步了解如何正确食用麻辣烫、洋快餐、自助餐；了解早餐的重要性及如何搭配；了解人体所需要的营养成分及如何查看食物配比表；初步知道如何选择健康饮食；激发继续探究营养学的兴趣。

3. 懂得合理搭配一日三餐的重要性，学会基本的配餐方法，关注自己与他人的健康；养成按时就餐、节约粮食的良好习惯。

（二）本次活动目标

1. 培养语言表达、运用资料、处理信息与获取知识的能力，将研究成果进行初步汇报。

2. 初步了解如何正确食用麻辣烫、洋快餐、自助餐；了解早餐的重要性及如何搭配；了解人体所需要的营养成分及如何查看食物配比表；初步知道如何选择健康饮食。

二、活动流程

本活动分为活动准备、活动实施、总结交流、活动拓展四个阶段。

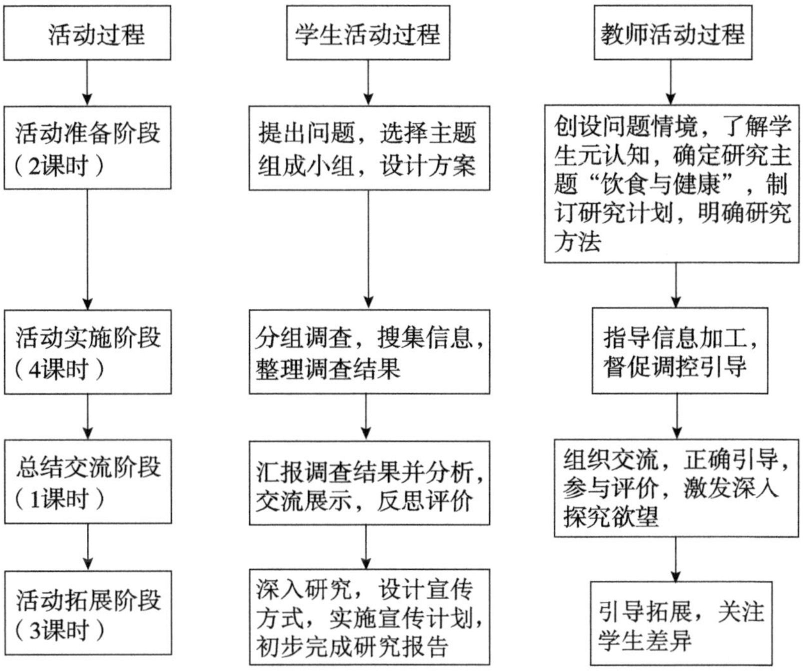


三、教学过程

（一）活动准备阶段

确定研究主题：俗话说“民以食为天”，说到“吃”这个话题，学生表现出浓厚的兴趣。课上老师“抛”出“健康饮食”这个话题，学生们纷纷发表意见。第一节课，用思维导图的方式了解学生的元认知及要研究的问题，将学生感兴趣及适合学生开展的研究主题提炼出来，作为候选主题。第二节课，学生经过商议、讨论候选主题，最后确定本次活动研究的五个小主题活动，即麻辣烫、早餐的研究、自助餐、洋快餐、食物的营养成分。

（二）活动实施阶段

1. 采用课上课下相结合的方式开展，在这个过程中，强调的是学生在实践中学习。学生根据自己感兴趣的专题及自己的爱好、特长等，自由组合成研究小组。

2. 自主推荐组长，完成小组分工。

3. 以小组为单位，初步讨论、设计小组的研究方案。

活动主题：____________________

| 小组名称 | 组长 | | 组员 |
|---|---|---|---|
| 活动目标（了解什么） | | | |
| 活动方式（采用方式） | | | |
| 小组分工（根据个人特长） | | | |
| 活动内容 | | | |
| 可能遇到的困难及如何解决 | | | |
| 时间安排 | | | |
| 活动成果 | | | |
| 活动指导教师（家长） | | | |

4. 根据研究主题，设计调查问卷。

5. 实地考察、查找资料、专家访谈。

6. 初步将研究成果进行整理。

（三）总结交流阶段

汇报是研究性学习的重要环节，既是对前期活动的总结，又可以培养学生交流合作的能力（后面附教案）。

1. 各小组汇报初步研究成果。

2. 通过各小组汇报，初步了解健康饮食的标准。

（四）活动拓展阶段

1. 延续早餐的研究，设计午餐、晚餐，合理搭配一日三餐，学会基本的配餐方法。

2. 了解饮食与运动的关系，探究如何通过运动使身体更健康。

3. 完成小课题研究报告，将研究成果在校园中进行播放。

4. 制作提示卡，引导大家合理膳食。

| 教学过程 | | | | | |
|---|---|---|---|---|---|
| 教学阶段 | 教师活动 | 学生活动 | 设置意图 | 技术应用 | 时间安排 |
| 温故知新 | 师：前面一段时间，我们班以“健康饮食”（板书）为研究内容，分小组展开研究，今天，我们就请各小组将初期的研究成果进行一个交流。首先我们来看看五个研究小组的成员（PPT）。 | 回忆研究轨迹。 | 引出今天研究内容。 | 电脑 | 1分钟 |
| 交流汇报 | 师：我们先请麻辣烫小组，听听他们有哪些研究成果。<br>师：这个小组在调查时，发现麻辣烫在卫生（板书）上存在一些隐患，特别是街边的小摊上，汤料、食材的品质保障性要差一些。同学们是不是都吃过麻辣烫？不管是路边摊还是饭馆里的，都存在一个共同的问题，就是 | 麻辣烫小组汇报：<br>1. 麻辣烫的制作工艺。<br>2. 通过网上搜集资料，简单介绍麻辣烫的危害。<br>3. 出示“调查问卷”，根据调查结果，说说自己的发现（4个小问题）。 | | | |

续表

<table>
<tr><th colspan="6">教学过程</th></tr>
<tr><th>教学阶段</th><th>教师活动</th><th>学生活动</th><th>设置意图</th><th>技术应用</th><th>时间安排</th></tr>
<tr><td rowspan="5">交流汇报</td><td>口味过重（板书）。口味过重对学生们的肾脏、消化系统都会有影响，所以要尽量少吃麻辣烫。</td><td>4. 说说我们的分析。<br>5. 提出建议。<br>小组汇报结束后，请同学们说说有什么好的建议。</td><td rowspan="5">汇报初期研究成果，初步得出研究总结，为后期继续研究做好铺垫。</td><td rowspan="5">电脑</td><td rowspan="5">27分钟</td></tr>
<tr><td>师：刚才听了“麻辣诱惑”小组的汇报，我们再来看看洋快餐是如何“诱惑”我们的呢？有请洋快餐小组。<br>师：听了你们小组的汇报，看来老师这个身材是不适合食用洋快餐的，洋快餐快捷、方便、好吃，但是洋快餐的烹调方式和种类不是很健康，能量高（板书）、蔬果少，这样容易造成肥胖。身材和老师一样的同学们，咱们都要注意了。</td><td>洋快餐小组汇报：<br>1. 问题的提出：是不是很想吃图片上的食物呢？<br>2. 这些食物都是不健康的，举例说明。<br>3. 洋快餐的好处是快捷、方便、好吃。<br>4. 汇报调查结果。<br>5. 谈自己的发现和建议。</td></tr>
<tr><td>师：就这么一个洋快餐，因为味道好，就“诱惑”了很多人。我们再来看看“诱惑”更大的自助餐吧，有请“奔跑吧”自助餐小组。<br>师：看着这么美味的自助餐，而且还不限量，对很多人真是“诱惑”！虽然自助餐美味、不限量，但必须管住嘴，特别注意饮食结构的合理性（板书）。自助餐的“诱惑”和健康比较，我们还是得禁得住“诱惑”。</td><td>自助餐小组进行汇报：<br>1. 研究的原因及意义。<br>2. 研究方法（问卷调查、实地调查、查资料）。<br>3. 根据调查问卷，得出结论。<br>4. 实地考察的发现。<br>5. 提出建议。</td></tr>
<tr><td>师：听完了自助餐小组的汇报，我们请研究早餐的小组来说说。<br>师：我也回忆了一下，今天早上我吃的是鸡蛋、米粥、烧饼，根据健康早餐的标准（要在谷类、蔬菜水果类、肉蛋类、奶类或大豆类四类食品中选择至少三类或以上，其中谷类、肉类或蛋类必选其一；做到有干有稀、有荤有素），看来不是很健康。很多时候，为了方便或者节省时间，我们在早餐的选择上还存在一些不健康的因素，主要是种类比较单一（板书），这点要引起大家的重视。</td><td>早餐小组汇报：<br>1. 介绍针对早餐的调查问卷。<br>2. 分析调查结果，做出数据统计并分析。<br>3. 提出新的研究问题：“早餐吃什么才健康？”并简要介绍。<br>小组汇报结束后，请同学们想想自己今天的早餐是不是健康呢？</td></tr>
<tr><td>师：选择种类丰富的早餐，可以给我们提供更多的营养，请研究食物营养的小组说说他们有什么发现。<br>师：听完你们小组的介绍，太长知识了，平时还真不注意看“营养成分表”，以后再选择零食、饮料的时候，可要注意了，高脂肪、高糖、高钠（板书）的食物尽量不要选择。</td><td>食物营养小组汇报：<br>1. 研究原因及目的。<br>2. 进行食物营养成分的调查，汇报统计结果。<br>3. 介绍研究过程。<br>4. 介绍黄桃罐头的配料表和营养成分表。<br>5. 通过薯片包装袋上的信息，介绍如何看营养成分表。<br>6. 互动讨论方便面的营养成分表。<br>7. 结论：吃零食的时候，不要选择脂肪、糖和钠过高的食物；</td></tr>
</table>

续表

| 教学过程 | | | | | |
|---|---|---|---|---|---|
| 教学阶段 | 教师活动 | 学生活动 | 设置意图 | 技术应用 | 时间安排 |
| | | 饮品中，碳水化合物高的少选；同一类食品中，蛋白质含量越高的营养价值越高。 | | | |
| 知识拓展 | 师：那什么才是健康的饮食呢？同学们看看这张图。有些食物是我们应该多吃的，一起来看看有哪些：粮谷类，尤其是粗杂粮及薯类；新鲜蔬菜水果；奶及奶制品；水产品；大豆及其制品；白开水。那怎么吃才健康呢？健康餐盘3∶2∶1，把每餐的餐盘分成6份，主食占3份，蔬菜占2份，肉菜占1份。这么说呢，还不是很清楚。为此，老师特意请教了咱们班语阁的妈妈，语阁妈妈是国家一级营养师，我们来听听她是怎么说的。 | 听营养师介绍，谈感受。 | 合理膳食。 | 电脑 | 10分钟 |
| 归纳总结 | 师：通过今天的活动，我们知道了应该怎样选择健康的饮食，后面我们还要继续研究如何合理安排一日三餐等。<br>师：你们能说说法式小面包和圣女果主要是补充什么营养吗？法式小面包是补充碳水化合物的，圣女果是补充维生素的。一起来看看法式小面包的营养成分表，一起补充一些能量。 | 回顾本节课所学知识，知道如何选择健康的饮食。<br>了解营养成分表。 | 归纳重点，引发继续探究的欲望。 | | 2分钟 |

活动评价

小组活动评价表

| | | |
|---|---|---|
| 活动名称 | 活动时间 | 活动评价 ☆ ☆ ☆ |
| 组长 | 组员 | |
| 课前参与 ☆ ☆ ☆ | | |
| 小组合作 ☆ ☆ ☆ | | |
| 课堂表现 ☆ ☆ ☆ | | |
| 实践成果 ☆ ☆ ☆ | | |

评价量规
课前参与（搜集、整理资料；与组员进行交流）
小组合作（积极参加小组合作；服从组内安排；能主动帮助其他组员；能积极发表自己的见解，接纳别人的建议）
课堂表现（认真倾听其他同学的发言，能与大家互动；自觉遵守纪律；积极参加小组讨论，完成课堂任务）
实践成果（汇报时语言简洁，有条理；展示过程中能与大家进行交流；积极参与活动；课下参与宣传；初步完成研究报告）
三颗星：很棒；两颗星：不错；一颗星：加油。

## 案例 2

### 关于《人类的朋友——鸟》的调查研究

杨爱　侯爵　天津市和平区哈密道小学

| 课题名称 | 关于《人类的朋友——鸟》的调查研究 | | |
|---|---|---|---|
| 所属年级 | 小学三年级 | | |
| 子课题 | 鸟的历史的研究<br>鸟的贡献的研究<br>鸟的种类的研究<br>鸟的现状的研究 | 课题组的组成 | 全班共 36 人，自由组成 4 个子课题组，每组可根据活动需要随时再拆分成 2 个小组。 |
| 起止时间 | 9 月第一教学周—10 月第四教学周（共四周） | | |
| 预期成果表达形式 | 儿童剧表演、PPT 展示、手抄报、诗朗诵、倡议书、调查报告等。 | | |

**背景分析**

鸟和人类的关系十分密切，保护鸟类也是保护环境的一个重要的组成部分。当今世界的环保问题也是人类面临的首要问题之一。虽然我国鸟资源十分丰富，但是破坏鸟类生存环境、捕杀鸟类的现象却时有发生，这严重地破坏了环境的生态平衡。因此，选择爱鸟、护鸟作为本次教育活动的内容是很有意义的。

通过本课题的研究，可以帮助学生了解各种各样的鸟的习性和本领，使学生从心里萌发保护鸟类的情感体验。在搜集资料、交流信息及讨论、感受信息的同时，学生的知识能力也在潜移默化中提高了，从而真正成为研究性学习活动的参与者。因此，爱护鸟类是一个意义重要而深远的课题。

**活动意义**

使学生通过开展研究性学习提高对自然的热爱，培养自觉爱护鸟类的意识。开展以“人类的朋友——鸟”为主题的研究性学习活动，引导学生努力做到以下两点。

1. 认识到鸟是人类的朋友，要保护鸟类。

通过对课题的深入研究，培养学生阅读的兴趣和自觉性，懂得读书多益。

2. 鸟给人类带来了快乐，认识到动物和人类共同生活在地球上，要友好相处；珍稀动物是人类的财富，受国家法律保护。

**目标指导**

通过对该课题的研究，提高学生提出问题、分析问题、解决问题的能力。

指导学生在活动中基本掌握并运用问卷法、访谈法、文献法等研究方法，以及掌握对资料的整理、加工、处理的方法，让学生体验科学研究的一般过程。

培养学生交流合作和分享的意识。

**学情分析**

由于我校的三年级学生对于研究性学习还是刚刚接触，本次主题活动的教学定位都是以学生零知识经验为起步的。

**主要研究方法**

问卷调查法、访谈法、文献研究法等。

续表

<table>
<tr><th colspan="3">教师准备</th></tr>
<tr><td colspan="3">1. 了解研究性学习课程性质等相关知识，掌握研究性学习活动的基本过程和注意事项等。<br>2. 针对研究活动中可能会遇到的困难为学生做心理疏导工作。<br>3. 基于三年级学生的主观条件有限，为学生提供一些与研究内容相关的报纸、杂志及网站等，作为资料和知识上的准备。<br>4. 为学生提供研究活动中常用的一些设备，如摄像机、照相机等。<br>5. 准备好每个阶段每部分研究学习内容的课件和学具。</td></tr>
<tr><th colspan="3">研究者角色分工</th></tr>
<tr><td colspan="3">在教师指导下，按照兴趣和活动要求分成若干角色小组，以小组为单位搜集、整理研究信息资源，并要求每个小组团结协作、分工明确、完成结题展示。</td></tr>
<tr><th colspan="3">活动保证</th></tr>
<tr><td colspan="3">1. 为了活动的顺利开展，提前为学生做一些协调工作，如协调好学校机房和图书馆的使用等。<br>2. 指导学生完善方案或提纲、问卷等，加强活动实际操作的可行性。</td></tr>
<tr><th colspan="3">研究过程</th></tr>
<tr><td colspan="3">大致划分（共需 10 周）<br>第一阶段：准备阶段（第 1~2 周）。<br>第二阶段：实施阶段（第 3~8 周）。<br>第三阶段：总结交流阶段（第 9~10 周）。</td></tr>
<tr><td rowspan="2">第一阶段（准备阶段）</td><td>重点</td><td>开题，确定研究主题，确定子课题并分组，制订计划（活动方案）。</td></tr>
<tr><td>活动目的</td><td>从学生的生活出发，提出和确定课题，根据学生兴趣和活动需要分成小组，进行课题论证并开题。从中初步认识研究性学习，了解研究性学习的基本过程。</td></tr>
<tr><td rowspan="2">第二阶段（实施阶段）</td><td>重点</td><td>了解本组确定研究方法的基本过程和注意事项，合理分工，针对子课题展开研究活动。</td></tr>
<tr><td>活动目的</td><td>各组从不同角度、用不同方法调查本年级学生爱护鸟类的情况，在活动中培养学生的实际操作能力、遇到困难的分析并解决问题的能力和与人交流合作的能力。</td></tr>
<tr><td rowspan="2">第三阶段（总结交流阶段）</td><td>重点</td><td>准备展示活动，交流展示，反思评价。</td></tr>
<tr><td>活动目的</td><td>提高学生交流能力和分享意识，学会以不同方式展示研究成果，扩大和深化活动意义。</td></tr>
</table>

案例 3

## 基于学科的综合性学习案例的设计与实施

——以三年级综合实践活动“我们来养蚕”项目为例

黄利锋　江苏省张家港市万红小学

我校在多年实施综合实践活动课程的过程中，逐渐积累了一些课程实施经验，例如：以项目方式推进课程实施，成立各年级综合性学习项目设计团队，项目内容的选择与组织由团队内各学科备课组长提供资源（根据本学科教材内容与教学要求把需要学生进行制作、调查、参观、实验等的教学主题挑选出来），并由综合实践活动课程指导教师进行项目式整合；以任务和问题为导向，从自我、社会、自然三个维度为学生设计具有真实情境和挑战性任务的综合性学习内容，引导学生在活动实践中自主运用各科知识，分析和解决现实生活中的真实问题，使学科知识在综合实践活动课程中得到延伸、综合、重组与提升。在课程实施过程中，其他学科教师会根据学生需求和指导教师的具体设计综合考虑是否参与协同教学。目前我校综合实践活动课程的项目实施方式主要有四种，即综合实践活动课程内整合、综合性主题项目设计、跨学科教学统整及社会实践学习。“我们来养蚕”主题统整远程协作项目学习属于其中的综合性主题项目设计，需要网络平台支持，需要家庭、学校和社会人士共同参与，从而全面丰富学生的学习体验，真正发展学生的综合素质。

一、“我们来养蚕”的设计与实施

（一）项目主题的选择与内容设计

“我们来养蚕”项目学习活动由我校三年级组的项目团队共同设计，主要参与学科有语文、科学、信息技术和综合实践活动课程。项目主题来自教科版科学教材三年级下册第二单元《动物的生命周期》，教学目标是开展养蚕实验，学会做观察记录，认识蚕的一生所经历的卵、幼虫、蛹、成虫四个阶段；通过数据分析发现生命的存在和变化。虽然我校用的是苏教版科学教材，但考虑到学生对养蚕活动的兴趣和部分学生曾经有过这方面的生活经验，以及五六月份又是养蚕的大好时节，我们认为可以尝试这样的项目主题。如何选择活动的内容呢？我们项目团队以头脑风暴方式着重思考了以下几个问题：要求学生在养蚕过程中做好观察记录，观察记录除了用科学观察的表格形式进行记录和统计分析外，是不是还可以用艺术化的形式（即思维导图）来呈现？基于学生的年龄特点，除了从生命科学的角度来认识蚕，是不是可以考虑引导学生从感性的视角去体验生命的伟大、从其他领域来了解蚕的知识？语文老师有不少想法，二年级语文教材中有《蚕姑娘》、五年级语文教材中有关于丝绸之路的课文……于是，四门学科的教师结合三年级学生的认知能力和特点，确认可以实施以“我们来养蚕”为主题的综合性学习，具体活动内容由综合实践活动指导教师来负责设计和实施，于是形成了下面的课程实施思维导图。

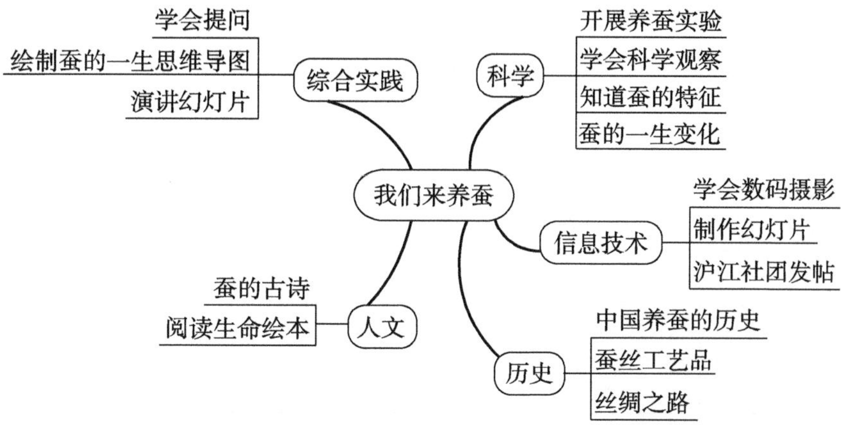


（二）课程活动的实施

“我们来养蚕”综合性学习案例总共设计了六项活动任务：①在家养蚕，做好观察记录；

②学习使用沪江平台；③丝绸之路专题学习；④亲子活动，制作养蚕观察报告和班级分享；⑤制作微绘本，讲述“我和蚕宝宝的故事”；⑥养蚕活动总结会。除了第三项因稍有难度，只有部分学生参与外，其他均为全员参与。鉴于本次活动需要家长密切配合，我们指定由班主任来负责学生学习过程管理及与学生家长的沟通。因教师同时承担综合实践活动课程和信息技术课的授课任务，可以根据活动内容的需要适时调整课时内容，借助沪江社团平台带领学生相机开展信息技术学习和基于网络的探究学习：教师在平台上提出学习任务；学生进行网络主题搜索，对信息整理加工后，直接在教师的主题帖后回复，其他学生可以对任何同学回复的信息进行评论，展开无拘无束的师生、生生互动。在这样的学习过程中，学生的信息搜索能力、辨别和评估能力都能得到很好的训练和提高，这也是学生开展研究性学习的必备能力之一。

【活动一】“我们来养蚕”线下实验

学生在家养蚕，学会观察，做好过程记录；能够有所发现，提出问题并解决问题。家长协助学生做好实验过程的拍摄、上传。

养蚕实验是一个让学生体验生命成长和学习观察的任务活动，属科学教育的内容。教育部原副部长韦钰倡导“做中学”科学教育理念，主张“让儿童亲自参与对物体和自然现象的发现（自然科学），让他们通过观察与实验接触实际，以获得重要的科学概念和科学概念之间的联系：学习探究的技能；促进语言和表达能力的发展；保护学生的好奇心和激发学习科学的主动性；激发想象力，扩展思维；改善合作和交往能力”。为此，我们详细设计了如下实施过程。

首先，指导教师在科学课上分发蚕种，布置养蚕实验任务，明确养蚕实验目标：学习并掌握采桑、喂食、清洁等基本养蚕技能；定期观测蚕在生长过程中身体的变化，并用下列表格做好记录；用文字、图画记录和描述蚕的生长变化；在观察中发现问题后，再进一步观察、研究。

蚕的孵化记录表

| 日期 | 气温 | 蚕卵的变化 | 我的发现 |
|---|---|---|---|
| | | | |
| | | | |
| | | | |

蚕的生长变化记录表

| 日期 | 体长（毫米） | 进食情况 | 排便 | 活动情况 |
|---|---|---|---|---|
| | | | | |
| | | | | |
| | | | | |

蚕蜕皮的观察记录表

<table>
<tr><th rowspan="2">蜕皮次数</th><th rowspan="2">日期</th><th colspan="2">外形变化</th><th rowspan="2">蚕蜕皮的过程</th></tr>
<tr><th>体长（毫米）</th><th>颜色</th></tr>
<tr><td>1</td><td></td><td></td><td></td><td rowspan="3"></td></tr>
<tr><td>2</td><td></td><td></td><td></td></tr>
<tr><td>3</td><td></td><td></td><td></td></tr>
</table>

其次，指导教师在综合实践活动课上提供“我们来养蚕”项目学习单，对学生养蚕实验进行过程指导，同时指引家长做好孩子养蚕实验的助手，但不允许包办代替学生的实验研究过程。

万红小学三年级项目学习《养蚕记》学习单

活动目标：
- 记录或拍摄孩子特别突出的表现，及时鼓励、表扬孩子，这是让孩子与蚕宝宝一起成长的很好的机会。
- 养蚕可以培养孩子的探究精神，陪伴孩子进行有目的的、系统的、持久的观察和实验，提升探究能力。
- 养蚕的过程可以培养孩子珍爱生命，孩子们亲身体验蚕生长、发育、繁殖、死亡的生命历程，认识生命的神奇与伟大。

活动任务：
- 根据蚕的生长周期，用相机、绘画和文字记录蚕宝宝成长的重要阶段。
- 搜集以蚕为主题的文学作品，了解蚕文化，体验生命的伟大。
- 阅读“成长与蜕变”主题绘本，如《我也可以飞》《阿立会穿裤子了》，感悟成长。
- 了解丝绸之路，知道养蚕和丝绸在中国古代社会的重要意义。

基础作业：
把蚕宝宝成长过程的系列图片上传至沪江社团，配上简短的文字说明和孩子的班级、姓名。
拓展作业：
我在这次活动中知道了什么？发现了什么现象？提出了哪些问题？我是如何解决这些问题的？

再次，班主任在家长QQ群中向家长提出活动建议。例如：给孩子的养蚕实验安排合理的养蚕空间，带孩子外出采集桑叶，提醒孩子每日观察；亲子共读相关绘本故事、共同观看教师推荐的视频，并交流读后感、观后感等。

最后，是资源和作品展示。这个环节其实也是对“活动一”相关项目学习的一个成果展示与分享。

对于三年级的学生来说，或许“活动一”的任务有些难度，从结果看，每个班差不多只有一半的学生真正完成了养蚕实验的全过程，能够做到认真观察并用文字记录观察结果的平均只有三分之一的学生。每个班挑选出来参与远程协作的学生都状态良好，家长也能帮助孩子拍照上传，用照片方式记录蚕的各个生长阶段及孩子的研究过程。参与远程协作的学生在沪江社团记录下了自己的养蚕收获。三（2）班的陈琪同学“自从把蚕宝宝带回家，每天一到家都要去（给蚕宝宝）喂食，看着蚕从又黑又小（长）到又白又胖，从吐丝到结茧，观察了蚕的一生，非常感动”，尤馨悦同学“看着蚕宝宝慢慢地长大，（忘不了它的）点点滴滴……虽然它长得不漂亮，但我们（一家）对蚕宝宝的感情很深很深”；三（3）班的黄子娴同学感触很深，“在这短短的四十几天里，我经历了养蚕的过程，不仅学到了许多科学知识，也懂得了一个深刻的道理——生命的价值在于奉献”。

从学生和家长上传的资源和作品可以看出，尽管基础作业大部分学生和家长都能积极参与并较好地完成活动任务，但拓展作业几乎没有呈现。这说明家长在陪伴孩子养蚕的过程中只是提供了物质上的支持，供孩子饲养、观察、记录现象，却没有启发孩子思考。当然，也许仅凭一张学习单，家长还不能完全正确地领会活动意图。或许下次实施，我们会考虑举行一次项目学习家长见面会，邀请家长共同参与项目设计，以确保实施效果。

【活动二】学习使用沪江平台

学习登录沪江平台，在平台上进行自我介绍，互相点赞并进行跟帖评论。

学生参加基于网络的远程协作学习，必须具备以下技能：熟练的文字输入技能；掌握在网络平台注册的流程，并记住自己的账号和密码；学会上传作品和参加讨论。这既是一个以任务为导向的技能学习与应用的过程，也是一个在活动中不断提升技能的过程。

首先是学习登录沪江社团，完善个人资料。为了便于学生记忆和体现学校用户特点，我们统一了学生用户名的注册规范。用户名为“‘江苏万红’4个字拼音首字母＋入学年份后两位数字＋班别二位数字＋学生全名”，如三（2）班的伍家民同学是2014年入学的，他的用户名便是“jswh1402伍家民”。至于注册密码，为了引导学生学会自我保密，我们让学生自行设置并牢牢记住。学生登录成功后，浏览个人主页上要求填写的相关资料。此时指导教师要及时把手机号和电子邮箱的重要性告诉学生，提示学生可以在回家后和家长一起补充主页资料，目的有二：一是万一丢失密码方便找回；二是方便家长在手机上同步登录，引导家长积极参与我们的项目活动。

其次是介绍远程协作的活动背景，引导学生浏览跨校主题帖，认识协作学习的远方伙伴并进行自我介绍。我们强调让学生来一个“精彩的亮相”，进行简短的自我介绍，让远方伙伴对自己有个初步的了解，为后续的互动打下基础。浏览两校学生的社交主题帖不难发现，他们都能够相互欣赏，发出真诚的赞美，有些甚至结识了兴趣相投的学友。

【活动三】丝绸之路专题学习

古代中国的丝绸之路与现代中国的“一带一路”，跨越几千年历史遥相呼应，展现出中华民族的亘古自信。本次丝绸之路专题学习，我们采用了观看视频、参观宣传栏和网络自主搜索的学习方式，循序渐进，带领学生从古代到现代、从视频到实地参观、从单向接收到自主学习，形成对丝绸之路与中华民族发展的知识建构。

首先是播放“张骞出使”的视频，带领学生了解丝绸之路的由来和对当时汉朝与西域文化经济交流的促进意义。视频中所呈现的西域风情，一下子吸引了学生的眼球。在观后讨论中，很多学生提到张骞出使排除万难、一心为国的大无畏精神值得学习，知道了当时的汉朝经济已经相当发达、国力强盛，为当时的丝绸和农产品在西域受欢迎感到自豪。

其次是安排部分学生在课余时间分组参观学校“一带一路”宣传栏，探索现代版丝绸之路。为提升学生的国际化视野，我校在二年级教室外墙布置了“一带一路”宣传栏，在一幅巨大的世界地图上标注了“一带一路”的路线图，能够清晰地看出沿线经过的国家和城市名称。

再次是围绕“一带一路”进行网络资源搜索和知识分享活动。在学生参观完校园“一带一路”宣传栏后，指导教师把学生参观的照片以主题帖的形式发布在网络平台上，并提出了下面两个问题：你在“一带一路”的地图上看到了什么？你还想知道关于“一带一路”的知识吗？教师的提问实际是在学生提问能力尚不足的情况下给学生搭了个学习支架，引导学生自主学习或同伴互助。先有学生提出通过读图还想了解的问题；然后有学生自己上网搜索，把答案回复到相应的问题后面；其他学生浏览该帖后如果觉得内容不对或答案不全，可以继续跟帖回复。通过这样的网络互动，枯燥的知识学习因为有人回应而变得灵动、有趣，学生的网上学习兴趣慢慢得到了培养。如万红小学卢岑问：“丝绸之路是什么意思？”要塞实小朱锦佳回复：“丝绸之路就是‘一带一路’，‘一带一路’是丝绸之路的简称。”这个回答把丝绸之路与“一带一路”搞混了，于是要塞实小刘辰焘再跟帖：“丝绸之路，简称丝路，分为陆上丝绸之路和海上丝绸之路……”万红小学陈诺言再跟帖：“‘一带一路’源于古代的丝绸之路。”通过网络对话，学生对这些常识概念越辩越明，这样的学习过程给学生带来了同伴间互助学习的乐趣。虽然这个知识点老师一句话就能给学生讲清楚，但学生自主获取知识的过程不同，带来的学习体验也就大不一样，关键是学习能力的提升程度也因此有了高下之别。

最后是蚕文化主题学习，通过网络搜索与蚕有关的诗词。中国是最早养蚕缫丝的国家，历来有“丝国”美誉，丝绸文化源远流长，蚕丝业与人们的生活息息相关。历代文人墨客留下了大量吟咏古人采桑养蚕、缫丝织绸的诗词。读这些作品，我们仿佛置身于多姿多彩、气象万千的古代社会生活之中，感受到古代人民采桑养蚕、缫丝织绸的辛酸和欢乐，同时也享受到历代大师赐给我们的文学艺术的甘霖。在这个学习过程中，学生开始自主拓展学习的内容，采用同样的方式对关于蚕的古诗文进行了专题检索。通过提交古诗文，再把其今译或解析回复在古诗文的下面，可以形成一对一的学习资源。虽然学生在这个学习过程中对蚕文化有了初步的了解，但是由于缺少专业教师的介入，对与蚕有关的诗词只能停留在了解层面，没有精读和深度理解经典诗词背后的故事。

【活动四】亲子活动，制作养蚕观察报告

班主任利用晨会课提出养蚕观察报告制作任务。学生经过一段时间的养蚕观察，对蚕各个阶段的变化有了一系列的图文记录，少数学生可以和家长一起完成养蚕观察报告。指导教师通过阅读学生和家长在养蚕主题帖下的回复可以发现，过半学生虽然历经桑叶采集、蚕房保洁等艰难困境，但在家长的协助下，还是成功地经历了蚕的一生的观察和记录，并成功地收获了蚕茧。另外，学生在信息技术课上对 PPT 制作有了初步认识，只是独立制作 PPT、完成养蚕观察报告确有一定困难，这对许多家长来说也是一个不小的挑战。单是整理照片资料、撰写观察文字、进行 PPT 版面设计和网络资料搜集等系列活动，对学生的养蚕过程体验和科学知识进行一个整合提升，便已经是相当困难了。结果可想而知，最终完成 PPT 的学生人数不足一半，还是亲子合作的结果。我们始终强调外在的帮助和介入要适度，家长需要和孩子一起做，但不能包办代替学生的自主学习过程，那有违我们设置综合实践活动课程的初衷。

【活动五】班级分享养蚕观察报告，制作微绘本，讲述“我和蚕宝宝的故事”

首先，挑选部分学生就自己的养蚕观察报告在班级进行演讲，结合 PPT 把养蚕的过程和收获表达出来，再让全班学生对该作品的内容及该学生的口头表达进行评论，营造互动氛围。演讲与思辨能力是学生需要着力打造的关键能力之一，也是培养学生领导力的重要途径。指导教师创设一个生生思维碰撞的机会，引导学生围绕养蚕经验进行交流，让学生在分享中学习、在反思中进步。

其次，指导教师用思维导图中的流程图模板指导学生创作微绘本，把蚕的一生用图画的形式表达出来，加深对蚕的变化特征的认识，提高学生艺术化的表达能力。在当前的热点话题“STEAM 课程开发”中，“A”就代表艺术，它融合了理性和感性，可以创造出极其个性化的产品，适应如今这个多元化时代的要求。

【活动六】养蚕活动总结会

养蚕活动总结会主要包括以下两个内容。

第一，指导学生用思维导图对整个项目学习内容进行梳理。思维导图图文并茂，可以用来训练学生的思维。三年级的学生也很喜欢使用这种学习工具，而且能够结合自身养蚕经验对书本知识进行二次创作，形成真正属于自己的知识体系，这是每个学生都很乐意尝试的一种学习方式。这次项目活动历时久、分支多且涉及多个知识领域，因而在学生头脑中的印记是分散的。在养蚕活动总结会上，指导教师可以引导学生借助思维导图这个支架，将养蚕记、蚕文化、蚕手工和“一带一路”设为四个一级分支，再串联其他具体的知识点作为二级分支，进而构建起整个项目活动的内容框架。从网上提交的作品看，学生思路清晰，所设计的思维导图图文搭配、富有创意，有“一带一路”的路线图，还有蚕宝宝、桑叶的简笔画等。

第二，观摩要塞实小的学生作品，在网络上互相评论，了解协作学校的哥哥姐姐们都做了什么。让笔者印象深刻的是，当我们的学生看到要塞实小学生的蚕茧画时，个个都表现得非常惊奇和佩服，而且纷纷表示也想尝试去做。这项手工技术笔者也是第一次见到，应该可以成为我们下次开展该项目活动时的一项重要内容，届时我们还可以邀请要塞实小的学生以远程视频的方式来辅导我们的学生进行创作。要塞实小的学生还去当地的企业参观了蚕丝工艺，我们这边却没有相关的企业，为什么会没有呢？这也可以引发我们的深入思考。

二、项目活动反思及综合实践活动课程本然的教学形态

笔者一直致力于技术在教育教学中的应用研究，深知信息技术在项目学习中有三大重要作用：一是探究工具；二是协作伙伴；三是分享平台。在“我们来养蚕”项目活动中，学生利用数码相机或智能手机拍摄蚕的一生中几种关键的变化形态，和家长一起学习用 PPT 制作养蚕观察

报告，这是传统的纸笔工具所无法替代的，其最大的功用是容易保存和传播。学生用搜索引擎获取相关知识，网络可以部分替代教师的知识传授，成为学生“知识渊博的学习伙伴”。在与这位“学习伙伴”的不断沟通中，学生自身获取信息和生产知识的能力也在不断提升。依托沪江社团建立的学习平台，更是学生学习的动力源泉，当他们的知识分享、思维导图、养蚕观察报告等各种形式的作品得到来自本校同级跨班同学和要塞实小高年级的哥哥姐姐们的点赞和评论时，一个个都非常兴奋，还要相互“攀比”点赞、浏览和评论的数量，主动邀请学友浏览自己的帖子，恳请他们提出建议。这完全发自内心的学习动力让老师的说教变得苍白无力，也让我们作为老师看到了“互联网＋”时代课堂教学方式的转变势在必行。沪江社团的好处是它的每一个帖子都能自动生成一个唯一的二维码，家长用微信或 QQ 扫描后就能分享到朋友圈，更为广泛地分享孩子的学习成果，充分展示了“互联网＋”的力量。

“我们来养蚕”综合性学习项目的设计与实施，是笔者所在的万红小学第一次开展跨学科主题教学尝试，参与的各科老师对这种学科整合的模式还不够了解，因此没有真正参与到案例的教学实施中：想法是有的，只是还不知道以什么样的方式进行协同教学、如何与本学科的教学进行有效融合及如何安排课时等。弄清了问题所在，我们便可以针对问题想出办法，在实践中去尝试解决。这次跨学科的教学实验对推动万红小学的课程改革具有深刻的现实意义。

综合实践活动课程已经实施了十多年，虽然人们都认同这门课程的价值，但多数学校却难以常态化实施。根本的问题在于教师在内心深处还是把它当成了一个传统意义上的学科，希望有相应的教材帮助实施教学。这种想法不仅不现实，而且有违课程设置的初衷。《指导纲要》明确指出：“综合实践活动课程由地方统筹管理和指导，具体内容以学校开发为主，自小学一年级至高中三年级全面实施……课程目标是以培养学生综合素质为导向……强调学生综合运用各学科知识，认识、分析和解决现实问题，提升综合素质，着力发展核心素养，特别是社会责任感、创新精神和实践能力，以适应快速变化的社会生活、职业世界和个人自主发展的需要，迎接信息时代和知识社会的挑战。”

说到综合素质，也许有人会想到当年叫得很响的素质教育。在当前教育形势下，我们不应简单地去评判什么是应试教育和素质教育，但是应该明确扎实的基础知识和基本技能是学生进行深度探究学习的前提。如果没有了这些，一切学习和活动都会流于热闹和形式，等于在浪费学生宝贵的学习时间。学生在综合实践活动课程中所发现的问题要在相关学科教学中分析解决，所获得的知识要在相关学科教学中拓展加深。综合实践活动课程作为一门实践性课程，面向学生完整的生活世界，需要指导教师把学生的好奇心和兴趣点设计成一个个学习项目，再引导学生在开放式的学习活动中发展科学探究能力、团队协作能力、人际交往能力和社会责任感等核心素养，这便是综合实践活动课程的优势所在。

案例 4

## 宝贵的资源

刘立 北京市广渠门中学附属花市小学

一、活动背景

针对节约资源，以前我们也进行过一些口头教育，但是没有引起学生内心的触动，浪费资源的现象依然存在。在资源逐渐减少的形势下，珍惜资源、节约资源是每个人的责任。“宝贵的资源”是通过活动使学生了解什么是资源、认识身边的资源、体会资源对人类的重要价值，培养学生珍惜资源的情感和崇尚节俭的生活方式、进一步体会节约资源的重要性。鼓励学生积极参与到珍惜资源的行动中来，珍惜资源就是珍爱我们的生活。通过课前调查、小组合作、讨论、制作等活动体验，培养学生搜集信息、发现问题、解决问题的能力。

二、活动目标

使学生认识身边的资源，培养搜集信息、处理信息的能力。

感悟资源是人类生存、生活所必需的，而地球上的资源是有限的，有些资源是不可再生的。引导学生初步感知资源对人类的生存和发展起着决定性作用。

体会资源对人类的生存和发展的重要性，培养学生的主人翁意识和社会责任感。提高学生节约资源的意识，培养学生可持续发展的价值观。

激发学生节约资源、保护资源、合理利用资源的情感。

通过课前调查、模拟活动、问题探究、制作等活动体验，使学生感知资源对人类生存和发展的重要性，激发他们节约资源的愿望。

三、活动重、难点

活动重点：感悟资源是人类生存、生活所必需的，而地球上的资源是有限的，有些资源是不可再生的。引导学生初步感知资源对人类的生存和发展起着决定性作用。

活动难点：采用小组合作、讨论、体验的方法来认识、感悟资源的重要性。

四、活动准备

教师：多媒体、有关资料、玻璃球、小碗。

学生：记录纸、图画纸、彩笔、剪刀、胶棒、胶条等。

五、活动过程

### 第一课时 认识身边的资源

通过前测了解到，学生知道一些资源，但是对资源的概念和分类并不了解。因此，本课的重点确定为引导学生了解资源的概念和分类。

| 活动步骤 | 学生 / 教师互动 | 学生 / 教师互动的目的 |
| --- | --- | --- |
| 活动导入（集中话题） | 同学们，老师这里有一支钢笔，你们知道它是用什么材料做的吗？ 你知道这些材料分别来自哪些资源吗？ | 引出活动内容。<br>激发学生了解身边资源的兴趣。 |
| 探究过程 | 活动一：<br>自己家客厅或卧室摆设的物品是用什么材料制作的？这些材料来自哪些资源？请你把你的调查结果和小组同学进行交流。<br>（1）要求：小组交流选出一名同学作汇报，其他同学作补充。<br>（2）分组交流：教师参与各组活动。<br>（3）各小组汇报。 | 活动一：<br>了解身边的资源。<br>培养学生交流信息的能力。<br>训练学生的语言表达能力。 |
| | 活动二：<br>引导学生认识自然环境为人类提供了资源，了解资源的概念及分类。<br>（1）同学们刚才提到了许多资源，有谁知道资源指的是什么？<br>（2）小组交流。<br>教师巡视辅导。<br>（3）各小组汇报对资源的理解（资源指的是生产资料或生活资料的天然来源）。<br>（4）资源一般可以分成可再生资源和非可再生资源两大类。什么是可再生资源和非再生资源？<br>分组交流后汇报。<br>（5）小结：可再生资源指在较短时间内可以再生、可以循环利用的资源，包括土地资源、水资源、气候资源、生物资源等；非可再生资源指在使用后不能再生的资源，如矿产资源。 | 活动二：<br>了解资源的概念。<br>培养学生交流信息的能力。<br>训练学生的语言表达能力。<br>了解资源的分类。 |

**第二课时　了解资源的重要性**

通过上一个活动，学生认识了身边的各种资源，对资源的概念和分类也有了一些了解。但对于资源和我们人类的生存、生活到底有着怎样的关系且对其起着怎样的作用，学生并没有深刻的认识。因此，在本环节教学中，我设计了“分配资源”的游戏活动。根据年龄特点，学生有着丰富的想象力，可以充分体会当代人如何满足对资源的需求及如何给后代留下发展空间，从而进一步体会资源对我们的生存、生活的重要性。

| 活动步骤 | 学生 / 教师互动 | 学生 / 教师互动的目的 |
| --- | --- | --- |
| 活动导入（集中话题） | 我们先来做一个“分糖果”的游戏。<br>六人一组，其中每两人分别代表祖辈、父辈和孙辈三代人。白色的小碗里有 12 个玻璃球，代表各种糖果。你们打算怎样分？<br>小组讨论。<br>汇报交流。 | 激发学生的学习兴趣，为下面的活动做准备。<br>培养学生的交流和语言表达能力。 |
| 探究过程 | 活动一：<br>第一次“分资源”。<br>1. 在“分糖果”的游戏中，同学们做得非常好。大家都知道要孝敬长辈，把多的糖果分给他们。<br>2. 如果这 12 个玻璃球代表我们生存所需要的全部资源，你们看看这样分合理吗？那又该怎样分呢？<br>小组讨论，分配资源。<br>汇报分配结果。 | 活动一：<br>初步体验根据需求获取资源。<br>培养学生的想象能力。 |

续表

| 活动步骤 | 学生 / 教师互动 | 学生 / 教师互动的目的 |
| --- | --- | --- |
| 探究过程 | 活动二：<br>发现问题，重新分配。<br>第二次“分资源”。<br>1. 同学们介绍了几种不同的分配方案，每一代人都会拿到各自需要的资源。如果资源全被三代人分完了，这时还要引导学生想一想：我们后边还有许多的子子孙孙，那他们怎么办呢？<br>2. 同学们想一想该怎样分？<br>小组讨论，分配资源。<br>汇报分配结果。 | 活动二：<br>再次发现问题，通过活动体会满足后代发展的重要性。 |
| 总结延伸 | 活动三：<br>1. 通过活动，同学们总结体会。<br>2. 课下调查身边浪费资源和珍惜资源的现象。 | 活动三：<br>充分体会资源的宝贵和珍惜资源、节约资源的重要性。 |

通过课堂活动体验，使学生深入浅出地体会资源的获取要适度，既要满足当代人的需求，又要考虑到后代人的生存发展，充分体会资源的宝贵和珍惜资源、节约资源的重要性。

浪费资源调查表

调查日期：　　　　　　　　调查人：

| 哪方面 | 怎样做 |
| --- | --- |
| | |

节约资源调查表

调查日期：　　　　　　　　调查人：

| 哪方面 | 怎样做 |
| --- | --- |
| | |

### 第三课时　了解身边浪费资源和节约资源的现象

| 活动步骤 | 学生 / 教师互动 | 学生 / 教师互动的目的 |
| --- | --- | --- |
| 活动导入<br>（集中话题） | 同学们，老师这里有一段录像和几张图片，请你们看一看它们反映了什么现象。<br>1. 为什么会出现图片当中的现象？<br>2. 你知道哪些破坏资源和浪费资源的现象？ | 激趣导入，引出活动内容。<br>使学生了解地球上的资源正在被人们利用甚至是破坏着。 |

续表

| 活动步骤 | 学生 / 教师互动 | 学生 / 教师互动的目的 |
| --- | --- | --- |
| 探究过程 | 活动一：<br>森林资源、水资源等遭到了破坏，在我们身边也有一些破坏资源和浪费资源的现象，你们发现了吗？请你把你的发现和小组同学进行交流。<br>1. 要求：小组交流，整理调查资料。<br>选出一名同学作汇报，其他同学作补充。<br>2. 分组交流。<br>教师参与到各组活动中。<br>3. 各组汇报。 | 活动一：<br>了解身边破坏、浪费资源的现象。<br>培养学生整理资料的能力、交流信息的能力。<br>训练学生的语言表达能力。 |
| | 活动二：<br>地球上的资源是有限的。我们每天都会消耗各种资源，还有一些人肆意浪费资源，因此资源会越来越少。资源用完了该怎么办？你有什么节约资源的好办法吗？请你快把你知道的节约资源的小窍门或经验讲给小组同学。<br>1. 要求：<br>（1）总结经验。<br>（2）分别是怎样做的。<br>（3）填好统计表。<br>（4）选一名同学作记录。<br>（5）选一名同学作汇报。<br>2. 小组交流。<br>教师巡视辅导。<br>3. 各组汇报。<br>同学们介绍的经验真是太好了！老师课下也进行了一些调查，请你们看一看人们是如何利用先进的科学技术节约资源和合理利用资源的。<br>（播放课件） | 活动二：<br>了解身边节约资源的现象。<br>培养学生整理资料的能力、交流信息的能力。<br>训练学生的语言表达能力。<br>了解人们是如何利用先进的科学技术节约资源和合理利用资源的。 |

第四课时　共同行动起来，珍惜资源、利用资源

本环节是对本课教学的一个知识拓展，让学生知道我们还能开发新能源来方便人们的生活，从而培养学生的探究意识，明确进一步学习的方向。为了人类社会能够持续发展，要从小树立节约资源的意识。

| 活动步骤 | 学生 / 教师互动 | 学生 / 教师互动的目的 |
| --- | --- | --- |
| 活动导入（集中话题） | 地球上到处都有宝贵的资源。珍惜资源就是珍爱我们的生活。同学们，让我们一起参与到珍惜资源的行动中来。 | 激发学生积极参与珍惜资源活动的兴趣。 |
| 探究过程 | 1. 请大家想一想，我们都可以做些什么？<br>例如：成立一个节水小组或“变废为宝”小组。<br>2. 自由结合小组，选择一项内容并制订活动计划。<br>3. 汇报各组计划。 | 指导学生能够做到节约资源，养成珍惜资源的行为习惯。 |
| 总结评价 | 各小组同学都制订了活动计划，希望大家积极投入活动当中，珍惜资源就是珍爱我们的生活。 | 鼓励学生积极参与到珍惜资源的行动中，共建我们的家园。 |

对学生学习效果的评价主要采用评价表帮助学生进行自评，做到的给小笑脸涂上自己喜欢的颜色。这更有助于学生在对自己学习过程的反馈中调整学习进程和方法，有利于进一步的学习

和发展。

学习效果评价表

| | | | | |
|---|---|---|---|---|
| 搜集资料的方法 | 看书查资料 | 上网查资料 | 看音像资料 | 听别人讲 |
| 处理信息的方法 | 写下来 | 画下来 | 讲出来 | |
| 课上活动情况 | 积极参与交流 | 能参与交流 | 没有参与交流 | |
| 成果展示 | 节约资源宣传小报 | 节约资源宣传绘画 | “变废为宝”小制作 | |

六、课后反思

通过教学活动使学生了解什么是资源，认识身边的资源，初步感知资源对人类的发展和生存起着决定性作用，而地球上的资源是有限的。培养学生的主人翁意识、社会责任感及可持续发展的价值观。激发学生节约资源、保护资源、合理利用资源的情感。通过课前调查、小组合作、讨论、制作等活动体验，培养学生搜集信息、发现问题、解决问题的能力。

课前的调查活动是一个难点，因此，学生在参与调查活动时需要教师的指导和家长的帮助与支持。

## 第三节　小学高年级综合实践活动课程案例分析

小学高年级综合实践活动课程进一步体现文化性、研究方法丰富性及任务挑战性，同时体验强度进一步增加，卷入性更加丰富。

案例 1

### 感受中国茶文化

艾建敏　北京市东城区和平里第三小学

| 教学基本信息 | | | |
|---|---|---|---|
| 课题 | 感受中国茶文化 | | |
| 学段 | 高年级 | 年级 | 五年级 |
| 相关领域 | 研究性学习　社会实践与社区服务 | | |

续表

| 主题活动的背景分析 |
| --- |
| 题目来源：<br>中国茶文化博大精深、源远流长，我国是世界上最早利用茶、最早人工栽培茶树和加工茶叶的国家，世界各国最初所饮用的茶叶、引种的茶树、饮茶方法、茶树栽培及茶叶加工技术、茶事礼俗都是直接或间接从中国传播过去的。目前世界上有 50 多个国家种植茶树，160 多个国家的人民饮茶。而茶的故乡在中国，茶是中国的国饮。茶文化流传至今，与我们的生活密不可分，饮茶在人们的生活之中十分普遍。学生们对于茶的知识或多或少知道，问题也不少，例如："我听说过很多茶叶，茶叶的种类到底有多少呢？""茶最早是谁发现的？""我家里人很喜欢喝茶，有时泡得好喝，有时却泡得很难喝，怎样泡茶更科学、最好喝？""工夫茶的茶具很精致、很漂亮，但是我不知道它们叫什么名字，也不太清楚具体怎么用。"……看来，茶文化离学生的生活很近，学生具有一定的生活经验，但又缺乏较为深入的了解，同时也不确定这些生活经验是否准确。因此，学生对中国茶文化具有浓厚的学习兴趣。<br>学校资源状况：学校有小茶人兴趣小组、小茶人表演队和茶艺专业教师，能够为课题的开展提供专业知识的辅导。<br>社会资源状况：学校周边有茶叶专营店、茶艺馆、小商品市场（其中有茶叶专卖区）。同时，在长期的活动中，学校与几家经营茶叶的企业关系融洽，这些企业能够为学生的社会实践学习提供支持。<br>学生情况：五年级学生还不具备研究能力，但是他们搞研究的热情特别高，有从多个角度看待问题的意识。教师要从指导学生提问题开始，步步跟进地给予研究方法的指导，如在研究中如何较完善地制订研究方案、怎样用科学的方法开展研究及在参与社会实践时应注意哪些问题等。学生还不能周全地考虑问题，总结归纳的能力不强，教师要时刻关注研究进程，适时给予提示和引导。<br>技术准备：<br>1. 活动准备阶段，学生在教师的组织指导下选题、结组、制订研究方案。<br>2. 教师关注学生研究动态，根据学生需要指导学生的研究活动。<br>3. 教师引导学生采用多种形式与同学分享研究成果，和同学互动时做好充分预设。<br>4. 教师适时帮助学生联系资源单位。 |
| 对主题活动（研究课题）的描述 |
| "感受中国茶文化"主题活动中，学生从茶叶的种类、各种茶叶的科学的冲泡方法、茶具的种类及用途、少数民族饮茶风俗、如何科学饮茶促健康及与茶相关的文学艺术作品六个方面开展研究，通过上网、查阅书籍、询问家长、实际操作练习、实地到茶叶店中考察、采访社会资源单位相关专家等研究方式展开学习，从而较为系统地了解中国茶文化，在研究中感受学习的乐趣、体会中国茶文化的博大精深及增强对中国传统文化的热爱。<br>本主题活动按照走进茶文化和推广茶文化两个阶段实施，其中走进茶文化阶段按照活动准备、活动实施、总结交流三个阶段进行。（1）活动准备阶段的主要活动内容是学生根据自己感兴趣的话题结成小组、确定选题、选择研究方法、制订小组研究计划书。（2）活动实施阶段是以小组为单位开展研究活动，各小组按照研究计划书采用上网、查阅书籍、采访、实际操作、实地考察等方式进行研究。教师组织学生有序地开展研究活动，为学生提供必要的研究方法的指导，随时关注学生的研究动态，根据学生需要提供支持、指导、帮助。（3）总结交流阶段的主要活动内容和形式是学生梳理研究过程、整理研究资料，教师指导学生结题，各小组采用多种方式汇报研究成果，全体学生进行活动反思与评价。<br>推广茶文化阶段是走进茶文化阶段的拓展延伸，主要活动内容和形式是将本次研究学习成果与他人一起分享，开展茶文化宣传活动。<br>课时安排：<br>★走进茶文化阶段：16 课时<br>活动准备阶段：5 课时<br>活动实施阶段：5 课时<br>总结交流阶段：6 课时<br>★推广茶文化阶段：8 课时以上 |

续表

**主题活动的教学目标**

主题活动目标：

1. 在中国茶文化的研究活动中，学生感受到中国茶文化的博大精深、源远流长，体会到饮茶的每个细节都蕴含丰富的文化内涵，更加热爱民族传统文化。

2. 学生采用搜集整理信息资料、访谈、情景模拟、实际操作、实地考察等研究方法开展研究活动，在研究中能够初步具有科学严谨的研究态度、掌握初步的研究能力、学会 1～2 种研究方法、发展实践能力。

3. 学生在主题研究中认识到中国茶文化内容广泛、内涵深刻，能从茶叶品种、冲泡方法、使用茶具、科学饮茶、各民族饮茶习俗等多个方面了解茶，并能够将自己的学习成果与他人进行分享，宣传民族茶文化。

4. 在研究活动中，学生能够克服遇到的困难，具有积极向上的学习态度，学会与人交往、共同合作，体会到研究的乐趣。

**活动流程示意**

感受中国茶文化

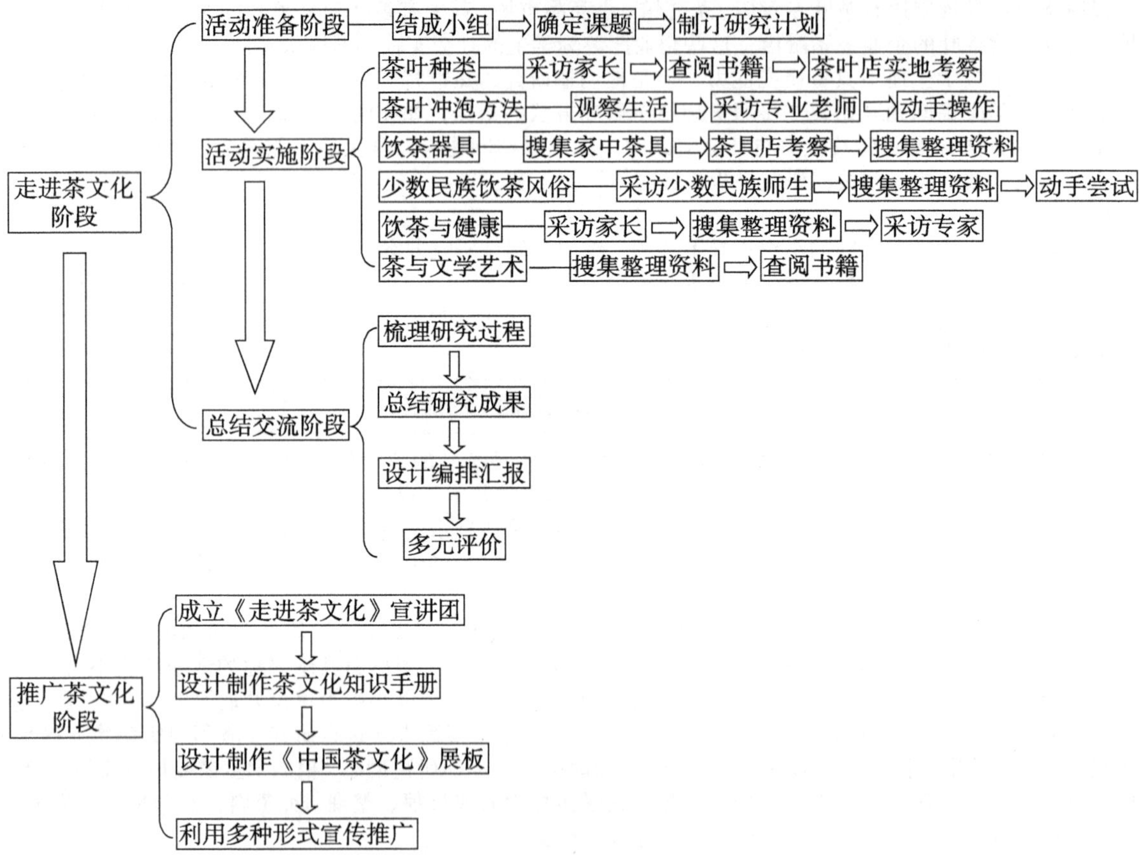


**活动过程**

一、走进茶文化阶段

（一）活动准备阶段

1. 主要任务

（1）学生根据自己感兴趣的话题结成小组，确定课题。

（2）小组制订研究计划。

2. 具体步骤

（1）创设问题情境，激发学生研究兴趣：

①同学们听说过茶吗？你喝过茶吗？

续表

| 活动过程 |
| --- |
| ②你知道哪些和茶相关的知识？<br>③介绍我国茶文化：目前世界上有 50 多个国家种植茶树，全世界有三分之一的人饮茶。而茶的故乡是中国，我国是世界上最早利用茶、最早人工栽培茶树和加工茶叶的国家，世界各国最初所饮用的茶叶、引种的茶树、饮茶方法、茶树栽培及茶叶加工技术、茶事礼俗都是直接或间接从中国传播过去的。茶是我国的国饮。<br>④你还想了解哪些关于茶的知识？<br>（设计意图：激发学生情感，产生研究茶文化的热情）<br>（2）学生根据自己的兴趣结成小组（预设）：<br>第一小组：茶叶的种类。<br>第二小组：茶叶的冲泡。<br>第三小组：饮茶器具。<br>第四小组：少数民族饮茶风俗。<br>第五小组：饮茶与健康。<br>第六小组：茶与文学艺术。<br>（3）小组制订研究方案，撰写研究计划书。<br>①各小组自行设计研究方案。<br>②全班交流，自主发现问题。<br>预设出现的问题：研究内容与研究课题不对应，研究的具体问题不明确，研究方法选择不合理，计划书中缺项等。<br>③教师出示小组研究计划书样例。<br>④各小组再次制订研究计划。<br>⑤交流修改完善研究计划。<br>（设计意图：先自行让学生尝试设计研究计划，学生由于经验不足，会出现各种问题。在交流中，学生自己就会发现问题，从中获得直接经验。然后教师适时出示较为规范的研究计划书的样例，学生再次制订和修改，从而体会研究的科学与严谨，锻炼能力）<br>（二）活动实施阶段<br>1. 主要任务<br>各小组按照小组研究计划书开展研究。<br>2. 基本过程（预设）<br>第一小组：茶叶的种类。<br>研究内容：中国茶叶的分类（种类）。<br>研究方法：采访家长、搜集整理资料、社会实践（到茶叶专卖店实地考察）。<br>研究步骤：<br>（1）学生家中会有茶叶，首先了解家中的茶叶是什么茶，应该属于哪类茶。<br>预设 1：学生知道家里的茶叶名称，也知道其种类，例如：西湖龙井——绿茶，茉莉花茶——花茶。<br>预设 2：学生知道家里的茶叶名称，不知道其种类或答案不准确，例如：毛尖茶——毛尖类，铁观音——绿茶。<br>预设 3：学生不知道家里的茶叶名称，也不知道其种类。<br>（2）查阅资料，从中了解中国茶叶的分类情况。中国茶叶分为基本茶类与再加工茶类两大类。基本茶类分为六大类：红茶、绿茶、黄茶、白茶、黑茶、青茶（乌龙茶）；再加工茶类主要包括花茶、紧压茶、袋泡茶等。<br>可能遇到的问题及指导策略：<br>预设 1：学生可能直接搜出中国茶叶分成六大类。<br>指导策略：网上的资料要进行验证，如果查阅的是书籍，要看其权威性。<br>预设 2：学生可能不明白为什么花茶属于再加工茶类。<br>指导策略：教师简要讲解花茶的加工，其是在基本茶类的基础上配以鲜花窨制而成。<br>预设 3：学生知道了基本茶类分为六大类，却不知道自己家里的茶叶或常见的名茶属于哪一类。 |

续表

**活动过程**

指导策略：继续查阅资料找答案。
预设 4：学生对于不常见的茶类存有疑问，例如：黄茶、白茶是什么茶？
指导策略：教师讲解。
预设 5：在查阅资料时，中国十大名茶的说法不同。
指导策略：教师引导学生查找中国十大名茶的评选标准，同时告诉学生中国十大名茶每年都会评选，结果必然会有所差异，所以网上和书中介绍的也不尽相同。
（3）社会实践：到茶叶专卖店实地考察。
考察前指导：选择哪家茶叶专卖店？
提前与店内服务员做好沟通，进行预约。
设计考察方案：考察目的、考察内容及问题，怎样观察？怎样记录？
预设 1：选择学校门口的张一元茶叶店实地考察，询问售货员研究的准确性。
预设 2：看一看各类茶叶的样品，获得直观经验。
预设 3：询问日常生活中常见茶叶的分类情况。
预设 4：在茶叶店内看到花草茶，了解到花草茶不属于茶叶的范畴，而属于代茶饮，如菊花茶、玫瑰茶、绞股蓝茶、决明子茶等。
预设 5：第一小组实地考察记录单。

时间：________ 地点：________ 参加人员：________________

| 茶叶名称 | 所属种类 | 外形特点 |
|---|---|---|
| 西湖龙井 | 绿茶 | 扁平，绿中带黄 |
| 铁观音 | 青茶（乌龙茶） | 球状、螺旋 |
| 普洱茶 | 黑茶 | 方砖紧压型，黑色 |
| …… | | |

第二小组：茶叶的冲泡。
研究内容：如何科学地冲泡茶叶。
研究方法：观察生活，请教专业教师，动手操作。
材料准备：茶叶、茶具。
获取途径：组员从家里带来，或者找学校的茶艺专业教师借。
研究步骤：
（1）学生观察自己的家人是怎样泡茶的，品尝茶水的滋味。
（2）组员之间互相交流。
预设 1：茶叶放得太多，茶水很苦。
预设 2：茶叶泡的时间过长，茶水很苦，不好喝。
预设 3：用工夫茶具冲泡铁观音很好喝，但是并不知道能不能用工夫茶具冲泡绿茶和花茶。
（3）动手冲泡尝试。
预设 1：少放茶叶，泡的时间短一些，好喝。
预设 2：放茶叶太少，茶水没滋味。
预设 3：用组员带来的工夫茶具泡绿茶，并不好喝。
预设 4：冲泡时水很烫，动作显得笨拙。
（4）请教学校的茶艺专业教师，获取信息。
①不同的茶类有不同的冲泡方法，冲泡时使用的茶具、水温、浸泡时间、茶与水的比例及冲泡的次数各不相同。
②介绍各类茶的冲泡方法：教师介绍方法，组员按照教师介绍的程序、步骤及要求尝试冲泡。

续表

| 活动过程 |
|---|
| ③第二小组访谈学习记录用表。<br>组员：______ 时间：______ 地点：______<br>被采访人： |

| 茶类 | 使用茶具 | 茶与水的比例 | 水温 | 浸泡时间 | 冲泡次数 |
|---|---|---|---|---|---|
| 绿茶 | 玻璃杯 | 1：50 | 90℃左右 | 3 分钟 | 三至四次 |
| 花茶 | 瓷质盖碗 | 1：50 | 90℃左右 | 3 分钟 | 三至四次 |
| 乌龙茶 | 紫砂壶 | 1：20 | 100℃左右 | 1 分钟 | 五至七次 |
| 红茶 | 瓷质茶具 | 1：50 | 90℃左右 | 1 分钟 | 三至四次 |
| 黑茶 | 陶土茶具 | 1：50 | 100℃左右 | 1 分钟 | 五次以上 |
| …… | | | | | |

（5）动手实际操作，获得经验。

预设 1：先用冷水练习冲泡方法，再用热水进行尝试。

预设 2：冲泡时动作不美。

指导策略 1：教师指导冲泡时要注意方法。

指导策略 2：教师引导学生在冲泡过程中注意礼仪。

①凤凰三点头：寓意是向客人三鞠躬以示欢迎。

②茶壶放置时壶嘴不能正对客人，否则表示请客人离开。

③回转斟水、斟茶、烫壶等动作，右手必须以逆时针方向回转，左手则以顺时针方向回转，表示招手即“来！来！来！”的意思，欢迎客人来品茶，否则表示挥手即“去！去！去！”的意思。

④茶具的图案面向客人，表示对客人的尊重。

⑤持品茗杯时三龙护鼎。

⑥泡茶时动作要轻、准、稳；冲泡过程中要尽量左右手交替进行，不可总用一只手去完成所有动作，并且左右手尽量不要有交叉动作；注意高冲低斟。

⑦奉茶时要注意先后顺序，先长后幼、先客后主。

指导策略 3：学生搜集以茶待客的礼仪与讲究。

指导策略 4：从冲泡茶叶到茶艺表演需要不断地练习与实践。

第三小组：饮茶器具。

研究内容：饮茶时使用的器具名称与用途、用法。

研究方法：搜集家中茶具，茶具店考察，搜集整理资料。

研究步骤：

（1）学生观察家里的茶具都有哪些，分别怎样使用。

预设 1：认识家里的茶具，并知道怎样使用。

预设 2：会使用家里的茶具，但是不知道茶具的准确名称。

预设 3：家里有高级的工夫茶具，但是不认识也不会使用。

……

（2）组员之间交流自家茶具。

（3）到茶具店实地考察学习。

指导策略：指导学生设计考察记录。

续表

| 活动过程 |
| --- |
| 预设：第三小组考察记录单。 |

| 时间：________ 地点：________ 参加人员：________ | |
| --- | --- |
| 茶具名称 | 用　　途 |
| 紫砂壶 | 冲泡茶叶 |
| 随手泡烧水壶 | 烧开水 |
| 品茶杯 | 喝茶 |
| 茶盘 | 摆放茶具 |
| …… | |

（4）搜集整理资料。
预设 1：上网查阅资料，了解更多的茶具知识。
预设 2：查阅书籍《中国现代茶具图鉴》，较为系统地研究饮茶用具。
预设 3：学校有小茶人表演队和兴趣小组，到茶艺专业教师处借阅。
预设 4：小组整理获得的信息。
①茶具根据用途分类。
辅助用具：随手泡烧水壶、茶巾、茶道组、茶盘、茶叶罐、桌旗……
泡茶用具：茶壶、茶杯、玻璃杯、盖碗、公道杯……
品茶用具：品茗杯、茶盏、茶杯……
②茶具根据材料分为：竹木茶具、陶土茶具、瓷质茶具、金属茶具、玻璃茶具、漆器茶具、搪瓷茶具及其他。
③日常生活中常用的茶具的品种（图片）。
④整理更多精美的茶具精品（图片）。
第四小组：少数民族饮茶风俗。
研究内容：少数民族饮茶时的风俗习惯。
研究方法：采访少数民族老师和同学、搜集整理资料、动手尝试制作。
研究步骤：
（1）采访学校少数民族老师和同学，了解他们在饮茶习惯上有哪些特点。
指导策略：引导学生争取学校支持，进行对少数民族师生的调查，确定访谈人员后再进行访谈。
（2）通过搜集整理资料了解更多少数民族饮茶习俗。
指导策略 1：学生可以先自行搜索，然后教师引导学生设计学习表格，便于研究。

| 民　族 | 习　俗 | 茶 叶 | 制作方法 | 独特之处 |
| --- | --- | --- | --- | --- |
| 蒙古族 | 马奶茶 | 黑茶 | 黑茶、奶、盐放在一起煮沸 | |
| 回族 | 刮碗子茶（八宝茶） | 绿茶、花茶 | 八种材料放在一起冲泡 | 口味独特 |
| 白族 | 三道茶 | 绿茶、烤茶 | 苦茶：先烤到有些发焦再冲泡<br>甜茶：放入红糖、乳扇等使茶发甜<br>回味茶：放入姜、盐、花椒等多种调味料 | 先苦后甜再回味的人生寓意 |
| …… | | | | |

指导策略 2：引导学生关注这些少数民族饮茶习惯背后的文化内涵，少数民族的饮茶习俗是中国茶文化的重要组成部分。

续表

| 活动过程 |
| --- |

（3）动手尝试制作、品味民族茶。

第五小组：饮茶与健康。

研究内容：怎样饮茶有利于身体健康。

研究方法：采访家长、搜集整理资料、采访专家。

研究步骤：

（1）组员采访家长，从家长处了解一些饮茶对身体健康的影响。

预设 1：有些家长对茶有研究，知道一些关于喝茶的知识。

预设 2：有些家长不知道喝茶的好处，只知道能解渴。

预设 3：有些家长知道一些喝茶的好处，但并不知道是否准确。

（2）搜集整理资料。

预设 1：上网搜集整理资料，从中了解饮茶对身体健康的益处。

指导策略：学生获得的喝茶的好处等相关信息可能更多，教师注意引导学生意识到饮茶虽然对身体有多种益处，但是还要注意辩证地看待问题，不同的茶叶、不同的季节、不同的人群、不同的饮茶时间这些因素都影响饮茶的效果，只有科学地饮茶才会使茶叶发挥保健作用。

预设 2：学生继续查找资料，探究怎样饮茶才是科学的及饮茶有哪些适宜与禁忌事项。

（3）采访资源单位相关专家，验证从网络获得的信息的准确性。

指导策略：教师为学生提供学习资源，指导小组采访前要与被采访人提前沟通，进行预约，做好访谈计划。

| | | | |
| --- | --- | --- | --- |
| 时间： | 地点： | | 组员： |
| 资源单位： | | | 专家： |
| 茶叶种类或名称 | 功效 | 用法 | 注意事项 |
| 绿茶 | 防辐射、去火 | 冲泡即可 | 胃寒的人不宜饮用，睡眠不好的人不宜下午饮用，冬季不宜饮用 |
| …… | | | |

第六小组：茶与文学艺术。

研究内容：茶文化对文学艺术作品的影响。

研究方法：搜集整理资料。

研究步骤：

（1）组员根据研究计划书中的分工，搜集整理自己研究领域的资料。

预设 1：与茶相关的音乐十分广泛，涉及歌曲、乐曲、戏曲。

指导策略：教师提示学生搜集来的音乐不要一一罗列，引导学生进行归类，例如哪些适合表演《采茶舞》、哪些适合做背景音乐。

预设 2：与茶相关的绘画作品非常多，学生不知怎样整理。

指导策略：按照画作的年代分类，引导学生关注画中表现的具体内容与茶的关系。

预设 3：查找和茶有关的书籍。

指导策略：注意分类，找出哪些是和茶有关的著作、哪些是关于茶叶的专著，以及这些著作对后世茶文化发展的影响。例如：文学作品中和茶有关的著作有老舍的《茶馆》、曹雪芹的《红楼梦》；茶叶专著有陆羽的《茶经》、苏东坡的《叶嘉传》。

预设 4：搜集到很多首茶诗。

指导策略：教师引导学生不仅要了解茶诗的内容，还要了解作者要表达的意思。

（2）学生根据教师指导，对搜集来的资料进行再次整理、简化、加工。

续表

**活动过程**

（三）总结交流阶段

1. 各小组梳理整个研究过程，总结研究成果，撰写结题报告书。

“感受中国茶文化”小组研究结题报告书

<table>
<tr><td colspan="2">组　　别</td><td></td><td>小组长</td><td></td></tr>
<tr><td colspan="2">研究课题</td><td colspan="3"></td></tr>
<tr><td colspan="2">开题时间</td><td></td><td>结题时间</td><td></td></tr>
<tr><td colspan="2">组员</td><td colspan="3"></td></tr>
<tr><td rowspan="9">研究步骤</td><td rowspan="3">第一步</td><td>内容</td><td colspan="2"></td></tr>
<tr><td>方法</td><td colspan="2"></td></tr>
<tr><td>成果</td><td colspan="2"></td></tr>
<tr><td rowspan="3">第二步</td><td>内容</td><td colspan="2"></td></tr>
<tr><td>方法</td><td colspan="2"></td></tr>
<tr><td>成果</td><td colspan="2"></td></tr>
<tr><td rowspan="3">第三步</td><td>内容</td><td colspan="2"></td></tr>
<tr><td>方法</td><td colspan="2"></td></tr>
<tr><td>成果</td><td colspan="2"></td></tr>
<tr><td>结　论</td><td colspan="4"></td></tr>
</table>

预设各小组结论：

（1）茶叶种类组：中国茶叶分为基本茶类与再加工茶类两大类，基本茶类又分为红茶、绿茶、黄茶、白茶、黑茶、青茶六大类。中国茶叶种类丰富、齐全，名茶多。

（2）茶叶冲泡方法组：茶的冲泡方法多样，根据茶叶品种、选择的茶具、泡茶时的水温、茶与水的比例、浸泡时间的长短、冲泡的次数有关。在饮茶时特别注重礼仪、寓意深刻，一个不起眼的动作可能有很丰富的文化内涵。

（3）饮茶器具组：中国茶具的特点是样式丰富、美观漂亮、精致可爱、特别实用。

（4）少数民族饮茶风俗组：“千里不同风，百里不同俗”，中国 55 个少数民族都有饮茶的习惯，由于所处地理环境和历史文化不同以及生活习惯各异，每个民族的饮茶风俗也各不相同。但是每个民族都是爱茶的民族，懂得饮茶的真趣。客来敬茶、以茶代酒、用茶示礼，历来是我国各民族的饮茶之道。少数民族饮茶习俗是我国茶文化的重要组成部分。

（5）饮茶与健康组：饮茶对人体有明显营养价值和保健作用，但是要注意科学饮茶，因时、因地、因人选择合理的茶品，使茶叶发挥最大的功效。

（6）茶与文学艺术组：茶的传播影响到整个文学艺术领域，反过来也使茶文化得到发展与弘扬。中国的文人墨客注重饮茶，并从饮茶中获得灵感。关于茶的文学艺术作品十分丰富，这些作品是我国文学艺术宝库中的奇葩。

2. 设计汇报形式，进行排练。

（1）预设第一小组（茶叶种类组）汇报亮点。

介绍名茶之前向各小组发茶样，请同学注意倾听，汇报中将介绍各组的茶样。名茶介绍结束后，各小组分别进行鉴别，现场互动。

续表

**活动过程**

介绍中国茶叶分类后，进行名茶与分类连线的互动活动，现场考察同学们的倾听情况，巩固知识，增加趣味性。

（2）预设第二小组（茶叶冲泡方法组）汇报亮点。

现场演示常见茶类的冲泡程序。

请倾听汇报的同学动手试一试，第二小组组员现场指导。

介绍饮茶中的礼仪时，请全班同学一起学习，第二小组组员指导同学们的礼仪动作。

（3）预设第三小组（饮茶器具组）汇报亮点。

请同学们讲一讲较为独特的茶具的名称、用途和使用方法。

介绍茶具的分类后，让同学们对茶具进行分类。

介绍一些精美的茶具，请同学们说说哪个茶具给自己留下了深刻的印象，并说明理由。

（4）预设第四小组（少数民族饮茶风俗组）汇报亮点。

现场制作独特的茶品——白族三道茶，请同学们品尝，体会其中的寓意与民族文化。

（5）预设第五小组（饮茶与健康组）汇报亮点。

介绍科学的饮茶方法之后，出抢答题互动，例如：春季适合喝什么茶？睡眠不好的人什么时间不适合喝茶？胃不好的人不适合喝哪类茶？等等。

制作合理饮茶及茶叶治病的小配方书签，送给同学。

（6）预设第六小组（茶与文学艺术组）汇报亮点。

猜一猜与茶相关的谜语，例如：一只无脚鸡，立着不用啼，喝水不吃米，客来把头低（打一茶具：茶壶）；坐在山中，一色相同，泡在水中，有绿有红（打一物：茶叶）；言对青山青又青，二人土上说原因，三人牵牛牛无角，草木之中有一人（猜四个字：请坐奉茶）。

请同学们欣赏茶画，说一说茶画表现的具体内容以及与茶的关系。

读一读这首茶诗，讨论它的独特之处。

茶

唐　元稹

| | |
|---|---|
| 茶， | 宝塔诗 |
| 香叶，嫩芽。 | 说明茶是什么 |
| 慕诗客，爱僧家。 | 说明爱茶的人 |
| 碾雕白玉，罗织红纱。 | 说明茶叶的加工与用具 |
| 铫煎黄蕊色，碗转曲尘花。 | 说明煮茶的过程 |
| 夜后邀陪明月，晨前命对朝霞。 | 说明饮茶的时间 |
| 洗尽古今人不倦，将至醉后岂堪夸。 | 说明饮茶后的心情 |

3. 各小组汇报，汇报后同学之间进行提问、答疑、评价。

二、推广茶文化阶段

1. 成立《走进茶文化》宣讲团，学生根据自己研究的课题与自己的优势自主选择任务。

2. 设计制作茶文化知识手册。

3. 设计制作《中国茶文化》展板。

4. 利用多种形式宣传推广：到学校广播站进行《我爱中国茶文化》专题广播，走进家庭、社区进行茶文化宣传。

**活动效果评价设计**

本次主题活动的评价以课程的性质和目标为依据，体现重参与、重过程和重发展的整体评价观，充分考虑综合实践活动课程的发展性、多元性、全过程、激励性原则。通过表格量规与描述性语言两种方式进行评价，总结发现自己的优势和不足，给自己和同学以激励，记录成长过程。

续表

| 活动效果评价设计 | | | |
|---|---|---|---|
| 综合实践活动课程《感受中国茶文化》 | | | |

| 姓名 | | 班级 | | 所在小组 | |
|---|---|---|---|---|---|
| 小组课题： | | | | 指导教师 | |

| 评价项目 | 自评 | 同学评 | 师评 |
|---|---|---|---|
| 1. 我对本主题活动及自己的研究始终有兴趣 | | | |
| 2. 我能积极参与方案设计，乐于合作 | | | |
| 3. 我在研究中遇到困难能积极想办法解决 | | | |
| 4. 我掌握了 1 ~ 2 种研究方法 | | | |
| 5. 通过本主题的研究学习活动，我收获丰富 | | | |
| 6. 在交流汇报时，我积极自信 | | | |

（填写说明：很满意填 A，还可以填 B，需努力填 C）

通过这次研究学习 ____________

我表现最好的地方：____________________________________________

我进步最大的方面：____________________________________________

我需要改进的方面：____________________________________________

小组同学对我说：____________________________________________

老师对我说：____________________________________________

家长对我说：____________________________________________

小组同学签字：________ 教师签字：________ 家长签字：________

填表日期：________

| 本次设计与以往或其他设计相比的特色 |
|---|
| 本主题遵循了综合实践活动课程选题以“近”为本的原则，整个活动设计贴近学生生活实际。学生研究的课题来源于他们实际生活中的问题，各小组在研究中从身边的人和物开始探究，观察自家的茶具、茶叶，了解家长如何冲泡茶叶，到学校附近的茶叶专卖店进行实地考察活动，采访身边的少数民族老师与学生。各小组的探究活动从探究与自己联系密切的事物开始，将看似题目很大、内涵很深的中国茶文化这个主题贴近学生生活，使各小组的问题范围缩小、更加聚焦、切口明确，也使后面的研究可操作、可实践、看得见、摸得着，符合学生年龄特点，方便学生实践活动的展开。<br>本主题活动倡导各小组采用丰富多样的形式进行汇报，学生们的汇报形式反映的是其研究的深度与广度。当学生在汇报中能够自如地运用通过研究获得的知识时，体现的是学生已将信息自然内化成自己的知识与经验。教师引导学生不仅仅是汇报者还可以成为小老师：在别的小组的同学面前你就是这个领域的小专家，在汇报中运用连一连、找一找、认一认、试一试、说一说等方式考察同学倾听汇报的情况，指导全班同学饮茶时的礼仪、手势、姿态，用小谜语的形式激起同学们倾听汇报的热情。各个小组的汇报是对本组研究情况的梳理总结，更是真正的交流分享。在交流与互动中，学生的综合能力得到提升。 |

《感受中国茶文化》小组研究计划书

学校＿＿＿＿＿＿　班级＿＿＿＿　第＿＿＿小组　填表日期＿＿＿＿

<table>
<tr><td>小组成员</td><td colspan="2"></td></tr>
<tr><td>课题名称</td><td colspan="2"></td></tr>
<tr><td>研究内容</td><td colspan="2"></td></tr>
<tr><td>准备从这些方面进行研究</td><td>采用的方法</td><td>主要负责人</td></tr>
<tr><td>1.</td><td></td><td></td></tr>
<tr><td>2.</td><td></td><td></td></tr>
<tr><td>3.</td><td></td><td></td></tr>
<tr><td colspan="3">具体分工</td></tr>
<tr><td>姓名</td><td colspan="2">分工情况</td></tr>
<tr><td></td><td colspan="2"></td></tr>
<tr><td></td><td colspan="2"></td></tr>
<tr><td></td><td colspan="2"></td></tr>
<tr><td></td><td colspan="2"></td></tr>
<tr><td colspan="2">在研究过程中可能遇到的困难</td><td>解决方法</td></tr>
<tr><td colspan="2"></td><td></td></tr>
<tr><td>预期完成时间</td><td colspan="2">展示研究成果的方式</td></tr>
<tr><td></td><td colspan="2"></td></tr>
<tr><td colspan="3">需要说明的其他问题：</td></tr>
<tr><td colspan="3">家长参与情况：</td></tr>
<tr><td colspan="3">教师对计划书提出的建议：</td></tr>
</table>

**案例 2**

## 科学种植　美化校园

刘卫华　北京市金台书院小学

| 教学基本信息 | | | | | |
|---|---|---|---|---|---|
| 课题 | 科学种植　美化校园 | | | | |
| 学科 | 综合实践活动课程 | 学段 | 高年级 | 年级 | 五年级 |

续表

### 教学背景分析

教学内容：
种植活动对于学生来说并不陌生，但是以往的种植活动都是教师负责购置花盆、种子及安排种植地点等，学生只是参与，服从教师安排。这就造成了学生只有一时热情的状况，其参与更多的是在“给”教师帮忙。为了激发学生的内需、调动学生的积极性，今年学校一改包办代替的做法，由学生自愿申报种植活动并设计种植方案，从原来的“要我种”变为“我要种”。
学生情况：
在课前调查中，100% 的学生愿意参与这次种植活动、喜欢种植活动、认为这个活动特别有意义且喜欢综合实践活动课程，90% 的学生认为自己在查找资料方面有优势，60% 的学生认为自己在设计方案方面有优势，64% 的学生认为自己在种植技术方面有优势，80% 的学生认为自己在展示交流方面有优势。
通过问卷调查不难看出，教师前期对本次活动的宣传很到位，学生对学习内容有很高的热情。每名学生都能在活动中找到自己的优势能力。

### 教学目标

主题总目标：
通过活动调动学生深入研究的热情，激发学生的内需。通过对种植地点的分析，培养学生多角度思考问题、分析问题的能力。通过绘制校园平面图，培养学生的绘图能力。通过自己挑选花盆和植物，让学生体会到要因地制宜、因环境而异，提高学生的审美能力。通过对植物的管理，加强学生的主人翁意识。通过绘制植物标牌等活动，激发学生创新意识。以小组活动为主，培养学生合作能力。加强整理资料的能力，锻炼学生语言表达能力。在种植活动中，培养学生科学素养，加强科学种植的能力。
本次活动的目标：
通过对种植地点的分析，培养学生多角度思考问题、分析问题的能力。引导学生通过适合的研究方法科学地分析问题、进行求证。通过自己挑选花盆和植物，让学生体会到要因地制宜、因环境而异，提高学生的审美能力。通过交流培养学生的语言表达能力和应变能力。通过小组汇报等活动培养学生的合作能力，调动学生继续深入研究的热情，激发学生的创造力。

### 教学流程示意

科学种植　美化校园

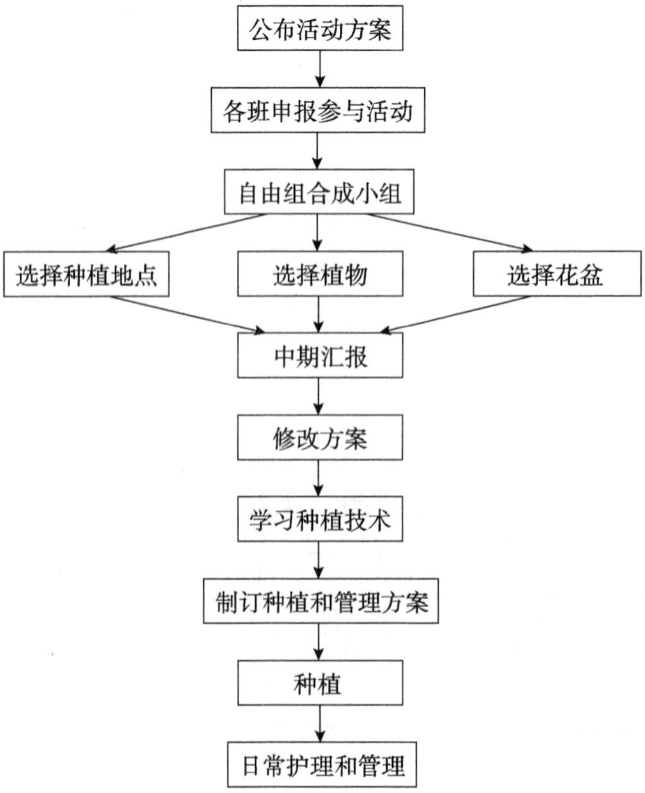

续表

<table>
<tr><th colspan="3">教学过程（文字描述）</th></tr>
<tr><td colspan="3">一、前期准备（1 课时）<br>1. 公布活动。<br>要求：各班自愿申报、提交方案、自主管理。<br>2. 学生根据兴趣表决是否参与活动。<br>3. 学生自由组合成小组。<br>4. 思考：在种植前我们需要做哪些准备工作？<br>选择种植地点、植物及花盆。<br>二、分组活动（4 课时）<br>学生分组活动，考察、分析校园中哪些地方适合种植，查找资料，选择适合种植的植物及花盆。<br>课时一：考察、分析适合种植的地方。<br>课时二：上网搜集资料。<br>课时三、四：整理资料，制作 PPT，准备中期汇报。<br>三、中期汇报<br>（后面附详案）<br>课后对方案进行修改，并上交学校。<br>四、学习种植技术（半天）<br>到教学植物园进行参观学习。<br>根据学生选择的植物，聘请教学植物园教师为学生讲解种植技术。<br>五、制订种植和管理方案（2～3 课时）<br>根据学习到的种植技术制订种植和管理方案。<br>六、日常护理和管理（平时）</td></tr>
<tr><th colspan="3">单课时教案</th></tr>
<tr><th>环节</th><th>活动过程</th><th>设计意图</th></tr>
<tr><td>导入</td><td>1. 简单回顾活动的由来。<br>2. 简单介绍前期各组研究内容。<br>（选择种植地点、植物及花盆）<br>3. 明确要求。</td><td>为后面的各组汇报做铺垫。</td></tr>
<tr><td rowspan="2">汇报交流</td><td>第一组汇报交流<br>1. 说明小组成员及活动中的分工。<br>2. 出示校园平面图，说明本组考察的地点。<br>3. 分析考察地点的情况。<br>推荐地点 1：计算机教室门口空调架上。<br>关键词：阳光、学生活动、平整、便于管理、不能遮光。<br>推荐地点 2：锅炉房门口。<br>关键词：安全、工人出入。<br>推荐地点 3：高年级教师办公室门前树坑。<br>关键词：师生走动、阳光、卫生。<br>4. 花盆及植物的选择。<br>根据树坑大小挑选花盆。从花期、适应性、耐寒等角度选择种植二月兰。<br>5. 全班互动交流。</td><td>展示第一组同学前期研究成果。<br><br>了解示意图在研究中的作用。<br><br>了解问卷调查在研究中的作用。</td></tr>
<tr><td>第二组汇报交流<br>1. 说明小组成员及活动中的分工。<br>2. 出示校园平面图，说明本组考察的地点。<br>3. 分析考察地点的情况。<br>推荐地点 1：班级窗外。</td><td>展示第二组同学前期研究成果。</td></tr>
</table>

续表

| 教学过程（文字描述） | | |
|---|---|---|
| 单课时教案 | | |
| 环节 | 活动过程 | 设计意图 |
| 汇报交流 | 关键词：场地宽敞、阳光不足、影响课间游戏。<br>推荐地点 2：校门口。<br>关键词：阳光充足、不美观。<br>推荐地点 3：一年级教室前的草坪。<br>关键词：阳光充足、安全。<br>4. 花盆及植物的选择。<br>花盆纹饰与古建相呼应。从喜光照、耐旱等角度选择种植芍药。<br>5. 全班互动交流。 | 认识到在遇到困难的时候，我们既可以重新选择，也可以分析问题，找到解决问题的方法。<br>换个角度思考，会有新的发现。 |
| | 第三组汇报交流<br>1. 说明小组成员及活动中的分工。<br>2. 出示校园平面图，说明本组考察的地点。<br>3. 分析考察地点的情况。<br>推荐地点 1：清 e 苑。<br>关键词：创新、卫生、安全。<br>推荐地点 2：垂花门过道。<br>关键词：场地宽敞、不影响师生活动、光线暗。<br>推荐地点 3：大讲堂前。<br>关键词：阳光充足、醒目美观。<br>4. 花盆及植物的选择。<br>喜温的向日葵，为了与建筑结构相搭配，选择了沉稳的长方形花盆。<br>5. 全班互动交流。 | 展示第三组同学前期研究成果。<br>遇到困难后，不必急于否定，越是困难大，越是有意义。 |
| | 第四组汇报交流<br>1. 说明小组成员及活动中的分工。<br>2. 出示校园平面图，说明本组考察的地点。<br>3. 分析考察地点的情况。<br>推荐地点 1：一年级教室前的草坪内侧。<br>关键词：美观、阳光充足、“蹲点”考察。<br>推荐地点 2：一年级（2）班窗外。<br>关键词：美观、课间活动易损坏。<br>推荐地点 3：清 e 苑门前。<br>关键词：计算机模拟、请教老师。<br>4. 花盆及植物的选择。<br>植物选择了发财树，花盆的形状在采访美术老师后选择了圆形。<br>5. 全班互动交流。 | 展示第四组同学前期研究成果。<br>关注研究方式方法。<br>凸显效果图的妙处。 |
| | 第五组汇报交流<br>1. 说明小组成员及活动中的分工。<br>2. 先查找花的资料，确定种植植物为茉莉。<br>3. 根据花的习性选择种植地点。<br>4. 全班互动交流。 | 展示第五组同学前期研究成果。<br>明确顺序并不是绝对的，可以因事不同。<br>对前期活动进行小结。 |
| 总结 | 小组讨论归纳选择种植地点时多方面思考，归纳可以从哪些角度进行思考，归纳如何挑选植物和花盆。<br>学生谈收获（如果有时间，可让学生试着画一画效果图，体验效果图在本次活动中的作用）。 | |

续表

| 学习效果评价 | | | | | |
|---|---|---|---|---|---|
| 一级指标 | 二级指标 | 内容 | 自评 | 互评 | 教师评 |
| 解决问题 | 分析问题 | A. 能够正确分析不同种植地点的优劣，表达准确 | | | |
| | | B. 能够简单分析不同种植地点的优劣 | | | |
| | | C. 分析不出不同种植地点的优劣 | | | |
| | 搜集整理资料 | A. 能够熟练搜集整理资料 | | | |
| | | B. 能够搜集整理资料 | | | |
| 合作交流 | 资源共享 | A. 与同学间能交流共享学习经验、学习方法，分享学习成果 | | | |
| | | B. 与同学间缺乏交流，不愿向同伴提供信息 | | | |
| | 阐述表达 | A. 积极与组内同学交流 | | | |
| | | B. 不能与他人进行交流 | | | |
| 自主探究 | 自主学习 | A. 遇到困难积极寻找解决办法，不轻易放弃 | | | |
| | | B. 遇到困难与同伴一起讨论，寻求解决途径 | | | |
| | | C. 遇到困难马上放弃，请人代劳 | | | |
| 态度习惯 | 学习态度 | A. 积极探究，善于思考，努力争取最好结果 | | | |
| | | B. 积极探究，努力做好自己的工作 | | | |
| | | C. 态度懒散，不愿承担任务及责任 | | | |
| 创新精神 | 创意策划 | A. 在活动中出谋划策，有创意 | | | |
| | | B. 在活动中表现平平，没有创意 | | | |

**案例 3**

## 造纸术的研究

刘卫华　北京市金台书院小学

| 教学基本信息 | | | | | |
|---|---|---|---|---|---|
| 课题 | 造纸术的研究 | | | | |
| 学科 | 综合实践活动课程 | 学段 | 高年级 | 年级 | 五年级 |
| 相关领域 | 研究性学习 | | | | |

续表

<table>
<tr><th colspan="2">教学背景分析</th></tr>
<tr><td colspan="2">科学课上学到的“造纸术”引起了学生们的兴趣。我们的生活离不开纸，生活中有各种各样的纸，蔡伦究竟是如何研究出造纸术的呢？造纸术又是怎样传播到欧洲的呢？这些问题激发了学生的研究欲望，学生根据自己的问题分组进行研究。10 月、11 月，学生们两次走进中国科技馆，针对这个问题进行研究。利用课余时间，学生们还分组走进了首都图书馆搜集资料。在中期汇报课上，研究“再生纸”的小组汇报并演示了如何制作再生纸。学生们对这部分内容非常感兴趣，有很多创新的想法。针对学生们在活动中生成的这个问题，我设计了“创意再生纸”这节课。</td></tr>
<tr><th colspan="2">教学目标（内容框架）</th></tr>
<tr><td colspan="2">本次活动目标：<br>1. 从纸的色彩、气味、用途、材料四个方面创意设计再生纸。实践验证小组设想。<br>2. 培养学生小组合作的能力、动手实践制作再生纸的能力。<br>3. 激发学生继续深入探究再生纸的兴趣。<br>活动重点：各组交流创意设想，并通过实践进行检验。<br>活动难点：通过实践检验小组创意，反思改进。<br>活动方法：动手实践、合作探究法。</td></tr>
<tr><td>教学环节</td><td>教学过程</td></tr>
<tr><td>前期准备（1 课时）</td><td>1. 学生针对造纸术提出问题，根据兴趣选择小主题，分组搜集资料。<br>小主题：造纸术的历史<br>造纸术的传播<br>造纸术的方法<br>生活中的纸<br>学生交流资料。<br>2. 学生针对造纸术提出新问题。<br>3. 邀请中国科技馆的专家针对学生们的问题进行讲解。</td></tr>
<tr><td>体验造纸术（1 课时）</td><td>学生实践操作，体验造纸术，了解造纸的步骤。<br>1. 制浆。<br>2. 打浆。<br>3. 抄纸。<br>4. 烘干。</td></tr>
<tr><td rowspan="2">探究再生纸（6 课时）</td><td>探究再生纸这一单元共计 6 课时：<br>1. 提出问题，思考创新点（1 课时）。<br>2. 提出设想，查找资料（1 课时）。<br>3. 整理资料，确定方案（2 课时）。<br>4. 汇报交流，动手实践（1 课时）。<br>5. 反思修改，再次实践（1 课时）。</td></tr>
<tr><td>一、导入<br>前期，我们以“造纸术的研究”为主题开展了综合实践活动课程。同学们分别以造纸术的历史、造纸术的传播、造纸术的方法以及生活中的纸为小主题进行了深入的研究。<br>其中，研究造纸术的方法的小组带给我们一个新的信息——再生纸，引发了同学们的兴趣。<br>再生纸是以回收的废纸做原料，将其打碎、制浆再加工生产出来的，因而被誉为低能耗、轻污染的环保型用纸，受到了人们的重视。<br>如何才能让再生纸更贴近生活、更富有创意呢？课前各组同学们都做了充分的准备，下面就请同学们分组汇报自己的设想。</td></tr>
</table>

续表

| 教学目标（内容框架） | |
|---|---|
| 教学环节 | 教学过程 |
| 探究再生纸（6 课时） | 二、小组交流<br>学生分组汇报。<br>1.“五彩缤纷”组汇报<br>汇报要点：我们最初设想了几种为再生纸染色的方法：（1）用柠檬汁、草莓汁等水果汁染色；（2）水粉；（3）用玫瑰花瓣等榨汁染色；（4）闪光粉；（5）用菠菜汁等蔬菜汁染色。<br>通过查找资料，我们了解到：（1）水粉对人体有危害，因为水粉里含有少量的胶水，而胶水里含有甲醛，大家都知道甲醛对人体的危害。虽然水粉中的甲醛一般并不超标，但是我们觉得它也并不能算绿色环保的染料。（2）闪光粉特别漂亮，我们都特别喜欢。但是，闪光粉会伤害皮肤，且容易掉，误吸后会对肺有伤害。所以，这种方法不够健康，我们决定放弃。（3）柠檬汁、草莓汁等价格较高，太浪费。所以，我们最后确定用菠菜汁作为染料。<br>实验材料：菠菜汁 1 瓶，纸浆 500mL。<br>实验步骤与以前不同的是在纸浆中加入菠菜汁，这样既能废物利用，又健康环保。<br>2.“标新立异”组汇报<br>汇报要点：废物改造，把柳絮加入再生纸的原料中，增加其柔韧性。由于未到春天，暂时先用棉花代替尝试。<br>3.“各式各样”组汇报<br>汇报要点：我们组的创意点是用途，首先对目前再生纸的使用情况进行了调查。我们了解到：在全世界日益提倡环保思想的今天，使用再生纸是一个深得人心的举措。中国出版界作为用纸大户，非常青睐再生纸，而让出版物走近再生纸也是保护环境、节约能源的必由之路。已有一些出版社、杂志社及学校印刷使用了再生纸，为中国出版界送出了第一批由国产再生纸印刷的绿色读物，受到了读者和环保人士的欢迎。<br>通过讨论，我们设计了几个利用再生纸的方案：（1）制作产品标签。我们发现现在很多商品的标签都设计得很漂亮，其实标签的好坏并不影响商品的使用，如果能用再生纸制作，可以节约不少成本。（2）制作笔筒等。（3）在再生纸上喷上驱蚊液或放上樟脑丸末，可以驱蚊驱虫，若制作成漂亮的卡片，还可以有装饰的作用。我们对第三个方案比较感兴趣，准备先进行尝试。<br>4.“安香”组汇报<br>汇报要点：我们组的创意点是味道，最开始的想法是往再生纸上喷洒香水。但是通过查找资料，我们发现有些香水并不安全，且香味持久者毒性更强。早期，人们使用香水纯粹是为了掩盖体味或满足个人对香味的追求，香水其实是香料或精油与适量的有机溶剂混合而成。不过，现在香水添加了一种让香味持久的邻苯二甲酸酯成分。专家表示，动物实验显示邻苯二甲酸酯会让雄性出现雌性化倾向，甚至死亡，目前其已被欧盟建议禁用。所以，我们决定把柠檬皮、橘子皮等榨汁，加入再生纸的原料中。这些本身就是厨余垃圾，既可以废物利用，又天然、安全。<br>5.发“线”组汇报<br>汇报要点：我们组的创意点是材料。通过查找资料我们了解到，目前国际上常用的造纸原料主要是植物纤维。<br>我们了解到蔡伦是我国古代造纸术的发明者，他用树皮、麻、渔网等造纸。<br>通过讨论，我们觉得在原料中添加适量的废旧毛线这个方法比较可行。<br>理由：<br>（1）家里的旧毛衣穿坏、穿旧后扔掉，比较浪费。<br>（2）毛线韧性好，结实。<br>6.与“种”不同组汇报<br>汇报要点：我们组的创意点是再生纸的用途。<br>通过讨论，我们想出了三个方法。 |

续表

| 教学目标（内容框架） | |
|---|---|
| 教学环节 | 教学过程 |
| 探究再生纸（6 课时） | （1）在再生纸中添加天竺葵。天竺葵可以释放出一些天然精油，对蚊虫有驱除作用。在制作再生纸的过程中添加天竺葵的碎末，可以达到驱蚊的目的，也不会像花露水那样易起火。制作时需要注意的是，过度搅拌可能会影响植物的作用和气味。<br>（2）制作再生纸手工。采用再生纸进行简单的结构设计，就形成了这款台灯。折叠的方式令其在不使用的时候便于收纳，更便于包装和运输。<br>（3）在再生纸中添加种子。上次老师发给我们太空种子时，我们每个人都准备了一个小盒，即使这样，因为种子太小，有些同学还是弄丢了，有的种子卡在了盒子缝中。在再生纸中固定种子，便于保存，在种植时可以直接将纸放进土里，待纸自己腐烂（拿出种子）。<br>但不知道制作再生纸的过程是否会影响种子的生长，需要实践检验。<br>教师结合板书最后小结：六个组在研究过程中各有特点，同学们能够在研究中关心环保、关注成本、注重健康、体现实用，这些都非常好。<br>三、实践检验<br>1. 通过交流，我们发现每个组都有自己的想法，大家想的究竟能否实现呢？下面我们就来实践一下。<br>2. 注意事项（卫生、纪律、安全、时间）。<br>3. 作品展示，交流感受。<br>引导学生说一说使用创新方法的感受。<br>（发言角度：小组合作、创意再生纸效果、新的想法、改进措施……）<br>四、小结<br>通过实践，我们又有了很多新的发现和想法，课后同学们可以一起交流，修改方案。准备好后，我们继续实践，通过反复研究，期盼着同学们的研究最终能形成产品。 |

<table>
<tr><th colspan="6">学习效果评价</th></tr>
<tr><th>一级指标</th><th>二级指标</th><th>内容</th><th>自评</th><th>互评</th><th>教师评</th></tr>
<tr><td rowspan="5">解决问题</td><td rowspan="3">分析问题</td><td>A. 能够正确分析问题，提出适当的改进方案</td><td rowspan="3"></td><td rowspan="3"></td><td rowspan="3"></td></tr>
<tr><td>B. 能够简单分析问题，提出改进方案</td></tr>
<tr><td>C. 分析不出问题</td></tr>
<tr><td rowspan="2">搜集整理资料</td><td>A. 能够熟练搜集整理资料</td><td rowspan="2"></td><td rowspan="2"></td><td rowspan="2"></td></tr>
<tr><td>B. 能够搜集整理资料</td></tr>
<tr><td rowspan="4">合作交流</td><td rowspan="2">资源共享</td><td>A. 同学间能交流共享学习经验、学习方法，分享学习成果</td><td rowspan="2"></td><td rowspan="2"></td><td rowspan="2"></td></tr>
<tr><td>B. 同学间缺乏交流，不愿向同伴提供信息</td></tr>
<tr><td rowspan="2">阐述表达</td><td>A. 积极与组内同学交流</td><td rowspan="2"></td><td rowspan="2"></td><td rowspan="2"></td></tr>
<tr><td>B. 不能与他人进行交流</td></tr>
<tr><td rowspan="3">自主探究</td><td rowspan="3">自主学习</td><td>A. 遇到困难积极寻找解决办法，不轻易放弃</td><td></td><td></td><td></td></tr>
<tr><td>B. 遇到困难与同伴一起讨论，寻求解决途径</td><td></td><td></td><td></td></tr>
<tr><td>C. 遇到困难马上放弃，请人代劳</td><td></td><td></td><td></td></tr>
</table>

续表

<table>
<tr><td colspan="6">学习效果评价</td></tr>
<tr><td>一级指标</td><td>二级指标</td><td>内容</td><td>自评</td><td>互评</td><td>教师评</td></tr>
<tr><td rowspan="3">态度习惯</td><td rowspan="3">学习态度</td><td>A. 积极探究，善于思考，努力争取最好结果</td><td rowspan="3"></td><td rowspan="3"></td><td rowspan="3"></td></tr>
<tr><td>B. 积极探究，努力做好自己的工作</td></tr>
<tr><td>C. 态度懒散，不愿承担任务及责任</td></tr>
<tr><td rowspan="2">创新精神</td><td rowspan="2">创意策划</td><td>A. 在活动中出谋划策，有创意</td><td rowspan="2"></td><td rowspan="2"></td><td rowspan="2"></td></tr>
<tr><td>B. 在活动中表现平平，没有创意</td></tr>
<tr><td colspan="6">反思</td></tr>
<tr><td colspan="6">1. 以融合的方式整合综合实践活动课程四大领域的内容<br>本活动中，活动内容分别涉及了综合实践活动课程四大领域的部分内容，有助于学生多方面发展。<br>有关研究性学习方面的内容：实践探究造纸术，创新研究再生纸的设计。<br>有关信息技术教育方面的内容：搜集、整理有关造纸术的资料。<br>有关劳动与技术教育方面的内容：体验、学习制作纸的方法。<br>有关社区服务及社会实践的内容：到社区推广自己的设计。<br>2. 关注学生亲身体验，突出研究性学习<br>“注重学生的亲身体验和积极实践，发展创新精神和实践能力”是综合实践活动课程开发与实施的基本理念，注重实践是综合实践活动课程的本质规定。本课中，教师鼓励学生创新利用再生纸，节约环保，实用性又强。学生通过实践对自己的设计加以验证，在实践中发现问题，对自己的设计进行再修改。教师引导学生运用多种研究手段，多角度分析问题，为学生的个性充分发展创造空间。</td></tr>
</table>

案例 4

## 小学 STEAM 课程实践活动设计方案

丰万洋　天津市和平区岳阳道小学

### 一、活动主题

水面垃圾的清理项目研究。

### 二、活动实施对象

五年级全体学生。

### 三、活动背景

《中小学综合实践活动课程指导纲要》明确指出，小学阶段综合实践活动课程的具体目标是培养学生的价值体认、责任担当、问题解决和创意物化能力。而基于项目的 STEAM 学习是学生在活动参与、项目设计、问题解决中进行的实践活动，STEAM 课程在增强人文素养、培育理性思维、养成主动学习意识、提升个体觉悟、强化问题解决等方面具有积极意义。

天津作为一座美丽的港口城市，吸引着国内外游客前来观光。海河不仅是天津的生命线，也成为天津旅游业的重要一环，被称为天津的“母亲河”。但随着天津人口的激增，海河不可避免地出现了污染的问题，且日益严重。

习近平总书记在全国生态环境保护大会上强调："坚决打好污染防治攻坚战，推动生态文明建设迈上新台阶。"学校在开展"垃圾的旅行"综合实践活动课程的基础上，带领五年级学生以水面垃圾的清理项目研究作为子课题进行实践探究。活动旨在引导学生通过观察、提问、探索、调查、分析、创造等活动深入了解周围的实际世界，唤起学生的好奇心、学习的内驱力、环保意识及社会责任感。在主动探索的沉浸式跨学科学习过程中培养"中国学生发展核心素养"，从而提升学生的全球竞争力。

四、活动目的

针对天津作为港口城市的地域特色，立足于目前全世界广泛关注的环境污染治理这一重点课题，通过对海河水面常见漂浮物的调查及对海河水域环境进行实地考察，有针对性地研究适合海河污染情况的水面漂浮垃圾有效处理方案。引导、鼓励学生面向真实世界、真实问题和真实群体进行设计研发，综合运用各学科知识发现、分析和解决现实问题，培养学生自主探索、积极合作、勇于创新的精神。通过活动设计，增强学生的环保意识和社会责任感，培养学生热爱家乡的情怀。

五、具体实施

| 活动方案 | 教师活动 | 学生活动 | 设计意图 |
|---|---|---|---|
| 一、确定需求 | 1. 指导学生搜集相关资料，了解当前海河污染形势及垃圾分类等。<br>2. 指导学生建立《天津海河污染情况治理档案》，针对性设计特色问卷及后期跟踪资料汇总表。<br>3. 指导学生调查现实生活中常用的清理河面垃圾的方法策略。<br>4. 带领学生实地走访，前往调查地点实地取证。 | 1. 组员通过互联网、相关纸质资料完成海河污染现状和垃圾污染形势调查。<br>2. 选择两类人群进行问卷的分发：一是海河旅游区游客，二是海河区域工作人员。调查群体要囊括各年龄段，调查时间段选在人员流动较为密集的时间（10：00—15：30）。<br>3. 对海河水域进行实地走访，采集多样数据，如照片资料、文字记录、样本采集、视频留档等。<br>4. 对采集的问卷和数据进行初步分析，并对本次活动课题进行可行性分析。 | 1. 组员了解当前海河污染的严峻形势，认清项目活动实施的重要目的。<br>2. 通过信息采集，了解社会对海河污染的关切度，增强尽己所能保护海河环境的责任意识。<br>3. 增强学生的沟通能力和合作实践能力。 |
| 二、资料分析 | 1. 组织学生对现有资料进行分类整理（问卷分类/音视频汇总/样本保存/文字类材料管理）。<br>2. 组织学生进行分组数据分析，对筛选提取的各类资料中的有价值信息进行数据提取。<br>3. 组织学生进行有用信息的集中分析，完成资料的分析报告。 | 1. 学生分组对搜集到的材料进行分类整理，将问卷按需整理（老年组/青年组/少年组）；音视频资料分类保存；样本拍照保存；文字类材料进行统一管理。<br>2. 对已整理好的材料进行数据分析，通过问卷找出海河污染热点话题及期望措施；通过音视频/样本材料分析海河实际污染现状及诱因，提取对活动有用的关键信息并进行重点关注。<br>3. 组织学生集中讨论，统一思想，完成前期资料分析报告。<br>4. 讨论现实中常用的清理水面垃圾的方法策略的优势与劣势。 | 1. 提升学生对资料的搜集、分析和管理能力。<br>2. 增强学生小组合作意识，通过小组合作完成较为困难的数据整理分析工作。<br>3. 通过数据整理分析，引发学生的思考，激发学生基于问题寻求解决策略的强烈意识。 |

续表

<table>
<tr><th>活动方案</th><th>教师活动</th><th>学生活动</th><th>设计意图</th></tr>
<tr><td>三、确定主题</td><td>明确开展水面垃圾的清理项目研究的意义，共同商讨本次项目活动主题。</td><td>1. 确定活动主题。<br>2. 根据海河漂浮垃圾的处理现状及问卷调查和实地走访得到的数据确定水面垃圾处理方案。<br>3. 探讨现有水面垃圾清理装置需要改进的问题。</td><td>1. 提高学生根据信息分析、归纳、反思的能力。<br>2. 增强小组合作能力，提升小组合作韧性。<br>3. 培养学生发现问题、解决问题的能力。</td></tr>
<tr><td>四、制订方案</td><td>1. 教师为学生做好底层知识建构。<br>2. 组织学生根据《项目策划书》制订活动方案。<br>3. 指导学生完成项目分工，根据草图绘制、材料制作、计算机建模及模型制作进行分组。</td><td>1. 学习模型需要的简单力学知识，为模型的制作打好基础。<br>2. 根据《项目策划书》了解活动流程，制订具体活动方案。<br>3. 根据实际情况做好分组，着手准备草图绘制相关材料，进行模型制作前期的方案制订，设计思维导图，将设计思路理清。</td><td>1. 培养学生的设计流程化意识。<br>2. 发挥自身特长，提升学生专业技术能力。<br>3. 培养学生的分工合作意识。</td></tr>
<tr><td>五、模型设计</td><td>1. 为学生提供必要的技术支持（绘图软件、激光切割机、3D 打印机的使用）。<br>2. 组织学生利用工具尝试将设计付诸实践，进行组装。<br>3. 基于遇到的困难，聘请相关技术人员给予专业支持指导，不断改进调试。<br>4. 准备实物模型测试场地。</td><td>1. 发现问题：如何装载水面垃圾清理装置？如何拾取水面漂浮物？垃圾的收容问题怎样解决？<br>2. 针对性设计：根据已发现问题进行针对性设计，如可以使用遥感技术来驱动船模；可以利用船体航行时的水流流向辅助收集海河漂浮物；可以在船体挂载临时垃圾收容器帮助储存搜集到的海河垃圾。<br>3. 模型组装：将模型各部分组装，进行产品包装，准备后期测试。<br>4. 准备实测，搜集实验数据。</td><td>1. 培养学生发现问题、解决问题的能力。<br>2. 培养学生具体问题具体分析的意识。<br>3. 提升动手实践、合作互助能力。<br>4. 学会通过实践检验真理，培养学生善于抓住细节的能力。</td></tr>
<tr><td>六、评测总结</td><td colspan="3">第一阶段：模型下水进行初次测试→记录实测效果（以漂浮物拾取数量为标准）。<br>第二阶段：修改模型（根据第一阶段发现的问题进行针对性修改）→第二次下水测试，观察问题解决情况→再次记录数据，进行数据对比分析。<br>第三阶段：排除问题隐患，准备备用材料→第三次下水最终测试→数据搜集，产品美化和防水加固→准备产品推广。<br>第四阶段：总结产品改进历程，完善《天津海河污染情况治理档案》，进行产品推广前的最终评价和压力测试。</td></tr>
<tr><td>七、概念推广</td><td colspan="3">学生将《天津海河污染情况治理档案》作为产品宣传打印成册，通过宣传展区、在海河沿岸分发宣传册、与海河区域工作人员共同探讨等方式，对成果进行经验分享和推广，为解决关注的问题贡献一己之力。</td></tr>
</table>

六、思考与感受

1. 本教学设计以项目学习、问题解决为导向，融合科学、技术、工程、数学、美术等多学科知识，激发了学生自主探究、大胆创新的潜能，让学生们实实在在地体验到发现问题、基于问题寻求解决策略、实践创造应用的过程，经历了想象与现实的差距，品尝了成功与失败的滋味，更体会了团队协作的价值。

2. 在课程实施过程中，善于提升学生的知识应用能力和创新实践能力：让学生像科学家一样提问，带他们走出校园，将空想的发明创造转化为现实生活的需要；让学生像技术人员一样设计，引领他们经历产品研发的全过程；让学生像工程师一样工作，传授他们激光雕刻机、单片机、3D 打印机等技术；还让学生像艺术家一样创造、像数学家一样演绎……在整个研究过程中，学生不仅仅收获了书本上的知识，更学会了在不断探究的过程中尝试求异创新、日益完善，学会了在团队中与人沟通、共同协作。

**附录：**

## 优秀作品“海河篦子——水面垃圾清理船”设计展示

一、主题确定

“海河篦子——水面垃圾清理船”是一个船体外挂式垃圾清理装置，依据“海河游轮”这一天津特色旅游项目，给海河量身打造了一个“梳头”的“篦子”（篦子是用竹子制成的梳头用具，齿要比梳子更密，主要功能是刮取头发中的细小碎屑）。“海河篦子——水面垃圾清理船”的制造，主要是为了清理海河河面上漂浮的零星垃圾及靠近河岸的浅层垃圾。

二、资料搜集

项目开始前，先通过互联网、相关纸质资料进行海河污染现状和垃圾污染形势调查。为了掌握更加真实准确的第一手材料，到海河水域进行实地走访，以便找准问题，想出更好的解决问题的创意。为了让调查更有针对性，组织学生就所关注的问题设计《天津海河的污染现状》调查研究问卷，重点对海河旅游区游客、海河区域工作人员两类人群进行问卷调查。通过走访调查，学生了解到海河垃圾主要有塑料袋、餐盒、饮料瓶等生活垃圾及河道漂浮物等；通过对海河区域工作人员的询问，了解到目前清理海河水面垃圾的主要方式是定期出动执法船、冲锋舟及运输驳船，平时还有保洁人员租用垃圾聚集地附近的渔船进行打捞。但由于渔船上并没有专业的工具，效率很低，很多垃圾无法打捞上来。

三、方案制订

在实际解决问题的过程中，要以解决实际生活中存在的问题为导向，综合考虑方方面面的问题。教师带领学生基于所发现和要解决的问题进行头脑风暴，鼓励学生大胆想象、敢于创新。每个学生都像小雷达一样努力搜索生活中常见的事物，希望找到更多的启发。

根据实地走访得到的数据，最终决定设计两个能够搜集水面垃圾的装置。一是在海河观光船的基础上加装船体外挂式垃圾清理装置，让它在保证每天正常载客观光的同时，完成清理河道中央水面的垃圾的任务。为了发扬节电环保的意识，还为其增加了一块太阳能集电板，并将其命名为“观光清理船”。既然要简单地分离开垃圾中较大的塑料制品和细小物品及藻类，那就需要粗细不一样的网子，学生们想到了捕鱼的渔网和家里窗户上的防蚊纱网。二是为了解决观光船不能随意调转方向和部分水面垃圾会被大船掀起的波浪冲到靠近岸边的地方的问题，学生们还设计了一只灵活的小船，能够帮助搜集大船航行过后留下的细小残余，并将其命名为“帮帮清理船”。

公园里随意转动、自由畅行的“水面轮胎碰碰车”就是“帮帮清理船”的创意原型。

四、模型设计与制作

首先明确分工：团队的组长，主要负责组织带领团队成员在规定的时间内有序地进行研究；团队的记录员，主要负责记录想法和绘制草图；团队的保管员，主要负责操作中材料的选取和放回及安全监督；团队的发言人，主要负责研究过程中的想法阐述和作品的推广呈现。在模型设计过程中，组长组织团队成员进行模型各部分的设计讨论（包括外形、功能、尺寸）和草图的简单勾画，记录员负责对草图进行细致加工、完整呈现。

在制作过程中，学生需要用到鲁班机床、3D 打印机、胶枪等工具，在工具的使用方面向专业老师请教、虚心学习。第一次使用胶枪焊接电线时，一个学生过于紧张，导致手背上烫了一个泡。但是在团队其他成员的鼓励和帮助下，他学会了很多工具的使用，成为团队中一个坚强能干的主力。通过这个项目，学生在合作中不断增强团队意识，建立了深厚的友谊。

五、产品评测

模型制作完成后，进行首次下水测试。当看到粗细两道筛网成功捞取垃圾时，整个团队都兴奋得跳了起来。还没来得及享受成功的喜悦，大家就发现：由于船体（游轮）在固定路线行驶，行驶过程中很多垃圾会被水流冲向岸边，使得有些垃圾特别是靠近岸边的垃圾没法有效清理。团队重整旗鼓，再次进行讨论和研究，分析测试中出现问题的原因，最后得出解决方案：针对大船灵活性太差，不能随意调转方向，也不能贴近岸边的问题，设计一条可以自由行驶的小船，配合处理大船清理不到的河面垃圾。并且加宽船轮辐条，增大受力面积，增加船航行的动力。

就这样，项目研究在一次次测试中经历失败、分析比对、修改完善，经过了不知多少次改进，终于基本实现设想。

六、概念推广

制作“海河篦子——水面垃圾清理船”产品电子宣传册，对外推广产品。在海河周边进行产品宣传，通过分发宣传册、产品性能测试等方式进行有价值的宣传活动。2018 年 11 月 9 日—12 日，天津市和平区岳阳道小学代表队参加“中国教科院综合改革试验区第三届综合实践活动优秀成果展”，向全国各地专家代表介绍了“海河篦子——水面垃圾清理船”项目，呈现了在保护母亲河行动中的创想实践，最终从参赛的 15 支小学代表队中突出重围，斩获特等奖第一名的好成绩。天津也成为小学组唯一获得特等奖的北方城市。

## 本章回顾

1. 生菜叶子的边缘都黄了，学生们特别着急；采摘后，品尝到的叶菜是苦味的，学生们很失望，便急于发问。我并不急于回答他们的问题，而是让他们带着问题，指导他们形成自主学习的习惯。

2. 帮助学生了解各种各样的鸟，以及它们的习性和本领，使学生从心里萌发保护鸟类的情感体验。学生根据搜集到的资料交流、讨论、感受信息的同时，他们的知识能力也在潜移默化中提高了，真正成为研究性学习活动的参与者。

3. 引导、鼓励学生面向真实世界、真实问题和真实群体进行设计研发，综合运用各学科知识发现、分析和解决现实问题，培养学生自主探索、积极合作、勇于创新的精神。通过活动设计，增强学生的环保意识和社会责任感，培养学生热爱家乡的情怀。

## 反思与交流

# 第九章

# 中学综合实践活动课程案例分析

【知识地图】

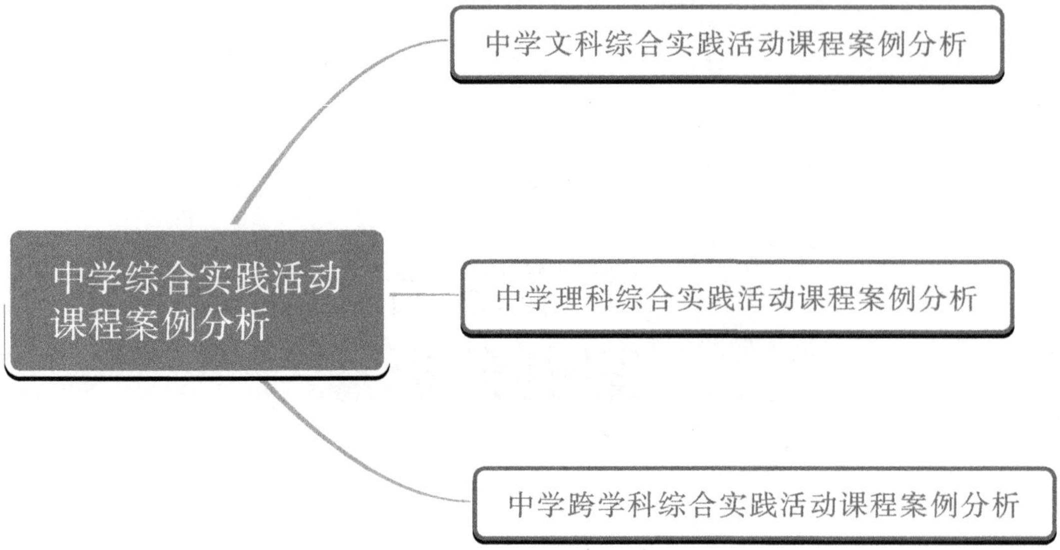


【学习目标】

1. 了解中学综合实践活动课程设计的一般特点。
2. 领会综合实践活动课程与学科的深层关系。
3. 了解跨学科综合实践活动课程的一般特点。

中学综合实践活动课程的设计对学科知识的涉及更加复杂，体现在跨学科要克服的困难更多，但是这并不表示单一学科内或只跨越少数学科的综合实践活动课程就没有价值。本章分别就中学文科、中学理科、中学跨学科呈现综合实践活动课程案例。

# 第一节　中学文科综合实践活动课程案例分析

中学文科综合实践活动课程案例的设计发挥了文科的人文关怀优势，彰显了课程的体验性和探究性。

案例 1

## “唠叨”中的亲情

闫光霞　北京市大峪中学分校

课时：2 节。

教学目标：

1. 通过“我最反感父母说的三句话”展示交流，在亲身经历与体验的基础上，理解父母对自己的期望和关爱，感受父母“唠叨”中的浓浓亲情，激发理解父母、感恩父母、尊敬父母的情感。

2. 通过展示活动，锻炼语言组织交流能力，掌握与人沟通的方法和技巧，并能在生活中学会正确地与父母沟通。

3. 感受父母的关爱，掌握与父母合理沟通的方法和技巧。

教学重点：真正理解父母“唠叨”背后的亲情。

教学难点：学会如何与父母沟通，避免亲子矛盾的产生。

课堂类型：实践活动课。

活动过程具体如下。

一、课前准备

完成表格。

| 我最反感父母说的三句话 | 我认为父母为什么要这样说 | 如何避免父母说这三句话 |
|---|---|---|
| 1. | | |
| 2. | | |
| 3. | | |

设计意图：为开展课堂交流活动准备好材料。

二、引入

同学们，你们对父母说过下面这样的话吗？

（1）我都多大了，不用你们管！

（2）我早知道你们会这样说！

（3）别说了！唠唠叨叨，烦死人了！

（4）天天这一套，能不能说点新鲜的？

如果你对父母说过这样的话，就说明在你眼中父母是“唠叨”的，而且你也厌烦这样的唠叨。每天父母的唠叨无处不在，使原来和谐亲密的亲子关系到中学后变得格格不入。下面咱们一起来交流一下。

设计意图：为展示交流活动作铺垫。

三、交流活动一：我最反感父母说的三句话

总结归纳：我们把大家普遍反映的父母“唠叨”归纳一下，看看集中在哪些话上。

设计意图：让学生敞开心扉，引起同伴共鸣，教师也能从中发现学生在现实生活中遇到的问题，并在课堂交流中更有针对性地解决学生的困惑。

四、交流活动二：我认为父母为什么要这样说

总结归纳：看来父母的“唠叨”有的时候真的是我们自己该做的事没做好，有的时候则是他们对我们要求得太急切、太高了。但无论如何，都是希望我们成长得更好，是对我们深切的期望和关爱。大家设想一下，从某一天开始，妈妈突然一句多余的话都不说了，知道你要出门，头也不回，也不说“过马路小心点”，你认为这样的妈妈还像个妈妈吗？所以，珍惜吧，至少你拥有把你当宝贝一样捧在手心里的父母。

设计意图：通过学生的自我分析和自我反思，找出父母“唠叨”的根源。如果是自身的问题，就没有资格去反感父母的“唠叨”管束；如果是父母教育方法的问题，也要从正确的角度理解他们对我们的期望和关爱。

但是，处于青春期的我们整天听家长唠唠叨叨的确是很烦。如何避免父母说这三句话？

五、交流活动三：如何避免父母说这三句话

总结归纳：父母的“唠叨”主要源于学习、仪表、社交、卫生等方面，请你身体力行以下几点。

1. 学习方面：赶前不赶后，完成了作业再干别的，父母看到你如此自觉，唠叨自然少了。

2. 仪表方面：如果你对奇装异服感兴趣，作为未成年人，那肯定在父母的干涉之列，请尽量避免。

3. 社交方面：社交本来是你的自由，但别忘了父母还是你的法定监护人。所以，一定要让他们知道：你在哪里？在干什么？和谁在一起？出门前说得越详细越好，最好能随时保持联系。大多数父母如果知道这些，不会到现场把你拉回家的。

4. 卫生方面：收拾好床铺、保持房间整洁，是许多父母希望孩子养成的好习惯。如果你不讲究这些，就别让他们看见，更不要让他们忍无可忍地插手打扫，否则他们更有话冲你唠叨了。适当的时候早起一次，把自己的房间好好打扫一番，也捎带打扫一下其他房间。这会让你的父母欣喜不已，哪里还会冲你唠叨？

设计意图：说出问题、发现问题是为了解决问题，所以此活动是整个活动课的落脚点。在

与同伴的交流中，学生自觉地学会与父母沟通、避免矛盾冲突的方法和技巧。

六、教师建议

1. 每天在为父母做实事的同时，可以倾诉自己一天的经历、体验与情感。

2. 认真倾听一次父母对自己的要求、教育和批评，并做出善意的举动。

3. 按照父母的要求认真做好一件事，看看父母的反应和事情的结果。

4. 跟父母谈自己对未来的设想或独立安排完成一项任务，让父母感受你的成长。

设计意图：教师点拨，帮助学生学会主动与父母交流、分享，构建和谐、温馨的亲子关系。

案例 2

## 初二年级地理学科实践活动方案设计

祝子辉　北京市大峪中学分校

一、指导思想

活动设计立足乡土，从学生生活实际出发，通过选择能联系学生生活实际的素材，一方面满足学生的探索欲与好奇心，令学生体验学习的快乐；另一方面引导学生用所学知识和方法发现、解决生活中的问题，体验学习的价值。实践活动要从身边的事切入，以小见大，以全体学生都能亲自参与的活动和学习为途径，结合学科知识，通过实践任务单落实学科标准，探索学科教与学方式的转变，构建开放的综合实践活动课程。在此过程中，既需要用课堂教学中的相关知识进行分析探究，又需要学生把在课堂上学到的知识内化，才能完成活动。

二、活动目标

1. 通过实地参观，能识别平原、丘陵、山地等地形类型。

2. 结合所见，简要说出地形、交通、自然资源等条件对聚落形成的影响。

3. 观察传统民居与现代民居区在造型方面的差异，简要分析其与自然环境的关系。

三、学生情况

门头沟区 98.5% 的面积是山区，学生的家基本位于剩下的 1.5% 的平原地带。本校位置处于平原边缘，或者说处于平原与山地交界的丘陵浅山区，学生能在实地准确辨别山地、平原等地形类型。但有些学生对于山地与丘陵的区别的认识还比较模糊，对于自然条件对传统民居的影响也难以系统、完整地表述。

通过实地观察，以实践任务单的形式分步骤逐级引导，帮助学生最终形成完整认知。

四、活动内容与学科内容关系

从学科角度看，本次活动主要涉及本地区的地形、气候等自然环境特征及其对传统民居的结构、造型等方面的影响。

五、活动资源

本活动主要围绕学校周边开展，学校周边视线所及范围内的文物古迹——刘鸿瑞宅院与新建小区比邻，传统与现代、乡村与城市本就是鲜明的对比，从中可以引导学生从不同学科的不同视角发现问题、初探究竟，这些都是开展实践活动最好的资源。正是以此为契机，本活动引导学生实地观察传统民居与现代居民区在格局、造型等方面的特征，从地理角度分析原因，还可以由此发现乡村与城市在生活方式、生产方式方面的差异。

六、活动形式

依据活动目标与相关背景分析，本次综合实践活动课程以任务单（附件）为指引，采用体验式的小组合作形式。

七、活动时间

80 分钟（2 课时）。

八、活动流程

室内（提要求）——室外（观察）——室内（交流总结）。

| 活动地点 | 教师活动 | 学生活动 | 预计时间 |
|---|---|---|---|
| 教室 | 提出活动要求<br>（1）安全教育<br>（2）简要介绍活动内容 | 简要了解任务内容 | 10 分钟 |
| 观察点 1：学校大门口 | 1. 引导学生观察，提出活动要求<br>（1）学校所在位置的地形类型<br>（2）学校周边视线所及范围内还有哪些地形类型<br>2. 指导、点评 | 学生分组观察、交流，根据任务单完成活动要求任务一 | 20 分钟 |
| 观察点 2：刘鸿瑞宅院（西侧） | 引导学生观察，提出活动要求<br>（1）刘鸿瑞宅院与周围建筑物（小区）相比较有哪些不同<br>（2）从房屋格局看属于哪种建筑风格，观察屋顶造型、窗户式样等房屋结构方面的特征（与周围小区对比） | 学生分组观察、交流，根据任务单完成活动要求任务二<br>（1）确定刘鸿瑞宅院的建筑风格属于我国南北方哪个地区，是传统民居还是现代建筑风格<br>（2）初步探究气候对于传统民居的影响 | 35 ~ 40 分钟 |
| 教室 | 1. 指导学生整理完善任务单<br>2. 活动小结 | 交流所见所感 | 10 ~ 15 分钟 |

地理学科实践活动任务单

| 班级 | | 姓名 | |
|---|---|---|---|
| 组别 | | 指导教师 | |
| 活动路线示意图 | | | |
| 教师评价 | 学生完成情况<br>□ A—非常好<br>□ B—比较好<br>□ C—合　格<br>□ D—不合格 | | |

续表

| 活动地点 | 任务要求 |
| --- | --- |
| 学校大门口 | 任务一：地形类型识别 |
| | 1. 陆地常见的地形类型有＿＿＿＿＿＿＿＿＿＿＿＿<br>2. 学校所在位置是＿＿＿地形类型<br>3. 学校附近还能见到＿＿＿＿＿地形类型 |
| 刘鸿瑞宅院 | 任务二：传统建筑风格探究 |
| | 1. 写出你看到的刘鸿瑞宅院与周围建筑物（小区）相比有哪些不同<br>＿＿＿＿＿＿＿＿＿＿＿＿＿＿＿＿＿＿＿＿＿＿＿＿＿＿＿＿<br>2. 刘鸿瑞宅院是（　　）<br>A. 传统民居　　　　B. 现代民居<br>3. 观察屋顶造型、墙壁厚度、窗户式样等房屋结构方面的特征，并用简略的文字或示意图记录<br>4. 从建筑格局看，刘鸿瑞宅院属于我国（　　）<br>A. 北方地区　　　　B. 南方地区<br>5. 简要说出气候与建筑的关系<br>6. 交流地方文化对旅游的影响 |

## 第二节　中学理科综合实践活动课程案例分析

中学理科综合实践活动课程案例的设计把抽象的理科知识与生产生活联系起来，将理科体系的逻辑结构“问题化”，对接了学生的兴趣，从而发挥综合实践活动课程的平台优势。

**案例 1**

### 在生活中体验数学

——“乐购节”活动

翟桂双　北京市大峪中学分校

一、成果的呈现涉及背景

目前我们正在使用的初中数学的北京版教材中，每册书都有实践与问题解决板块，目的是借助实践与综合应用，使几何、代数和统计与概率的融合成为可能，进一步沟通生活数学与课堂数学的联系，培养学生综合应用知识解决问题的能力。可见，在初中开展综合实践活动课程对于学生的发展是非常有必要的。

我校针对学生特点，从发展学生“学数学，用数学”及德育角度出发，开展“乐购节”活动，引导学生真正地“做”数学，在活动时空上向自然环境、学生的生活领域和社会领域延伸，密切关注学生与自然、与社会、与生活的联系，重点解决如何在活动设计中体现“做中学、做中思”的问题。

二、实施过程、实施方法

（一）讲清活动目的

在班级中总能看到学生随意丢弃的本子、笔、课外书、词典等物品，用的时候还要再花钱买，生活中午餐也是随意浪费。为了培养孩子不浪费自己的物品、节约资源、爱护环境的意识和良好的行为习惯，提前向学生与家长发本次活动的通知单，本着“你的多余，我的需要”理念，通过旧物循环利用、以钱换物的方式，推广“循环经济”思想。让孩子把家中闲置的文化用品、玩具、小饰品、图书拿到交易市场与同学进行钱物交换，让孩子们体验“公平买卖”“劳动快乐”，结识更多的朋友；通过交易，让孩子们初步感受市场经济，给孩子们创设理财平台，使孩子们学会推销、购买商品，并计算出通过交易所得的利润，体会家长赚钱的不易，改掉浪费的不良习惯。

（二）前期准备

学生提前收好自己的物品，根据学生物品的数量将班级内的同学分组，以6～8人为一组，由班内的一名同学负责统计物品及物品的价格，以便活动后做统计。每组同学做好组内交流与分工，做好组内的宣传工作。班级的宣传组做好班级的宣传工作，在宣传海报上画好图案并配好宣传语。

（三）具体实施

打破原来只在教室里由教师上课的形式，不同年级的学生安排统一的时间进行活动，如在楼道、操场等比较宽敞的场所，这样有利于学生之间互相进行交易。在活动过程中，教师只负责维持学生的秩序、观察学生的收获，学生要发挥自己的合作交流能力、推销能力、统计能力等。

三、实施效果

本次数学实践活动最后以学生的感受心得或手抄报为作业，学生在知识和德育上都有很大的进步。

（一）在数学知识上，学生可以自己做统计表

| 序号 | 物品 | 原价 | 售价 | 利润 |
|---|---|---|---|---|
| 1 | 光盘 | 10元 | 15元 | 50% |
| 2 | 兔子玩具 | 20元 | 25元 | 25% |
| 3 | 杂志 | 21元 | 25元 | 19% |
| 4 | 明信片 | 18元 | 20元 | 11% |
| 5 | 光盘 | 15元 | 18元 | 20% |
| 6 | 耳钉 | 7元 | 10元 | 43% |
| 7 | 练习册 | 3元 | 5元 | 67% |
| 8 | 《十万个为什么》 | 10元 | 15元 | 50% |

（二）学生对数学有了新的认识

同学甲："数学的灵感来源于生活，更要应用于生活，把自己的生活和数学紧紧地贴合在一起，而不是一味地埋头苦学，这便是数学的优越之处。"

同学乙："我收入了100元，利润30%。我认为这次活动非常好，把数学结合到我们的生活中。"

同学丙："在销售的过程中，我们要动用我们的头脑，要做到不赔本，也要想办法获得更高的利润。"

同学丁："原来，数学就在我们身边，我们不光能从书本上学到有关数学的知识，在生活中也处处需要用到数学。这次活动让我们更加了解数学，使我们觉得数学有趣。"

（三）在与人交流方面，学生有这样的感受

同学甲："我觉得这个活动锻炼了我们的口语交际能力，以后到了社会上可以与别人有一个好的交流。我希望这种活动可以在我校多举办几次，锻炼我们的这种能力。"

同学乙："通过这节数学实践活动课，我觉得我们上了生动的一堂课、学到了在课堂上学不到的东西，使我们张开了嘴、与别人对话，在人和人的交往过程之中少不了这些。当'小老板'使我们知道了利润的大与小、卖东西如何不亏本并赢利，以及如何划算地买到自己喜欢的东西，这些都是从课本上学不到的知识。"

（四）增强学生的团队协作意识

同学甲："我们组有六个成员。其间我们积极配合，不断寻求最佳的效率方式，也不断摸索自己的特长之处。虽然业绩并不可观，但增进了彼此间的感情及互相了解。"

同学乙："在这一活动中，我们收获了很多，也改变了很多，体会到了不同的乐趣，也积累了不同的经验。这让我们体会到了团队合作的重要性，增强了我们的商业意识、节约意识等，也让我们学会了与人更好地相处，培养了我们的交际能力和变通能力。我们的成功售卖，都是源于同学们的积极参与与辛勤劳动。我们体会到钱的来之不易，再也不会浪费家长用辛勤劳动换来的钱。"

（五）培养学生的自信，增强勇气

同学甲："从这次活动中，我悟出一个道理——没有勇气是什么事也干不成的。"

同学乙："在同买家讨价还价时，我的语言组织能力提高了，应变能力加强了。每当说服一位顾客成功购买时，我的心情是极其愉悦的。这不但是对自己的肯定，也是对自己努力的回报，心里很有成就感。"

（六）增加学生的生活经验

同学甲："通过学校举办的这次活动，我收获了许多，明白了如何去把自己手中的物品以最大价值卖给他人，学会了做生意的一些小小的窍门。活动还促进了同学们之间的交往，真是有意义！希望学校多举办这种类似的班级活动，让老师们也来参加，让学校热闹起来！"

同学乙："经过了几次对比后，发现了一个规律，即受欢迎的玩具比富含知识营养的书更畅销，这就是所谓市场需求吧！"

同学丙：“推销商品的时候应该给女生多推销小摆件、可爱的东西，而男生可能会更喜欢玩具刀、枪和飞机模型。老师更喜欢的可能就是书籍，小孩子更喜欢的可能就是玩偶。”

（七）对学生进行了感恩教育

同学甲：“从中我体会到了妈妈工作的不容易和辛苦，学到了生活经验，更体会到了工作者的艰辛。”

同学乙：“体会到了赚钱的辛苦，既要让顾客买，又要算好价钱，好难啊！”

同学丙：“其实挣钱多不多并不重要，重要的是我体会到了爸爸妈妈挣钱多么不容易。以后，不需要的东西尽量不买，要勤俭节约！”

同学丁：“这次‘跳蚤市场’活动让我懂得了做生意的辛苦，体会到了爸爸妈妈的劳累，我一定要好好学习，不辜负他们对我的期望。”

四、创新及作用

（一）尊重个体差异，面向全体学生

紧密联系学生的学习与生活实际。初中学生的主体意识逐渐增强，又有一定的数学知识基础与社会生活经验。本次活动学生本身可操作，并且难度不大，每位同学都会有所收获，达到了面向全体同学的目标。通过这次活动，让学生对数学有了新的认识，激发了学生学习数学的信心，使学生对学校生活充满热情和热爱。

（二）改变教的方式，营造动手实践的氛围

转变教师角色，突出学生的主体地位。本次数学综合实践活动课程打破了班级授课制的形式，教师把学习的主动权与个性发展权还给学生，让学生“唱主角”，并达到全员参与的目的。教师要从知识的传授者转变为活动的组织者、指导者、参与者和服务者，在活动时空上向自然环境、学生的生活领域和社会领域延伸，密切关注学生与自然、与社会、与生活的联系。

（三）重视情境创设，让学生经历数学知识形成与应用的过程

通过“用数学”发展学生解决问题的能力。当学生把活动变成生活的经历时，数学离他们更近，而不是抽象的、难以理解的，从而实现“做中学、做中思”。

（四）改变学的方式

学生能真正地感受到动手操作能力、交流表达能力、合作能力、观察能力等，而不是由教师硬塞给学生。学生由被动变主动。

（五）建立新型的师生关系

教师成为学生的朋友，不再是权威，而是活动的组织者、指导者、参与者和服务者。本次活动不仅吸引了学生，也吸引了校长、书记及任课教师。教师用自己的激情吸引学生一起投入数学学习活动中去，使学生体验到自由、尊重、信任、理解和宽容，缩短了师生间的距离，建立了良好的师生关系，营造了良好的育人环境。

（六）对学生进行了很好的德育教育

以往教师只是通过说服教育或主题班会的形式对学生进行感恩教育，效果不是很明显。通过本次活动，很多学生理解了家长工作的辛苦及教师上课的不易，并反思自己，达到了很好的教

育目的。

本次数学实践活动充分调动了学生学习数学的主动性，提高了学生的学习能力；增强了不同层次的学生学习数学的积极性，人人有进步、人人有收获。我们数学组后面会对这样的活动有一个延续，通过开展“做”数学活动，使学生在“做”中理解知识、学会解决问题，让学生在“做”中激起智慧的火花、不断进行发现和创新。

案例 2

## 科学实践活动课与物理教学结合下的两心壶教学设计

魏波　北京市通州区玉桥中学

一、学生情况分析

大气压这部分知识学生在八年级已经学过，所以知识点已具备，但是应用大气压知识分析和解释生活中的现象仍存在问题。如果通过传统的讲解，学生仍然不能理解现象背后的实质，似懂非懂；如果重复讲解，学生又会产生厌学心理。为了解决该问题，将学生理解不了的现象设计成实验，学生在教师指导下体验实验过程，观察、分析并解释实验现象。在整个教学过程中，通过实践、观察、分析、概括，使学生有效地获取和理解物理知识，并应用其解释生活中的常见现象。

二、教学目标

1. 理解用吸管喝到水是靠大气压而不是靠吸力的难点。

2. 通过动手操作体验用吸管喝到水和两心壶的实质原理。

3. 培养学生动手实践、分析实验现象和应用物理知识解释生活中的常见现象的能力。

三、重、难点

应用大气压知识解释生活中的现象。

四、实验器材

透明吸管，橡皮泥，胶带，饮料瓶 2 个，锥子，剪刀，水，饮料，纸盒，公道杯，毛巾，一次性水杯。

五、教学过程

实验一：满满一杯饮料，怎样才能喝到杯底的饮料？（脑筋急转弯）

教师：“老师成功喝到杯底的饮料了，同学们想试试吗？”

学生：“想。”

教师：“同学们已经准备好了，两个装有饮料（可以饮用）的玻璃瓶，瓶盖上已经装好吸管，橡皮泥密封了小孔。同学们试试吧！”

学生分享感受：“一个喝不到饮料，一个能喝到饮料。”

教师提问：“请同学们对比并思考这是什么原因。”（小组讨论）

学生：“没装满的瓶子能喝到饮料，是因为气压把饮料压入吸管。装满饮料的瓶子由于上方没空气，所以没气压，喝不到。”

过渡语：“我们来看看下面这道题怎么做？”

练习如下。

2016 年延庆的一模模拟题：

小震在利用吸管喝饮料后认为：“饮料是靠嘴的吸力进入嘴中的，而不是靠大气压进入嘴中的。”而小明认为小震的观点是错误的。为此他准备下列器材：一个装满水（可以饮用）的玻璃瓶子、一个可以塞紧瓶口的塞子，塞子上开有两个孔，其中一个孔插有吸管并与塞子压紧。请你帮助小明设计一个实验，证明小震的观点是错误的，写出实验步骤并加以说明。

投影学生答案如下。

实验步骤：

用塞子将瓶子的瓶口塞紧，再将没插吸管的孔堵住（不漏气），用吸管吸水，不能将水吸入嘴中；不堵住没插吸管的孔，用吸管吸水，能将水吸入嘴中。这说明饮料是靠大气压进入嘴中的，不是靠嘴的吸力进入嘴中的，所以小震的观点是错误的。

过渡语：“生病时我们常常要喝口服液，发现插入吸管吸的时候有点费力，同学们有什么办法让自己轻松喝到药？”

学生：“再扎一个孔。”

过渡语：“喝口服液就相当于喝刚才我们这瓶没装满的饮料，能喝到但有点费力。下面我们就试试同学们的方法是否可行，在瓶盖上再扎个孔试试。”

学生：“轻松喝到水。”

过渡语：“说明要轻松喝到水，水要与空气接触，这样才能利用气压的作用实现目的。”

过渡语：“同学们，老师这里有一个听话的醋瓶，你们觉得老师是如何做到让这个醋瓶这么听话的呢？”

学生：“通过控制另一个小孔，堵着小孔醋就流不出，松开小孔醋就可以流出。”

过渡语并演示实验：“通过控制小孔可以控制醋的流出。将这样的两个瓶子用胶条组装在一起，放在一个盒子里，这样一个饮料盒就可以倒出两种饮料，这就是两心壶的制作原理。下面我们就利用手中的器材做一个两心壶吧。”

学生制作的两心壶如下图所示：

六、课堂小结

通过今天的学习，你获得了什么？

1. 什么时候可以轻松喝到水。

2. 喝到水的原因是大气压的作用。

3. 知道了神秘的两心壶的制作原理。

4. 制作了两心壶，通过动手实验很快就理解了物理原理，不用死记硬背。

5. 快乐的动手实践课，不用背就学会知识并记住。

七、练习

1. 如图所示的实例中，没有应用连通器原理的是（　　）。

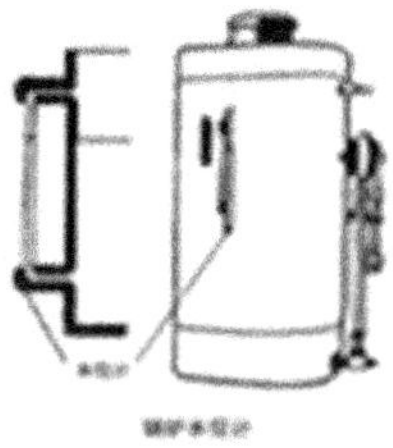
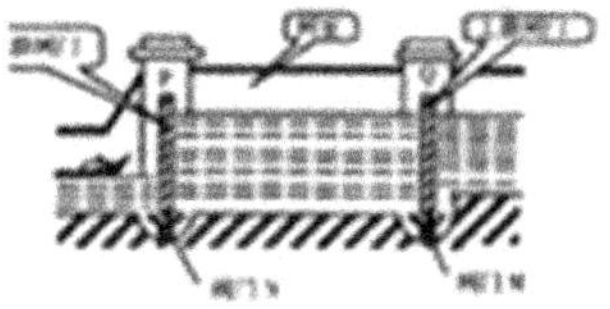

A. 茶壶　　B. 锅炉水位计　　C. 船闸　　D. 潜水艇

2. 吸钢笔水时，先用手捏笔胆排出里面的空气，松手后墨水进入笔胆，这是利用了什么原理？

3. 覆杯实验的原理是什么？

4. 公道杯的原理是什么？

八、作业

在纸杯中倒满水，盖上一张纸片后将纸杯倒扣，纸片没有掉下来。小明认为：纸片掉不下来，是水粘住了纸片，请设计实验证明该观点是错误的。

实验步骤：

1. 如下图所示，在杯底打一个小孔，用手堵住小孔，将纸杯装满水。盖上一张纸片后将纸杯倒扣，观察纸片是否掉下来。

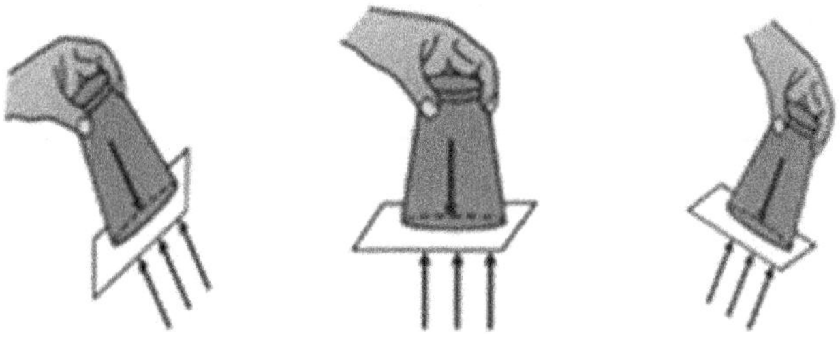

2. 将堵住小孔的手指松开，观察纸片是否掉下来。

我们发现：当手指堵住小孔的时候纸片不掉下来，当手指从小孔移开的时候纸片会掉下来。说明不是水粘住了纸片，而是大气压托住了纸片。

案例 3

## 生活中的测量

刘莹　北京市大峪中学分校

<table>
<tr><td>章节</td><td colspan="2">综合实践——生活中的测量</td><td>授课日期</td><td>2018.9.11</td></tr>
<tr><td>课题</td><td colspan="2">生活中的测量</td><td>课堂类型</td><td>综合实践活动</td></tr>
<tr><td>教学目标<br>（体现差异）</td><td colspan="4">1. 了解生活中常见物的长度、高度。<br>2. 了解时间，以游戏的方式对 1 分钟进行体验。</td></tr>
<tr><td>教学重点</td><td colspan="4">长度和速度、时间的测量</td></tr>
<tr><td>教学难点</td><td colspan="4">测量过程的体验</td></tr>
<tr><td>教具</td><td colspan="2">皮尺、刻度尺、激光笔、秒表</td><td>教学方法</td><td>实践</td></tr>
<tr><td colspan="5">教学过程设计</td></tr>
<tr><td colspan="2">教学步骤设计</td><td colspan="2">学生活动设计<br>（依据学生差异有的放矢）</td><td>时间分配<br>及预计效果</td></tr>
<tr><td colspan="2">一、长度的测量和体验<br>任务 1：利用皮尺测量教室的长、宽、高。<br>任务 2：利用刻度尺测量教室的高度。<br>提问：思考两个任务中教室的高度为什么会有差异。<br>任务 3：学习一种新的测量方式：向前伸直手臂，竖起拇指，闭上左眼，右眼、拇指、目标形成直线。闭上右眼，睁开左眼，此时记住左眼、拇指延长直线目标右侧那一点，目测那一点与目标的距离并乘以 10，即你到目标的大概距离。<br>二、速度、时间的测量和体验<br>1. 利用秒表共同体验 1 分钟，并记住 1 分钟的感觉。<br>2. 游戏：找到误差最小的三名同学，让他们说说是如何做的。<br>3. 速度测量：利用跑道测量走路、慢跑的速度。</td><td colspan="2">分组讨论方法。<br>写出测量步骤。<br>各组交流测量方法后进行测量。<br>讨论后完成学案。<br>利用新方法估测教室的长度和国旗杆的高度。<br>点名提问学生是如何记下这 1 分钟的。<br>每组找一名学生，共同闭上眼睛，感觉时间过了 1 分钟就坐下。<br>学生测量。</td><td></td></tr>
<tr><td>课堂教学<br>反思小结</td><td colspan="4"></td></tr>
</table>

案例 4

## 传统生物技术——巧手做馒头

安代红　张海英　北京市大峪中学分校

### 一、课时安排

2 课时。

### 二、教学目标

1. 说出微生物发酵的原理，尝试制作馒头。

2. 通过制作馒头，体验利用发酵技术制作食品的过程，培养动手操作的能力；通过体验和观察，能够提出问题，培养提出问题的能力。

3. 在制作馒头的过程中融洽地与同学合作，亲自品尝自己制作的发酵食品，体验劳动带来的快乐。

三、教学重点

指导学生制作馒头坯，蒸出可口的馒头；使学生了解酵母菌发酵原理。

四、教学难点

指导学生制作馒头坯、观察酵母菌发酵所产生的现象。

五、教学方法

教授和实践。

六、板书设计

酵母菌发酵过程：淀粉＋氧气；二氧化碳＋水。

七、教学过程设计

| 教学环节 | 教师活动 | 学生活动 |
|---|---|---|
| 课前准备 | 教师在课前和好面、发好面，并将发好的面分发到各个小组的面盆中。 | |
| 一、导入 | 讲解（结合图片）：馒头、花卷、豆包、包子等是我们常吃的主食，它们是怎样制作出来的呢？这些主食中最容易做的是馒头，今天我们就尝试着做馒头。 | 倾听，产生实践欲望。 |
| 二、介绍制作馒头的方法和步骤 | 讲解（结合幻灯片）：制作馒头的基本步骤包括：第1步是和面；第2步是发面；第3步是制作馒头坯；第4步是醒面；第5步是蒸馒头。<br>1. 和面（播放视频）：取面粉1千克左右倒入盆中。将约5克干酵母放在适量的温水中（水温约35℃，以不烫手为宜），混合均匀。用含有酵母菌的水和面，每次倒少量水，先将面和成絮状，然后揉成面团。<br>2. 发面：装有面团的盆盖上盖子，放在30～35℃的环境中，发酵40～60分钟。<br>3. 制作馒头坯（播放视频）：在案板上撒少许干面粉，然后将发好的面放在干面粉上，揉面到面不粘案板为止。用刀切取部分面团，将面团揉成圆柱形，切成大小均匀的小面团。揉小面团，制成馒头坯。<br>4. 醒面：在蒸锅中放入适量的凉水，把潮湿的屉布放在笼屉上。将笼屉放在锅上，将做好的馒头坯放在笼屉中，醒10分钟。<br>5. 蒸馒头（视频展示放在笼屉中）：大火加热，水开后计时，蒸15分钟，馒头就可以出锅了。 | 观看视频，了解制作馒头的过程，特别是和面和制作馒头坯的过程。 |
| 三、学生尝试制作馒头坯、上锅，醒面 | 指导学生制作馒头坯，上蒸锅，醒面。 | 2人一组，制作馒头坯，上蒸锅，醒面。 |
| 四、观察微生物发酵的现象 | 提问（结合图片）：我们吃馒头的时候感觉馒头是很松软的，而且馒头中有很多小孔。这是为什么呢？ | 学生发表自己的看法。 |

续表

| 教学环节 | 教师活动 | 学生活动 |
|---|---|---|
| | 提问（结合图片）：从图片中我们可以看出，发好的面体积比刚和出的面增大了很多。把面团切开看看，发现了什么？<br>讲授：正是因为面团中产生了很多小孔，所以面的体积才增大了，就是通常说的面发起来了。 | 观察图片，回答问题。 |
| 五、蒸馒头 | 教师指导学生连接电源、打开电磁炉开关，蒸馒头。 | 思考。 |
| 六、了解酵母菌发酵的原理 | 提问：蒸好的馒头中和发好的面中都有很多小孔，这些小孔是怎样形成的？<br>讲解（结合图片）：我们用溶解有酵母菌的水和的面，而且将面团在 30 至 35 摄氏度的环境中放置了 40 分钟至 1 小时，结果面就发起来了。在发面的过程中，面团中的酵母菌在温暖的条件下利用氧气将面粉中的淀粉分解成了二氧化碳和水，二氧化碳不能很快地从面团中跑出来，聚集膨胀，所以面团中形成了很多小孔，小孔中就是二氧化碳。经过高温加热，二氧化碳膨胀，所以蒸好的馒头比馒头坯要大，馒头就更加松软了。 | 打开电磁炉开关，蒸馒头。<br>对问题产生兴趣。<br>倾听，理解。<br>对比观察馒头坯和蒸好的馒头。 |
| 七、馒头出锅，品尝劳动成果 | 指导学生用筷子将馒头从锅中取出并观察。 | 取出馒头，观察馒头是否比之前的馒头坯要大，掰开馒头观察其中的孔洞。 |
| 所需条件（场地、设备、材料用具等） | | |
| 塑料小案板 36 块，面粉 20 千克，塑料小盆 36 个，直径 30 厘米不锈钢盆 1 个，干酵母 8 袋（每袋 15 克），菜刀 2 把，直径 40 厘米不锈钢蒸锅 4 个，电磁炉 2 个，屉布 4 块。 | | |

七年级生物实践课程任务单

| | | |
|---|---|---|
| 课题名称：巧手做馒头 | 实践日期： | |
| 分组情况：____人一组 | 学生姓名： | |
| 教师评价 | 过程性评价（10 分）： | |
| | 任务单成绩（10 分）： | |
| 请根据课程内容回答问题 | | |
| 1. 制作馒头的过程按顺序包括五个步骤：①和面；②发面；③________；④________；⑤________。（3 分）<br>2. 通过实践活动，你组能提出哪些问题？（2 分）<br><br>3. 发面过程是利用酵母菌发酵原理，使面团变得膨大、松软，这样的面蒸出的馒头才松软可口。你能解释为什么发好的面的体积比之前增大了很多吗？（3 分）<br><br>4. 酵母菌发酵的适宜温度在____℃到____℃之间。（2 分） | | |

案例 5

# 奇妙的微观世界

李硕　北京市大峪中学分校

主题教学设计模板

| 基本信息 | |
|---|---|
| 年级 | 九年级 |
| 主题教学设计 | |
| 主题名称 | 奇妙的微观世界 |
| 1. 主题教学设计说明<br>化学的初步学习与认识大多数都是从宏观的角度进行，本主题教学设计是从微粒角度认识物质的组成，体现化学学科研究的独特视角。化学是在分子、原子水平上研究物质的组成、结构、性质及其应用的一门基础自然科学，本次主题教学开始引领学生进入分子、原子、离子的世界。<br>本次主题教学意在帮助学生认识物质的微粒性。本次学习可使学生初步尝试用微粒的观点解释某些常见的现象、描述物质的微粒构成等。在学习的过程中，学生运用观察、想象、类比、模型及数据分析等方法，并尝试通过化学实验探究学习微粒。学生不仅开始认识各种微粒，还逐步体验到研究微粒的基本思路和方法。通过了解化学史实，学生能够从哲学思想角度初步理解微粒提出的基础，并逐步树立辩证唯物主义观点；通过阅读研究微粒构成的发展史，学生能初步体会到科学精神的真谛是不断地追求真理。<br>学生在本次主题教学的学习中能通过观察、辨识进一步体会到宏观与微观的联系，能够完成宏观辨识与微观探析；在认识物质时能够变换不同的角度，体会化学中的微粒观，对化学中的变化观念及化学思想有进一步的认识。学生通过证据推理、模型认知，提升了思维的严密度，丰富了自己的思维框架。在实验探究过程中，学生的实验探究意识增强，创新意识得以培养。科学精神就是严谨求实的科学态度、崇尚真理的科学意识，通过本次学习，学生的科学精神得以发展、认识世界的角度得以开阔。本主题教学设计凸显了化学学科素养的培养，使学生的科学精神得以彰显。 | |
| 2. 主题学习目标与重点难点<br>（1）认识物质的微粒性。<br>（2）知道分子、原子、离子是构成物质的微粒。<br>（3）能够说出分子、原子、离子的概念，并能理解分子、原子、离子之间的关系。<br>（4）通过阅读化学史实，初步了解研究微粒构成的模型和假说，并体验到科学探究的艰辛、曲折，感受追求真理的科学精神。 | |
| 3. 主题整体教学思路<br>本主题教学设计按照人类提出微粒的顺序，第一节主要介绍原子及原子的构成，第二节主要介绍离子，第三节介绍另一种微粒分子，共进行 3 课时的设计。<br>小学科学主要从宏观角度初步认识物质的组成和变化，初中化学开始引导学生在分子、原子水平上研究物质的组成、结构、性质。初中化学对微粒的学习只是初级阶段，关于物质结构的学习在高中必修和选修模块中将更加具体深入。因此，在本次关于微粒的学习中，教师既要控制适宜的深广度，又要为以后化学的学习奠定基础。 | |
| 第 1 课时教学设计 | |
| 课题 | 奇妙的微观世界——原子 |
| 课型 | 讲授课□　　　学科实践活动课√　　　其他□ |
| 1. 教学内容分析<br>微粒观建构的哲学价值：至今人们没有真的看到原子的样子，所有对微观粒子的认识都来自对宏观现象的推测。因此，透过现象看本质的思维习惯的形成能帮助人们进行猜想，用模型进行形象化思维活动是本课题特有的思维方法。 | |

续表

| 第1课时教学设计 |
| --- |
| 微粒观建构的学科价值：化学反应纷繁复杂，到底是魔术还是真实存在？不管教师对化学变化讲得多么生动形象、学生对实验看得多么兴奋，很多学生仍然不能确认其客观存在。只有学生认可了微粒真实存在，才能理解那些化学变化是真的生成了新的物质、新的分子。让学生认识到质子、中子和核外电子的存在，学生才能更好地认识离子的存在、才能更好地理解化学变化。这也就是本课题的学科价值。<br>情感、态度激发的价值：学生遇到科学家们经历的问题时会变得很兴奋，如果学生能解决这些问题，会有很大的成就感。同时，带领学生经历科学家探索的过程，能再现人类认识微观世界的历史，使学生对科学精神有更深切的体会和感悟。 |
| 2. 学习者分析<br>学生已有的知识：<br>（1）物质是由微观粒子构成的，化学变化的本质是分子再分、原子重新组合的过程。<br>（2）分子是保持物质化学性质的最小微粒。原子是化学变化中的最小微粒。<br>（3）80%的学生通过预习和其他途径知道了原子是由原子核和核外电子构成的。<br>学习能力：<br>初步具备了学习化学概念的基础，能够应用观察、比较、分析、归纳、概括等方法学习知识。 |
| 3. 学习目标确定<br>知识与技能：<br>（1）知道原子是由原子核和核外电子构成的，原子核带正电，电子带负电。<br>（2）了解原子核是由质子和中子构成的，质子带正电，中子不带电。原子的质量主要集中在原子核上。<br>过程与方法：<br>（1）了解原子结构模型的发展历程，体验猜想和模型方法在微观世界研究中的作用。<br>（2）体验“发现问题（矛盾）——实验现象分析——建立模型——解释现象”过程，初步运用模型方法解决实际问题。初步应用现象到本质、宏观与微观相结合的思维方法。<br>情感态度与价值观：<br>（1）逐渐树立世界的物质性、物质的可分性的辩证唯物主义观点。<br>（2）体会到人们对物质世界的认识是不断深入、艰难曲折的，科学实验和科学探究在科学发展历程中起到了重要作用。 |
| 4. 学习重点、难点<br>教学重点：<br>培养学生对宏观实验现象的微观想象和分析能力。通过再现科学家认识原子构成的发展过程，了解原子是由居于中心、带正电的原子核和带负电的核外电子构成的，培养学生依据现象分析本质、宏观与微观相结合的思维能力。<br>教学难点：<br>α 粒子散射实验现象的分析。 |
| 5. 学习评价设计 |

| 评价标准描述 | 非常好<br>5颗星 | 较好<br>3颗星 | 一般<br>2颗星 | 需要改进<br>1颗星 | 生评 | 师评 |
| --- | --- | --- | --- | --- | --- | --- |
| 知识技能 | 能够准确掌握原子的结构，并能灵活地运用科学探究的方法解决实际问题 | 能够理解原子的结构，能够初步运用科学探究的方法解决实际问题 | 基本理解原子的结构，在教师指导下运用科学探究的方法解决实际问题 | 不能正确理解 | | |
| 动手操作能力 | 能够独立地借助身边实物进行原子结构的探究 | 在同伴的启发下，借助身边实物进行原子结构的探究 | 在教师的指导下，借助身边实物进行原子结构的探究 | 不能通过操作活动理解 | | |

续表

**第 1 课时教学设计**

续表

| 评价标准描述 | 非常好<br>5 颗星 | 较好<br>3 颗星 | 一般<br>2 颗星 | 需要改进<br>1 颗星 | 生评 | 师评 |
|---|---|---|---|---|---|---|
| 质疑能力 | 认真倾听同伴发言，独立思考，能够积极发现和提出有价值的问题 | 具有问题意识，能够提出自己的疑问 | 具有问题意识，但是不能清晰地表达问题 | 没有问题意识 | | |

6. 学习活动设计

| 教师活动 | 学生活动 |
|---|---|
| 环节一：实心球模型的建立和应用 | |
| 教师活动 1<br>从“原子”的定义导入，创设疑问<br>讲述实心球模型的建立和应用 | 学生活动 1<br>产生疑问，明确课题：原子的构成<br>跟随教师回忆实心球模型的建立和应用 |
| 活动意图说明<br>通过教师的设疑激发学生求知的欲望，同时学生感受到科学家们经历的问题时会变得很兴奋，极大地提高学生学习的兴趣。通过带领学生经历科学家探索的过程，能再现人类认识微观世界的历史，使学生对科学精神有更深切的体会和感悟 | |
| 环节二：枣糕模型的建立和应用 | |
| 教师活动 2<br>制造矛盾：摩擦起电用实心球模型无法解释<br>演示阴极射线管实验，引导学生思考证实电子存在的价值<br>学生尝试建立原子模型，观察并找到实心、空心等典型模型示意图，用实物展台展示 | 学生活动 2<br>学生猜想：原子不显电性但是可以摩擦起电的原因<br>学生认识到电子的存在，说出得到的信息<br>活动一：根据电子的特点修改原子结构，并在本上试画<br>活动二：用新模型解释摩擦起电<br>活动三：发现不同点即正电部分分布不同，发现矛盾冲突 |
| 活动意图说明<br>科学精神就是发现过程的体现，假设、验证、推翻假设、再验证，学生在求索的道路上体会到科学精神的真谛。在本环节设计中充分给予学生空间，让学生通过对新知识的不断学习体会科学家的艰辛，培养学生的科学精神 | |
| 环节三：行星模型的建立和应用 | |
| 教师活动 3<br>通过展示制造学生之间认知的矛盾冲突，使学生能主动去验证自己的模型设计<br>看不见的原子内部应该如何研究？设计游戏引导学生迁移研究方法<br>介绍 α 粒子和散射实验仪器，录像展示实验现象、正电部分如何分布 | 学生活动 3<br>学生对正电部分猜想不同，激发探究欲望，思考如何证明正电部分分布<br>游戏：蒙眼判断铁圈内是否空心或物体的分布情况。学生体验游戏，设计证明正电部分分布的实验方案<br>根据信息推断原子正电部分，讨论汇报，得出原子行星模型 |

续表

| 第 1 课时教学设计 | |
|---|---|
| 续表 | |
| 活动意图说明<br>学生间认识上的不同推进了原子模型探究的进展，向学生介绍科学家的研究方法，通过视频展示让学生进一步体会原子结构的发现 | |
| 环节四：小结——模型建构的方法 | |
| 教师活动 4<br>展示三轮模型建构的历程，归纳原子模型建构的基本方法<br>教师概括科学家透过现象看本质的意识 | 学生活动 4<br>学生归纳模型建构的一般方法<br>学生有欲望进一步研究原子结构 |
| 活动意图说明<br>学生体验了“发现问题（矛盾）——实验现象分析——建立模型——解释现象”过程，初步运用模型方法解决实际问题。培养学生应用现象到本质、宏观与微观相结合的思维方法 | |
| 7. 板书设计<br>原子的构成<br>原子（不显电）：核外电子（－）；原子核（＋）：质子（＋）、中子（不带电） | |
| 8. 作业与拓展学习设计<br>以“探索原子的结构”为主题，写一篇科普短文。要求介绍原子内各种粒子的特征。 | |
| 9. 特色学习资源分析、技术手段应用说明<br>让学生以科学家的身份重走科学家之路，亲自参与，从已知到未知，从感性到理性，循序渐进，使知识得以巩固和落实。在教学过程中穿插教师提问、学生思考与讨论等活动，提供给学生完成任务及交流的空间和时间，运用实证法、实验探究法、讨论归纳法。利用微观知识调动学生的抽象思维能力。借助多媒体手段帮助学生建立科学的认知，体会知识的本质，突破难点。 | |
| 10. 教学反思与改进<br>本节课学生“课之初——趣已生，课之中——趣更浓，课之后——趣亦存”，整堂课兴趣高昂。在教学过程中较多地使用了平等对话、交流、设问、追问等教学方式，以学习小组作为依托，在讨论与反思中促使学生思考回顾已有知识、接受新知识，并注重学科间的整合，不断创设新的问题环境，提高了学生的参与程度，使学生思维逻辑性、严密性有所提高，培养了学生思考的能力及对知识融会贯通的能力。 | |

| 第 2 课时教学设计 | |
|---|---|
| 课题 | 奇妙的微观世界——离子 |
| 课型 | 讲授课□　　学科实践活动课√　　其他□ |
| 1. 教学内容分析<br>构成物质的微粒原子、分子、离子看不见、摸不着，学习内容抽象，因此对于以形象思维为主的学生来说就显得比较困难。物质构成的奥秘是初中化学的重要内容之一，也是学生形成微粒观的重要基础。通过前面的学习，学生已经初步建立起原子模型，本节课则是在此基础上继续深入原子的内部，从核外电子的分层排布入手介绍离子的形成，使学生对构成物质的微粒有一个完整、系统的认识，是对学生微粒观的丰富。 | |

续表

<table>
<tr><th colspan="7">第 2 课时教学设计</th></tr>
<tr><td colspan="7">离子的形成是本课题的核心，是教学重点。为了说明离子是什么、是怎样形成的，本节课从核外电子的运动说起。通过学生讨论猜想、教师分析科学家的研究方法和手段（借助生动的 flash 动画），让学生理解清楚无法直接观察到的核外电子运动情况，从而理解核外电子的分层排布。这也是本课题教学的难点。<br>学生通过观察——对比——分析稳定的稀有气体核外电子排布，以氯化钠为例得出其他元素形成稳定结构的规律，从而提出构成物质的第三种微粒——离子。通过拟人化的小组表演，让学生更深刻地理解离子的形成，同时也使抽象、枯燥的概念教学更生动、更形象，激发学生的学习兴趣。</td></tr>
<tr><td colspan="7">2. 学习者分析<br>学生已有的知识：<br>（1）物质是由微观粒子构成的，能说出由分子、原子直接构成的典型物质。<br>（2）原子的构成，质子数、核外电子数、核电荷数、原子序数之间的关系。<br>（3）稀有气体性质稳定。<br>（4）第 1 ~ 20 号化学元素符号。<br>（5）已经有了对离子的初步认识，知道某些物质导电是离子的定向移动。<br>学习能力：<br>初步具备了学习化学概念的基础，能够应用观察、比较、分析、归纳、概括等方法学习知识。</td></tr>
<tr><td colspan="7">3. 学习目标确定<br>知识与技能：<br>（1）知道原子的核外电子是分层排布的。<br>（2）了解原子结构示意图涵义及原子最外层电子数与元素化学性质的关系。<br>（3）了解离子的形成，初步认识离子是构成物质的一种粒子。<br>过程与方法：<br>（1）通过动画模拟电子云、观察直观的原子结构模型，感知核外电子的分层排布，感受模型方法在化学研究中的作用。<br>（2）通过对比、归纳和角色扮演的活动，深刻理解离子的形成过程，体会最外层电子数与元素化学性质的关系。<br>情感态度与价值观：<br>（1）通过观察直观的模型、游戏等多样化教学活动，提高学生学习化学概念的兴趣。<br>（2）在小组合作学习中，培养学生积极参与、互助合作的意识与良好的沟通、交流能力。<br>（3）进一步完善、理解微粒观，深刻理解世界的物质性；感受科学研究的曲折性和不断发展性。<br>（4）通过亲身体验原子之间的电子转移过程，感受化学反应的复杂性和规律性，体会科学中蕴含的人文价值，增进化学与学生之间的亲和力。</td></tr>
<tr><td colspan="7">4. 学习重点、难点<br>教学重点：<br>离子的形成及离子的概念，认识到离子也是构成物质的重要微粒。<br>教学难点：<br>感知原子的核外电子是分层排布的，意识到化合物的形成与核外电子分层排布有关。</td></tr>
<tr><td colspan="7">5. 学习评价设计</td></tr>
<tr><td>评价标准描述</td><td>非常好<br>5 颗星</td><td>较好<br>3 颗星</td><td>一般<br>2 颗星</td><td>需要改进<br>1 颗星</td><td>生评</td><td>师评</td></tr>
<tr><td>知识技能</td><td>能够准确掌握原子的核外电子排布，明确离子是构成物质的微粒</td><td>能够理解原子的核外电子排布，初步明确离子是构成物质的微粒</td><td>基本理解原子的核外电子排布，在教师的指导下明确离子是构成物质的微粒</td><td>不能正确理解</td><td></td><td></td></tr>
</table>

续表

第 2 课时教学设计

续表

| 评价标准描述 | 非常好<br>5 颗星 | 较好<br>3 颗星 | 一般<br>2 颗星 | 需要改进<br>1 颗星 | 生评 | 师评 |
|---|---|---|---|---|---|---|
| 动手操作能力 | 能够独立地通过亲身体验原子之间的电子转移过程，感受化学反应的复杂性和规律性 | 在同伴的启发下，通过亲身体验原子之间的电子转移过程，感受化学反应的复杂性和规律性 | 在教师的指导下，通过亲身体验原子之间的电子转移过程，感受化学反应的复杂性和规律性 | 不能通过游戏活动理解 | | |
| 质疑能力 | 认真倾听同伴发言，独立思考，能够积极发现和提出有价值的问题 | 具有问题意识，能够提出自己的疑问 | 具有问题意识，但是不能清晰地表达问题 | 没有问题意识 | | |

6. 学习活动设计

| 教师活动 | 学生活动 |
|---|---|
| 环节一：离子的存在 | |
| 教师活动 1<br>从食盐入手，创设问题情境：食盐由什么构成？熔融状态的食盐为什么能导电？ | 学生活动 1<br>思考“带电微粒怎么形成”，形成思维冲突、激发研究兴趣，进入微观世界 |
| 活动意图说明<br>通过创设的情境使学生形成思维冲突、激发学生研究的兴趣 | |
| 环节二：理论分析离子形成的原因 | |
| 教师活动 2<br>复习卢瑟福原子结构相关知识<br>从已有结构中提出新问题：氢原子的核外电子如何运动<br>介绍科学家的猜想、核外电子的真实运动情况、科学家的研究方法和手段<br>由氢原子电子云示意图引出核外电子的分层排布<br>展示核外电子的分层排布的原子结构模型 | 学生活动 2<br>回忆、思考<br>活动 1：小组讨论、猜想、画图，充分展示自己的猜想<br>聆听、观看、思考，深刻理解核外电子的分层排布<br>活动 2：说出原子结构模型代表的原子名称 |
| 活动意图说明<br>从学生已有经验出发，在回顾旧知识的基础之上介绍科学家的研究方法和手段，进一步激发学生的探究欲 | |
| 环节三：体会、理解离子的形成 | |
| 教师活动 3<br>将原子结构模型简化为原子结构示意图<br>给出第 1 ~ 20 号化学元素原子结构示意图，引导分析核外电子排布的特点<br>活动 3：游戏“给你呀，给我吧”。全班同学分成 4 个小组，分别代表氢、钠、镁、氯。通过“给你呀，给我吧”中的电子“交易”形成稳定的化合物，并进行表演<br>总结学生活动表现，引导学生总结构成物质的微粒 | 学生活动 3<br>聆听、记笔记，体会原子结构示意图的含义<br>分析核外电子排布的特点，总结元素化学性质与原子最外层电子数的关系<br>组内讨论形成稳定的化合物<br>组间交流得失电子的方式是否合理，是否愿意进行电子“交易”<br>分角色表演稳定的化合物的形成过程。归纳离子的定义、分类，解释熔融氯化钠导电原因<br>思考、总结 |

续表

**第 2 课时教学设计**

续表

> 活动意图说明
> 通过亲身体验原子之间的电子转移过程，感受化学反应的复杂性和规律性，体会科学中蕴含的人文价值，增进化学与学生之间的亲和力

7. 板书设计

离子

离子的定义：带电的原子

氯化钠 ←— 离子 {
- 阳离子：失 $e^-$，质子数 $>$ 核外电子数（带正电）
- 阴离子：得 $e^-$，质子数 $<$ 核外电子数（带负电）

8. 作业与拓展学习设计

思考：根据这节课的学习，氢原子和氯原子在达到稳定结构时都想得到一个电子，那么我们已知的化合物 HCl 是如何形成的？

9. 特色学习资源分析、技术手段应用说明

根据教材特点，我在教学中作了如下处理：从问题讨论、创设情境引入课题，在交流中找到问题矛盾，便产生了思想的碰撞。通过猜想再次设疑，激发了学生学习的欲望。通过让学生亲身体验原子之间的电子转移过程，感受化学反应的复杂性和规律性，体会科学中蕴含的人文价值，增进化学与学生之间的亲和力。

10. 教学反思与改进

本节课的主要特点是重、难点突出，学生活动充分，基于学生认识发展设计核心问题，层层深入。本节课以问题的形式作为切入点，创设问题情境，使得学生很快从宏观概念迁移到微观问题上，根据学生已有知识，渗透学科思想，在生生互动、师生互动讨论的基础之上，让学生体会、理解知识的本质。整个探究活动中，教师起到了组织设计和评价、关键时刻提出启发性问题的作用，体现出学生在探究活动中的主体地位，学生活动丰富、鲜活、有代表性。

**第 3 课时教学设计**

| | |
|---|---|
| 课题 | 奇妙的微观世界——分子 |
| 课型 | 讲授课□　　学科实践活动课√　　其他□ |

1. 教学内容分析

化学学科素养是学生发展核心素养的重要组成部分，是学生综合素质的具体体现，反映了社会主义核心价值观下化学学科育人的基本要求，全面展现了学生通过化学课程学习形成的关键能力和必备品格。化学学科素养中包括宏观辨识与微观探析、变化观念与平衡思想、证据推理与模型认知、科学探究与创新意识、科学精神与社会责任五个维度。

心理学家维果茨基提出“最近发展区”理论，其一是现有水平，其二是即将达到的发展水平，这两种水平之间的差异就是“最近发展区”。教学不能只适应现有水平，还应适应“最近发展区”，通过跨越“最近发展区”而达到新的发展水平。

通过本节课的学习，学生应该达到的发展水平是：初步建立微粒观，知道宏观物质由微观粒子构成的客观事实，了解分子的性质，初步认识分子的概念。使学生能从不同层次认识物质的多样性，能从宏观和微观相结合的视角分析与解决实际问题。培养学生具有严谨求实的科学态度，具有探索未知、崇尚真理的意识。

从学生现有水平到发展水平，并不是通过一个环节、一个过程一步到位的。这个学习过程是多个由近及远、由浅入深地通过不同的“最近发展区”的过程。从学生的现有水平开始，不断跨越一个个“最近发展区”，最终达到本节课学生应该达到的发展水平。

续表

| 第3课时教学设计 |
| --- |
| 2. 学习者分析<br>（1）知识技能方面：<br>在第三章学习原子时已经初步了解到原子的基本特征，为学习分子打下一定基础；在初二物理学习中，学生已经知道水能发生三态变化及发生这些变化的条件，已经知道了分子运动论的一些基本事实。<br>（2）学习方法方面：<br>通过之前的化学学习，学生对探究实验的方法有了初步的了解，初步具备了探究分子性质的基础和能力，但将宏观的实验现象与微观的分子和原子联系起来仍有一定的困难。 |
| 3. 学习目标确定<br>知识与技能：<br>（1）知道分子是构成物质的一种微粒，知道原子可以结合成分子。<br>（2）知道分子是不断运动的及分子间存在空隙。<br>（3）能够用分子的性质解释某些常见的现象。<br>过程与方法：<br>（1）初步学会从身边常见的现象入手，进行合理的猜想和推理。<br>（2）初步体验通过设计和进行化学实验证明分子性质的过程和方法。<br>情感态度与价值观：<br>（1）通过从微粒角度解释常见的现象，感受化学基本概念与生活实际的联系。<br>（2）初步形成宏观与微观相结合的思维方法，进一步发展微粒观。<br>（3）发展好奇心和求知欲，形成勤于动手的科学探究精神。<br>（4）初步建立“世界是物质的”的辩证唯物主义认识观。 |
| 4. 学习重点、难点<br>教学重点：<br>通过实验探究认识分子的性质。<br>教学难点：<br>初步理解分子是保持物质化学性质的最小微粒。 |
| 5. 学习评价设计 |

| 评价标准描述 | 非常好<br>5颗星 | 较好<br>3颗星 | 一般<br>2颗星 | 需要改进<br>1颗星 | 生评 | 师评 |
| --- | --- | --- | --- | --- | --- | --- |
| 知识技能 | 能够准确掌握分子的性质，并利用分子的性质解释生活中的常见现象 | 能够理解分子的性质，能利用分子的性质解释生活中的常见现象 | 基本理解分子的性质，能在教师的指导下，利用分子的性质解释生活中的常见现象 | 不能正确理解 | | |
| 动手操作能力 | 能够独立体验通过设计和进行化学实验证明分子性质的过程和方法 | 在同伴的启发下，体验通过设计和进行化学实验证明分子性质的过程和方法 | 在教师的指导下，体验通过设计和进行化学实验证明分子性质的过程和方法 | 不能体验通过设计和进行化学实验证明分子性质的过程和方法 | | |
| 质疑能力 | 认真倾听同伴发言，独立思考，能够积极发现和提出有价值的问题 | 具有问题意识，能够提出自己的疑问 | 具有问题意识，但是不能清晰地表达问题 | 没有问题意识 | | |

续表

<table>
<tr><td colspan="2">第 3 课时教学设计</td></tr>
<tr><td colspan="2">6. 学习活动设计</td></tr>
<tr><td>教师活动</td><td>学生活动</td></tr>
<tr><td colspan="2">环节一：体验分子存在，了解分子的发现史</td></tr>
<tr><td>教师活动 1<br>乐高模型展示，提出问题：(1) 这是什么？(2) 这个模型是如何搭建起来的？<br>同学们有没有玩过乐高或是游戏《我的世界》？<br>观看视频：分子到底是什么？分子具有哪些性质？这就是我们今天要学习的内容<br>【小资料】分子的发现史<br>分子是如何被发现的呢？让我们通过阅读史实来了解一下。结合阅读内容完成下面的习题</td><td>学生活动 1<br><br><br>积极思考，随机回答<br><br><br>阅读史实，回答问题</td></tr>
<tr><td colspan="2">活动意图说明<br>从学生身边熟悉的现象发现问题，让学生对未知的微观世界产生好奇心与探究欲</td></tr>
<tr><td colspan="2">环节二：对比实验现象，得出分子概念</td></tr>
<tr><td>教师活动 2<br>取等体积的水和过氧化氢分别放在试管中，加入等质量的二氧化锰，观察实验现象<br>为什么会出现不同的现象？<br>过氧化氢和水的分子不同，所以表现出的化学性质不同，得出分子的概念</td><td>学生活动 2<br>观察讨论，得出结论</td></tr>
<tr><td colspan="2">活动意图说明<br>从学生已有经验出发，通过实验现象的对比，体会不同分子具备不同的性质，结合小组讨论，总结出正确的概念</td></tr>
<tr><td colspan="2">环节三：实验对比探究分子的性质</td></tr>
<tr><td>教师活动 3<br>分子就在我们身边。分子很小，到底有多小？<br>【小资料】一滴水里大约有 13 万亿亿个水分子，一个水分子的质量约是 $3\times10^{-26}$kg。如果 10 亿人来数，每人每分钟数 100 个，日夜不停，需 3 万年才能数完！如果换成我们班这 30 多名同学来数，需要多长时间呢？<br>[ 质疑 ]<br>观看视频：分子还有哪些性质<br>[ 实验探究 ] 分子的性质<br>1. 分别向盛有蒸馏水和酚酞溶液的试管中滴加浓氨水<br>2. 将酚酞溶液分别倒入小烧杯 A、B 中，另外取一个小烧杯 C，加入少量浓氨水。用一个大烧杯罩住 A、C 两个小烧杯，小烧杯 B 置于大烧杯外<br>[ 提问 ]<br>为什么小烧杯 A 中的液体会变红呢？<br>[ 反思 ]<br>对这个实验你还有什么疑问？</td><td>学生活动 3<br>讨论、回答<br><br><br><br><br>感知分子质量小、体积小<br>观察现象<br>氨水遇蒸馏水不变色，氨水遇酚酞溶液变红<br>猜想会出现什么现象<br>有的说小烧杯 A 中的液体变红，有的说小烧杯 C 中的液体变红，有的说小烧杯 A、C 中的液体都变红<br>回答：小烧杯 C 中的浓氨水中有肉眼看不见的粒子——氨分子逸出，有些氨分子进入小烧杯 A 中的酚酞溶液，使其颜色变红</td></tr>
</table>

续表

| 第3课时教学设计 |
|---|

续表

| | |
|---|---|
| [解释]不同分子的运动速率是不相同的，有的分子运动速率快，有的分子运动速率慢<br>[激趣]1+1什么时候不等于2<br>[实验探究] 我来做，你来猜<br>等体积水与等体积酒精混合<br>引导分析得出：分子间有间隔<br>[质疑]<br>物质常温下有固、液、气三态与分子间隔有关系吗？<br>[游戏]<br>9名同学模拟固体分子、液体分子、气体分子的间隔情况<br>[投影]展示物质的三态变化动画<br>引导分析：<br>物质三态变化，就是物质分子间隔受热时增大、遇冷时缩小的缘故，也就是日常生活中我们常见的热胀冷缩现象<br>回忆归纳分子的性质 | 提出问题：为什么小烧杯B、C中的液体不变红呢？<br>观察实验，思考为什么<br><br><br><br><br>思考、讨论<br><br>小组讨论，展示活动，巩固知识 |
| 活动意图说明<br>让学生再次体会微观粒子的真实存在。分子不但真实存在，而且体积、质量很小；分子在不断运动；分子之间有间隔。通过教师的提问引发学生进一步思考探究，由实验探究得出分子的性质。整个过程在教师的指导下，使学生初步体会科学探究的方法 | |
| 环节四：开拓思维，解决实际问题 | |
| 教师活动4<br>[分子知识应用]<br>1. 用分子的知识解释生活中的问题<br>2. 同学们学习完这节课后，请用已学知识重新看看这杯水，试着在学案上用微观角度画一画这杯水<br>[总结收获] | 学生活动4<br><br>思考、讨论<br><br><br>自由发言 |
| 活动意图说明<br>应用分子观点解释实际问题，体现化学从生活中来、回到生活中去的思想 | |

| |
|---|
| 7. 板书设计<br>分子<br>1. 分子真实存在。<br>2. 分子的性质：<br>（1）分子质量小、体积小。<br>（2）分子在不断运动。<br>（3）分子间有间隔。 |
| 8. 作业与拓展学习设计<br>（1）结合所学画出烧杯中水的微观形式。<br>（2）完成奇妙的微观世界系列思维导图。 |
| 9. 特色学习资源分析、技术手段应用说明<br>（1）以实验探究分子不断运动为重点，充分利用教材中的实例。此外，分子其他性质的教学多与宏观现象和事实相联系，帮助学生从宏观现象出发，经过逻辑推理分析得出分子的相关性质。同时，加强应用分子的性质对生活中常见现象进行解释的练习。 |

续表

| 第3课时教学设计 |
| --- |
| （2）对分子的认识结合具体实例，充分利用教材中的栏目，组织学生通过绘图、列表等方式进行分析归纳，用教材正文的内容来解释具体实例。 |
| 10. 教学反思与改进<br>本节课内容较抽象，学生对分子耳熟能详，用肉眼却看不到。为突破重点和难点，使每位学生充分利用40分钟进行有效学习，我针对现阶段的学生特点和个人的特点，在教学过程中较多地使用了平等对话、交流、设问、追问等教学方式，促使学生在思考中回顾已有知识、接受新知识，使学生思维逻辑性、严密性有所提高。在教学过程中贯穿了实验、探究、阅读、讨论、观察、总结等多种多样的教学手段，注重学科间的整合：借鉴生物、物理课知识，绝不是简单重复，而是不断创设新的问题环境，提高了学生的参与程度，既培养了学生思考的能力，也培养了学生对知识融会贯通的能力。<br>这节课教学内容容量大，设计的师生互动活动较多，强调了教改指导下新型的、互动的师生关系，即教师不再是负责“传道授业解惑”的人，而是帮助学生提出问题、和学生合作解决问题的伙伴，不仅不包揽所有问题的回答，还会要求学生自己想办法、找答案。<br>通过本节课的教学，让我体会到一切教学活动都应该以学生的发展作为基点：让学生进行实验探究，去体验分子的真实存在及分子的性质；让学生通过实验分析分子的概念；让学生感受到科学的魅力，增强学生对科学的情感；让学生学习科学探究的方法，初步形成科学探究的能力。 |

# 第三节　中学跨学科综合实践活动课程案例分析

中学跨学科综合实践活动课程案例的设计似乎存在“学科丰富性”“学科深刻性”“学生胜任力”三者之间的博弈与矛盾。如果将可选用的课程资源和教师因素考虑进来，那么跨学科案例的设计就更加复杂了。在阅读本节案例时，请同学们思考如何才能有效克服这个矛盾。

案　例

## 潞河溯源·五河交汇处

——北京市通州区潞河中学遨游计划项目展示课教学设计

杨连翠　王红梅　张海林　北京市通州区潞河中学

### 一、教学背景

| 学科 | 综合实践 | 任课教师 | 杨连翠、张海林、王红梅 | 时长 | 45分钟 | 年级 | 八年级 |
| --- | --- | --- | --- | --- | --- | --- | --- |
| 课　题 | 潞河溯源·五河交汇处 | | | | | | |
| 设计理念 | 本次活动设计主要体现了国家、社会、个人发展等方面的相关理念及多学科融合的理念。<br>从国家层面看：在“感知悠久历史”中参加人文史迹考察，开展当地（本区）历史文化名人或著名历史遗迹调查等。<br>从社会层面看：在“学做合格公民”中为社会做一件力所能及的事情，谈谈其中的收获。<br>从个人发展层面看：在“乐于团队合作”中参加集体组织的野外综合实践考察活动，增强责任意识。 | | | | | | |

续表

| | |
|---|---|
| 教学目标 | 1. 通过总结展示五河交汇野外考察活动，学生能够发现自己在活动中存在的问题。<br>2. 明白做学问不能仅在学校里、课堂中，更要走进大自然、走进社会。逐步学会将课堂上学到的历史、地理、语文、数学等学科知识融合应用到实践中。<br>3. 通过本次综合实践活动，进一步了解家乡的地理历史环境，了解保护运河环境的重要意义，树立可持续发展观；增强学生热爱祖国、热爱家乡的情感。 |
| 学情分析 | 八年级学生已经学习了有关地图的基本知识，对地图三要素和如何判读地图有了一定程度的了解，掌握了在地图上定向的方法，但是把这些在课堂上学到的知识应用到实际问题中还是第一次。在数学方面已经学习了直角三角形的性质、勾股定理等相关知识，有一定的计算能力，还没有学习相似三角形、解直角三角形的内容，对于知识的应用与迁移能力还比较薄弱，动手操作能力较弱。教师已经在活动之前对学生进行了相关知识的培训，在活动过程中还需要教师加以指导。 |
| 教学重点<br>教学难点 | 如何应用课堂上学到的知识解决实际生活中的问题？ |

二、教学过程

| 教学内容 | 教师活动 | 学生活动 | 设计意图 |
|---|---|---|---|
| 一、活动回顾<br>播放视频《潞河溯源之五河交汇》<br>1. 第一篇：听——水枢人员讲。<br>2. 第二篇：吟——运河美文荟。<br>3. 第三篇：观——五河交汇景。<br>4. 第四篇：行——千年步道载。<br>5. 第五篇：测——活学活用理。 | 播放活动视频剪辑。<br>播放后对本次活动进行简单的评价，包括活动中学生的评价和活动后手册完成情况的评价。 | 观看活动视频剪辑。 | 重温此次活动，并为下一阶段活动做铺垫。 |
| 二、想过程，谈感想 | 引导学生回顾此次活动的过程，让优秀者发言并进行点评。 | 谈此次活动中的感悟及收获。 | 通过学生展示提高学生活动的积极性。 |
| 三、析问题，共提升<br>1. 解决在测河宽中存在的问题。<br>（1）在测河宽中存在的问题。<br>（2）对问题的建议及解决方法。 | 方法小结：<br>1. 直接测量法。<br>2. 构造相似三角形法。<br>3. 构造直角三角形法。<br>4. 其他方法。<br>讲解存在问题及建议：<br>1. 测量过程有误差或方法存在问题。<br>2. 作图不够规范。<br>3. 实验报告不够完整。<br>4. 应该有对结果的分析。 | 听讲。<br>反思自己在测河宽中的问题。 | 通过对整个测量河宽过程的回顾，总结方法，找出问题，积累经验。 |
| 2. 在绘制五河交汇图中存在的问题及评价。<br>（1）评价学生作业。 | | 听讲并找出自己所画图中存在的问题。 | 总结并评价学生所画的五河交汇图。 |
| （2）指导学生画示意图。 | | 听讲并对自己所画图中存在的问题进行修改。 | 学生能够用课堂上学到的知识解决实际问题。 |

续表

| 教学内容 | 教师活动 | 学生活动 | 设计意图 |
| --- | --- | --- | --- |
| 四、听要求，领任务<br>1. 在地图上查找并描绘张家湾的地理位置。<br>2. 思考：现在张家湾和大运河相距较远，为什么说它是大运河畔的码头？ | 出示 PPT，展示学生作业，并对学生所画的五河交汇图进行评价。<br>复习地图三要素。<br>讲述画示意图的方法。<br>在黑板上画五河交汇图。<br><br>提问：如有类似的活动，我们应该怎么做？有哪些应注意的问题？<br><br>引出下次综合实践活动课程的主题："潞河溯源·游古镇张家湾"。 | 讨论并说出自己的想法。<br><br>领任务。 | 为以后类似的活动做方法等方面的准备。<br><br>导出潞河溯源课题的下一次活动。 |

## "潞河溯源·五河交汇处"教学反思

杨连翠　王红梅　张海林

潞河溯源课题是"以立德树人为目标构建初中多学科融合的实验研究"课题下的一个子课题。本次活动我们主要是以大运河为平台，对地理、历史、政治、语文、数学等学科进行了融合，主要包括两个环节：一个是到大运河源头开展综合实践活动课程，另一个是在教室内对综合实践活动课程的成果进行分析和总结。

一、综合实践活动课程方面

（一）从地理的层面，在空间上溯源，穿插地理、语文、数学等学科内容

1. 由北运河水务局讲解员介绍大光楼的由来和作用、运河源头概况。引领学生看关于大运河的宣传展板。

2. 学生站在大运河畔朗诵四首描写大运河的诗歌。

3. 带领学生实地考察大运河源头、五河交汇处。引领学生学习野外定向的方法，并在活动手册上画出五河交汇的简图。

4. 由数学组的张海林老师、吴红霞老师带领学生测河宽。之前，两位老师已经在知识和工具方面做足了准备。

（二）从历史的层面，在时间上溯源，穿插历史、政治等学科内容

由杨连翠老师带领学生走运河文化广场上的千年步道，讲历史上的大运河，其间与政治学科的相关知识进行融合。

（三）从精神的层面，在心灵上溯源，明确大运河与潞河的关系，穿插政治学科内容

教师讲解大运河与潞河的关系，引领学生得出结论：我们这些大运河畔的潞河学子，现在能为大运河、为潞河做些什么呢？我们只有学习、学习、再学习，努力、努力、再努力，学成后

才能让潞河为你骄傲，才能更好地建设我们的家乡、建设我们的祖国。

二、分析和总结方面

1. 从数学角度总结，张海林老师讲解了测河宽中同学们出现的问题和解决的方法。

2. 从地理角度总结，王红梅老师评价了学生画的五河交汇图，并就如何画图作了一个简单的讲解。

3. 从历史及学生感受角度总结，杨连翠老师评价了此次学生的表现。

活动暂告一段落，现在就整个活动进行总结。

1. 团队合作成效高。

（1）教师团队合作。

“潞河溯源”这一课题是多学科融合的课程，有多个学科的老师加入这个团队。从开始的“头脑风暴”到后来的野外考察，再到课内的反思和总结，无不体现团队的力量。

本次活动涉及地理、历史、政治、语文、数学五个科目，有10位左右的老师参与。如何做到有机融合而不是多学科的大拼盘是我们要考虑的问题。所以，我们经过了多次“头脑风暴”，最终确定了行动方案。

综合实践活动课程离不开教师间的合作。一方面牵扯到语文老师组织的诗歌朗诵、地理老师的绘图指导、历史老师的讲解等内容，另一方面还要有几位教师负责学生的安全保卫工作。大家共同努力，才让我们能顺利完成本次综合实践活动课程。

在课内的成果展示中，我们进行了数学、地理、历史三个方面的总结。这也需要教师间的合作。

（2）学生小组合作。

在整个过程中，都是采用以六名学生为一个小组的形式。尤其是在野外测河宽项目中，合作是非常必要的。

当然，无论教师团队还是学生小组合作，推选组长都是非常重要的。没有组长就没人牵头，往往会出现拖沓、推诿的现象，组长的明确分工让我们的活动有序而高效。

2. 教师的主导作用能够充分体现。

（1）活动前设计《活动手册》，引领学生进行学习和总结。

（2）每个活动都有教师的指导或讲解。

3. 学生的主体作用能够充分发挥。

在测河宽和绘五河交汇图的过程中，充分发挥了学生的主体作用。尤其是在测河宽的过程中，虽然有教师的指导，但是每组选取怎样的方法测及如何测都是学生以小组为单位进行的。

4. 提前踩点很关键。

我们之前进行了周密的规划，也进行了踩点。但是当时数学老师都有事，所以测河宽的地点是我们这些外行确定的。到了综合实践活动课程的当天，发现我们选择的地点不能到河对岸去。没办法，我们只能临时调整了顺序，更换了测河宽的地点。最终虽然也完成了任务，但还是有些忙乱。

## 本章回顾

1. 打破原来只在教室里由教师上课的形式，不同年级的学生安排统一的时间进行活动，如在楼道、操场等比较宽松的场所，这样有利于学生之间互相进行交易。在活动过程中，教师只负责维持学生的秩序、观察学生的收获，学生要发挥自己的合作交流能力、推销能力、统计能力等。

2. 小学科学主要从宏观角度初步认识物质的组成和变化，初中化学开始引导学生在分子、原子水平上研究物质的组成、结构、性质。初中化学对微粒的学习只是初级阶段，关于物质结构的学习在高中必修和选修模块中将更加具体深入。因此，在本次关于微粒的学习中，教师既要控制适宜的深广度，又要为以后化学的学习奠定基础。

## 反思与交流

**第十章**

# 综合实践活动课程的评价方式

【知识地图】

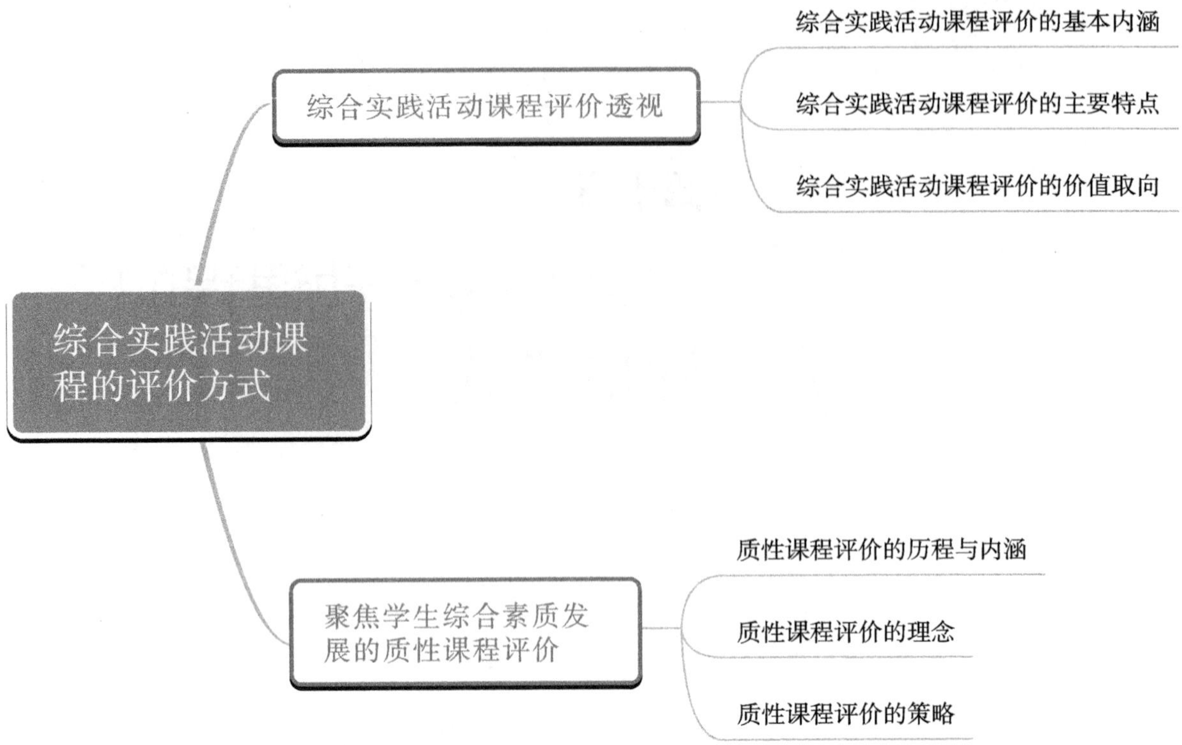


【学习目标】

1. 了解综合实践活动课程评价的内涵。

2. 了解综合实践活动课程质性评价的一般方法。

评价是人类有意识活动的表征，课程评价同样如此，其实质是促进课程开发及教育活动的日趋完善，是人类教育行为自觉性与反思性的反映。综合实践活动课程的评价方式是综合实践活动课程建设与研究的关键组成部分，为课程有效设计和实施提供了动力。2017 年《指导纲要》特别提出，课程要求突出评价对学生的发展价值，充分肯定学生活动方式和问题解决策略的多样性，鼓励学生自我评价与同伴间的合作交流和经验分享。提倡多采用质性评价方式，避免将评价简化为分数或等级。由此可以看出，综合实践活动课程需要全新的课程评价观：将质性评价作为基本的方法，强调学生发展的理念。基于此，采用适合综合实践活动课程发展需要的评价方式，对课程质量的提升和师生共同发展显得尤为重要。

# 第一节　综合实践活动课程评价透视

综合实践活动课程将目标定位为培养学生综合素质，着力发展核心素养，彰显了当前时代和教育发展背景下综合实践活动课程的走向。课程评价是推动这一目标落地的重要环节。在当前综合素质、核心素养指向下，综合实践活动课程评价具有以下内涵。

## 一、综合实践活动课程评价的基本内涵

### （一）对综合实践活动课程能否满足学生发展的价值判断

价值判断就是关于经验对象的条件与结果的判断，就是关于我们的想望、情感和享受的形成应该起着调节作用的判断。[①]评价就是价值判断或评判。课程评价可以被认为是以一定的方法、途径对课程的计划、活动及结果等有关问题的价值或特点做出判断的过程。[②]对综合实践活动课程能否满足学生发展的价值判断，最为重要的是指出课程方案的设置和课程实施这一因素所期待的结果，并判断达成此结果所需要的条件与手段、说明什么样的教育活动具有可行性。其内涵主要表现在两个方面。

首先，对综合实践活动课程方案设置的价值判断。"课程方案是课程的总设计图，是指课程建设者为了使课程意图能够最大化地实现，对课程目标、课程内容、课程实施及课程评价等方面展开整体性的设计，从而形成的能够在实践领域进行开展的诸多设计与价值评判。"[③]促进学生发展的综合实践活动课程方案是否真正体现出促进学生综合素质发展的理念，课程目标的制订、课程内容的选择及课程活动的组织和实施能否以学生的综合素质和核心素养为线索贯穿其中，是检测课程方案的关键。具体来说，可以体现在以下三个方面。

第一，考察课程方案是否准确表达出学生综合素质的发展需求。这是综合实践活动课程方案评价考虑的首要内容和问题。因为综合实践活动课程方案设置的科学性、合理性影响着课程最终的成效。

第二，检验课程方案是否符合学生发展的内在规律。综合实践活动课程的最终目的是促进学生发展，关注学生发展的独特性和整体性。独特性指学生有着自己独特的兴趣爱好、生活背景和特点；整体性指每一个学生的个性都是一个不可分割的整体，学生的素质或个性必须放在整体中才能更好地理解。对综合实践活动课程方案设置的价值判断需要思考这一特点。

第三，检测课程方案的可行性。综合实践活动课程方案只有符合实践场域的话语情境才具有可行性，学生综合素质发展也才具有实践上的可能性。

其次，对综合实践活动课程实施的价值判断。综合实践活动课程的最终目标及方案要依靠

---

① ［美］约翰·杜威：《确定性的寻求——关于知行关系的研究》，傅统先译，288 页，上海，上海人民出版社，2004。

② 李雁冰：《课程评价论》，2 页，上海，上海教育出版社，2002。

③ 钟启全、崔允漷，等：《从失衡走向平衡：素质教育课程评价体系研究》，154 页，北京，经济科学出版社，2014。

课程实施来呈现，因此，对综合实践活动课程实施的价值判断也应当成为课程评价的关键内容，主要包括以下两个方面。

一是在课程实施过程中能否促进学生综合素质的发展，重点考察教师有效指导的情况。与学科课程不同，综合实践活动课程是一门综合性、实践性课程，注重学生从真实生活中获取直接认识，强调综合素质的发展。鉴于此，综合实践活动课程评价要着重考察教师能否真正理解综合实践活动课程的理念、能否在教学目标的制订及教学实施环节中真正体现促进学生综合素质发展的要求。

二是课程实施是否真正考虑了学生本身的状况。在课程实施过程中，教师应尊重学生的主体地位，不干涉学生的活动，但应给予适当的引导。由于学生的情况各不相同，活动开展有难有易。在教学中，教师应考虑学生的实际，并以促进每位学生的发展为目标，能因材施教并在评价中体现出差异性，以期达到促进每位学生综合素质发展的效果。

### （二）综合实践活动课程评价的主体即课程目标达成共识的过程

综合实践活动课程除了课堂的活动之外，还应将长时间段的活动放在课堂外进行指导和训练。有别于学科教学，综合实践活动课程的场所更多地在室外、校外，学生在自然、社会、生活中接受洗礼和考验。因此，课程评价的主体除教师、学生、学校外，还应该包括家长、社会、课程专家等。应该在对课程评价各相关主体的需要、观点及关心的问题进行了解的基础上，借由对话和沟通的手段一步步取得他们的信任，逐渐达成对评价活动的一致意见。[①]

综合实践活动课程目标在课程主体中达成共识需要多方沟通和协商，主要包括以下内容。

第一，综合实践活动课程的最终诉求是完整的生命个体的建构，是对综合实践活动课程现象、课程活动、相关课程主体等价值的弘扬。综合实践活动课程评价需要关注与其相关的全部价值，并对其一切现象进行调查、分析。在此基础上，通过判断和协调促进课程主体行为的一致，不断改进课程的开展。

第二，综合实践活动课程评价各相关主体就课程目标的实现达成共识的过程，主要是指各主体在评价的过程中针对自己的需求和关注点提出问题，并在与其他主体对话和协商的基础上逐步就课程目标的实现达成共识。

## 二、综合实践活动课程评价的主要特点

从本质上来说，综合实践活动课程是一门基于学生直接经验和生活实践领域、密切联系学生自身生活和社会生活并综合运用知识的课程。因此，综合实践活动课程不同于学科课程，没有严谨的逻辑结构和知识体系限制，具有开放的活动空间、综合性的课程内容、灵活的活动方式等特征，这便使其评价主要呈现以下特点。

---

① 刘志军:《教育评价的反思和建构》，载《教育研究》，2004（2）。

### （一）更加突出校本性

学校是综合实践活动课程的重要参与者，是课程编制者，负责课程的设计和实施，同时也组织着综合实践活动课程的评价。由于综合实践活动课程以学生直接经验和生活实践领域为基础，不同地域的学校评价综合实践活动课程具有很大的自主性和灵活性。这种自主性是基于一定评价指标，根据实际需要选择课程内容、实施方式及构建评价体系和制度的自主。具体来说，学校是根据国家所设定的基本框架来规划综合实践活动课程的基本类型、基本内容和具体活动方案。另外，根据《指导纲要》，综合实践活动课程是国家设置、地方管理和学校开发的课程领域，综合实践活动实施要集中体现学校的特色，学校应对综合实践活动进行统筹规划。综合实践活动课程虽不是校本课程，却需要利用校本课程开发的理念。

综合实践活动课程是学校文化的有机构成，是学校文化特色在课程领域的集中体现。由此，综合实践活动课程内容的选择必须立足于体现每所学校的特色，并使其成为特色学校建设的重要环节。以学校为本发展综合实践活动课程，有利于充分调动学校领导和教师开发课程的积极性和主观能动性，有利于减少课程开发的重复建设，有利于学校各种教学课程资源的整合。[①] 因此，学校应充分发挥在综合实践活动课程中的核心地位，利用评价的导向作用促进课程目标的真正落实和实现。[②]

### （二）更加关注学生成长

综合实践活动课程的目标是促进学生综合素质发展。“就综合素质而言，内隐性和长期性是其两大特征。所谓内隐性，是指学生综合素质不直接以易观察、可量化的行为模式表现出来，而是内在地、综合地体现在学生的整体素质中，以隐性的方式影响着学生的认识和实践活动；所谓长期性，是指学生综合素质的养成与提升是一个渐进累积式发展与跨越突变式发展辩证统一的过程。”[③]

综合实践活动课程评价关注学生的成长、学生在活动过程中的整体性和过程性。一方面，它强调人的发展的综合性，关注学生适应社会和未来生活的需要。与学科课程评价过多关注学生封闭的知识体系、强化学科本位不同，综合实践活动课程评价要求把学生从单一的书本世界解放出来，“引导他们通过知识的习得，从容地面对生活世界中的各种复杂的关系：人与自然、人与文化、人与自我以及人与他人等”[④]。因而，综合实践活动课程评价除尊重学生通过课程和学习获得的知识外，将侧重点放在学生综合素质的发展上。另一方面，它采用过程与结果相结合的评价，“对学生作业的评定应该揭示学生在活动过程中的表现以及他们是如何解决问题的，而不仅是针对他们得出的结论。即使最后结果按计划来说是失败的，或者没有得出所谓的‘科学’结论，只要学生经历了活动过程，对自然、社会和自我形成了一定的认识，获得了实践的体验和经验，就

---

① 朴昌东：《综合实践活动课程的校本化发展研究》，硕士学位论文，西南师范大学，2005。

② 赖秀龙：《综合实践活动课程评价的研究》，硕士学位论文，云南师范大学，2007。

③ 刘志军、张红霞：《普通高中学生综合素质评价：现状、问题与展望》，载《课程·教材·教法》，2013（1）。

④ 郭元祥：《新课程中课程整合的理念与策略》，载《语文建设》，2002（3）。

应该给予学生积极的评价”①。在积极的评价之外对活动水平和成就进行评价，在注重过程评价的同时兼顾结果评价，避免综合实践活动课程走向边缘化，将学生成长和发展作为课程评价的内在逻辑。

### （三）更加重视学生主体

综合实践活动课程着眼于促进学生个体的发展，更容易体现出学生的主体地位，主要包括学生作为评价主体参与课程评价和以学生为对象的评价。课程鼓励学生从自身成长需要出发，选择活动主题，主动参与并亲身经历实践过程。学生可根据实际需要，对活动的目标与内容、组织与方法、过程与步骤等做出动态调整。因此，综合实践活动课程评价相应地具有学生个人主体性特征。学生作为综合实践活动课程评价主体之一，通过课程塑造表达自己的需要与诉求，并且与其他评价主体达成对信息的共识和共享，从而实现综合实践活动课程的意义。“课程评价是一种情境性的评价”，“这种评价是一种回归生活世界的评价”。②综合实践活动课程是回归生活世界的课程，学生是课程的实践人，评价通过实践人的反思与体悟才可能更好地实现其价值。

以学生为对象的评价是指综合实践活动课程评价区别于学科课程对课程内容与教师的评价，更倾向于关注学生在实践活动中的行为表现和整体性评价。例如：将学生在综合实践活动中的态度等各种表现和活动成果，如研究报告、小论文、模型、主题演讲等作为评价学习情况的依据。学生在进行评价的过程中处于一种主动的积极参与状态，有利于他们对自己的意识、行为及课程进行反思。这样的反思既有利于学生基于课程的自我发展，也有利于重视课程对于自我发展的价值。

### （四）更加注重个性差异

每个学生都有独特的需要和兴趣爱好，有不同于其他人的生活环境和成长背景。“学生的差异不仅表现为学业成绩上的差异，还包括其生理和心理特征、兴趣爱好、行为习惯等各个方面表现出来的特点。这使得每一个学生发展的轨迹和速度不同，发展的目标也就具有一定的个体性。”③综合实践活动课程的目标是促进学生综合素质的发展，综合素质绝不是某几种素质的相加，而是“尊重每一个人个性发展的独特性与整体性并促进其实现”④。因此，综合实践活动课程评价更多的是个性发展评价，主要包括以下内涵。

首先，学生的素质可以在理论上进行分析，但是实践中却很难加以还原或分解，所以综合实践活动课程是以整体思维评价每一个学生。学生的个性发展也不单是重视某一种素质的发展而忽视其他方面。综合实践活动课程评价重视情境性，使评价根植于学生的生活史和实际环境，从而能够更好地促进学生的个性发展。

其次，综合实践活动课程评价要求对每一个学生独特的个性发展持欣赏的态度，能够洞察到学生的发展潜能和需要，并根据需要为学生提供适当的帮助。综合实践活动课程允许学生展示自己的特长、选择自己的表现方式。每一个学生由于生活背景不同，会有自己独特的经验和见解，

① 郭元祥：《综合实践活动课程与教学论》，394 页，北京，人民教育出版社，2013。
② 薛源：《课程评价中学生的主体性特征探析》，载《全球教育展望》，2005（1）。
③ 郭元祥：《综合实践活动课程与教学论》，392 页，北京，人民教育出版社，2013。
④ 李雁冰：《论综合素质评价的本质》，载《教育发展研究》，2011（24）。

并且有表现自己独特的经验和见解的方式。综合实践活动课程恰恰为学生提供了条件，使他们能够以自己喜欢和擅长的方式表现。“正是在个性化表现及相互间欣赏、学习和研究中，每一个学生自己的观点不断完善、个性特长日渐彰显。”[①] 从中可知，综合实践活动课程评价为学生在欣赏和体验中发展、保护自己的个性提供了空间，使他们通过相互之间的协商和帮助促进个性的发展。

## 三、综合实践活动课程评价的价值取向

价值取向是指实践主体在面对或处理各种矛盾、冲突和关系时，基于自己的价值观所持有的基本价值立场、价值态度及所表现出来的基本价值倾向。[②] 任何评价都是以特定的价值取向为基础的，综合实践活动课程评价的价值取向主要体现在以下方面。

### （一）伦理价值取向

综合实践活动课程以“综合”与“实践”作为核心概念，是对实证主义和工具主义视域下人的“片段化”解读的祛魅，最终诉求于作为完整生命个体的建构，本身意涵着对人之为人的追寻。这就要求在综合实践活动课程中确立伦理取向。综合实践活动课程主要旨在促使学生的主体性、社会责任感及伦理判断能力等层面符合伦理理念和诉求。

主体性是人有目的、有计划、有方向、有信念地支配自己活动的过程。马克思认为，人是使自己的生命活动本身变成自己意志和意识的对象的生命。所谓自己意志和意识，恰恰是人作为主体性存在的价值表达。主体性蕴含着伦理意义，个体的主体性是自由而律己的理性选择。伦理意义是个人发挥主体性过程中必须考虑的范畴之一，也是个人得以发挥主体性的重要前提。综合实践活动课程中的考察探究提倡学生有目标地选择研究主题及主动获取知识，尊重学生的自主性。

社会责任感是个体作为社会存在对他人、社会世界的一种伦理关怀和意识，是人之生存的必要条件、社会和谐不可或缺的因素，也是教育目的之一。《指导纲要》中的社会服务部分强调学生的社会适应能力、社会参与意识、公民责任感的培养，这映射了综合实践活动课程的伦理诉求。对课程标准的构想只有反映在评价图景中，才能使社会责任感的培养在综合实践活动课程中得到切实关注。

伦理判断能力是个体根据已有的伦理知识对伦理现象做出是非善恶的判断的能力[③]，制约个体的伦理行为选择。学生在参与综合实践活动课程时必然经历诸多伦理情境，在所见、所闻、所感、所思、所悟中发展自身的伦理判断能力，从而实现思想意识、精神境界的升华。因此，伦理判断能力是综合实践活动课程的应有维度之一。

---

① 李雁冰：《论综合素质评价的本质》，载《教育发展研究》，2011（24）。
② 李鹰：《我国教改实验的价值取向》，载《中国教育报》，2018-12-27。
③ 顾海根、李伯黍：《上海地区青少年道德判断能力测验的编制及常模制定》，载《心理科学》，1997（3）。

### （二）社会本位与个人本位融合的价值取向

社会发展和个体发展的矛盾（包括对立和统一）是教育学研究的永恒课题，当然，在不同的社会制度下有着不同的表现形式。[①]教育史上曾经出现过在两者之间进行单一抉择的尝试，然而是行不通的。综合实践活动课程以真实生活为课程实施载体，这一课程实施载体是依据学生心理发展的特点和他们的经验、需要、兴趣等来组织的。综合实践活动课程评价的重点是分析、解决问题的能力，而分析、解决问题的能力需要学生综合运用所学知识。除此之外，还要评价学生的道德品质、交往能力、合作能力、创新精神及情绪控制等，也就是对学生个性进行全面评价。在评价中，学生的主体行为得到认同或鼓励，有利于发展他们的自主性、探索能力和实践能力。同时，也培养学生学会做事、学会共同生活的良好作风，既是学生成长所必需的，也是社会对学生的基本要求。

综合实践活动课程评价提出评价主体的多元化，其中同伴之间的评价能够克服或避免教师评价的权威性导致学生不敢质疑的情况，更能促进参与讨论的学生指出疑问并冷静听取他人的观点。这有利于培养学生听取不同观点的品质和尊重他人的素养，从而培养学生的探索精神、沟通交流能力及与人共事的能力。综上可见，综合实践活动课程评价虽然强调人的主体性，但是并没有脱离社会而孤立地考察个人，而是兼顾社会和个人的不同需求，体现出社会本位与个人本位融合的价值取向。

### （三）多元化价值取向

综合实践活动课程是培养学生综合素质的跨学科实践性课程，其复杂性决定了单一的课程评价无法促进其目标的实现。综合实践活动课程是以学校为课程编制主体开发和实施的课程，而在一个国家的不同区域，因经济、教育发展水平的不同，学生和教师、课程资源等各方面一定存在差异，所以综合实践活动课程的发展是有区别的。因此，综合实践活动课程评价是多元化的评价，主要体现在以下方面。

首先，评价内容多元化。仅从学生的发展方面来看，综合实践活动课程的目标以培养学生的综合素质为导向，强调发展核心素养，特别是社会责任感、创新精神和实践能力。学生的综合素质及核心素养都将着力点放在学生综合性能力的发展上，从综合实践活动课程的内容和活动方式上可以看出，课程评价内容至少要包括：学生的学习态度，即学生参与综合实践活动课程的主动性和积极性；探究能力；合作精神；社会实践和交往能力；搜集处理信息的能力；反思能力；设计及操作能力；等等。由于综合实践活动课程是以学校为课程编制主体开发和实施的课程，学校必须对课程目标制订、课程内容选择、课程实施过程及结果负责。因此，综合实践活动课程评价的内容从学生发展的微观层面看，围绕综合素质发展的指标是多样的；从学校课程编制的中观层面看，评价应该是全面的，包括对课程评价的元评价。

其次，评价主体多元化。综合实践活动课程的整个编制中有课程专家、学校各方人士充分参与，还有教师和学生参与，在课程资源开发中还可以有社区和家长充分参与。因此，综合实践

① 黄济:《教育哲学通论》，402页，太原，山西教育出版社，2008。

活动课程评价的主体应该包括课程的所有参与者。多元化的评价主体可以从各方面、多个维度对综合实践活动课程进行更全面、客观的评价，从而不断提高综合实践活动课程的效率和质量。

最后，评价标准和方法多元化。综合实践活动课程强调生成性的特点，课程目标具有综合性和生成性，不能完全按照预定的标准进行评判。此外，人们在综合实践活动课程中的价值诉求是多元的，评价的内容也是多样的，只有多元化的评价标准才能满足人们对综合实践活动课程评价多样化的需求。[①] 综合实践活动课程评价主张多元评价和综合考察，提倡多采用质性评价方式，例如：采用问卷调查评价学生的学习态度等“情感”方面的效果，以观察法、欣赏性评价、档案袋等方式记录学生日常行为，利用信息技术对学生搜集处理信息的能力进行测评，等等。除质性评价方式外，还应辅以必要的量化的课程评价，如采用试卷对学生进行学业质量的评价。综合实践活动课程本身具有多样化的特点，决定了必须运用多元化的评价方法。

### 案　例

## “穿越农历”活动之一：春分立蛋

何深　首都师范大学附属中学第一分校

一、活动导入

“春雨惊春清谷天，夏满芒夏暑相连。”听到这里，你一定想起了“二十四节气”。2016 年 11 月 30 日，中国“二十四节气”被正式列入联合国教科文组织人类非物质文化遗产代表作名录。“二十四节气”体现了中国人应时而动的智慧。今年，我们将依据农历的节气、节日设计一系列活动，期待你与我们一起“穿越农历”。

“花木管时令，鸟鸣报农时。”校园里的玉兰花开了，正是“二十四节气”中的春分，“一候海棠、二候梨花、三候木兰”。仲春时节，各种美丽的自然景物与生活情趣令人目不暇接，感到暖意浓浓。

“春分到，蛋儿俏。”很早以前，人们就以竖鸡蛋来庆贺春天的到来。今天，我们就要开展“春分立蛋”活动，请每班派一名同学到指定地点领取鸡蛋。请立蛋成功的同学留下你与作品的合影，祝大家今天立蛋成功！

二、活动方案

（一）活动时间

春分日中午。

（二）活动内容

1. 学生观看语文、地理、物理学科教师录制的“春分”微课，了解春分的文化内涵。在物理老师的示范下尝试立蛋，探究立蛋能够成功的原因。

2. 学生领取鸡蛋后，自行选定地点，组成小组尝试立蛋。

3. 拍摄成功立蛋的照片，组长组织讨论、反思立蛋成功经验。

---

① 赖秀龙：《综合实践活动课程评价的研究》，硕士学位论文，云南师范大学，2007。

4. 指导同学、老师、朋友、家人开展立蛋活动。

三、评价方案

（一）“成功立蛋”奖章

学生利用拍照设备自行拍照，一人立蛋成功的照片获得印章一枚，与同学立蛋成功的照片获得印章二枚，与家人一起立蛋成功的照片获得印章三枚。评奖后，在学生的“穿越农历”护照上盖上印章（提供立蛋成功的照片，作为发放印章的依据）。

（二）“领导力”奖章

成功立蛋的学生组成小组，推选出组长，负责组织讨论，并推广成功经验。组长提交讨论成果，获得印章一枚。

（三）“环保卫士”奖章

学生立蛋后，保持环境整洁，如不慎摔落鸡蛋，须妥善处理鸡蛋壳、鸡蛋液，避免环境污染。班级活动负责人检查合格，获得印章一枚。

（四）“活动推广”奖章

向同学、老师、朋友、家人介绍春分的文化内涵，并指导他们立蛋。立蛋活动后，对他们进行访谈，了解他们参加活动的体验。提交材料，获得印章一枚。

要想立好鸡蛋，就一定要找好重心，手不能抖，这样才能立好。说着容易，做起来难，很少有同学能这样立起来。看了物理老师录制的微课，同学开始尝试新方法：找几粒沙子放在平面上，把鸡蛋立在沙子上，增加受力面积，立好后再把沙子吹掉，这样立就容易多了。在几次立蛋失败后，我曾想过放弃，但幸运的是我坚持了下去，最后突破了自己，取得了成功。今天回家，我也要让爸爸妈妈试试立蛋，全家一起度过这个不一样的春分。

——八年级（1）班　王同学

正当春季九时日之半，故称“春分”。今天，我们学校为大家举行了一个有趣并且富有传统意义的游戏：立蛋！

吃完午饭后，全校师生开始为立蛋游戏做准备工作。学校还专门做了一个视频，为同学们提供能成功立蛋的方法。我总结的方法就是找重心。班里的同学们取出一个个“皮肤光滑”的大鸡蛋，小心翼翼地放在了桌子上。一切准备就绪，立蛋就开始了。我先用左手的大拇指和食指捏住鸡蛋的左侧、用右手的大拇指和食指捏住鸡蛋的右侧，然而我一放手，鸡蛋还是像一个软弱无力的人一样，安静地躺在了桌上。我认为是放得不正或摆放位置不对，便又试了几次，慢慢地扶着鸡蛋。眼看同学一个个都成功了，我的内心也急躁了。想起老师曾经对我们说过立蛋要冷静，我便静下心来思考：要让它站起来，就要让它像“不倒翁”一样。我开始慢慢地找重心，终于把我的鸡蛋立了起来。我刚想找老师拍照片纪念，鸡蛋却突然倒了，但我认为自己成功了，努力的话下一次一定还会成功。我静下心来，慢慢地开始找鸡蛋的重心，鸡蛋再次成功立住，我看了看，确定它不动了，才举起了手。但我还是没敢太激动，万一再倒了怎么办？找老师拍了照片后，我跟其他同学换鸡蛋立，也成功了！

春分是如此特别的一天，我要赶紧指导其他同学立蛋去了！

——七年级（3）班　段同学

天气棒棒的，心情好好的，感觉爽爽哒！

今天是春分，一年中最重要的一个节气。今天中午，我校举办了春分立蛋活动，那场面十分壮观，你走过每一个班级门口，都会听到：“啊！我成功了！”“啊！我的蛋毁了！”对了，鸡蛋毁了也没关系，正好你有一个机会获得“环保卫士”奖章。

来到我们班，大家的面部表情简直是一个个让人惊悚的表情包，而我还在想尽一切办法让我的蛋立起来。经过N次试验，我还是没有成功。为什么？为什么？为什么？我开始按捺不住了，本来就不行，居然还有同学一直叫“成功了”，我也是醉了。

但我不愿放弃，经过不断努力，我最后终于成功了。当我正想叫张老师时，鸡蛋居然倒了，这让我觉得这颗蛋好像在整我似的，一点儿不听话。我又立了N次，却还是没能立起来。不过没关系，今天我看到了大家前所未有的努力坚持。

坚持下去便可胜利。只要心还在、梦想还在，我们还可以坚持，直至胜利。没有过不去的坎，只有害怕的心。莫害怕，抓住希望便可突破困境、找到方向。

——七年级（5）班　谭同学

今天中午我们进行了立蛋，我之前也尝试过，都没成功，所以我知道难度很大。

老师给了我一颗蛋，我先把它360度无死角地观察了一遍，发现这颗蛋底部比较圆而光滑，不太好立，我倍感压力。

立蛋一开始，我就遭遇滑铁卢，这颗蛋无情地倒下了，在桌子上晃来晃去，仿佛在说：“哈哈！我就是这么调皮，就不让你成功，哈哈哈哈哈！”

看着这颗蛋，我的倔脾气一下就冒了上来。嘿！我能将许多难题攻克，还征服不了你这颗小小的蛋了！我一次又一次地把它扶起来，它却一次又一次地倒下去，我的信心也一次又一次地遭受打击，到头来还是放弃了。可这时老师突然冒出了一席话，让我受到了刺激。“哼！今天不把它立起来，以后我就不踢球了！”我心里暗暗跟自己较劲，可那蛋就是立不起来，气死我也！我在其他同学一次次“立起来了”的声音中微微急躁起来，突然，我的脑中灵光一闪：我何不将它放在纸上呢？毕竟桌子上比较滑。结果毫无悬念地成功了！那时我的喜悦真是无法言说。

——七年级（2）班　刘同学

# 第二节 聚焦学生综合素质发展的质性课程评价

综合实践活动课程要求突出评价对学生的发展价值，提倡多采用质性评价方法对学生的活动过程和结果进行评价。虽然综合实践活动课程评价需要必要的分类和等级，但它关注到人的复杂性，重视评价的内在性、情境性和偶发性。

## 一、质性课程评价的历程与内涵

### （一）四代课程评价时期

美国评价专家古巴和林肯将评价领域划分为四个时期，称之为“四代评价”。第一代评价时期为测验和测量时期，盛行于19世纪末至20世纪30年代，20世纪初运用于教育领域，认为学校成功与否、教师的教学质量、学生的学习效果都可以通过测量来检验。这为评价的发展提供了客观的社会需要。

20世纪30年代至50年代是第二代评价时期，为描述时期，伴随着“八年研究”而兴起。它的基本特点是：认为评价过程是将教育结果与预定教育目标相对照的过程，是根据预定教育目标对教育结果进行客观描述的过程；评价的关键是确定的、清晰的、可操作的行为目标；评价不等于“考试”和“测验”，尽管“考试”和“测验”可以成为评价的一部分。和第一代评价相比，第二代评价使评价走上了科学化的历程。①

第三代评价时期是判断时期，把评价视为价值判断的过程，确认了价值判断是评价的本质，及评价的过程性。许多新的评价理念如“内在评价”“解释性评价”“形成性评价”等在这一时期出现，与质性评价的特征有某些相似部分。

第四代评价时期是建构时期，它的到来是与质性评价方法的应用联系在一起的。②20世纪80年代，古巴和林肯在批判前三代评价的基础上提出了第四代评价。这种课程评价是在后现代思潮背景下产生的，表现出开放和多元的特点，认为评价是一种在评价者与被评价者的相互协商中进行“共同心理建构”的过程；评价受“多元主义”价值观的影响，强调“全面参与”和“价值多元”，否弃评价者对被评价者的控制，提倡在评价中要充分听取不同方面的意见。并把评价看作是一个由评价者不断协调各种价值标准之间的分歧、缩短不同意见之间的距离，最后形成一致看法的过程。评价的主要方法是质性方法。③

进入21世纪，质性评价受到越来越多的学者的关注和重视，强调在进行课程评价时应以整体的视角审视、评价问题，尊重差异，能够倾听“不同声音”、进行不同观点之间的对话。因此，相对于量化评价，质性评价被认为是更为科学的课程评价方法。

---

① 李雁冰：《质性课程评价研究》，博士学位论文，华东师范大学，2000。
② 同上。
③ 李雁冰：《课程评价论》，57页，上海，上海教育出版社，2002。

### （二）质性课程评价的内涵

质性评价是“力图通过自然的调查，全面充分地提示和描述评价对象的各种特质，以彰显其中的意义，促进理解”[①]。它重点关注的是学生在丰富、真实的教育活动中的自我表现，强调评价者与被评价者的多元互动参与，并重视对个体的独特体验和行为意义建构进行解释性理解。质性评价是在对量化评价的批判和反思中发展起来的，但从本质上并不排斥量化评价，而是与量化评价互相补充的方法。质性课程评价主要有两方面的含义：一是课程评价方法上主要采用质的方法，二是课程评价内容上主要指向学生的特质。

综合实践活动课程内容具有有机性和开放性，课程主体具有多方参与协商的特点，课程评价标准相应地具有流变性和多元性。因此，综合实践活动课程评价虽不排斥量化评价，但以多元化的质性评价方法为主流。

## 二、质性课程评价的理念

质性课程评价的理念是指人们对质性课程评价的理性认识、理想追求，是评价主体在评价活动中所形成的价值取向和评价思想，体现人们对质性课程评价理论和实践发展的期待，具体表现为指向学生的综合素质、尊重学生的个性差异、突出评价主体的对话和协商。

### （一）指向学生的综合素质

质性课程评价的根本目的不是简单地进行高低优劣的区分、关注学业成就，而是树立发展性评价体系，对学生的学习能力、创新精神、实践能力、情绪情感、价值观、心理素质和行为习惯等综合素质进行了解，使其更加清晰地认识自己，进而为学生创造一个展示自己个性的机会、提供一个健康成长的空间。

首先，课程评价者要看到不同学生之间存在的智力与非智力的差异，能够意识到学生身心发展的不同需要，积极寻找适合不同学生学习和发展的评价方式，最大程度地挖掘每个学生多方面的潜能。

其次，课程评价者要创建和谐的评价氛围，调动学生的积极性，鼓励学生大胆表达自己的观点和情感，实现学生参与评价过程和发展的自觉性。

最后，质性课程评价注重评价者与被评价者之间良好关系的建立，强调评价者深入被评价者的生活背景，尊重被评价者的人格特性。

在质性课程评价方法中，“可以察看到参与者（包括评价者和评价对象）的踪迹，倾听到参与者的心声，捕捉到参与者的思维，体验到参与者的情感，甚至可以触摸到参与者的灵魂”[②]。从而展现出对生命的探索和对人文关怀的追寻，进而引发课程评价主体对自然和自我的反思与理解。总而言之，学生处于不断发展中，质性课程评价在横向上除关注学生学业成就外，还考查学生是否学会生存、学会学习、学会做人、学会共同生活。

---

① 李雁冰：《质性课程评价研究》，博士学位论文，华东师范大学，2000。

② 胡中锋、黎雪琼：《论教育研究中质的研究者》，载《华南师范大学学报（社科版）》，2005（4）。

### （二）尊重学生的个性差异

差异无处不在，因为“存在就是差异”[1]，所以差异构成人存在的意义基础。质性课程评价提倡尊重学生的个性差异、关注每个学生的不同起点和特殊性的评价思想。教师在对学生进行评价的过程中，应意识到学生之间存在遗传因素、生活环境和教育背景方面的差异，而这些差异正是学生发展的内在动力，支撑着学生向着更长、更远的方向前进。

首先，质性课程评价主张从多角度对学生进行观察和理解，将侧重点从“优秀”转向“发展”，关注学生的发展过程，帮助学生实现弱势潜能向强势潜能的迁移，发现和发展每个学生的爱好和特长，努力促进学生在原有基础上的最大发展。

其次，质性课程评价的操作方法同样促进学生的个性差异的发展。质性课程评价是一个动态、持续、不断反馈的过程，“它并不刻意地去极端重视与强调某种理论假设，而是随着评价进程的不断推进，随时发展和调整与改变”，“它并没有严格、同一化、标准化的程序与规范，只是随着资料的不断发现与融入，决定着下一步评价的着眼点与方向。同时，不同的调查主题会采用不同的方法”。[2]

评价标准是教师和学生相互作用而生成的，更能够体现个人价值。这种内生性的价值能够引领学生个性的发展，并随着课程活动的开展情况而不断变化。质性课程评价是教师依据不同主题，通过观察、记录等方式及比喻、类推等手法描述学生的发展性、可变性和教育性的动态过程。

### （三）突出评价主体的对话和协商

质性课程评价是一个不断反馈的过程，评价反馈是提高评价效果的重要措施，反馈结果由不同的反馈群体提供。在评价者与反馈者的沟通和交流中，需要倾听和协商。

首先，评价者和反馈者双方都需要“同情且具有批判性”地倾听对方，从而发现不同的观点，实现自身的转变和发展。只有在倾听的基础上，反馈者才明白需要反映的问题，评价者才理解反馈者的需要和意图。在理解的基础上，才能够实现相互间的对话，这时评价反馈的价值和目的才真正得到凸显。在不断反馈中，课程评价能够不断拓展未知的领域，这就将课程评价从静态、预设的方案扩展到动态、创生的对话。

其次，质性课程评价是多元主体的评价。协商能够为评价主体创造一种轻松的沟通氛围，为评价者与被评价者构建一种自由的评价环境。评价者和被评价者之间有了一个平等、相互信任的平台，能够让评价主体主动参与评价的过程，针对课程评价应包括的各种因素及其在评价中所占的比重达成共识。评价主体的对话和协商使得课程评价不是一个自主性的存在，而是通过不断沟通交流达成一致的评价结果进而进入下一阶段的持续过程。

## 三、质性课程评价的策略

综合实践活动课程的目标以培养学生的综合素质为指向，采用质性课程评价方法能够促进综合实践活动课程的组织和实施。质性课程评价是一个复杂的、多变的、多因素参与的系统过程，包含一系列的环节，如评价内容、评价标准、评价主体和评价方法等。如何合理、有效地运用质

① 王治河:《扑朔迷离的游戏——后现代哲学思潮研究》，42页，北京，社会科学文献出版社，1998。
② 靳玉乐:《课程论》，368页，北京，人民教育出版社，2012。

性课程评价方法以保证综合实践活动课程目标的有效落实，需要进行策略上的探讨。

### （一）多元的质性课程评价内容

质性课程评价关注与强调丰富、真实的教育活动中学生的自我表现，并重视对个体的独特体验和行为意义建构进行解释性理解。因此，质性课程评价内容作为课程评价活动的载体，对应着评价对象所应具有的特质和发展指标。在选择课程评价的内容时，需要遵循多元化的策略，对学生展开多层次的整体性评价。

综合实践活动课程不仅注重学生对知识、技能的掌握，重视培养学生发现问题、分析问题和解决问题的能力，还重视学生的价值体认和责任担当，实现学生智力因素和非智力因素的有机统一。总体来看，对评价内容的选择要多元化，促进学生健康发展。例如，我们可以从以下方面确立综合实践活动课程质性评价的内容：学习态度，合作精神，探究能力，社会实践、交往能力，搜集、处理信息的能力，劳动态度与习惯，设计与操作技能。①

1. 学习态度是指学生在综合实践活动中的主动性和积极性，可通过学生参与综合实践活动的时间、次数、认真程度、行为表现等方面来评价。

2. 合作精神主要对学生在参与小组及班级活动中的合作态度和行为表现进行评价。

3. 探究能力可通过学生在提出、解决问题过程中的表现及其对探究活动的表达来评价。

4. 社会实践、交往能力可通过学生是否主动与他人交往，是否有与人沟通、合作的技巧、愿望，是否能协调各种关系等方面来评价。

5. 搜集、处理信息的能力可通过学生搜集信息的多少、方法、途径、真实性及对信息的辨别反思、反应能力等方面来评价。

6. 劳动态度与习惯可通过学生在劳动过程中是否表现出认真负责、遵守纪律、团结互助、爱惜劳动成果等品质来评价。

7. 设计与操作技能强调学生在技术操作运用过程中意识的形成、技术思维的培养、技术能力与态度等方面的发展，强调规范操作与技术创新意识的统一，可通过技术作品的表现形式来评价。

### （二）弹性的质性课程评价标准

综合实践活动课程被纳入国家课程，课程评价标准的制定需要体现三级课程评价制度。学生是质性课程评价的核心领域，其以学生在教育教学中的发展变化作为评价的内容。事实上，学生与学生之间、学生个体在不同阶段、环境中的发展都是不同的。质性课程评价强调差异性，教师在对学生进行评价时应审视学生的差异性，构建合理的评价标准。质性课程评价标准在指标的设置上应更加灵活，使其发挥指导性作用。综合实践活动课程的质性课程评价标准应该达到以下四个方面的要求。

第一，评价标准既要考虑一般性要求，也要考虑地区间、学校间的差异。同时，评价标准还应有一定的灵活性，使评价人员可以根据不同情况对末级指标进行自我定义，令评价标准有更强的针对性。

---

① 郭元祥:《综合实践活动课程与教学论》，411～412页，北京，人民教育出版社，2013。

第二，评价标准应强调课程评价的引导性，通过比较具体的指标的价值倾向性引导课程的发展方向。

第三，评价标准应强调指标的适度可操作性，使评价人员能够有针对性地搜集资料，在有充足事实根据的基础上对课程状况做出判断。

第四，评价标准应体现不同的层级要求，国家、地方、学校应根据不同层级的职责提出不同的标准，使每一个层级的评价适合该层级的工作状况。[①]

由此观之，综合实践活动课程的质性课程评价标准的制定需要考虑不同层级要求，需要多方面考虑学生内部及学生之间的差异，评价标准需要留有弹性、具有可操作性，如此才能保障课程评价的有序进行。

### （三）多方参与的质性课程评价机制

综合实践活动课程突破了时间和空间的限制，与学生的生活紧密相连。课程的参与者多元化，课程评价相应地要求多方参与，多方参与课程评价表明课程评价主体结构的多元。关于多元的课程评价主体结构，评价者们已基本达成共识：以教师为主，学生、家长、学校管理部门、教育行政部门、课程专家等不同阶层、不同利益团体结合。[②]各评价主体有着不同的利益诉求和关注点，对课程评价可能会有不同的声音。评价主体若不能认清相互之间的关系，对课程评价难以达成共识。

多元化的评价主体在参与课程评价的过程中应该存在某些“权威”，因为多元化实质上是一个整体、一种关系，评价主体之间存在着“交互主体性”或“主体间性”，彼此间是一种平等的交流与合作关系，而不是多个“一元”简单的叠加关系。[③]但是这些“权威”需要具有开放的心态，能够倾听他人不同的声音、尊重其他课程参与者。评价主体和谐关系的建构还需要运用民主、协商的思想，在对学生进行评价时，对自我的认识、对情意方面的认识和评价可以以学生的自我评价为主，其他评价主体作为补充；如果对学生的学习效果或社会性能力进行评价，则以教师、家长或社会为主，其他评价主体作为补充。因此，多元评价主体应考虑评价的情境性，依据评价内容、评价对象在平等协商的基础上达到主体的转换。

### （四）质性评价与量性评价整合

质性评价与其他评价一样，有其效度和信度的要求，需要进行客观的评价，也可以用分数来予以评价，区分一定的等级更是必要的，也是可行的。[④]除此之外，质性评价与量性评价有着共同的目标，两者之间具有优势互补的关系，只有使质性评价与量性评价相整合，才能使综合实践活动课程不至于成为边缘化课程。质性评价与量性评价的整合方式主要有以下三种。

第一，顺序式整合。顺序式整合是指首先使用一种方法，然后再使用另外一种方法，两种方法在使用的顺序上存在着前后关系。例如：为了考查学生对某个职业所需仪器的使用情况，可以采用顺序式整合。第一阶段，在职业体验或工作模拟情境中进行一般观察或集中观察，记录整

① 和学新：《基础教育课程的变革与反思》，231页，桂林，广西师范大学出版社，2015。
② 安国琴：《后现代课程评价研究》，硕士学位论文，西南大学，2014。
③ 张其志：《教师评价的矛盾与分析》，载《教育研究与实验》，2006（4）。
④ 潘洪建：《〈中小学综合实践活动课程指导纲要〉的创新、问题与改进》，载《当代教育与文化》，2018（2）。

个学习进程中学生对仪器的使用技能及行为；第二阶段，采用传统的考试方式，在特定时间里对使用仪器的基础操作知识和基础操作技能进行量化考核；第三阶段，对前两个阶段的评价结果进行恰当的整合。

第二，平行式整合。平行式整合是指不同的方法同时使用，而不是按先后顺序出现。例如：对学生合作能力的评价中，在继续沿用传统的考试方式对学生学习和掌握系统的学科知识的情况进行考核的同时，可以以设置小组分工的方式引导学生进行资料查询或者通过实验研究、实地调查等途径完成一些小课题，促进学生合作能力的提高。

第三，镶入式整合。镶入式整合实际上是结合了顺序式整合和平行式整合两种方式，在评价开始时使用一种方法，然后在继续使用这种方法的同时使用另一种方法。例如：教师在设计泰山研学旅行课程时，可主要采用质性评价——在研学旅行之后，用学生们采集到的矿石和动植物标本、自制模型及摄影作品等材料举办“泰山展览会”，引导学生创作大量的诗歌、散文及小论文等来表达所见所闻、所思所想。在此过程中，还可以镶入量性评价——利用传统的考试方式对与泰山研学旅行有关的认知水平和操作技能进行考核。①

**案 例**

## 古今穿越看海运

设计者 刘芳 北京第一师范附属小学

指导者 张天旭 北京第一师范附属小学

| 教学基本信息 | | | | | |
|---|---|---|---|---|---|
| 课题 | 古今穿越看海运 | | | | |
| 学科 | 综合实践活动 | 学段 | 中年级 | 年级 | 四年级 |
| 教学背景分析 | | | | | |
| 教学内容：<br>党的十八大提出了海洋强国战略，党的十九大又进一步提出建设海洋强国。《中华人民共和国国防教育法》明确规定，小学和初级中学应当将国防教育的内容纳入有关课程，将课堂教学与课外活动相结合，对学生进行国防教育。<br>学校的教育要为国家的战略发展服务。但是，提起国土，部分国人头脑中仅知道陆地国土，却忽略了海洋国土。因此，对于每一个中国人来说，增强海洋意识与海防意识刻不容缓。对于小学生而言，他们是未来海防建设的主力军，因此，在小学教育中多角度、多途径地让学生关心海洋、认识海洋、懂得经略海洋、增强海防意识非常重要。<br>我校是海防教育学校，《海上交通》是自主设计的校本课程。该主题是对国家课程进行校本化实施、自行研发的主题活动。在小学品德与社会课本中，既有郑和下西洋的内容，也有我国的海域图、海上丝绸之路等内容。“海上交通”主题活动课程引导学生对古今海上交通进行研究，使学生了解古今海上交通的相同与不同及带来的作用，激发学生爱祖国的深厚情感。<br>学生情况：<br>本次授课班级为四（3）班，根据课前了解发现： | | | | | |

① 陈向明：《质的研究方法与社会科学研究》，477～483页，北京，教育科学出版社，2000。

续表

| 教学背景分析 |
| --- |
| 1. 本班同学共 37 人，因为学校近些年一直在开展海洋与海防课程，很多学生对海洋与海防有一定了解，对海洋有探究的欲望、充满了好奇心，特别是对各种船类感兴趣。<br>2. 本班同学日常有利用电脑进行学习的经验，因此具备使用电脑搜集资料的能力。<br>3. 本班同学在思想上有海防意识，但也有同学认为海防是大人的事，对于自身应有的责任担当感触尚浅。因此，在活动中要引导学生知道海防就在身边，使学生感受到海防对于实现中国梦的重要性，增强学生对国家未来发展及繁荣富强的责任意识。<br>教学方式：<br>本节课采用小组合作方式。<br>教学准备：<br>1. 教师准备：<br>（1）本学期海防教育活动的资料。<br>（2）上课使用的 PPT 课件。<br>2. 学生准备：<br>（1）课前搜集的相关资料。<br>（2）活动过程的汇报资料。<br>（3）制作的相关模型。 |
| 教学目标 |
| 情感目标：<br>引导学生认识海洋、了解海洋、意识到海防教育的重要性，使学生感受到海防对于实现中国梦的重要性，增强学生对国家未来发展及繁荣富强的责任意识。<br>能力目标：<br>在参与综合实践活动中，培养学生的观察思考、探索研究、动手实践、发现问题、解决问题的能力，以及他们对问题的独特见解；增强学生的团结协作精神，使他们感受与他人合作交流的乐趣。<br>知识目标：<br>了解我国古代和现代海上交通的作用，认识一些重要港口和船的知识。<br>教学重点：<br>引导学生认识海洋、了解海洋、意识到海防教育的重要性，使学生感受到海防对于实现中国梦的重要性，增强学生对国家未来发展及繁荣富强的责任意识。增强学生的团结协作精神，使他们感受与他人合作交流的乐趣。<br>教学难点：<br>引导学生认识海洋、了解海洋、意识到海防教育的重要性，使学生感受到海防对于实现中国梦的重要性，增强学生对国家未来发展及繁荣富强的责任意识。 |
| 课时安排 |
| 课时安排（8 课时）<br>第 1 课时：<br>选题、分组、确定小组研究问题、分工。<br>第 2 课时：<br>查阅资料（网络、书籍）、搜集、整理。<br>第 3 课时：<br>资料汇总、准备中期交流。<br>第 4 课时：<br>中期交流。<br>第 5 课时：<br>根据中期交流设计并完善计划，进一步研究问题。<br>第 6 课时：<br>资料汇总、准备结题汇报。<br>第 7、8 课时：<br>结题汇报。 |

续表

| 教学过程 | | | | |
|---|---|---|---|---|
| 教学阶段 | 教师活动 | 学生活动 | 设置意图 | 时间 |
| 课前回顾 | 播放 PPT<br>1. 师生回顾一下开学以来本班参与的海防活动。<br>2. 师生回顾学习方法。 | 说一说：<br>问题自己提出，课题自己确定，小组自愿结合，资料自己查询，问题自己探究，结论自己得出，成果自己展示。 | 通过观看 PPT，回顾参与和海防有关的活动，引导学生关注校园里发生的事情。海防教育活动是贯穿整个学校教育活动的。 | 3 分钟 |
| 讲授新课 | 教师："这节课，我们进行成果展示。在确定了大主题之后，我们班将海上交通聚焦在两个方面：古代和现代。古代，我们主要对郑和宝船和郑和下西洋航线进行研究；现代，我们关注的是港口、船舶种类和船舶制作。下面我们就一起来分享交流一下。" | 回顾每个小组的研究内容。 | 回顾学习方法。 | 2 分钟 |
| | 一、郑和宝船<br>教师："郑和宝船是当时世界上最大的木质帆船，600 多年前，我们的祖先就能制造出这么先进的船舶，你有什么想说的吗？"<br>教师："宝船建造好了，郑和率领庞大的船队出发了，他们都去过哪些地方呢？请研究郑和下西洋航线的小组的同学来说一说。" | 郑和宝船（PPT）。<br>宝船的来历。<br>宝船的结构。<br>活动之后的收获。 | 让学生感受宝船是当时世界上最大的木质帆船，充分展示了中国造船业遥遥领先于世界。 | 5 分钟 |
| | 二、郑和下西洋航线<br>教师："这个小组的飞行棋太有创意了，希望你们能设计出适合同学们玩的飞行棋，这样，我们就可以对郑和下西洋航线有更深入的了解。"<br>教师："大家看，这是中国航海日的标志，大家知道中国航海日是哪天吗？ 7 月 11 日。郑和首次出发，是 1405 年 7 月 11 日，标志图形把'7、11'与'帆'的形象结合在一起，用四个'帆'组成'7、11'。600 多年前，我们不仅有先进的造船技术，还有先进的航海技术。"<br>教师："郑和的船队是从刘家港出发的。港口到底有什么作用？请研究港口的这个小组来介绍一下。" | 郑和下西洋航线（PPT）。<br>郑和下西洋经过的地方。<br>郑和下西洋时古今地名的对照。<br>启发与收获。<br>遇到的问题及解决方法。<br>学生回答。 | 引导学生认识到郑和下西洋的壮举开启了我国的航海之路，是世界"大航海时代"的先驱。 | 7 分钟 |
| | 三、港口<br>教师："港口主要是供船舶安全进出和停泊的运输枢纽。那我们来看看，港口里都会有哪些船舶呢？" | 港口（PPT）。<br>研究过程（设计调查问卷、修改；建立微信群；校内外调查、制订计划、分析结果）。<br>调查问卷结果分析。<br>介绍港口及一些著名港口。<br>活动体会。 | 引导学生知道在海上运输中，港口很重要。 | 7 分钟 |

续表

<table>
<tr><th colspan="5">教学过程</th></tr>
<tr><th>教学阶段</th><th>教师活动</th><th>学生活动</th><th>设置意图</th><th>时间</th></tr>
<tr><td rowspan="2">讲授新课</td><td>四、各种船<br>教师：“刚才同学介绍的时候，说‘雪龙号’是哪个国家建造的？ 1993 年从乌克兰进口后按照中国需求进行改造而成。”<br>教师：“刘老师在这里想和大家分享一个小资料。2018 年 9 月 10 日，从上海传来一个好消息，我国自己建造的第一艘极地科考破冰船‘雪龙 2 号’下水了。在我国科考船大家庭中，它可是唯一的一艘真正意义上的智能船舶，也是世界上第一艘采用双向破冰技术的极地科考破冰船。‘雪龙 2 号’下水并不意味着就能立刻投入使用，预计明年下半年执行科考任务。我这里也制作了一个模型，这是货船，利用了废旧的纸箱和卡纸，有兴趣的同学可以试一试。”</td><td>船的种类（PPT）。<br>船的演变。<br>船的种类（客船、货船、客货船）。<br>特殊船舶（破冰船“雪龙号”）。<br>制作组介绍“雪龙号”建造过程。</td><td>科技进步让我国的航海技术处在世界前列。</td><td>8 分钟</td></tr>
<tr><td>五、3D 打印笔小组<br>教师：“还有六个小伙子，也特别喜欢动手制作，我们来看看，他们制作的是什么？”<br>教师：“说得太好了，今天我们打印的只是简单的航海模型，也许有一天，我们能利用 3D 打印技术制造真正的舰艇零件，期待着你们用科技的力量改变航海。”</td><td>3D 打印笔（PPT）。<br>活动过程（学习 3D 打印笔的使用方法、单线条练习、挑选图形、绘制图形）。<br>活动感受。</td><td>为自己是中国人感到骄傲和自豪。</td><td>6 分钟</td></tr>
<tr><td>反思梳理</td><td>教师：“海上交通有什么作用呢？”<br>教师：“下面我们要把中期汇报中存在的一些问题再好好修改、补充、完善，期待你们结题时精彩的汇报。”</td><td>加深了各国之间的友好关系。<br>促进各国的发展。</td><td>知道海上交通促进各国的进步与发展。</td><td>2 分钟</td></tr>
<tr><td>板书设计</td><td colspan="4">海上交通<br>古代 现代<br>郑和宝船 港口<br>郑和下西洋航线 促进发展 船舶种类<br>船舶制作</td></tr>
<tr><th colspan="5">学习效果评价设计</th></tr>
<tr><td colspan="5">评价方式<br>本节课采用综合评价方式，对学生学习过程中的学习态度、学习能力、学习结果进行评价。<br>在学生回答问题时，根据学生的积极程度进行即时性表扬。</td></tr>
<tr><th colspan="5">本教学设计与以往或其他教学设计相比的特点</th></tr>
<tr><td colspan="5">一、设计提问，挖掘学生情感<br>有效的提问应该是让学生思维活动的问题。在本节课中，学生汇报后教师适时提问，引导学生一步一步了解、感悟 600 多年前我国的造船技术和航海技术领先世界。现在我国的科技不断发展，能自行研发、建造先进的船舶，感受到只有祖国强大了、国防力量强大了，我们才能让最初的梦想续写华章。引导学生思维不断深入，在此过程中加深学生情感上的认识，激发内心的责任感。使学生从小树立海防意识，认识到捍卫国家尊严的重要意义。所以，先了解知识、再提升情感这种逐级提问的方式更有利于学生充分进行思维活动，引发情感的触动。<br>二、评价方式更直观立体<br>在本节课上，师生、生生之间互动评价更加及时，增强了学习效果。评价是多元化的，对学习态度、学习能力、学习结果进行评价。</td></tr>
</table>

## 本章回顾

1. 价值判断就是关于经验对象的条件与结果的判断，就是对于我们的想望、情感和享受的形成应该起着调节作用的判断。评价就是价值判断或评判。课程评价可以被认为是以一定的方法、途径对课程的计划、活动及结果等有关问题的价值或特点做出判断的过程。

2. 质性课程评价是一个不断反馈的过程，评价反馈是提高评价效果的重要措施，反馈结果由不同的反馈群体提供。在评价者与反馈者的沟通和交流中，需要倾听和协商。

## 反思与交流

第十一章

# 综合实践活动课程的教师发展

【知识地图】

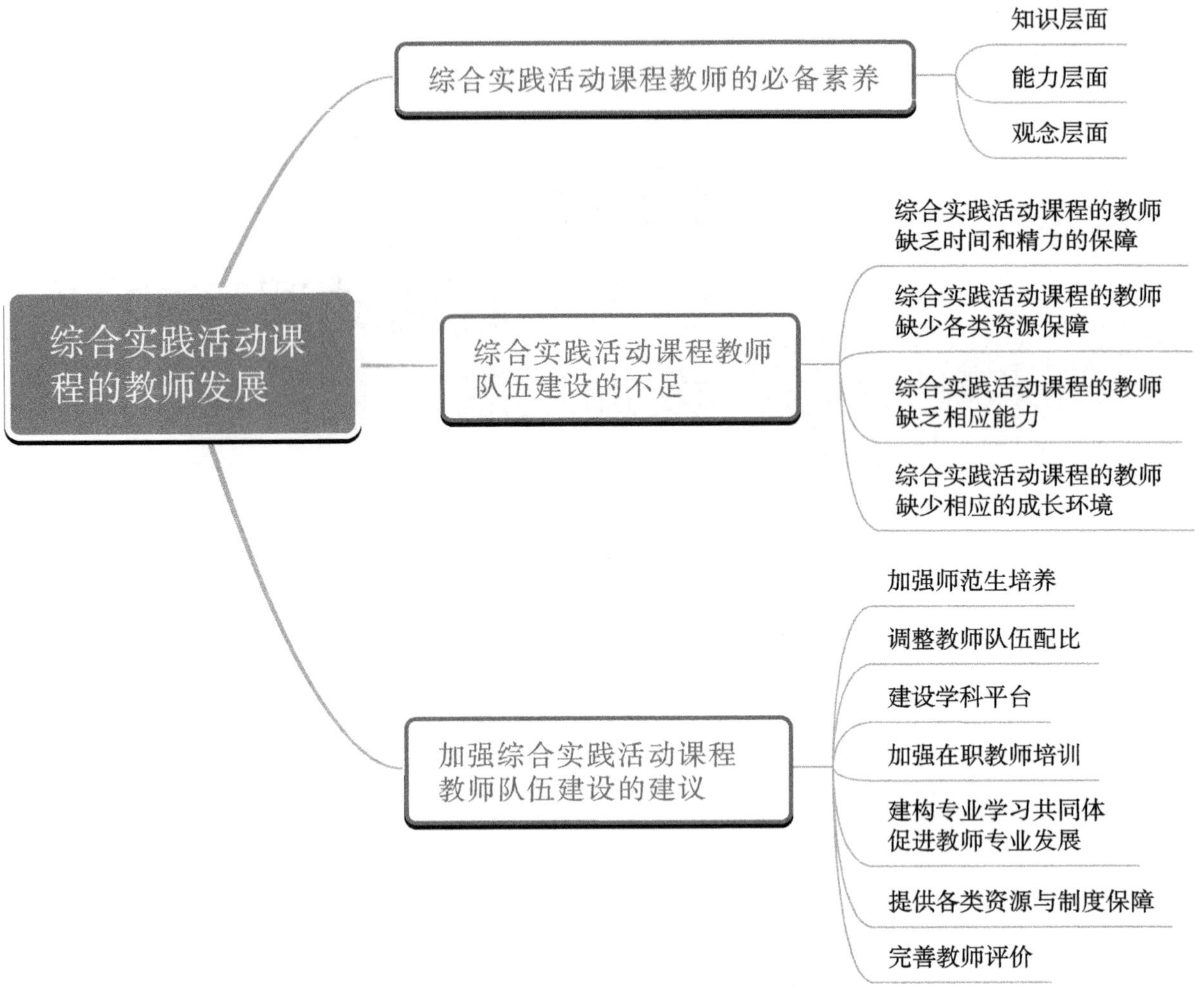


【学习目标】

1. 了解综合实践活动课程教师的必备素养。

2. 了解综合实践活动课程教师队伍建设目前存在的困难。

3. 思考综合实践活动课程教师发展的策略。

综合实践活动课程的整体目标包括：在学生亲自参与完成活动的基础上，促进学生获得丰富的实践经验；逐渐形成对于个体、社会、自然等事物具有内在关联性的整体认知，培养学生逐渐形成对于个体的责任感、对于社会的使命感及对于自然的敬畏之心；在参与活动的过程中，学生能够在与事物接触、解决问题的情景中逐渐形成独立思考问题、分析问题、解决问题的能力以及实事求是、大胆实践、勇于创新的精神，进而形成乐于分享、合作的良好品质。[①] 对于上述综合实践活动课程目标的达成而言，教师是最为关键的因素之一。

① 钟启泉、安桂清:《综合实践活动课程：实质、潜力与问题》，载《北京大学教育评论》，2003（3）。

## 第一节 综合实践活动课程教师的必备素养

教师需要培养自身形成相匹配的知识、能力、观念等必备素养，通过教学主题的设计与实施，促进学生能力品质的养成。

### 一、知识层面

#### （一）综合实践活动课程教学原理方面的知识

教学原理方面的知识即教师对于综合实践活动课程的整体性认知与定位。具体而言，包括教师对于综合实践活动课程在基础教育课程结构中的定位及其背后蕴含的基本原理。除此以外，还包括教师对于综合实践活动课程基本理念、教学目标、课程取向等具体内容的理解。相较于具体的教学主题、方法、设计等，上述内容属于较为上位的知识，是教师对于综合实践活动课程的整体性理解。此类理解具有统领性功能，能够在很大程度上影响教师看待综合实践活动课程的角度与心态。①

关于综合实践活动课程的整体性定位，教师需要明确其旨在凸显“生活世界”的价值，而非将着眼点集中于较为脱离现实的“书本世界”，其基本取向为活动主义和体验主义。具体而言，综合实践活动课程致力于突出学生在“生活世界”中完成学习时的主体性地位。教师的任务是帮助学生拓展学习与成长的空间，使学生在贴近“生活世界”的活动中直面有现实感的问题。此类体验有助于学生获得真实感受，对于促进学生创新精神与实践能力的发展大有裨益。

未对综合实践活动课程做出良好定位的教师，有可能将日常教学与综合实践活动课程加以对立，或者将综合实践活动课程的着眼点集中于各类表面热闹但缺乏内涵的学生活动。此类活动的设置通常盲目、浅表，学生难以在其中获得较为深刻、系统的体验。② 如何对综合实践活动课程做出良好定位？首先，教师需要对其相关理念进行深入学习与理解，并在此基础上形成自身独立的价值判断，以宏观、批判、辩证的视角看待综合实践活动课程的合理性与局限性。其次，教师需要对日常生活具有良好的体察。对日常生活的良好体察，一方面指教师需要对日常生活抱有积极的态度，此类态度能够帮助教师意识到综合实践活动课程对于个体发展的意义与价值；另一方面指教师需要有意识地搜集日常生活中可能转化为内容的素材。生活情境通常是复杂多元的，极少能够用单一学科视角加以审视。因此教师需要超越学科教师的身份，从“生活体悟者”的视角热心观察日常生活，对一切潜在知识抱有热情与好奇。

#### （二）综合实践活动课程教学方法方面的知识

教师的有效指导是保证综合实践活动课程顺利实施的基本条件。通常而言，综合实践活动课程倡导深度探究。深度探究并非针对某一个问题进行的“确定问题——提出假设——设计实

---

① 刘玲：《综合实践活动课程教师专业化：素养要求与发展路径》，载《教育科学研究》，2013（7）。

② 钟启泉：《综合实践活动课程的设计与实施》，载《教育发展研究》，2007（3）。

验——搜集资料——数据分析——得出结论”的线性探究流程，而是针对一系列复杂问题进行的循环探究。真实情境的问题通常难以仅通过一次探究活动予以解决，涉及在解决问题的同时伴随新问题的出现，或者涉及方案与措施的逐层优化。教学方法方面的知识即教师对探究、体验等教学方法的深入理解，教师不仅需要理解上述教学方法涉及的具体要素、操作流程、注意事项等具体运作层面的知识，还需要了解其背后关于学习、认知、教学等内容的基本假设。此类知识属于教师对具体教学方法在方法论层面的理解，其能够帮助教师清晰地认知每一种具体教学方法的优势与局限性，促使教师在教学设计与实施的过程中根据具体情况采用恰适的教学方法，而非将某一种方法、流程或模式视为“万能药方”。

教师还应当进一步思考采用何种教学方法能够有效地指导学生完成自主探究、问题解决等一系列活动。一方面，综合实践活动课程强调学生通过直接经验以及自身的感受和体验进行学习，在完成任务的同时获得知识、发展能力。其强调以学生的体验作为课程的核心，如何使学生在活动中获得体验即教师需要具备的教学方法方面的知识。① 另一方面，教师既不能“教”综合实践活动课程，也不能推卸指导的责任、放任学生，而应把自己的有效指导和管理与鼓励学生自主选择、主动探究有机地结合起来。② 因此，如何在学生自主与学生管理之间寻求平衡是教师需要在实践中不断探索的重要问题之一。

### （三）综合实践活动课程教学内容方面的知识

综合实践活动课程虽然与日常学科教学有所区别，但两者的教学内容仍然具有一定的关联性。一方面，日常学科教学涉及的知识能够在综合实践活动课程中得以补充、扩展和提升。另一方面，综合实践活动课程的教学内容能够在部分学科的教学内容之间建立联系。③ 具体的学科教学内容，如语文、数学、英语等，属于较为狭义的课程内容。通常而言，在确定综合实践活动课程的指导教师时，学校会综合考虑研究主题的特征与指导教师所授的学科，教师能够发挥自身某个学科知识丰富的优势，为学生提供相应的指导。然而，需要说明的是，教师不应将综合实践活动课程的教学内容局限于自身所授学科之中。综合实践活动课程强调学生与个体、社会、自然的全面贯通，其要求指导教师具有较为广泛的知识体系，上述知识体系能够将自然、社会、科技和人文等相关领域加以关联。④

若想实现将广泛的教学内容合理融合于某项综合实践活动课程之中，教师需要具备良好的教学内容层面的知识，需要对学科领域的知识有深刻、系统的理解。上述理解并非指教师需要具备学科专家式的纵深型知识体系，而是指教师需要基于教学目标对学科知识进行重组，进而形成有助于学生理解的学科教学知识体系。教师在对学科教学知识建立起相对较高的思维密度的基础上，能够清晰地认知日常教学中的学科教学体系所具有的缺陷与不足，进而通过综合实践活动课程的内容设置对其进行有针对性的补充。如此一来，学生则不易将日常学科教学与综合实践活动

---

① 黄发龄：《分析综合实践活动课程：实质、潜力与问题》，载《教育界》，2013（22）。
② 张华：《论“综合实践活动”课程的本质》，载《全球教育展望》，2001（8）。
③ 同上。
④ 刘玲：《综合实践活动课程教师专业化：素养要求与发展路径》，载《教育科学研究》，2013（7）。

课程过分区别对待，在增强学生知识学习连续性的同时，还能够提升学生的学习兴趣。上述工作对于教师专业素养的要求较高。一方面，教师需要对学科教学内容具有较高水平的把握，并且能够通过较为全面的视角对学科知识体系进行评价，准确判断其需要增补的内容。另一方面，教师还需要在综合实践活动课程中对应当补充的内容进行恰适的转化，以符合此类活动特征的方式予以呈现。

## 二、能力层面

综合实践活动课程的教学设计流程主要包括以下六个方面：设定具体的研究主题，厘清主题之间的内在关联性；确定各类学习资源，具体包括可能涉及的人员、设施与设备、学习空间与环境、媒体等；为学生设计有价值、有意义的丰富多彩的体验活动；设计具体的活动实施计划与过程；确定各类支持性与保障性条件；明确学生评价的内容与形式。[①] 通过分析已有研究及综合实践活动课程设计流程得出，若想顺利完成综合实践活动课程的设计，教师需要具备以下五方面能力：资源的开发与利用能力；主题的选择与设计能力；对学生研究过程的指导能力；对学生实践活动的组织与管理能力；对活动结果做出合理评价的能力。

### （一）资源的开发与利用能力

资源的开发与利用是教师设计综合实践活动课程的基础性工作。能够开发广泛的教学资源，教师才有可能设计出丰富多彩的学生活动。若想实现综合实践活动课程内容的开放性及实施过程的动态性，合理开发并利用丰富的课程资源是重要保障之一。

一方面，教师需要通过独立或协作的方式，在广泛的情境中挖掘一切有可能转化成为活动内容的教学资源。挖掘材料的过程具体包括以下三个环节：首先，通过多学科教师以及家长、社区相关人员的协作，挖掘有助于设计综合实践活动课程的潜在资源；其次，教师对此类资源进行系统梳理与遴选，上述工作同样需要多学科教师协同完成，原因在于某个学科的教师可能仅从单一学科的视角判断教学资源的价值，如此一来则有可能忽略或舍弃资源中的某些重要内容；最后，确定学习资源，具体包括人、物、设施、学习空间、资料、媒体等。[②] 综合实践活动课程资源的开发能够促进教师对于日常教学设计的反思与改善，例如：教师观察到学生在综合实践活动课程中对某些内容感兴趣的程度较高，则可以将此类内容应用于日常学科教学，提升学生的学习兴趣与课堂参与度。同样，教师日常教学的备课、搜集素材、班级管理等能力也能够迁移至综合实践活动课程的设计与实施之中。其前提在于教师需要调整心态，将综合实践活动课程视为日常教学的重要补充，而非额外负担。前者更有可能促进教师在综合实践活动课程的完成过程中积极反思日常教学可能受益的改进措施；后者则更有可能在教师的观念中形成综合实践活动课程与日常教学相互冲突的思想，影响教师对于两者的反思与改善。

---

① 李芒:《论综合实践活动课程与教师的教学能力》，载《教育研究》，2002（3）。

② 谢广田、戴丽敏:《教师教育适应小学综合实践活动课程改革的思考》，载《内蒙古师范大学学报（教育科学版）》，2003（4）。

另一方面，教学资源并非仅指代能够应用于综合实践活动课程的教学素材，还包括各类有助于活动开展的人员资源。综合实践活动课程的指导教师并非狭义地指代指导学生完成主题活动的教师，也包括其他组织管理学生的教师。学校应当安排班主任、学科教师、其他教职员工等组成综合性的综合实践活动课程指导教师小组，进而实现人员之间观点与资源的共享，以及责任的合理分配。如果特定活动有所需要，其他相关人员如家长、社区工作人员、相关领域专家等都应当参与其中，成为学生的指导教师。

### （二）主题的选择与设计能力

综合实践活动课程缺乏统一的教材和固定的内容，它以联系学生实际的主题活动作为其课程内容的主要呈现方式。就综合实践活动课程主题的选择与设计而言，教师首先应当明确其不存在固定的教学模式，活动的具体规模、时间、场地等均需要视具体情况而定。就综合实践活动课程的组织时间而言，难以规划严格的任务完成时间，活动时间有可能随着学生完成任务的进展而发生变化。就综合实践活动课程的组织空间而言，其不局限于教室或学校内部，运动场、校园、家庭、工厂、农村、社会、大自然及网络世界都可以成为综合实践活动课程的场所。就综合实践活动课程的组织规模而言，可以以个体或小组为单位开展深入性研究，也可以以群体为单位开展合作性研究。前者倾向于培养学生个体的研究能力，后者倾向于培养学生的合作、交流、沟通能力。[①] 机械地照搬已有活动主题或模式，不考虑现实的教学条件，容易将原本应该丰富多彩的综合实践活动课程设计为千篇一律的教学流程。因此，教师需要根据具体的教学任务、学生的具体状态，对教学主题进行选择与设计。

对于综合实践活动课程主题的选择有以下三种方案。第一种是由教师负责规定主题，即教师根据已有经验确定研究主题。第二种是完全由学生确定主题，即教师根据学生调查确定学生最感兴趣的内容，进行教学设计。第三种是教师与学生共同确立教学主题，即教师综合自身经验及学生调查，对学生感兴趣的主题进行取舍与排序。上述三种方案各有利弊，教师需要根据学生及教学的现实情况进行合理选择。具体而言，第一种方案的优势在于教师能够最大程度地保障主题之间的关联性与流畅性，即教师选择自己擅长的知识设置教学主题；其局限性在于忽略了学生的兴趣点，教师选择的主题学生未必真的感兴趣。第二种方案的优势在于学生能够最大程度地表达其感兴趣的主题，活动的设置易于激发学生的学习热情；其局限性在于学生感兴趣的主题可能相对零散，不易形成具有内在逻辑的课题体系。第三种方案的优势在于其能够平衡学生兴趣与教师特长之间的关系；其局限性在于教师难以全面关照学生的兴趣所在，有可能对提出相关主题但未被采纳的学生的参与热情形成负面影响。

无论选择何种确定主题的方式，教师均应当做到引导学生注意观察与积累生活中的问题。特别是遇到一些感兴趣并且具有研究价值的问题时，教师与学生要善于积累与总结，形成主题活动的资料库。一方面，资料库的构建有助于教师在较短的时间内确定主题的内容，减少教师工作

---

① 王利娟:《谈在综合实践活动课中教师角色的要求和转变策略》，载《现代教育科学（普教研究）》，2009（5）。

的重复性与盲目性。另一方面，资料库中丰富的选题能够扩展学生的视野及思考问题的角度，激发学生的问题意识，逐渐培养其热心观察生活、主动提出问题的能力品质。例如：南京的南湖三小从三年级开始鼓励学生记录身边的问题，鼓励四年级以上学生口头调查社区问题，鼓励高年级学生关注社会热点问题及成长中的困惑，学期结束开展问卷调查，搜集学生感兴趣的问题。[①]

### （三）对学生研究过程的指导能力

在设计实施综合实践活动课程的过程中，教师需要将促进学生能力发展置于目标体系的首位。虽然综合实践活动课程同样注重三维目标体系中知识目标的达成，但与学科教学略有不同的是：学科教学更加关注知识目标的达成，较为忽略能力与情感态度价值观两个维度；而综合实践活动课程则与之相反，其更加关注学生能力及情感态度价值观的养成，而非知识获得的数量。因此，在开发综合实践活动课程时，教师需要关注如何通过活动的设置有效提升学生的能力，激发学生的学习兴趣，培养学生形成良好的价值观。[②]为了能够达成学生能力与情感发展的目标，教师需要在学生完成综合实践活动课程的过程中进行有针对性的指导，否则学生容易偏离研究主线，发生思维层面的偏移。具体而言，教师的指导能力主要表现在以下三个方面。

首先，教师需要对学生完成任务或解决问题进行整体层面的指导，即从宏观层面指导学生可能的解决路径或分析角度，为学生适当地提供解决问题的思路，避免学生无从着手。

其次，教师需要对部分学生进行针对性指导，即在学生完成任务的过程中基于课堂观察对其完成任务的整体趋势进行评估，并在此基础上对每位学生的具体表现进行评价。如果教师发现个别学生难以推进任务或参与到活动之中，则需要对其单独进行指导，在分析其问题所在的基础上有针对性地提供帮助。

最后，教师要对思维层面偏离研究主线的学生进行指导。在指导中教师需要注意，不应当过分地以预设的解决问题路径束缚学生的发散性思维，但同时不能够任由学生漫无目的地进行设想与研究。对于此类学生，教师需要格外关注预设路径与学生发散思维之间的关系。如果学生的研究确实具有现实意义，教师需要及时更改之前的既定方案或研究内容，为学生提供研究新问题的自主空间。除此以外，在综合实践活动课程中，选择问题和解决问题过程中的预测性十分重要。这种新型的综合学习理念区别于传统教学的重要之处在于：综合实践活动课程更重视为学生提供有效的、高质量的问题，更强调学生解决问题的过程；不强求学习结果的统一性，更关心学习结果的个性化。

### （四）对学生实践活动的组织与管理能力

综合实践活动课程是一门开放性、生成性极强的课程，在课程的实施过程中，学生通常需要走出教室，进入更为复杂、真实的情境中开展实地调研、观摩、考察、体验等多元化活动。因此，其对于教师的组织与管理能力也提出了更高的要求，即教师需要思考如何能够在保证学生安全的前提下给予学生最大的自主学习空间。

---

① 万伟：《综合实践活动课型研究的现状、反思与展望》，载《当代教育科学》，2012（20）。
② 万伟：《综合实践活动课程关键能力的培养与表现性评价》，载《课程・教材・教法》，2014（2）。

在组织与管理活动主题时，教师需要关注以下两个方面。一方面即如何设置整个学期的活动主题，以及保持活动主题之间的内在关联性；另一方面即如何安排教师引导与学生自主在具体的活动主题中的比例关系。① 前者针对综合实践活动课程的整体组织安排，后者针对具体主题活动的内部安排。实际上，上述两项内容均旨在协调整体与局部之间的关系。前者即整个学习过程与每个独立任务之间的关系，教师需要对整个学期的任务进行统筹安排，并在此基础上规划各项具体主题。各项主题之间应当具有内在关联性，不应相互对立、互不相干。后者即在具体主题之下，教师根据主题与学生的具体特征，合理安排教师引导与学生自主的比例关系。需要说明的是，并非教师让学生自主完成的时间越多，综合实践活动课程的教学效果越理想。部分主题或学生的风格可能更倾向于教师引导，此时则需要更多的教师介入与参与。

### （五）对活动结果作出合理评价的能力

在综合实践活动课程的完成阶段，带领学生进行及时总结是教师十分重要的一项任务。一方面，学生有可能由于过于兴奋导致学习的关注点零散化，或者部分学生可能只是"凑热闹"地参与其中，未对活动进行深刻反思。另一方面，部分学生认为在综合实践活动课程中能够解决问题或完成教师的任务即可，无需对解决问题的过程及合理性进行系统化反思。实际上，上述两种现象均未能够最大程度地发挥综合实践活动课程的教学效果。教师总结能够帮助学生对整个问题的解决过程进行回顾与反思，让学生在其中真正学到知识、提升能力。②

对于学生的评价，教师可以从以下三方面着手。首先，关注学生是否完成任务或解决问题，这是对学生最直接的评价。其次，关注学生完成任务过程中的参与程度。对于个别学生而言，其有可能未能够解决最终的问题，但其积极地参与到问题解决之中，并且努力尝试通过各种方法对问题予以解决。教师应当对此类学生予以积极的评价，此类评价能够激发学生进一步研究问题的热情。某项具体问题是否解决对于学生的长远发展并不重要，重要的是能够促使学生形成不断进行研究的内驱力。最后，可以对个别学生予以针对性评价。例如：个别学生在一些能力上欠缺比较严重，但是在另外一些能力上格外突出，教师需要对此类学生予以肯定，在此基础上提出建设性的改进意见，而不应该仅针对学生的短板进行批评。

## 三、观念层面

综合实践活动课程教师观念层面的专业性是指教师在理解担任指导教师的任务的价值与意义的基础上产生的专业发展观念和理性信念。③ 具体包括教师对综合实践活动课程的认同感、责任感和自信心三方面内容。

### （一）对综合实践活动课程的认同感

教师首先需要对综合实践活动课程具有较强的价值认同感，即认同综合实践活动课程对于

---

① 李芒：《论综合实践活动课程与教师的教学能力》，载《教育研究》，2002（3）。

② 谢广田、戴丽敏：《教师教育适应小学综合实践活动课程改革的思考》，载《内蒙古师范大学学报（教育科学版）》，2003（4）。

③ 刘玲：《综合实践活动课程教师专业化：素养要求与发展路径》，载《教育科学研究》，2013（7）。

学生发展的积极意义。教师只有认同课程的价值，才能够自愿为之付出努力，进而形成专业的责任感和自信心。

首先，教师能够认同完成综合实践活动课程需要不断学习。教师首先应当意识到在完成综合实践活动课程设计实施时，自己在知识和能力方面的不足。基于此，教师能够自觉完善自身的知识结构。具体而言，除专业知识外，还包括相关学科或跨学科领域的知识。教师应当做到以综合实践活动课程作为载体与参照标准，自觉提升自身的专业素养、促进自身的专业发展。综合实践活动课程的综合性需要教师努力打破学科知识的壁垒，大量摄取相关学科的知识内容。教师需要在课程设计的过程中不断学习、交流，扩展自身知识的广度，并将知识的广度集中于具体教学主题之中，从而利用知识的可迁移性增加学生对于知识的理解的深度。

其次，教师能够认同自身作为综合实践活动课程的开发者。开发课程的难度比执行课程大得多，特别是对于习惯按照教材中的既定内容完成教学的教师而言，其已经形成从教材到学生的教学惯性，对于需要教师自行补充、扩展的内容，通常无从下手。教师若想实现上述身份转变，一方面需要建立自身敢于接受挑战的态度，另一方面也需要学校方面的诸多保障。教师要善于打破学校、教室的束缚，把学校、家庭和社会融合起来，把校内外的各种教育资源充分利用起来，构建起指导学生进行综合实践活动课程的人力资源库。

再次，教师能够认同自身作为综合实践活动课程的参与者。这里所谓身份转变只是程度上的转变，而非教师决然的身份突变。在综合实践活动课程中，教师同样扮演着参与者和引导者的角色，其需要管理学生完成任务、进行活动中的各类规范，而非放任学生采取不当甚至危险的方式完成任务。在综合实践活动课程中，教师作为参与者和引导者的角色进一步明显化。所谓教师作为参与者，即在学生完成任务的过程中，教师需要参与，观察学生采取的措施的恰适性，同时汲取对教学有益的资源。所谓教师作为引导者，即需要将绝大部分自主空间交予学生，教师只是在特定的情境中对学生完成任务的方式进行有针对性的引导，而不能越俎代庖，代替学生完成任务。实际上，在综合实践活动课程中，学生是否完成及是否按照教师的预期完成既定任务并不十分重要，能够在活动中增长能力、形成良好的态度才是综合实践活动课程的意义所在。

最后，教师能够认同自身作为综合实践活动课程的合作者。具体而言，教师并非学生完成主题活动的唯一指导者，而是与其他教师或相关人员共同参与的合作者。任何一名教师都不可能具备全部学科的知识与能力，因此多学科教师包括班主任的参与是完成综合实践活动课程开设与管理的必要之举。对于多数教师而言，综合实践活动课程是陌生的，需要在学习和实践中不断对其加以研究。当然，教师之前具有的教学经验在很大程度上能够发挥作用，特别是在对学科知识和学生情况的理解两个方面。①

### （二）对综合实践活动课程的责任感

综合实践活动课程教师需要对学生和课程有强烈的责任感。对学生的责任感即教师需要树立良好的学生观。教师应当转变“精英教育”的潜在假设，即成绩好的学生其他能力均发展良

① 赵慧君、李建群：《试论综合实践活动课程中教师角色的转变》，载《现代教育科学（普教研究）》，2003（6）。

好。有些在日常教学中学习不佳的学生可能在综合实践活动课程中表现良好，特别是在动手操作或小组合作环节之中。教师应当格外关注此类学生的发展，使其能够感受到自身的特征与价值。因此，教师在对综合实践活动课程的结果进行评价时，不应当仅进行终结性评价，如以是否完成任务、解决问题为标准对学生进行评价，而应当在活动过程中通过观察、倾听的方式对学生的表现进行全方位评价。特别是参与热情高涨、积极思考的学生，即使其最终未获得良好的结果，教师也应当对其予以鼓励与肯定。综合实践活动课程的设计与实施对教师提出了更高的专业能力要求。例如：教师需要在主题活动实施的过程中承担指导者的任务，为学生创设并提供能够自主活动的时间与空间条件。同时，教师还需要具备综合性知识与能力及一定的信息技术、组织管理等有助于综合实践活动课程高效完成的技能。[①] 总之，综合实践活动课程对教师的专业能力的要求与日常教学差异较大，原因在于两者的价值旨趣有所差异。虽然日常教学也强调教师对于学生兴趣、情感的关注，鼓励教师采用活动的方式完成教学，但由于教学时间、内容、评价的限制，其实施极为有限。

对课程的责任感包括教师需要承担课程开发与改进的责任。教师不应当仅“忠诚”地再现课程设计者的意图，或者仅根据课程设计者预设的现成程序、材料和方法实施课程，进而通过课程评价检验目标的达成程度。上述取向将教师和课程设计者加以区分，把教师置于课程开发的边缘。具体而言，即课程设计者规划课程的目标、内容、方法和课程实施者将这些规定落实这两者的吻合度就是课程实施的有效度。[②] 实际上，教师应当主动承担起课程开发的责任，将每一个研究主题设计为一次精彩的综合实践活动课程。课程开发同时意味着教师需要付出较大的努力，不断尝试课程实施的各种可能，并在实践中不断发现问题、解决问题、总结规律和经典案例。

### （三）对综合实践活动课程的自信心

综合实践活动课程目前并非处于整体课程体系的中央，其相对边缘化的地位容易使教师产生自卑情绪，即认为其所做的工作是可有可无或锦上添花的边缘性工作。教师应当具备专业自信心，即在清晰地认知综合实践活动课程价值的基础上，对其意义与价值具有自信心。实际上，无论综合实践活动课程目前所处的地位如何，教师都应当明确其对于自身专业发展的重要意义。一项研究表明，曾经参加过综合实践活动课程的教师在两年后有了较大幅度的提升，最为明显的证据即上述教师或成为学校中的骨干教师，或在学校中担任较为重要的教研或管理工作。由此可见，综合实践活动课程是教师专业化发展的重要途径之一。[③] 教师的专业自信源自教师对综合实践活动课程的设计理念与设计能力。在综合实践活动课程中，教师的教学设计能力的起始点并非教学的逻辑性，而是教学的任务性。前者旨在通过相互关联的问题线索，是指与学生的认知风格加以关联，在学生逐步理解的基础上完成教学。其特征在于教学效率较高，能够在较短的时间内向学生传递数量相对较多的知识，这也是学校教学的特征所在。后者则在于教师要为学生设置相应的任务，学生在解决问题或完成任务的过程中获得相应的知识与能力。然而学生解决问题或完

① 李莎、李芒：《对我国综合实践活动课程实施现状的反思》，载《课程·教材·教法》，2004（9）。
② 李臣之：《综合实践活动课程实施：现实复杂性及其取向》，载《课程·教材·教法》，2002（11）。
③ 李莎、李芒：《对我国综合实践活动课程实施现状的反思》，载《课程·教材·教法》，2004（9）。

成任务的过程并非与教师预想的流程、思路完全吻合，其存在大量生成性内容。一方面要求教师在教学设计的过程中对学生可能出现的情况进行预设，并在此基础上思考引导学生的学习路径。另一方面要求教师为学生完成任务留有恰当的空间，空间过大教师不易把控学生思维的倾向，容易造成学生的过度联想；空间过小则有可能抑制学生的创造性与自主性。①

## 第二节　综合实践活动课程教师队伍建设的不足

当前，综合实践活动课程教师队伍建设还存在一些不足和困难，包括教师缺乏时间和精力的保障、缺少各类资源保障、缺乏相应能力及缺少相应的成长环境。

### 一、综合实践活动课程的教师缺乏时间和精力的保障

调查研究表明，综合实践活动课程实施的主要障碍依次为教师缺少时间和精力、缺乏课程资源和缺乏活动经费，学生校外活动的安全问题，教学设备不足，课程对教师要求太高，实际操作困难大，学生不适应，学校领导不支持。由此可见，阻碍教师实施综合实践活动课程的主要因素均为外部因素，具体包括时间、精力、资源、经费、设备等。所谓“巧妇难为无米之炊”，综合实践活动课程的顺利实施首先需要各类外部相关因素的保障。② 对于个体而言，其时间和精力极其有限。因此当多项任务在同一时间内出现时，教师必然首先选择与自身利益相关度最高的任务予以完成，或者在此类任务中投入更多的时间与精力。日常教学任务的繁重及综合实践活动课程的相对边缘化，使得教师仅能够或仅愿意在综合实践活动课程的设计、反思等环节投入较少的时间与精力。前者的解决需要课改专家对课程的比例做出整体性规划与调整，促使教师在日常教学以外有更多可供自由支配的时间。后者的解决一方面需要通过提高综合实践活动课程与教师、学生自身利益的关联性，促进教师自觉在综合实践活动课程的设计方面投入时间与精力；另一方面则需要通过教师培养向教师宣传综合实践活动课程对于学生及自身发展的重要意义及其与日常教学的互补关系，促进教师形成自愿为综合实践活动课程的开展投入时间与精力的内在动机。

### 二、综合实践活动课程的教师缺少各类资源保障

缺少各类资源保障是教师设计与实施综合实践活动课程的第二大难题。综合实践活动课程强调教师要为学生设置丰富多彩的项目活动，然而资源的缺乏使教师的很多精彩教学设计或主题方案难以落地。各类资源主要包括设备、场地、经费、人员等。设备主要指与科学主题相关的实验器材，由于综合实践活动课程的多数活动是日常教学不曾涉及的内容，因此使用的设备也可能

① 李莎、李芒:《对我国综合实践活动课程实施现状的反思》，载《课程·教材·教法》，2004（9）。

② 张倩苇:《教育设计研究的本土化应用——支持教师实施综合实践活动课程的设计研究》，载《电化教育研究》，2011（1）。

在日常教学中不曾使用，如果学校无法提供相应的设备予以支持，教师设计的方案通常会落空。与之类似，场地也是综合实践活动课程中难以保障的资源之一。如果是在学校内部，教师相对容易带领学生完成相关的教学设计，如观察校园里的植物等。但如果教学场地需要扩展至校园以外，通常由于学生安全等问题而不被允许。综合实践活动课程具有时空高度开放的特征，具体而言，其活动场所通常设置在校园以外，活动时间有可能是课后，还有可能是周末或寒暑假等课余时间。因此，教师在组织活动及采取安全措施等方面需要校内外各类人员的通力合作，然而人员资源却难以得到保障。在有些学校，年级组中班主任之间围绕班级问题的研讨及备课组和教研组中教师之间围绕学科基本知识的交流是教师之间合作的主要内容，并且学校有相关的制度来保证合作的实效。然而，综合实践活动课程需要的教师合作未受到全体教师的重视，部分非综合实践活动课程的直接指导教师认为其与研究主题的实施并不相关。即使是采用合作方式完成的综合实践活动课程，同样具有合作随意性较大和缺乏目的性、计划性等缺陷。[①] 经费即教师可自由支配的供其实施主题规划的资金，在适当范围内应当给予教师较为充足并且可自由支配的经费，从而给予教师完成教学设计的更大空间，当然学校也要设置经费去向的严格监管制度。人员指教师需要聘请的一些辅助完成综合实践活动课程的校外人员，如科普讲座的专家、活动场地的管理人员等。总之，由于教师难以代表学校向社区争取教育资源，使得他们在获取综合实践活动课程资源时遇到的障碍更多、更广。由于教师没有被赋予足够的课程权力，导致其协调和配置课程资源的能力弱，综合实践活动课程规划和设计难以顺利实施。[②]

## 三、综合实践活动课程的教师缺乏相应能力

教师缺乏相应能力的根本原因即教师极少接触有针对性的培训。有经验性研究表明，相当一部分教师（37.9%）认为自己从未参加过任何关于综合实践活动课程的培训，27% 的教师参加过市区级培训，35.1% 的教师认为其只参加过学校内部的相关培训，仅 1.8% 的教师表示不需要接受培训。调查中，大多数教师表示需要不同内容和形式的培训帮助其更好地理解与设计综合实践活动课程。[③] 上述调查表明，在综合实践活动课程的教师培训方面存在较大的缺陷。相当一部分教师未经历过培训，经历过培训的教师更多地集中于校内培训。校内培训的优势在于有经验的教师可以分享其设计的经典案例，且教师之间关系熟悉，更容易相互借鉴研究成果。弊端在于教师难以对综合实践活动课程具有更加上位的理解，也难以对其背后的理论加以深入分析与解读。上述能力是上位理论和具体实践的中间部分。实际上，上位理论和具体实践处于综合实践活动课程开设的两极，教师的专业发展才是能够沟通上述两极的有效途径。考察发现，多数实践者尚处在知其然不知其所以然的状况，他们知道“是什么”，并且实际上也操作了，却不知道“为什么”。当鲜活、灵动的形式跨越了复杂的过程机制，创造的只能是作为僵化结果的事实，即是中间环节

① 赵玉如：《综合实践活动中的教师合作》，载《教育科学研究》，2010（8）。

② 同上。

③ 冯新瑞、王薇：《我国综合实践活动课程实施现状调研报告》，载《课程·教材·教法》，2009（1）。

失落。[①] 教师相应能力的缺乏表现出校外培训同样将综合实践活动课程置于边缘性位置，教师接受的培训更多地针对日常教学，而极少关注综合实践活动课程。即使是基于综合实践活动课程的培训，也是更加偏向于宏观理论的讲解，而非教师实施与操作的指导性建议。因此，校外培训的定位及具体内容应当进一步完善。

### 四、综合实践活动课程的教师缺少相应的成长环境

此处的相应成长环境主要指学校领导为教师创设的心理环境。一方面即学校领导是否重视综合实践活动课程。学校领导提供的实质性支持不充分是导致综合实践活动课程难以顺利实施的重要因素之一。随着新课改在全国范围内逐渐普及，开发综合实践活动课程、提高学生综合素质的诉求得到了呼应。然而，传统教育管理体制对于教师的束缚仍然较大，教师难以在综合实践活动课程的设计与实施过程中真正自主发挥，学生成绩、资源获取、评价效度等因素均对教师的自主性有着较为强烈的桎梏效果。如果学校领导团队真正重视综合实践活动课程的开设，就应当竭尽全力为教师提供培训等各类资源，并且在价值观层面对教师进行引领。部分学校仅呼吁、宣传重视学生的综合素质发展，但在现实中仍然以学生成绩作为第一价值诉求，将综合实践活动课程置于“多余的”边缘。在此氛围中，教师很可能同样将自身的任务和身份置于边缘，难以在综合实践活动课程方面有所突破。

另一方面即学校是否设置了合理的制度政策。如果学校管理制度存在缺陷，可能导致教师缺乏支持和配合综合实践活动课程实施的内在动机，也可能导致任课教师课程权力的落实阻碍重重。如果辛苦付出的教师未能够得到相应奖励，可能使本身就比较边缘化的地位进一步边缘化，而不会在综合实践活动课程中进一步投入时间与精力。通常而言，综合实践活动课程的指导教师兼有班主任或学科教学的任务，教学与管理负担相对较重。如果缺乏相应的激励与保障机制，教师的积极性可能难以维持。除此以外，对于一个研究主题而言，通常需要多位教师的共同参与，教师之间有可能出现责任不明、相互推诿等现象。科学的管理制度能够保障每位教师投入合理的时间与精力，厘清责任分担，最大程度地激发教师参与的积极性。[②]

## 第三节　加强综合实践活动课程教师队伍建设的建议

未来，应从加强师范生培养、调整教师队伍配比、建设学科平台、加强在职教师培训、建构专业学习共同体促进教师专业发展、提供各类资源与制度保障、完善教师评价等方面加强综合实践活动课程教师队伍建设。

---

① 杨启亮:《追寻意义：对课程改革实践的思考——基于对某市小学综合实践活动课程的实地考察》，载《课程・教材・教法》，2003（12）。

② 李莎、李芒:《对我国综合实践活动课程实施现状的反思》，载《课程・教材・教法》，2004（9）。

## 一、加强师范生培养

师范生培养是教师专业发展最为根本的环节，无论是在职教师还是高校教师都应该对师范生的培养给予高度重视。然而，就目前我国师范生培养而言，其存在的主要问题是与一线教学特别是一线教学的时代性特征相互脱节。有经验性研究表明，多数教师认为自身在“活动主题的开发与设计能力”方面存在不足。半数以上的教师认为自己“对活动中不断生成的新问题缺乏足够的应对能力”，不熟悉指导方法，缺乏“创设情境、组织活动的能力”。课程整合与开发能力的欠缺表明教师在设计与实施综合实践活动课程方面存在力不从心的现象，即教师的意识或意愿难以在实践中得以落实。[①] 教师特别是新手教师对于综合实践活动课程的设计与实施能力很大程度上源于师范教育，因此师范教育首先应当重视对于教师上述能力的培养，设置相关课程或在教育学、学科教学法等已有课程中设置相关的研究专题。

有学者认为，教师教育中综合实践活动课程教师的培养应当涉及以下两方面目标。一方面，学习综合实践活动课程的基本原理，即此类课程背后的哲学基础和教育学、心理学原理等。学会如何指导学生确定相关主题活动，以及在真实情景中的实践。教师教育应当使受教育者具备初步的活动设计、制订方案的能力。另一方面，学习综合实践活动课程实施的具体过程，培养其具有设计与实施综合实践活动课程所需的相关能力。具体而言包括发现问题和解决问题的能力、信息搜集和处理能力、沟通与合作的能力，以及科学的态度和社会责任感等。上述目标包括认知和能力方面的要求，更有技能、情感和态度方面的要求。[②]

首先，高校应当加强对综合实践活动课程理论的分析类课程。此类课程可以设置在教育学原理类课程中，教师为师范生分析综合实践活动课程背后的哲学意蕴、在整体课程改革中的地位及在国际和国内的发展历程等。总之，即引领师范生以更加宏观、深入的视角看待综合实践活动课程的开设。在学习基本理念的过程中，高校教师要注意引导职前教师对于理论进行批判性反思，不能仅宣传理论的优势所在，更应该引导学生以辩证的视角看待理论存在的局限性及在实践中的适用范围等。在实践过程中，教师有可能基于理论对实践进行反思，在实践与理论的互动状态中实现实践的不断改善，同时对理论的构建提供重要的建议。基于上述分析，有学者提出在师范院校中应当开设“综合实践活动课程教学论”的相关课程，使全体学生理解现代教育的总体目标旨在使学生终身发展，为社会培养高素质、创新型人才，具体包括培养学生的创新精神和实践能力。使全体师范生从教学论课程的学习中理解综合实践活动课程的本质特征，了解到综合实践活动课程是基础教育课程结构性的重要突破，为今后在中小学担任综合实践活动课程专职或兼职教师打下良好的观念基础。[③]

其次，学科教学类教师应当就如何开设综合实践活动课程对学生加强指导。指导可以分为两个方面：一方面是对具体设计流程、模式的指导，如如何开发综合实践活动课程所需资源，如

---

① 李剑:《论小学综合实践活动课程教师素质问题》，载《中国电力教育》，2011（14）。

② 许玲俊:《职前教师教育中综合实践活动课程设置的意义及其实施策略》，载《教育探索》，2008（1）。

③ 钱贵晴、王莉娟:《综合实践活动课师资队伍的现状调查及发展对策研究》，载《贵阳学院学报（自然科学版）》，2003（1）。

何整理、组织此类资源，综合实践活动课程具体包括哪些形式、环节等；另一方面是经典案例分析，即学科教学教师带领师范生学习综合实践活动课程开设的经典案例。需要注意的是，此类案例并非仅仅是展示给师范生即可，教师需要为其分析案例设计的精彩与不足之处。此类分析最好能够具有一定的内在系统性，使师范生能够学会如何评价一个综合实践活动课程设计的优劣。

最后，师范生的实习应当涉及综合实践活动课程的相关内容。目前师范生的实习多集中于日常教学的课堂之中，仅完成所授学科的教学及学生的管理工作。实际上，刚刚接受过师范教育的师范生能够为学校提供新鲜的思想，特别是对于综合实践活动课程这类在学校中处于相对边缘位置的课程而言。师范生在实习过程中可以应用其在师范教育中接受学习的理论，与指导教师一起进行课程设计、为指导教师提供理论基础、从指导教师处学习实践经验，在实习过程中不断尝试将综合实践活动课程的设计与实施理论应用于实践，检验其适用性。

## 二、调整教师队伍配比

教师队伍配比即专职教师和兼职教师的比例。专职教师的优势在于能够有更多的时间研究、设计综合实践活动课程。综合实践活动课程的资源开发、课程设计等环节需要教师投入极大的时间与精力，专职教师能够在上述两个方面得到保障。兼职教师特别是班主任的优势在于有助于学生的管理。综合实践活动课程旨在使学生在更加开放的空间中完成学习，但同时学生管理也是不容忽视的问题，无论是安全的管理还是学习的管理均需要教师予以重视。班主任熟悉学生的学习特征、学习风格、个性等个体性特征，能够有效对学生加以管理，使其在互动中相对自由地完成体验活动，同时能够保证其人身安全及知识的获取。由此可见，专职教师和兼职教师各有优势和劣势，学校需要根据自己的实际情况进行综合实践活动课程教师队伍的建设，在专职教师和兼职教师之间达成平衡。平衡的标志即教师在综合实践活动课程设计与管理之间能够投入合理的时间、精力配比。

对于教师队伍相对薄弱的学校而言，可先以兼职教师作为主体，兼职教师主要为非班主任身份的学科教师。此类教师的特征在于：一方面，其相对于班主任而言具有更多的自主空间；另一方面，其在日常教学中也能够完成学科教学，对于学生的整体情况基本了解。因此，此类教师可能在时间与精力及对学生的了解程度之间达成平衡。对于教师队伍建设较好的学校而言，应当尽量倾向于专职教师，专职教师能够在综合实践活动课程的设计中投入大量的时间，保障综合实践活动更加丰富多元。需要说明的是，学校方面应当注重挖掘教师在综合实践活动课程设计上的潜力。一方面，根据教师的所授学科及爱好、特长，有针对性地开设综合实践活动课程；另一方面，如果有教师在综合实践活动课程设计方面表现踊跃，学校领导需要为此类教师提供相应的机会，使其能够发挥自身特长。

## 三、建设学科平台

综合实践活动课程是一个广泛而复杂的教育理论和实践研究领域，它涉及基础教育一至十二年级课程、教学与评价等方面的教育问题，尤其是担负为我国培养创新、应用型新型人才储备的重要社会责任。同时，综合实践活动课程的综合性、开放性、实践性等特点决定了它的教师培养不能按照传统学科教师教育的培养模式进行，必须要有与之匹配的人才培养体系做支撑，其推进亟须综合实践活动课程教育研究提供学术支撑。所以，无论是从综合实践活动课程的角度考虑，还是从我国人才培养的当下和长远的需要出发，我国都必须尽快形成综合实践活动课程教育研究的学科建制，培养专门从事综合实践活动课程教育研究和管理的高级人才及综合实践活动课程教师，这是从综合实践活动课程教师培养困境中突围的必然选择。

给予综合实践活动课程教师培养独立的学科地位，应当将综合实践活动课程教师培养纳入培养机构的培养体系，设置本科、研究生专业，明确综合实践活动课程的人才培养目标，设计符合综合实践活动课程特征的人才培养课程体系。还应当认识到，新建的综合实践活动课程专业目前在课程设置和师资上会存在诸多问题，一个核心问题是缺少高水平的综合实践活动课程教师教育者，即综合实践活动课程“教师的教师”。这需要有条件的研究型大学培养综合实践活动课程专业博士研究生。实际上，不仅设置综合实践活动课程本科专业的高校需要综合实践活动课程教师教育者，各级各类教育研究机构也需要配备综合实践活动课程教育专家，甚至中小学也需要一批具有综合实践活动课程专业博士或硕士学位的教师。应在高等院校、研究机构中增设综合实践活动课程专业的硕士点与博士点，设置该方向的教授席位，创办相关的学术期刊，从而形成学科建制。

## 四、加强在职教师培训

综合实践活动课程以学生作为参与主体，教师主要进行管理和指导。综合实践活动课程中问题的提出、活动方案的设计、活动过程的进展、数据的搜集和处理、活动结果的交流、自我反思性评价等均需要教师与学生共同完成。实际上，教师的参与即“暗示性”策划与指导通常是决定活动开展质量的关键环节。相同的活动主题，在不同教师的设计与指导下可能会收到完全不同的效果。教师的个体化投入能够使相同的教学资源转化为不同的教学主题，进而发挥不同的效果。

在职教师培训是培养教师综合实践活动课程设计与实施能力的必要之举，教师在实践中已经对综合实践活动课程的实施困境具有直观的认识，此时进行培训能够更加有针对性地帮助教师答疑解惑。教师也能够带着自己心中的问题与需求参加培训，更加有针对性地接受培训。教师培训是综合实践活动课程能否有效实施的关键环节，地方教育行政部门和学校都应当高度关注通过各种形式开展教师培训工作。在通过培训促进教师教育观念转变的同时，要鼓励、支持教师去研究综合实践活动课程的实施规律，提高开发与实施综合实践活动课程的能力。[①]学校内部还应当成立综合实践活动课程的教师发展共同体，相关教师应当有固定的讨论时间和资源共享的平台等，促进教师通过协作的方式进行综合实践活动课程的准备、实施与反思。

培训一方面需要注重教师完成综合实践活动课程的观念培养。在校本培训中，应当要求教

① 张华:《论“综合实践活动”课程的本质》，载《全球教育展望》，2001（8）。

师对自己的教育教学活动做出深入反思及自我审视，通过课题合作研究相互帮助、相互启发、相互激励，共同发现问题，进行交流、研讨，探索解决问题的方法。部分条件较好的学校还应当和高校、研究机构建立联系，聘请有关专家学者作为校本培训的顾问，进一步提升校本培训的质量。[①] 另一方面需要注重教师对信息技术的使用能力，即将信息技术与综合实践活动课程的内容和实施过程有机整合。信息的高速增长及传播途径多元化，使得学生能够接触到的信息越来越多。教师如果能够合理利用学生有可能接触的信息，则能够将其转化为重要的教学资源。教师需要尝试以学生的视角看待此类信息，进而通过自身的判断能力对此类信息进行取舍，选择容易误导学生或学生格外感兴趣的内容作为教学资源，在激发学生学习、探究兴趣的同时，引导学生以科学的方式对此类信息进行判断与研究。[②]

教师培训的具体方式包括校内和校外两大类。在校内，需要建立健全的校本研究和培训机制，聘请课程、教学、学科方面的专家和一线骨干教师集中为教师进行通识性培训和学科性培训，通过经典案例分析、主题设计与修改等实践性较强的形式，提升教师课程开发和实施能力。定期开展综合实践活动课程的观摩学习、研讨交流等活动，促使教师在沟通交流中共同提高。选送教师参加各种教师继续教育机构举办的培训、进修、会议等，更新和扩展自己的专业知识，弥补学科课程教师在知识和能力结构上的缺陷，不断提高教师的教育教学与终身发展能力，让教师与课程改革共同成长。[③] 在校外，一方面需要搭建家校合作的平台，促使家长从学校教育教学的旁观者转变为合作者；另一方面需要争取各类社会资源的支持，建立包括派出所、消防队、街道社区、少年宫等在内的综合实践活动课程基地。在校内还应设立协调和管理综合实践活动课程的专业性组织机构，针对师资配置、教师工作量计算、课时安排及师资培训等一系列问题制定详细的规章制度，使活动的开展、责任的落实有章可循。[④]

## 五、建构专业学习共同体促进教师专业发展

综合实践活动课程的特点内在地要求基于合作的学习模式来促进综合实践活动课程教师的专业成长。首先，综合实践活动课程的综合性及跨学科性特点，决定了综合实践活动课程教师培养的核心在于通过不同视角、工作场域、思想观念的碰撞，克服个体之局限，促进知识在外部世界与内部认知结构之间、主体之间的多重转化、交融，从而实现思维的拓展、理解的深化、知识的增值。其次，综合实践活动课程的实践性特点带动了其教师培养的实践意味。相较于传统分科课程侧重理论知识的积累，综合实践活动课程教师面向学生的生活世界，不间断地学习实践、“教”实践，可以说综合实践活动课程教师的专业发展始终是在实践中的。最后，综合实践活动课程的探究性特点要求教师与教师之间、教师与学生之间为了共同的学习目标在合作、探索、反思中解决实践问题，体现教师社会合作的专业学习共同体（Professional Learning Community，PLC）成为提升综合实践活动课程教师培养的有效构想。事实上，综合实践活动课程特征视域下

---

① 李剑：《论小学综合实践活动课程教师素质问题》，载《中国电力教育》，2011（14）。
② 张华：《论“综合实践活动”课程的本质》，载《全球教育展望》，2001（8）。
③ 李海萍：《综合实践活动课程中的教师专业发展与全科教师培养》，载《教育理论与实践》，2007（7）。
④ 同上。

的教师培养与专业学习共同体的建立有着内在的关联性和契合性，这使得在专业学习共同体中建构综合实践活动课程教师专业发展成为突破综合实践活动课程教师培养困境的有效路径。

专业学习共同体由美国西南教育发展研究中心（SEDL）首先发表。迈阿密大学的克斯把专业学习共同体界定为“一个由跨学科的教师和学校职员组成的学习项目团队，以促进教与学为目标，通过协作学习活动项目来实现”①。从一定意义上说，综合实践活动课程要求教师培养建立协调合作的学习文化，体现出一种生态化取向，这与专业学习共同体强调“生态取向”的教师专业发展及其内在的合作特征不谋而合。因此，以专业学习共同体为桥梁和纽带是实现综合实践活动课程教师专业自主发展的重要学习平台和组织形式，也是确保综合实践活动课程教师突破专业发展桎梏、获得可持续专业成长的有效途径。

## 六、提供各类资源与制度保障

教师完成综合实践活动课程设计与实施的最大障碍除时间与精力外，更重要的就是各类资源保障。教师无法触及各类资源，则综合实践活动课程的内容将无法丰富。教师若想获得充足的资源保障，一方面需要学校为教师创设各种条件与平台，另一方面教师自身也应当具有搜集素材、开发资源的能力与意识。实际上，教师身边能够转化为教学素材的资源并不少，就学校范围内而言，各类实验室、活动教室甚至校园中的一草一木，都可以成为教师设计综合实践活动的资源。

广义的课程资源指有利于实现课程目标的各类资源，如人力、物力、时间、空间、环境、设施、教师经验、教材教参等。上述资源多蕴藏于学生生活、学校、社会、自然环境之中，如图书资料、音像资料、风俗习惯、文史掌故、名胜古迹、自然风光等。狭义的课程资源指形成课程的直接因素，如教材、学科、知识、技能、活动方式和方法等。

课程资源的开发与利用首先应当着眼于学校内部。校内课程资源包括：校内的各种场所和设施，如图书馆、实验室、专用教室、信息中心、实验农场和工厂，校内人文资源，如学校管理制度、教师群体、师生关系、班级组织、学生团体、校风校纪、座谈讨论、文艺演出、社团活动、体育比赛、典礼仪式。教师的言语活动和体态语言、班级生活、各种集会、社会实践，以及师生之间、生生之间的交往等，都可以开发成为综合实践活动课程的活动主题。校外课程资源包括学生家庭、社区乃至整个社会中各种可用于综合实践活动课程开展的设施和条件，如社区的文化教育机构、图书馆、科技馆、博物馆、纪念馆、气象站、地震台、水文站、工厂、农村、部队及科研院所等。学生家长与家庭的图书、报刊、电脑、学习工具等也是不可忽视的校外课程资源，风景名胜、文物古迹、生活方式、价值规范、行为准则、人际关系、社会风气、风俗习惯等同样属于校外课程资源。②

制度保障是教师设计与实施综合实践活动课程的根本保障。学校层面需要制定相关的制度，作为教师具体实施综合实践活动课程的相应保障。需要说明的是，学校范围内的相关制度并非仅

① 詹泽慧、李晓华：《美国高校教师学习共同体的构建——对话美国迈阿密大学教学促进中心主任米尔顿·克斯教授》，载《中国电化教育》，2009（10）。

② 常维国、熊金梅：《小学综合实践活动课程资源开发与利用价值探寻》，载《经济与社会发展》，2012（5）。

是对于教师的限制，也应当是对教师自主发挥权力的保障，即教师在制度规范的保障下，能够在一定范围内拥有较大的自主决策权。学校必须从组织建设、人员建设和制度建设等方面着手，对综合实践活动课程从开发、实施到评价的全过程加强管理。具体而言，学校需要设立研究和协调综合实践活动课程的专门机构和人员，以保证综合实践活动课程的高效实施；通过制定相应的规章制度，给予综合实践活动课程政策支持。[①]

上述制度的制定可以在法国综合实践活动课程的开设中得到相应启示。法国教育部对于如何管理及评价教师在课程中的地位和作用作出了明确的规定：规划系列主题目录，成立国家级专家指导小组，建设中学信息资料中心的信息设备和完备图书资料；加强教师培训，转变教师的教育观念、教学方式，并让教师学会在参与学生课题研究的过程中指导学生。同时，教育部基础教育司、总督学局还和国家教育资料中心联合建立了一个网站，专门发布相关信息和经验，开辟教师论坛，推进综合实践活动课程顺利开设。[②]

## 七、完善教师评价

完善教师评价是综合实践活动课程的重要环节，原因在于综合实践活动课程在整体学校教学中处于相对边缘的地位，如果缺乏相应的教师奖惩机制，难以激发绝大多数教师的积极性。

一方面，学校需要设计严格、合理的奖惩机制，激发教师的积极性。特别是对于在综合实践活动课程开发与实施中表现良好的教师，应当给予其相应的鼓励，此类鼓励可以和日常教学中教师能够获得的鼓励相互关联。对于在综合实践活动课程的实施过程中表现不甚积极甚至消极怠惰的教师，则应该设计相应的惩罚措施。综合实践活动课程评价的重点旨在加强活动主题的研究与确定、准备、设计、规划、开展、记录及总结的指导和监控；关注教师在综合实践活动课程过程中的教学态度、责任心、教学观念、教学方法；关注学生参与的热情和学习方法，提高活动的实效性。对教师自己开发的综合实践活动课程资源、教学设计、教学实录及教学反思要及时进行奖励。学校需要为教师科研成果设置教师业务档案袋，以此作为教师年终考核、晋级、评优的重要依据。[③]

另一方面，教师评价应当具有多元化、丰富化的特征。具体而言，即通过多元化的手段对教师完成综合实践活动课程设计与实施的过程进行整体性评价。此类评价不仅能够作为奖惩教师的依据，更重要的是能够作为教师发展的参照标准，使教师意识到自身存在的不足，以及需要继续改进完善的环节。教师评价是综合实践活动课程评价体系的重要组成部分，其评价原则应当具有多元化、个性化、定性和定量评价相结合、形成性和终结性评价相结合等特征。教师评价的内容应当包括课程开发设计能力、组织指导能力、协调沟通能力、教学评价能力、反思能力、教学工作量等。具体操作程序是建立评价领导小组、初步面谈、搜集信息、综合评价、建立和完善教

① 张华:《论“综合实践活动”课程的本质》，载《全球教育展望》，2001（8）。
② 殷世东:《美、俄、法三国中小学综合实践活动课程常态化开设的启示》，载《外国中小学教育》，2009（1）。
③ 王利娟:《谈在综合实践活动课中教师角色的要求和转变策略》，载《现代教育科学（普教研究）》，2009（5）。

师评价档案管理制度。在实施过程中，应注意确定评价指标的内容，处理好数量与质量、自评与他评的关系，将长期评价与不定期评价相结合。[①]

## 本章回顾

1. 关于综合实践活动课程的整体性定位，教师需要明确其旨在凸显“生活世界”的价值，而非将着眼点集中于较为脱离现实的“书本世界”，其基本取向为活动主义和体验主义。具体而言，综合实践活动课程致力于突出学生在“生活世界”中完成学习时的主体性地位。

2. 在综合实践活动课程中，教师同样扮演着参与者和引导者的角色，其需要管理学生完成任务、进行活动中的各类规范，而非放任学生采取不当甚至危险的方式完成任务。在综合实践活动课程中，教师作为参与者和引导者的角色进一步明显化。所谓教师作为参与者，即在学生完成任务的过程中，教师需要参与，观察学生采取的措施的恰适性，同时汲取对教学有益的资源。所谓教师作为引导者，即需要将绝大部分自主空间交予学生，教师只是在特定的情境中对学生完成任务的方式进行有针对性的引导，而不能越俎代庖，代替学生完成任务。

3. 专职教师的优势在于能够有更多的时间研究、设计综合实践活动课程。综合实践活动课程的资源开发、课程设计等环节需要教师投入极大的时间与精力，专职教师能够在上述两个方面得到保障。

## 反思与交流

① 杨静:《论综合实践活动课程中的教师评价》，载《当代教育论坛》，2008（5）。

# 第十二章

# 综合实践活动课程与学校发展

【知识地图】

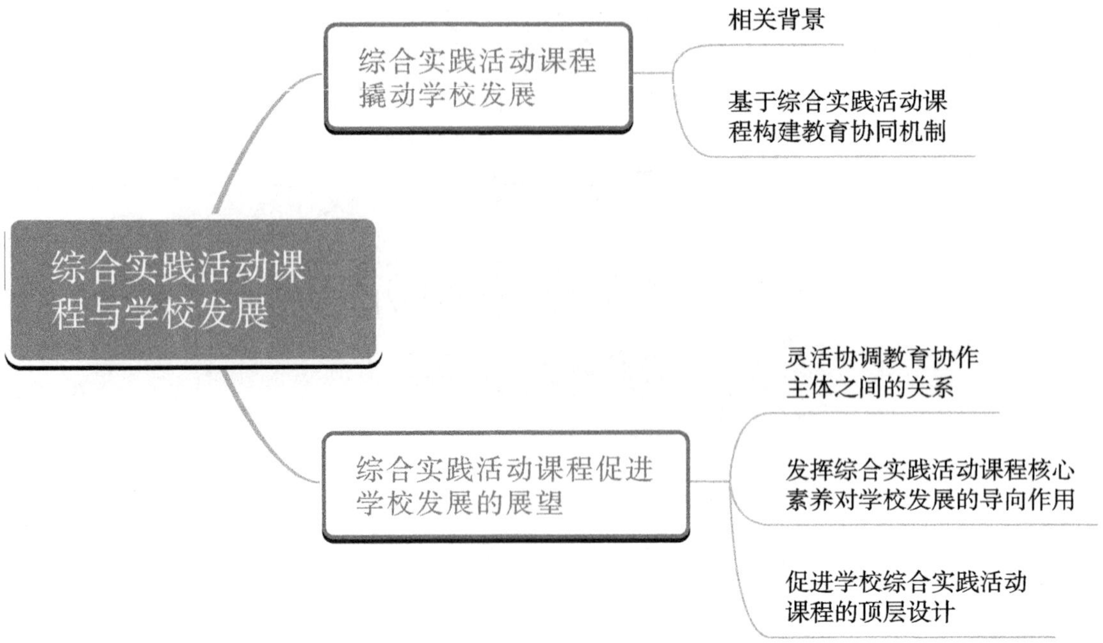


【学习目标】

1. 了解综合实践活动课程撬动学校发展的着眼点。

2. 了解综合实践活动课程促进学校发展的一般思路。

从学校的变迁历程来看，学校的演变与社会及教育的发展息息相关。学校的产生是“教育 1.0 时代”的主要标志，第一次工业革命时期，以班级授课制、分课教学、现代学校组织为特征，进入“教育 2.0 时代”。进入 21 世纪以来，随着信息技术在教育领域的不断渗透，“翻转课堂”“泛在学习”“移动学习”“慕课”等新型教育形态不断涌现，“教育 3.0 时代”正在到来，学校的形态也势必会有所变革。学校发展是一项复杂的系统工程，需要从多角度全面、深入地进行系统规划。本章拟从综合实践活动课程着手，为学校发展提供思路。综合实践活动课程发展在当下可以为学校发展提供重要的契机。

# 第一节　综合实践活动课程撬动学校发展

## 一、相关背景

课程不仅是开展教育教学活动的主要载体，也是促进学校发展的关键要素。学校的办学理念及育人目标都需要通过课程进行落实。学校特色课程的质量是衡量学校特色发展水平的重要指标。

英国和美国的学校特色发展便体现了强烈的课程取向。其中，英国将发展卓越的课程视为加速学校整体改进的催化剂，并将其作为英国特色学校建设的一个中心任务。美国的磁石学校以多元化的特色课程和灵活多样的教学方法为特色，以创新课程作为其支柱，磁石学校的磁石项目都是聚焦学科。①

2018 年 11 月，中国教育科学研究院与未来学校实验室共同发布了《中国未来学校 2.0：概念框架》，其中提到："未来课堂也要实现学科之间的对话、互动与融合，使不同学科的知识由分裂、封闭、单一，走向整合、开放、多元。不同学科之间的互动融合，有助于改变单纯以学科逻辑组织课堂内容的做法，强调以学习者的经验、个体生活和核心素养为基础，打破学科的固有界限，以真实问题为核心进行课程重构，重点开展'综合课程''主题课程''STEAM 课程（创客教育）'等方面的探索。"综合实践活动课程是一门从学生的真实生活和发展需要出发，从生活情境中发现问题并转化为活动主题，通过探究、服务、制作、体验等方式培养学生综合素质的跨学科实践性课程。综合实践活动课程具有自主性、实践性、开放性、整合性等特征，因此具有成为特色学科的潜质，对于未来课堂和未来学校的发展和建设具有得天独厚的优势。

通过特色学科撬动学校发展，也是有先例可循的。例如：英国在建设特色学校的过程中就要求项目学校所有学科在达到国家课程基本要求的基础上发展某一学科的特色和优势，并通过特色学科带动其他学科乃至学校的整体发展。②

## 二、基于综合实践活动课程构建教育协同机制

习近平总书记在 2018 年 9 月 10 日的全国教育大会上指出，办好教育事业，家庭、学校、政府、社会都有责任。全社会要担负起青少年成长成才的责任。学校作为社会的组织系统之一，应该充分利用校内外资源开展教育，使真实、完整的世界变成学生的学习资源，使整个社会都成为学校开展教育的平台，使学生在真实、开放的社会系统中成长。

真实世界的问题往往都需要综合运用多学科知识进行解决，单纯以学科逻辑进行的教学很难使学生形成综合解决实际问题的能力。而综合实践活动课程可以打破学科之间的界限，加强学科课程之间的联系，有效实现多学科、跨领域的互动融合，发挥各学科课程的协同育人功能。为

---

① 范涌峰：《校本课程与特色学校关系的断裂与重构》，载《中国教育学刊》，2018（5）。
② 同上。

了实现各学科之间的对话、互动与融合，使分裂、封闭、单一的学科课程走向整合、开放、多元，必须使学生进行跨场域学习，把知识学习与参观考察、社会实践、社区服务及研学旅行等结合起来，促进校内外相互沟通、资源高度共享，充分建立学校与外部社会的协同机制。

### （一）教育内容协同

综合实践活动课程以培养学生的综合素质为导向，面向学生个体生活和社会生活，以均衡学生与自然的关系、学生与他人以及社会的关系、学生与自我的关系。在综合实践活动课程的内容选择与组织方面应突出学生对活动主题的探究与体验，体现学生个体与社会以及自然的内在联系，促进科技、艺术、道德等方面的教育内容的协同。

同时，还需要积极探索跨学科协同教学，充分发挥各学科教育内容与综合实践活动课程的协同作用，充分发挥各类课程的育人功能。不断引导学生将学科课程内容应用于综合实践活动课程的问题解决过程中，使学科知识在综合实践活动过程中不断得到重组、延伸和提升。学生在综合实践活动课程的学习过程中所遇到的各种难题也可以在学科课程的学习中寻找答案，从而使不同学科教学既能实现自身具体的教学目标，又能服务于统一的立德树人的教育目的。

### （二）师资力量协同

实施综合实践活动课程的过程中，除了需要促进教育内容协同外，还需要促进不同学科及领域的师资力量的协同。需要学校协同实施机构及人员，学校的协同视角应该向内深入、向外拓展。

向内，学校需要设置专门的综合实践活动课程中心或教研组，承担学校课程实施规划、组织、协调及管理等工作，确定综合实践活动课程的开展样态。建立专兼职相结合、相对稳定的综合实践活动课程的教师队伍。其中除专任教师外，必要时还需要其他学科教师的配合。

向外，学校需要将广阔的社会政治、经济、文化等复杂背景与综合实践活动课程联系起来，积极争取学生家长、校外活动场所指导教师、社区人才资源等社会力量以及高校、教科研机构等专业研究人员等学术力量作为兼职指导教师，让各类教师发挥自己的专业优势，以满足学生的多样化发展需求。

### （三）教育场域协同

未来学校的重要发展趋势是学习时空的突破。综合实践活动课程实施的教育场域不再局限于校内空间，而是逐渐走近大自然、走近社区、走向社会。以信息技术为手段，还可以将虚拟场景融入真实世界，或是将真实场景融入虚拟世界，使学习空间和学习时间得到更大程度的延展，更好地体现“泛在”学习的理念。

实现学习时空的突破，需要学校积极争取校外场域的支持，整合多方面力量的课程权力、能力和资源，建立课程资源的协调与共享机制，构建全社会共同参与的教育生态。将教育链、产业链和知识链进行有效对接，整合学区、科研机构、高等学校、少年宫、博物馆、图书馆、展览馆、科技馆、社区、田野、高新技术企业甚至政府等多方面的力量，为教师开展综合实践活动课程提供各种专业的支持，为学生开展学习提供鲜活的学习场景和丰富的课程资源，建设开放多元、充满活力的教育协同体，形成教育合力，构建教育生态圈。

应保障学生能够有独立思考和学习的时间和空间，随时随地进行跨班级、跨年级、跨学校及跨区域的学习，为学生提供观察微观世界、感知抽象概念的机会，使学生的学习转变成一种丰富情境下的亲身体验活动，更好地促进学生综合素质的发展和提升。这些教育场域虽然并非专为综合实践活动课程的教育而设计，但具备某些鲜活的学习元素，可以使学生在学校教育与真实世界之间建立起实质性的联结，通过学习建构学生个体与探索世界的鲜活实践。

## 第二节　综合实践活动课程促进学校发展的展望

### 一、灵活协调教育协作主体之间的关系

基于综合实践活动课程构建的教育协同机制，需要不同的教育主体进行不同程度的互动和整合，发挥学校内外部要素的整体效应。在实施综合实践活动课程的过程中，需要各类教育主体发挥各自的优势，明确定位各自的职能，灵活把握不同教育主体对学生学习综合实践活动课程的影响。同时，需要兼顾学校开展综合实践活动课程对其他教育主体的影响，以此发现各主体进行协作的结合点，实现各教育主体之间的优势互补。

中小学校应理智地正视自身与其他教育主体的关系，在实施综合实践活动课程的过程中，要时刻突出自身作为综合实践活动课程实施主体的地位，对综合实践活动课程进行整体设计，将办学理念、办学特色、培养目标、教育内容等融入其中。

由于一些中小学校的课程资源比较有限，极易在课程实施的过程中陷于被动。对此，学校应保持适当的独立性和适度的自觉，避免过度依赖其他教育主体，如此才有可能提升学校综合实践活动课程的质量，凸显其办学特色，促进学校的发展。对于有条件的学校，“临渊羡鱼，不如退而结网”，不断提升和发展自身的课程资源。例如：北京第一师范学校附属小学为增加学生的环保知识、提升学生的环保意识及能力、激发学生对科学的探究欲望、培养学生的研究能力，于2000年斥资近百万元建成了“生态走廊”，其中包括七个部分：生命的起源、文明的诞生、植物的天地、动物的王国、海洋的世界、大地的结晶、宇宙的奥秘。漫游于“生态走廊”之中，学生就可以身临其境般地感悟大自然的神奇，体验科学探究的乐趣。

家长对学生发展的期望水平会影响综合实践活动课程建设的方向，同样，理想的课程建设方向也会提升学生的学习效果。但家长的角色应更多地指向提出需求及提供支持，而不应过多干扰学校课程的正常运行。

中小学校可以借助区域优势营造实施综合实践活动课程的良好环境，社区、企业、少年宫、博物馆、图书馆、展览馆等场所都可作为协作主体，为综合实践活动课程的建设提供必要的课程

资源，成为学校课程建设的动态资源库。综合实践活动课程的开展也会为这类主体机构的发展注入活力，甚至输出与之相适应的人力和物力。

政府及教育行政部门会影响综合实践活动课程建设需要的权力和财力，其职能应定位在引导、调控及监督，尽量避免过度干预。综合实践活动课程的实施同样可以促进一定区域内课程质量的提升，为落实国家教育方针提供助力。

高等学校及教育研究机构具有深厚的理论素养，可以在综合实践活动课程的开发和实施过程中提供必要的理论资源与智力支持，有助于提升综合实践活动课程建设所需要的知识水平与能力层次。而中小学教师具备丰富的实践性知识，双方可以进行视域融合，在平等对话的基础上进行思想的交流与碰撞。同时，这也为高等学校及教育研究机构提供了深入了解教学实践的机会，为其进一步发展和检验教育教学理论等知识提供了丰富的土壤。

各教育主体在协作过程中需要协同各方进行及时调整和适应，以更好地满足各方的真实需求。否则，综合实践活动课程的实施最终会陷入形式化的泥沼之中，各教育主体之间会陷入“伪协作”状态，理想的教育协作机制也会名存实亡。为保障协同机制的正常运行，协作各方应该事先明确各自的需求、阶段性任务及最终成果，方能促进协作各方进行深度协作。

## 二、发挥综合实践活动课程核心素养对学校发展的导向作用

2016年9月发布的《中国学生核心素养》提出要培养学生的人文底蕴、科学精神、学会学习、健康生活、责任担当、实践创新六大素养，这与综合实践活动课程的基本理念“突出学生主体地位，引导学生主动发展”“面向学生完整的生活世界，为学生提供开放的个性发展空间”“注重学生的亲身实践和积极体验，发展创新精神和实践能力”不谋而合。中国发展学生核心素养为学校发展提供了基本的方向指引，综合实践活动课程成为落实学生核心素养的必要载体。发展学生核心素养无疑需要依托各学科的核心素养进行培养，但发展学生核心素养同时具备跨学科的特性，各学科的核心素养的简单相加绝非等同于发展学生核心素养，这就使得跨学科课程成为集中体现发展学生核心素养诉求的重要手段。而综合实践活动课程具有天然的跨学科性、情境性、协作性等特征，充分体现了多元学科文化的融合创新，有助于使学生全方位立体地认识和理解世界，打破各学科之间的壁垒，是跨学科学习的一种典型范式，在全面发展学生核心素养、落实立德树人的根本任务等方面具有得天独厚的优势。

首先，综合实践活动课程为培养学生的文化基础核心素养提供了现实土壤。文化基础重在强调学生能习得人文、科学等各领域的知识和技能，掌握和运用人类优秀智慧成果，涵养内在精神，追求真善美的统一，发展成为有宽厚文化基础、有更高精神追求的人。其中关于人文底蕴的要求，主要是学生在学习、理解、运用人文领域知识和技能等方面形成基本能力、情感态度和价值取向，具体包括人文积淀、人文情怀和审美情趣等基本要点。充分利用区域文化资源，弘扬传统文化，成为发展学生核心素养最有效的抓手。通过综合实践活动课程，不断夯实学生的文化基础，使学生积累人文知识、掌握人文思想中所蕴含的认识方法和实践方法，培养人文情怀、提升审美情趣。

其次，综合实践活动课程可以有效促进学生自主发展。自主发展重在强调学生能有效管理自己的学习和生活，认识和发现自我价值，发掘自身潜力，有效应对复杂多变的环境，成就出彩人生，发展成为有明确人生方向、有生活品质的人。具体表现为学会学习以及健康生活。其中，学会学习主要是学生在学习意识形成、学习方式方法选择、学习进程评估调控等方面的综合表现，具体包括乐学善学、勤于反思、信息意识等基本要点；健康生活主要是学生在认识自我、发展身心、规划人生等方面的综合表现，具体包括珍爱生命、健全人格、自我管理等基本要点。基于学校特色化课程资源，可以为学生提供课程内容的自主选择权，并据此为其打造个性化课程。例如：江苏省兴化市昭阳湖初级中学每学年初都会发放《我最喜爱的课程》意见书，征求学生及家长的意见，并对项目进行评价，提出感兴趣的项目，据此推出新学年个性化项目。

最后，综合实践活动课程可以将实践活动作为载体，使学生更好地融入社会，处理好自我与社会的关系。这既为学生对知识进行论证提供了可能性，使知识来源于生活并服务于生活，有利于学生形成科学、系统的认知结构，为今后参与社会建设积累经验，也为使学生真正参与到社会建设各项事业中提供了现实基础。只有在实践活动中才能让个体有所担当，激发学生的参与热情和责任感，也才能赋予自己的学习行为以崇高的社会意义和价值，促进个人价值实现，推动社会发展进步，进而提高学生的社会责任感和使命感，使其发展成为有理想信念、敢于担当的人。

## 三、促进学校综合实践活动课程的顶层设计

系统规划学校综合实践活动课程，探索综合实践活动课程的体系化，是促进学校课程建设的基本前提。综合实践活动课程所涵盖、关注的内容十分广泛，从自然到社会，从科学到人文，政治、经济、文化等内容皆可纳入综合实践活动课程的范围之内，课程实施的盲目性及课程实施的系统性的缺失便成为综合实践活动课程的软肋。因此，系统规划综合实践活动课程的主题和方向就显得尤为重要。

“分裂、学科间的孤立和对立，是现代知识之树上结出的苦果。”[①] 尽管新课改已经较为充分地意识到这一问题并在课程结构上作出了调整，但是不同学科课程知识之间的条块分割现象依然较为严重。[②] 学科知识之间的孤立极易导致学生知识结构系统性的缺失，进而阻碍其问题解决能力的提升。综合实践活动课程可以有效地缓解各学科知识之间的孤立状态，为各学科知识之间的跨越及整合提供了可能性。尽管仅仅依靠这一门课程改变学科知识之间分裂的现状是不可能的，但是综合实践活动课程理应不断寻求突破，积极探索融合各学科知识的可行路径。

“学科主导类”课程为学科课程与综合实践活动课程的深度融合提供了载体。“学科主导类”课程即以某学科知识或多学科知识为主导，运用学科知识去探究并解决实际问题的综合实践活动课程。根据课程实施的目的，“学科主导类”课程可以分为单学科延展式课程与跨学科整合式课程。“学科主导类”课程绝不是学科本位主义的，更不是“多学科杂烩”，而是依据国家课程标

---

① 杜作润：《课程整合的现实性解说》，载《现代大学教育》，2001（3）。

② 蔺红春、徐继存：《我国学校课程建设十五年：回顾与反思》，载《教育学报》，2017（1）。

准与学校办学特色，优化课程设置，加强学科课程之间的联系，从而构建的主题突出、特色鲜明的学校综合实践活动课程体系。这类课程作为特殊的综合实践活动课程，不仅可以有效弥合学科课程之间的鸿沟，而且可以体现学校课程设置的特色，为综合实践活动课程内容的完善提供了有益的启示。

## 本章回顾

1. 真实世界的问题往往都需要综合运用多学科知识进行解决，单纯以学科逻辑进行的教学很难使学生形成综合解决实际问题的能力。而综合实践活动课程可以打破学科之间的界限，加强学科课程之间的联系，有效实现多学科、跨领域的互动融合，发挥各学科课程的协同育人功能。

2. 基于综合实践活动课程构建的教育协同机制，需要不同的教育主体进行不同程度的互动和整合，发挥学校内外部要素的整体效应。在实施综合实践活动课程的过程中，需要各类教育主体发挥各自的优势，明确定位各自的职能，灵活把握不同教育主体对学生学习综合实践活动课程的影响。同时，需要兼顾学校开展综合实践活动课程对其他教育主体的影响，以此发现各主体进行协作的结合点，实现各教育主体之间的优势互补。

## 反思与交流